MÉLANGES

D'HISTOIRE DU DROIT

ET DE CRITIQUE

DROIT ROMAIN

Par A. ESMEIN

PROFESSEUR AGRÉGÉ A LA FACULTÉ DE DROIT DE PARIS
MAÎTRE DE CONFÉRENCES A L'ÉCOLE PRATIQUE DES HAUTES-ÉTUDES

PARIS

L. LAROSE ET FORCEL

Libraires - Editeurs

22, RUE SOUFFLOT, 22

1886

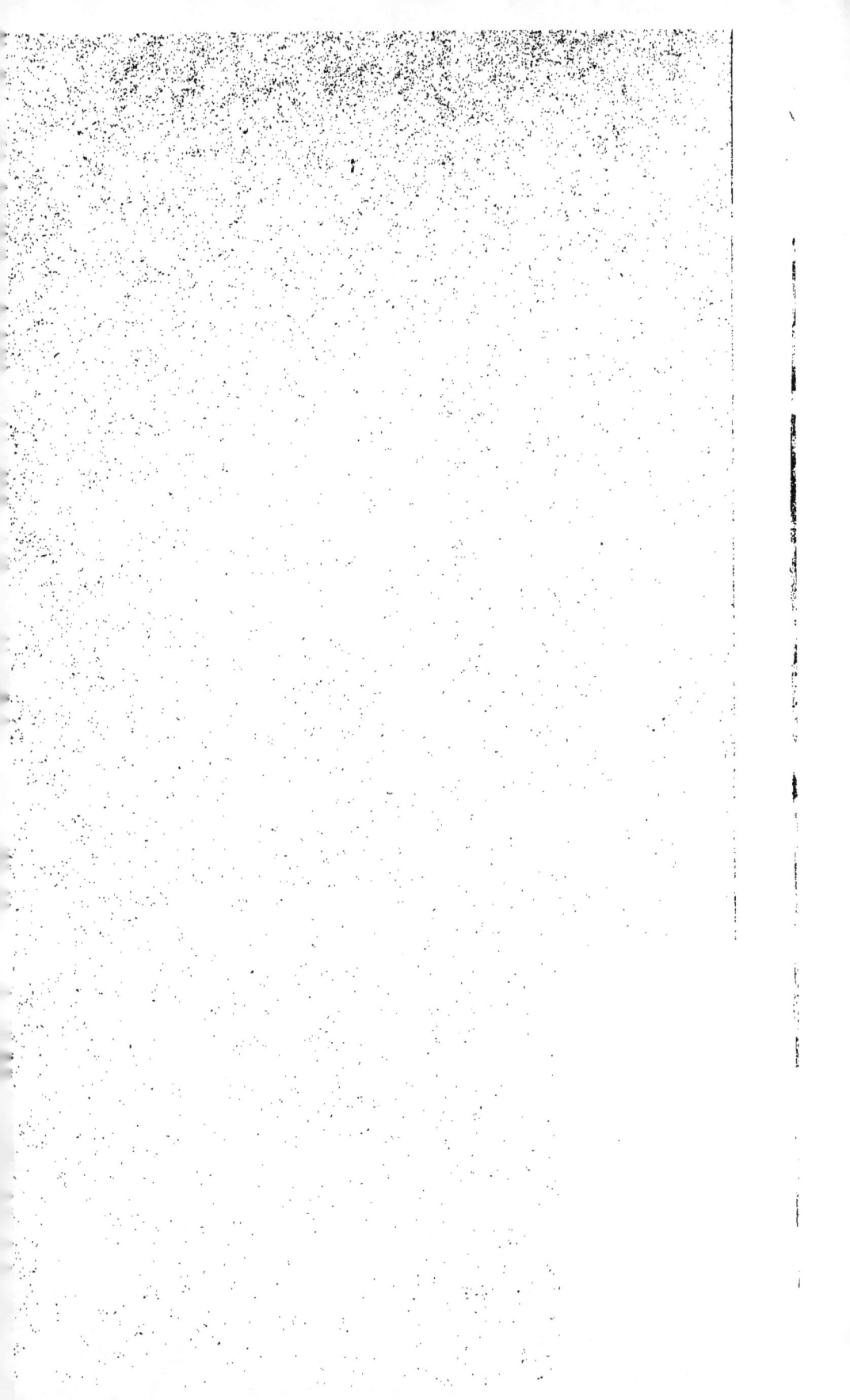

MÉLANGES

D'HISTOIRE DU DROIT

ET DE CRITIQUE

DROIT ROMAIN

MÉLANGES

D'HISTOIRE DU DROIT

ET DE CRITIQUE

DROIT ROMAIN

Par A. ESMEIN

PROFESSEUR AGRÉGÉ A LA FACULTÉ DE DROIT DE PARIS
MAÎTRE DE CONFÉRENCES A L'ÉCOLE PRATIQUE DES HAUTES-ÉTUDES

PARIS

L. LAROSE ET FORCEL

Libraires-Editeurs

22, RUE SOUFFLOT, 22

1886

IMPRIMERIE
CONTANT-LAGUERRE

BAR-LE-DUC

PRÉFACE.

J'ai réuni dans ce volume les principales études que j'ai publiées depuis dix ans sur l'histoire du droit romain; toutes ont été soigneusement revues, quelques-unes presque transformées. Peut-être quelques-uns de ces travaux gagneront-ils à être rapprochés; car, bien que composés isolément, plusieurs se rapportent à un même sujet dont ils exposent successivement les multiples aspects. Ces études d'ailleurs, quelle que soit leur diversité, sont animées d'un même esprit, et présentent un trait commun : l'application au droit romain de la pure méthode historique.

Le droit romain est pris ici dans son sens le plus étendu : on trouvera en effet des tableaux empruntés à tous ses âges, depuis les temps où il se dégage à peine du fonds commun des institutions primitives, jusqu'à l'heure où il se décompose soit en Orient, soit surtout en Occident après l'établissement des Barbares. Enfin, si le droit romain remplit ces pages, il n'y figure pas seul; j'en ai rapproché les institutions similaires que contiennent d'autres systèmes juridiques, et l'histoire propre du droit romain est soutenue par l'histoire du droit comparé.

Paris, 28 avril 1886.

I.

DROIT ROMAIN ANCIEN

ET DE L'ÉPOQUE CLASSIQUE.

LA MANUS,

LA PATERNITÉ ET LE DIVORCE

DANS L'ANCIEN DROIT ROMAIN.

On peut aujourd'hui, grâce surtout aux Institutes de
Gaius, décrire avec précision les effets de la *conventio in
manum mariti,* telle que la comprenaient les jurisconsultes
de l'époque classique[1]. Mais à quels besoins répondait
cette institution dans les temps anciens, pour lesquels
elle fut créée? C'est là un problème difficile à résoudre ;
et pourtant il fallait des besoins impérieux pour qu'on
ait, comme on le fit, multiplié les modes d'acquisition de
la *manus,* pour qu'on ait, à côté de la *confarreatio,* introduit la *coemptio* et l'*usus,* c'est-à-dire des institutions
qui, faites pour le commerce des droits pécuniaires, semblent dépaysées lorsqu'on les transporte dans le cercle des
droits de famille[2].

Il ne faut point chercher dans les conséquences pécuniaires qu'elle entraîne la raison d'être de la *conventio in*

---

[1] V. M. Accarias : *Précis de droit romain,* n° 120ª, tom. I, 3ᵉ édition, p. 278
et s.

[2] Cependant, avec la conception antique de la famille, la dissonance est moins
forte qu'elle ne paraît tout d'abord. « Les droits de famille, » dit M. Bernhöft,
« ce sont simplement les droits du père de famille. Ils se rapprochent des droits
réels en ce qu'ils ont une valeur pécuniaire à une époque où la main d'œuvre
manque. Par suite, des institutions qui se rapportent au patrimoine leur sont
appliquées sans difficulté, par exemple l'usucapion s'applique au mariage en droit
romain, la vente à la puissance paternelle dans toutes les législations. » Bern-
nhöft : *Staat und Recht der römischen Königszeit,* 1882, p. 175.

manum mariti. Sans doute, par là, elle sert très bien l'idée antique, qui ne veut dans la maison qu'un seul patrimoine; grâce à elle aussi, la fille mariée, exclue désormais de la succession paternelle, ne fera point passer le patrimoine familial dans une famille étrangère. Mais, dans l'organisation de la famille antique, la préoccupation des intérêts pécuniaires n'apparaît point au premier plan; elle est masquée par des idées plus hautes, auxquelles parfois on la sacrifie. Cela est si vrai que, pour expliquer certaines règles de la succession testamentaire, il faut considérer le testament comme l'acte par lequel on dispose avant tout d'un culte domestique, les biens passant comme l'accessoire et la dotation de ce culte[1]. C'est dans la conception même du mariage qu'il faut chercher la raison d'être de la *manus.*

I.

On doit voir dans les trois modes de *conventio in manum* les formes antiques du mariage. Ces formes étaient multiples parce qu'elles correspondaient à des situations différentes ou servaient à des classes diverses de la société : c'est ainsi que la loi hindoue connaît huit formes de mariage[2]. Elles avaient cela de commun que toutes mettaient la femme *in manu mariti*[3].

---

[1] Par là s'explique, croyons-nous, la règle *Nemo partim testatus partim intestatus decedere potest.* On peut confier à plusieurs la célébration d'un culte; il y aura alors plusieurs prêtres, et voilà pourquoi on peut instituer plusieurs héritiers. On ne peut pas disposer d'un culte seulement pour partie, et voilà pourquoi on ne peut tester pour une portion seulement du patrimoine.

[2] Bernhöft, *op. cit.,* p. 183. Kohler, *Indische Ehe und-Familienrecht (Zeitschrift für vergleichende Rechtswissenschaft)*, tom. III.

[3] Je m'exprime ici, *brevitatis causa,* d'une manière quelque peu inexacte. La femme *in manu* n'était pas toujours soumise à la *manus* de son mari. Si ce dernier était *filius familias,* c'était son père qui avait la *manus* sur la bru. Mais ce

En faveur de cette opinion, on peut faire observer d'abord que dans la législation primitive de plusieurs peuples congénères, on retrouve, comme formes mêmes du mariage, les actes ou faits qui constituent chez les Romains la *conventio in manum*. Les cérémonies de la *confarreatio* sont reflétées exactement dans le mariage hindou[1]. D'autre part, le mariage par *usus* se trouve très nettement dans les anciennes lois du Danemark[2]. On serait tenté également de voir dans la *coemptio* un reflet de la vente des fiancées, qui est l'une des conditions du mariage chez les Germains, les Hindous et beaucoup d'autres peuples primitifs[3]. Cependant sur ce point l'analogie me paraît douteuse; il est probable que la *coemptio* est une production du génie romain, une application subtile et détournée de la *mancipatio* et qu'elle ne procède point de la vente brutale des jeunes filles. La femme y figure comme partie contractante, non comme objet vendu[4]; le père, si elle est *filiafamilias*[5], le tuteur, si elle est *sui juris*[6], ne figure à

résultat est sans importance pour notre théorie; il provient seulement de ce que, dans la famille antique, il n'y a qu'une seule autorité, celle du *pater;* sur sa tête se fixent tous les droits acquis par les *liberi*. — Sur ce point et sur tout ce qui suit, on peut comparer aujourd'hui : Voigt, *die XII Tafeln*, § 100, 157-161.

[1] Rossbach : *Untersuchungen üb. der röm. Ehe*, p. 214, 218, 231 et s. 309.

[2] Voy. *Les anciennes lois du Danemark*, par M. R. Dareste (*Journal des savants*, février 1881) : « D'après la loi de Jutland (I, 27), la concubine devient épouse légitime lorsqu'elle est restée dans la maison pendant trois hivers, que pendant ce temps elle a partagé le lit du maître de la maison, bu et mangé avec lui et qu'elle a porté ses clés. C'est ainsi que dans l'ancien droit romain, la puissance du mari sur la femme (*manus*) s'acquérait par une sorte d'usucapion d'un an. Gaius, I, 111. »

[3] Gaius, I, 113 : « Emit is mulierem cujus in manum convenit. » — Voyez Löning : *Geschichte des deutschen Kirchenrechts*, tom. II, p. 578, note 2 : « Dans la *coemptio* apparaît clairement reconnaissable la forme la plus ancienne du mariage romain. La *confarreatio* contenait les vieilles cérémonies religieuses du mariage dans leur forme originaire; mais nous ne pouvons douter que l'existence indépendante de la *confarreatio*, se suffisant à elle-même, n'ait été le résultat d'une évolution. »

[4] Gaius, I, 114 : « *cum marito suo facit coemptionem.* »

[5] *Collatio*, tit. IV, c. 2, § 3 : « Filia sua quam in potestatem habet, aut ea quæ, eo auctore, quum in potestate esset, viro, in manum convenerit. »

[6] Cic.: *Pro Flacco*, XXXIV, 85.

côté d'elle que comme *auctor*. Les termes mêmes employés attestaient le droit de la femme et empêchaient de confondre cet acte avec la *mancipatio* d'une *filiafamilias*[1].

En second lieu, si l'hypothèse produite est vraie, elle nous ramène à une époque où le mariage se confondait avec la *conventio in manum*, celle-ci étant une condition essentielle des *justæ nuptiæ*. Dans ce système, ainsi qu'on l'a dit, « il n'y a mariage que là où il y a *manus,* comme aussi il n'y a *manus* que là où il y a mariage[2]. » Or on peut trouver dans les textes romains les traces encore visibles de cet ancien droit.

Il est une définition du patricien qui doit remonter bien haut, car elle se retrouve, non expliquée, chez un grand nombre d'auteurs anciens. Le patricien d'après cette définition est celui « *qui patrem ciere potest*[3], » c'est-à-dire, comme le remarquent Denys d'Halicarnasse et Plutarque, celui qui seul a un père certain et légitime. Comme l'a ingénieusement montré M. Bernöft, on exprimait la même idée en disant que jadis patricien et ingénu c'était tout un[4]; car, en droit romain, les ingénus seuls ont un père reconnu, la loi romaine ne connaissant que la paternité légitime. Ces vieilles définitions s'expliquent aisément par notre hypothèse, si l'on admet, ce qui est fort probable, que la *confarreatio* est le plus ancien mode de *conventio in manum,* et que ce mode n'était point accessible aux plé-

---

[1] Gaius, I, 123 : « illa qua coemptionem facit non deducitur in servilem conditionem, at, a parentibus mancipati mancipatæve servorum loco constituuntur... Sed differentiæ ratio manifesta est, cum a parentibus et a coemptionatoribus iisdem verbis mancipio accipiantur quibus servi, quod non similiter fit in coemptione. »

[2] Kuntze : *Excursus,* 2e édit., 1880, p. 581. La *coemptio cum extraneo* (Gaius, I, 114, 115) est une imitation évidente de la *coemptio cum viro.*

[3] Discours de P. Decius Mus dans Tite-Live, X, 8, 10 et s. : « En unquam fando audistis patricios primo esse factos, non de cœlo demissos, sed qui patrem ciere possunt, id est, nihil ultra quam ingenuos. » — Dionys., II, 8 : « ὅτι πατέρας εἶχον ἀποδεῖξαι μόνοι. » — Plutarq.: *Quæst. rom.,* « πατέρας ἀυτῶν ἔχοντας ἀποδεῖξαι. »

[4] Festus : « *Patricios* Cincius ait in libro de Comitiis eos appellari solitos qui nunc ingenui vocantur. » Cf. Liv. X, 8.

béiens[1]. Ceux-ci alors ne pouvant contracter les *justæ nuptiæ*, source de la filiation légitime, auraient vécu dans des unions analogues au concubinat des temps postérieurs ; les enfants plébéiens, aux yeux de la loi, auraient eu une mère et point de père, des cognats et point d'agnats.

Mais ce n'est pas tout, un auteur allemand, M. Karlowa[2], pour établir ce droit antique, a produit ce texte important et qui paraît fournir un argument direct : c'est la formule de l'*adrogatio* telle que l'a conservée Aulu-Gelle. La demande adressée au peuple indique que l'adrogeant aura sur l'adrogé la puissance paternelle et le droit de vie et de mort, comme il l'aurait sur un fils né de son mariage légitime, et voici en quels termes cette idée est traduite : « Velitis, jubeatis, Quirites, uti Lucius Valerius Lucio Titio tam jure legeque filius sibi siet, quasi si ex eo patre *matreque familias ejus* natus esset; utique ei vitæ necisque in eum potestas siet, uti patri endo filio est, hæc ita uti dixi, ita vos, Quirites rogo[3]. » La femme dont les enfants, en vertu de leur naissance, sont soumis à la puissance paternelle est ici appelée *materfamilias*. Or, dans la vieille langue, ce mot désigne uniquement la femme *in manu mariti*, toute autre épouse ne portant que le titre d'*uxor*[4].

---

[1] Fustel de Coulanges : *La cité antique*, p. 375 et s. — Madvig : *Die Verfassung und Verwaltung des römischen Staates*, tom. I, p. 79. — Bernöft, *op. cit.*, p. 139. — Kuntze : *Excursus*, p. 583. — Les enfants nés *ex farreatis nuptiis* ont gardé fort tard des privilèges religieux qui conviennent très bien à la postérité légitime des anciens patriciens. Eux seuls étaient admis à certains sacerdoces (Tac., *Annal.*, IV, 16). Ils étaient désignés par un titre spécial : *patrimi et matrimi* (Servius *in Georg.*, I, 31), et seuls, pendant longtemps, purent figurer dans les cérémonies religieuses (Voy. Macrobe, *Saturn.*, I, 6). Au point de vue du droit sacré, ils furent donc, pendant longtemps, considérés seuls comme vraiment *ingenui;* or, on sait qu'à l'origine le droit civil, sur bien des points, se confondait avec le droit sacré.

[2] *Formen der römischen Ehe und Manus*, p. 71.

[3] *N. A.*, V, 19, § 9. — La partie essentielle de cette formule est d'ailleurs reproduite dans un texte de Proculus inséré au Digeste, L. 44, D. I, 7 : « Sic adoptavit ut etiam jure legis nepos suus esset, quasi ex Lucio puta filio suo et *ex matrefamilias* ejus natus esset. »

[4] Cic., *Top.*, III, 14. — Aulu-Gelle, IV, 3 ; III, 2 ; XVIII, 6.

La formule de l'adrogation nous reporterait donc à une époque où seuls étaient légitimes et soumis à la puissance paternelle par droit de naissance les enfants issus d'un mariage accompagné de *conventio in manum*[1].

Voici d'ailleurs comment s'explique ce vieux droit. Les Romains paraissent avoir considéré la paternité légitime comme inséparable de la *patria potestas;* pour eux, c'est seulement par la seconde que la première se révèle. En cela d'ailleurs ils ne diffèrent point des autres races congénères; pour l'antiquité tout entière la paternité légale c'est le droit du père sur l'enfant et pas autre chose. Mais en même temps les diverses branches de la famille indo-européenne paraissent avoir pensé au début que l'homme ne pouvait avoir la puissance sur son enfant que s'il avait déjà la puissance sur la mère : cela découlait peut-être de cette idée grossière que pour avoir droit au *partus* d'une femme, il fallait être seigneur et maître de celle-ci. De là, sans doute, les modes d'appropriation de la femme par vente ou enlèvement qui constituent les formes mêmes du mariage dans les coutumes primitives[2]. C'est sous l'empire de ces idées, atténuées et transformées, que les premiers Romains considérèrent l'acquisition de la *manus* sur l'épouse comme la condition nécessaire des *justæ nuptiæ*, de l'union qui devait produire la paternité légitime.

On doit croire, nous l'avons dit plus haut, que des trois modes de *conventio in manum mariti*, la *confarreatio* est

---

[1] Ce qui atténue quelque peu la force de cet argument, c'est que, comme nous le verrons, lorsque la *conventio in manum* ne fut plus une condition des *justæ nuptiæ*, pendant longtemps encore le mariage avec *manus* resta la règle dans la société romaine. On pourrait donc dire que la formule, en employant le mot *materfamilias*, a seulement visé le *quod plerumque fit*. Mais il est remarquable, que la loi 6. D. 1, 6, dans laquelle Ulpien donne la définition de la filiation légitime, emploie des termes tout différents : « Filium eum definimus qui ex viro *et uxor[e] ejus* nascitur. »

[2] Voyez mes additions à l'*Étude sur la condition privée de la femme* par Paul Gide, 2⁰ édition, p. 33. Kohler : *Studien über Frauengemeinschaft, Frauenraub, und Frauenkauf (Zeitschrift für vergl. Rechtswissenschaft,* tom. V, p. 334).

le plus ancien [1]. Lorsque apparurent la *coemptio* et l'*usus*, il est probable que l'une de ces deux innovations eut pour but de communiquer aux plébéiens l'institution de la paternité légitime et de l'agnation. Laquelle se produisit la première? Beaucoup d'auteurs donnent la priorité à la *coemptio*, qui aurait été, à côté du mariage religieux, le mariage civil, seul ouvert aux plébéiens [2]; puis l'*usus* serait venu, imitation de l'usucapion déjà née. De même que l'usucapion aurait eu d'abord pour but de valider les *mancipationes* ou *in jure cessiones* irrégulières, l'*usus* aurait été destiné à consolider les mariages appuyés sur une *confarreatio* ou une *coemptio* fautives. Plus tard, prenant encore une position parallèle à celle de l'usucapion lorsque celle-ci suit la tradition d'une *res mancipii*, l'*usus* aurait transformé en *justæ nuptiæ* les unions sérieuses que n'auraient accompagnées ni *confarreatio* ni *coemptio* [3]. Selon d'autres, l'*usus* serait une institution plus ancienne que la *coemptio*. Le caractère de brutalité qu'il présente, le fait qu'on le retrouve dans d'autres législations congénères, lui donnent les traits d'une institution primitive. Dans cette opinion, la *coemptio* aurait été créée pour éviter l'année d'épreuve et d'incertitude par laquelle l'union devait passer avant que l'*usus* la transformât en légitime mariage [4]. Cette hypothèse a beaucoup de vraisemblance; cependant, une objection assez forte s'élève contre elle. L'*usus*, aux yeux des Romains de l'époque classique, se ramène ouvertement à la théorie de l'usucapion [5]. Or, d'après cette théorie, telle

---

[1] On a cependant soutenu que la coexistence des trois modes résulte d'apports distincts faits à la législation commune par les diverses tribus dont l'union composa le peuple romain. Voyez, dans ce sens, l'ouvrage d'ailleurs si remarquable de M. Mac Lennan : *Primitive marriage*, 2e édit., 1876, p. 7 et s. Suivant cet auteur, l'ordre chronologique serait probablement : 1º *usus*, 2º *coemptio*, 3º *confarreatio;* seulement, l'*usus*, pendant longtemps, n'aurait été pratiqué que dans les classes inférieures de la population.

[2] Karlowa, p. 59, ss. — Fustel de Coulanges : *La cité antique*, p. 375.

[3] Karlowa, *op. cit.*, p. 65.

[4] Bernhöft, *op. cit.*, p. 187 et s.

[5] Gaius, I, 111 : « Usu in manum conveniebat quæ anno continuo nupta perse-

qu'elle est alors établie, pour que l'usucapion procède il
faut qu'elle s'appuie sur une *causa,* c'est-à-dire un acte
juridique impuissant à produire les effets qui naîtront de
l'*usucapio* accomplie, mais indiquant chez les parties l'intention de les produire. Dans l'*usus,* la *causa* ne peut être
que la volonté de l'homme et de la femme de se considérer
comme époux, ce qui suppose déjà une valeur légale reconnue au mariage sans *manus* et un progrès considérable
réalisé. Mais les conditions normales qu'impose le droit
classique à l'usucapion ne devaient point être exigées pour
l'*usus* naissant. Il n'y avait point, cela est certain, une
véritable possession; une *causa* véritable n'était pas non
plus nécessaire [1]. C'est sans doute l'introduction de l'*usus*
qui, pour la première fois, au contraire, donna une certaine valeur juridique à l'union de deux personnes vivant
comme mari et femme sans *conventio in manum.* Cette
union, jadis précaire, devait maintenant se transformer
à brève échéance en légitime mariage : cela représentait
comme un stage d'une année, pendant laquelle la femme
était « uxoris loco, cum viro sine legibus [2]. » C'est peut-
être à cette sorte de noviciat conjugal que songeait Virgile
lorsqu'il mettait ces mots dans la bouche de Didon : « Per
connubia nostra, per *inceptos* hymenæos [3]. »

Si tout cela n'est pas une illusion, si, comme nous
le croyons, ce vieux droit a laissé des traces suffisantes
pour qu'on puisse en affirmer l'existence sans trop de témérité, de très bonne heure cependant les Romains s'en
détachèrent. Ils admirent que, même sans *conventio in
manum,* le mariage produirait le principal effet des *justæ
nuptiæ,* la paternité légitime et la *patria potestas,* qui

verabat : quæ enim veluti annua possessione usucapiebatur. » La restriction exprimée par le mot *veluti* porte probablement sur *possessione,* non sur *usucapiebatur.*

[1] Voyez plus loin l'étude sur l'*histoire de l'usucapion.*

[2] Servius, *in Georg.,* I, 31 : « Tribus modis apud veteres nuptiæ fiebant; usu
si verbi gratia mulier anno uno cum viro licet sine legibus fuisset. »

[3] *Æn.,* III, 316.

n'en est point séparée. Dès que le consentement existait chez les futurs époux, et chez leurs *patres* s'il y avait lieu, et qu'en même temps la vie commune était possible, on devint mari et femme sans autre formalité. Ce résultat est déjà acquis la première fois que nous pouvons poser le pied sur un terrain solide; c'est le droit que consacre la première loi authentique qui nous ait été conservée, le texte des XII Tables. La loi des XII Tables, en effet, permettait aux femmes mariées d'interrompre l'*usus* au cours de chaque année et d'échapper ainsi à la *manus mariti*[1]. Cela suppose évidemment que le besoin le plus considérable qui avait fait introduire l'*usus* n'existait déjà plus. Dès lors, les enfants avaient le mari pour père, alors même qu'ils étaient issus d'un mariage sans *manus;* sans cela, en facilitant l'interruption de l'*usus,* le législateur eût favorisé un état de choses irrégulier et regrettable que le droit antérieur s'efforçait d'éliminer.

Quelles causes avaient produit cette évolution? On tient généralement qu'il faut voir là un progrès de l'esprit juridique, qui sait dorénavant distinguer le mariage de la puissance sur la femme, — et un signe de l'adoucissement des mœurs, la femme conservant sa personnalité juridique dans la nouvelle forme d'union. Une autre appréciation a été donnée récemment par M. Bernhöft. Il voit dans cette transformation une véritable décadence; on s'éloigne du mariage, tel que le conçoit l'idéal des Indo-Européens, et qui fait la famille une et forte sous le pouvoir de son chef. Selon M. Bernhöft, le mariage libre, qui se fait ainsi reconnaître, serait une vieille coutume de la population autochtone, que soumirent les envahisseurs ariens et qui forma la classe inférieure de la société; il se serait maintenu dans le bas peuple jusqu'au jour où, l'élément inférieur gagnant du terrain, il monte au même rang que le mariage avec *manus*, qu'il est destiné à re-

---

[1] Gaius, I, 111.

fouler[1]. C'est là une ingénieuse conception, mais qui ne paraît point encore suffisamment justifiée.

On peut remarquer que les coutumes germaniques, à l'époque où sont rédigées les *Leges*, n'ont pas encore atteint ce développement. L'acquisition du *mundium*, qu'on peut comparer à celle de la *manus*, paraît être la condition nécessaire de l'union légitime; si elle ne se confond pas avec la célébration même du mariage, elle en est le préliminaire obligé[2]. Là où cette *desponsatio* n'a pas eu lieu, les enfants sont hors de la puissance et de la famille de leur père[3]; par suite, la femme légitime est toujours soumise à la puissance de son mari[4]. Mais, à la différence de la *manus* romaine, le *mundium* germanique ne peut être acquis que par un seul mode : par voie d'achat. Ce résultat peut d'ailleurs s'expliquer. La *desponsatio*, en fait, représentait le consentement au mariage des parents qui avaient le *mundium* sur la fiancée[5], et, si elle était toujours

---

[1] Bernhöft, *op. cit.*, p. 179 et s. Cf. Voigt : *die XII Tafeln*, II, p. 703.

[2] Löning : *Geschichte des deutschen Kirchenrechts*, t. II, p. 579 et s. ; — Schröder : *Ehel. Gütterrecht*, p. 8 et s.

[3] *Alam. Hlot.*, 54 : « 1. Si quis filiam alterius non desponsatam acceperit sibi uxorem, si pater ejus eam requirit, reddat eam et cum quadraginta solidis eam componat. 2. Si autem ipsa femina sub illo viro mortuá fuerit, antequam ille mundium apud patrem adquirat, solvat eam patri ejus quadringintis solidis. 3. Et si filios aut filias genuit ante mundium, et omnes mortui fuerint, unumquemque cum wergildo suo componat patri feminæ. » Cf. 51, 2. — *Liut.*, p. 126 : « Si aldius cujusque aldiam alterius tulerit ad uxorem et filios ex ea procreaverit et mundium ex ea non fecerit, sint filii ejus aldiones cujus et mater fuerit. Nam si postquam ex ea mundium fecerit, filii nati fuerint, sicut in anteriore edicto continetur, patrem sequantur et talem legem cum patrono suo habeant qualem et pater eorum habuit. »

[4] C'est de là qu'est venue la puissance maritale du droit français. L'achat du *mundium* cessa bientôt de se pratiquer, mais l'effet qu'il produisait subsista après sa disparition : la puissance maritale demeura la conséquence nécessaire du mariage.

[5] *Lex Sax.*, VI : « 1. Uxorem ducturus ccc solidos det parentibus ejus. 2. Si autem *sine voluntate parentum*, puella tamen consentiente ducta fuerit, bis ccc solidos parentibus ejus componat. 3. Si vero *nec parentes nec puella consenserunt*, id est si vi rapta est, parentibus ejus ccc solidos, puellæ ccxl componat eamque parentibus restiituat. » — Greg. Tur., *H. F.*, IX, 33 : Prosequente igitur eam viro ejus dicebat : *quia sine consilio parentum eam conjugio copulasti non erit uxor tua.* »

nécessaire, c'est que les femmes étaient soumises à un *mundium* perpétuel. Un accord intervenait donc entre le fiancé et le *mundualdus*, et cet accord se manifestait sous la forme d'une vente au comptant du *mundium*, moyennant un prix toujours réel à l'origine, mais qui dans la suite devint souvent fictif[1]. Le pacte de famille prit cette forme, parce qu'au début le parent, qui cédait la femme pour ainsi dire, voulait une indemnité, et aussi parce que, dans le vieux droit germanique, le simple consentement ne crée point les contrats, une prestation effectuée, une *res*, étant le moyen le plus usité pour lier les volontés[2].

Chez les Romains aussi, tant qu'il n'y eut point de mariage légitime sans *conventio in manum*, tout mariage dut être précédé du consentement, non-seulement du *pater* de la femme, mais encore à son défaut des agnats; car, pour que la femme en se mariant tombât sous la *manus*, il fallut toujours l'autorisation ou de son *pater* si elle était *filia familias*[3] ou de ses tuteurs si elle était *sui juris*[4], seule l'acquisition de la *manus* par l'*usus* troublait quelque peu cette harmonie. Par ce mode, en effet, la *manus* était acquise sans le consentement formel du *pater*, contre la volonté des agnats[5]. Cependant en

---

[1] Un sou et un denier, d'après la loi Salique. Greg. Tur., *H. F.*, II, 18; *Form. Bignon*, 5, Lindenb., 75; Merkel., 17. Peut-être, à l'origine, était-ce la femme elle-même que vendaient les parents sans que sa volonté fût consultée. Löning, *op. cit.*, t. II, p. 579.

[2] Dès lors, le *mundium* était-il acquis et le mariage réalisé? On l'a soutenu : Sohm : *Eheschliessung*, p. 85 et s. Il est plus vraisemblable que pour que le *mundium* fût acquis et le mariage conclu, il fallait, de plus, la tradition de la fiancée et le commencement de la vie commune. Löning, *op. cit.*, II, p. 581 et s.

[3] *Collatio.*, tit. IV, c. 2, § 3 : « ea quæ, eo (patre) auctore, quum in potestate esset, in manum convenerit. »

[4] *Pro Flacco*, XXXIV, 84 : In manum... convenerat... coemptione? Omnibus ergo (tutoribus) auctoribus. »

[5] Nous dirons, plus loin, comment les agnats furent protégés contre l'*usus*; mais cette protection ne fut peut-être pas introduite tout d'abord. En effet, tant que la *manus* fut une condition essentielle de l'union légitime, il put être fort utile qu'elle pût être acquise, au moins *usu*, sans le consentement des agnats. Sans cela, ceux-ci étant sans doute peu disposés à donner un consentement qui

réalité on ne pouvait point même dans ce cas se passer
du consentement du *pater*, car celui-ci, tant que l'*usus*
ne s'était pas accompli, pouvait reprendre sa fille, au
besoin la revendiquer; et l'on protégea les agnats contre
l'*usus mariti* par une ingénieuse interprétation juridique[1].

Mais lorsque la *conventio in manum* cessa d'être une
condition essentielle des *justæ nuptiæ*, il fallut établir, en
vue du mariage libre, une nouvelle théorie sur l'autorisation familiale nécessaire pour contracter mariage. La jurisprudence qui l'établit prit pour point de départ, non l'âge
des futurs époux et la protection qu'il pouvait nécessiter,
mais la puissance paternelle et ses conséquences recon-
nues. Pour la *filiafamilias* comme pour le *filiusfamilias*,
on exigea le consentement du *paterfamilias*, et l'on ne
pouvait s'en passer, car la *patria potestas* lui donnait le
droit de reprendre à son gré sa fille ou de chasser sa bru
de la maison; mais on n'exigea rien de plus[2]. Bien que
les femmes *sui juris* fussent soumises à la tutelle perpétuelle, rien ne peut faire croire qu'il leur ait jamais fallu
le consentement de leurs tuteurs pour contracter mariage,
indépendamment de toute *conventio in manum :* le tuteur
n'ayant aucun droit sur la personne de la femme pubère,
on n'avait que faire de son consentement[3], et l'on n'exigea

leur portait préjudice, les femmes *sui juris* n'auraient pas pu la plupart du temps
contracter les *justæ nuptiæ*.

[1] Voir plus loin, p. 33.

[2] La règle qui pour le mariage d'un *filiusfamilias*, lorsqu'il se trouve sous la
puissance de l'*avus*, exige en outre le consentement de son père, fils de famille
comme lui, me paraît être une addition relativement récente.

[3] On trouve cependant dans Tite-Live (IV, 9), le récit fort curieux d'un mariage
à l'occasion duquel interviennent les tuteurs d'une jeune fille. La scène se passe,
il est vrai, non à Rome, mais dans une ville latine, à Ardée. Il s'agit d'une « virgo
plebeii generis, » recherchée à la fois par deux jeunes gens, l'un plébéien
comme elle, et l'autre noble. Le premier prétendant a pour lui les tuteurs de la
jeune fille, « tutoribus fretus; » l'autre est favorisé par la mère, « nobilis superior
judicio matris. » Voici comment le débat se termine : « Cum res peragi intra pa-
rietes nequisset, ventum in jus est. Postulatu audito matris tutorumque magistratus secundum parentis arbitrium dant jus nuptiarum. » Mais l'intervention de la
mère, le rôle prépondérant qu'elle joue, nous transportent dans une législation

pas non plus le consentement de la mère ou des parents plus éloignés qui n'avaient pas la puissance sur l'enfant[1].

Le mariage étant désormais un acte dépourvu de formes, le consentement du *paterfamilias* dut avoir le même caractère. Sans doute, il suffisait d'un simple concours de volontés[2]. Mais cet accord était d'ordinaire préalable au mariage et se produisait sous une forme qui donnait aux parties une sécurité plus grande. Il intervenait des *sponsiones*, usitées encore dans le *Latium* au temps de la loi Julia et qu'Aulu-Gelle nous décrit d'après Servius Sulpicius et Nératius[3]. Le père de famille, de part et d'autre, s'engageait à donner son enfant en mariage : après avoir stipulé, chaque partie promettait à son tour de réaliser

---

toute différente de l'ancien droit romain. — D'autre part, on a cru trouver, dans un fragment d'Ulpien, la preuve que la femme *sui juris* avait besoin du consentement de son tuteur pour se marier : Voyez M. Accarias : *Précis de droit romain,* I³, p. 186, note 1. Ce passage (Ulp., XI, 22) est ainsi conçu : « Item ex senatus-consulto tutor datur mulieri ei, cujus tutor abest, præterquam si patronus sit, qui abest : nam in locum patroni absentis alter peti non potest, nisi ad hæreditatem adeundam *et nuptias contrahendas.* » Mais je remarque que, dans le passage célèbre où Ulpien lui-même énumère limitativement (XI, 27) les cas dans lesquels « tutoris auctoritas necessaria est mulieribus, » le mariage n'est point mentionné, et l'on ne saurait le faire rentrer dans aucune des catégories d'actes indiqués. J'en conclus que le paragraphe 22 du titre XI des *Fragments* doit recevoir une autre interprétation. Il vise probablement, non la conclusion du mariage, mais la constitution de dot qui l'accompagnait et pour laquelle l'*auctoritas tutoris* était nécessaire, les termes *ad nuptias contrahendas* s'expliquent par une façon de parler trop rapide. Cf. Ulp., XI, 20 : « Ex lege, Julia de maritandis ordinibus tutor datur a prætore urbis ei mulieri virginive, *quam ex hac ipsa lege nubere oportet,* ad dotem dandam dicendam, promittendam, si legitimum tutorem pupillum habeat. »

[1] C'est seulement au Bas-Empire que des constitutions exigent, pour le mariage de la fille *sui juris* mineure de vingt-cinq ans, le consentement du père, de la mère, ou des plus proches parents. Accarias : *Précis,* I³, p. 186.

[2] Cela ressort peut-être d'un passage de Tite-Live, IV, 4. Discours de Canuleius demandant qu'on reconnaisse le *connubium* entre plébéiens et patriciens : « Nemo plebeius patriciæ virgini vim adferret; patriciorum ista lubido est. Nemo invitum *pactionem nuptialem* quemquam facere coegisset,.. quod privatorum conciliorum ubique semper fuit, ut in quamcumque convenisset domum nuberet, *ex quâ pactus esset* vir domo in matrimonium duceret, id vos sub legis superbissimæ vincula conjicitis. »

[3] *N. A.,* IV, 4.

l'union projetée, et dans toutes ces *sponsiones*, une peine était fixée en cas de non-exécution. Cela fait, le fiancé romain, ou plutôt son père qui le représentait, avait la même sécurité que le fiancé germain après l'achat du *mundium*[1]. Telle était la portée originaire des fiançailles, et Varron, rapportant les vieux termes, donne, avec une étymologie peut-être douteuse, son véritable sens à l'opération : « Spondebatur pecunia aut filia nuptiarum causa, appellabatur et pecunia et quæ desponsa erat *sponsa;* quæ pecunia inter se contra sponsum rogata erat *sponsio;* cui desponsa quo (quæ) erat *sponsus;* quo die sponsum erat, *sponsalis.* Qui spoponderat filiam, despondisse dicebatur quod de sponte ejus i. e. de voluntate exierat; non enim si volebat, dabat, quod sponsu erat alligatus[2]. »

Lorsque le mariage libre eut été reconnu comme union légitime et que la femme trouva dans le droit des XII Tables le moyen d'interrompre l'*usus,* il semblerait que la *conventio in manum* ne dut plus être considérée que comme un contrat de mariage, dans le sens que nous donnons aujourd'hui à ce mot. D'autre part, bien qu'elle eût certains avantages pour les enfants et pour la femme, comme elle constituait pour celle-ci un régime matrimonial assez rigoureux, il semblerait qu'elle dut devenir assez vite exceptionnelle et peu usitée. Il n'en est rien cependant. Pendant longtemps encore, presque jusqu'aux derniers jours de la République, le mariage avec *manus* fut en réalité le droit commun. Aux yeux de la loi et de la société, il représentait la seule union qui fût conforme à l'idéal vrai du mariage. C'est que si le mariage libre et le mariage avec *manus* produisaient l'un et l'autre la paternité légitime, ils différaient, croyons-nous, sur un point capital. C'est la question du divorce qui se posa pendant longtemps sur l'antagonisme des deux sortes

[1] Macr. : *Saturn.*, I, 6.
[2] *L. L.*, VI, 70, 71.

d'union ; et les interprètes, en donnant au mariage sans *manus* le nom de mariage libre, ont d'avance traduit notre pensée.

II.

Dans la conception la plus ancienne qu'en eurent les Romains, le mariage est une union que la mort seule doit rompre. Cela ressort des définitions traditionnelles que répètent encore les jurisconsultes de l'époque classique : c'est « Consortium omnis vitæ [1], — viri et mulieris conjunctio individuam vitæ consuetudinem continens [2]. » Il est probable, en effet, qu'à l'origine, la forme la plus ancienne du mariage, la *confarreatio,* ne comportait pas le divorce. Les *nuptiæ farreatæ* du flamine de Jupiter, reflétant sans doute le droit primitif, conservèrent ce caractère [3]. Le même trait se retrouve dans un passage d'Apulée, où le conteur donne sûrement à son récit une couleur archaïque. C'est à la fin de l'histoire de Psyché : après toutes les épreuves subies, Jupiter récompense Psyché en la mariant à Cupidon ; et dans l'Olympe, il préside à la *confarreatio* que sur la terre le flamine accomplit en son nom. Voici les paroles dont il accompagne cette *conventio in manum* : « Jam faxo nuptias *non impares, sed legitimas et jure civili congruas.* » ... Porrecto ambrosiæ

---

[1] L. 1, D. XXIII, 2.

[2] *Inst.,* I, 9, 1.

[3] Aulu-Gelle, *N. A.,* X, 15, 23 : « Matrimonium flaminis, nisi morte, dirimi non est jus. » — Festus : « Flammeo amicitur nubens ominis boni causa, quod leo assidue utebatur flaminica, id est, flaminis uxor, cui non licebat facere divortium. » — Denys d'Halicarnasse déclare expressément que les *nuptiæ farreatæ,* es seules que Romulus aurait réglementées, formaient une union indissoluble, *Antiq.,* II, 25 : « Ἐκάλουν δὲ τοὺς ἱεροὺς οἱ παλαιοὶ γάμους, Ῥωμαϊκῇ προσηγορίᾳ περιλαμβάνοντες, Φαῤῥάκια... εἰς σύνδεσμον δ᾽ἀναγκαῖον οἰκειότητος ἔφερεν ἀδιαλύτου ὁ Ῥωμύλος), καὶ τὸ διαιρῆσαν τοὺς γάμους τούτους οὐδὲν ἦν. »

poculo : « Sume inquit, Psyche, et immortalis esto, nec unquam digredietur a tuo nexu Cupido, *sed istæ vobis erunt perpetuæ nuptiæ.* » Nec mora, cum cœna nuptialis affluens exhibetur... *Sic rite convenit Psyche in manum Cupidinis* [1]. »

Il est vrai que les autres formes de conventio in manum paraissent n'avoir jamais eu ce caractère, et la confarreatio, si tant est qu'elle en fut d'abord marquée, le perdit de bonne heure : au moyen d'une *diffarreatio,* le mariage put être dissous [2], sauf peut-être certaines expiations religieuses [3]. Mais ce qui resta longtemps dans l'esprit des Romains, c'est cette idée, que, les deux époux vivants, le mariage ne devait se dissoudre que par la volonté du mari. Selon Plutarque, tel était l'objet précis d'une loi de Romulus [4]. Qu'il y ait eu vraiment une loi de Romulus sur ce point, cela paraît inadmissible; mais on doit tenir pour certain que cette soi-disant loi, comme les autres *leges regiæ,* exprime, en substance, sinon dans les détails, une vieille coutume nationale [5].

Remarquons d'abord que les témoignages concordants des auteurs classiques nous montrent un temps très long, pendant lequel, conformément à la prétendue loi de Romulus, le droit de divorcer n'est exercé que par le mari. Les premiers divorces, rapportés par les anciens auteurs, mettent en scène des maris qui répudient leurs femmes : tel est Carvilius Ruga [6]; tels Sulpitius Gallus et P. Sempronius qui suivirent son exemple [7]. Un passage de la loi

---

[1] *Metam.,* lib. VI, édit. Oudendorp, t. I, p. 426 et suiv.

[2] Festus, v° *Diffarreatio.* — Orelli, n° 2648.

[3] Plut. : *Quæst. rom.,* 22 : « Τὸν δ'ἀποδόμενον γυναῖκα θύεσθαι χθονίοις θεοῖς. »

[4] *Quæst. rom.,* 22 : « Ἔθηκε δὲ καὶ νόμους τινάς (ὁ Ῥωμύλος) ὧν σφοδρὸς μὲν ἔστιν ὁ γυναικὶ μὴ διδοὺς ἀπολείπειν ἄνδρα, γυναῖκα δὲ διδοὺς ἐκβάλλειν ἐπὶ φαρμακείᾳ τέκνων ἢ κλειδῶν ὑποβολῇ καὶ μοιχευθεῖσαν, εἰ δ'ἄλλως τις ἀποπέμψαιτο τῆς οὐσίας αὐτοῦ τὸ μὲν τῆς γυναικὸς εἶναι τὸ δὲ τῆς Δήμητρος ἱερὸν κελεύων. »

[5] Sur cette question générale, voyez M. Bernhöft, *op. cit.,* p. 11 et suiv.

[6] Gell., *N. A.,* IV, 3, 2; XVII, 21, 24. Plut. : *Compar. Thesei cum Romulo* (Reiske, t. I, p. 155); *Compar. Lycurg. cum Numa* (Reiske, I, p. 309).

[7] Plutar. : *Quæst. rom.,* 11.

des XII Tables, cité par Cicéron, ne vise que la répudiation de la femme[1]; c'est encore le mari divorçant que
Caton met en scène dans son discours *De dote*[2]. Enfin, on
connaît le passage célèbre du *Mercator* de Plaute, qui ne
laisse aucun doute : « Par Castor, dit Syra, les femmes
vivent sous une loi bien dure et bien injuste, les misérables, si on les compare aux hommes. Le mari prend-il une
maîtresse à l'insu de sa femme, et celle-ci l'apprend-elle,
il est impuni. Si la femme, à l'insu de son mari, sort seulement de la maison, c'est pour le mari un grief suffisant :
elle est répudiée (*exigitur matrimonio*). Plût au ciel que
la loi fût la même pour le mari et pour la femme! Une
femme vertueuse se contente d'un seul homme, pourquoi
un mari ne se contenterait-il pas d'une seule femme? Les
femmes sont renvoyées (*exiguntur*), lorsqu'elles ont commis
quelque faute; eh bien! je le dis en vérité, si les maris
étaient traités de même, lorsqu'ils prennent une maîtresse
à l'insu de leur femme, on verrait plus d'hommes privés
de leurs femmes qu'on ne voit aujourd'hui de femmes privées de leurs maris[3]. »

Mais cette situation boiteuse, ce droit du mari tenant
seul dans ses mains le maintien du mariage, sont une simple conséquence de la *manus;* et voilà pourquoi, pendant
si longtemps, le mariage avec *manus* se maintint victorieu-
sement à côté du mariage libre qui, sur ce point, forme
avec lui un contraste parfait.

Rien de plus fragile que le mariage sans *manus;* il pouvait à chaque instant se rompre contre la volonté du mari.
Le plus souvent, la femme en se mariant était encore *filiafamilias*. Le père alors conservait la puissance sur sa fille
et devait la conserver jusqu'au bout, s'il empêchait l'*usus*
de s'accomplir; mais, par là même, il restait maître de

---

[1] *Philip.*, II, 28, 69 : « Illam suas res sibi habere jussit, ex duodecim ta-
bulis claves ademit, exegit. »
[2] *N. A.*, X, 23, 4 : « Vir cum divortium facit, mulieri judex pro censore est. »
[3] *Mercator*, act. IV, sc. 5, v. 3 et suiv.

briser l'union, soit de son propre mouvement, soit à la prière de son enfant. Ce n'est peut-être pas qu'on lui reconnût d'abord le droit de dénoncer le divorce; mais il pouvait rendre impossible toute vie conjugale en reprenant sa fille; à cet effet, il put, à l'origine, revendiquer la *filiafamilias*[1]; plus tard, intenter contre le mari l'interdit *de liberis exibendis*[2]. Dans la suite, on vit dans l'acte du père un véritable divorce[3], et Cicéron nous a conservé des vers dans lesquels une jeune femme reproche à son père l'usage cruel qu'il fait de ce droit :

> « Injuria abs te adficior indigna, pater;
> « Nam si improbum Chresphontem existimaveris,
> « Cur me huic locabas nuptiis? Sin est probus
> « Cur talem invitam invitum linquere cogis[4]? »

On voit que le mari pouvait être séparé de sa femme, alors même que le meilleur accord régnait entre eux; cependant, comme sans doute le père seul et non la fille pouvait dénoncer le divorce, il y avait encore là une certaine garantie contre les caprices féminins[5].

Si maintenant la femme est *sui juris*, c'est à ses caprices que le mari reste exposé; la femme pourra divorcer sans

---

[1] L. 1, § 2, D. vi, 1.

[2] L. 3, § 3, D. xliii, 30.

[3] L. 5, C., V, 7 : « Dissolvere matrimonium. » Le mariage ne peut subsister là où la vie commune est impossible. L. L., 8; 12. § 4; 14, § 1, D. xlix, 15.

[4] *Ad Heren.*, II, 24, 38. Cicéron donne aussi la réponse que peut faire le père : « Nulla te indigna, nata, adficio injuria. — Si probus est collocavi; sin est improbus, — Divortio te liberabo incommodis. » Ou encore il pose ainsi le dialogue : « Nam si improbum Chresphontem existimaveras. — Cur me huic locabas nuptiis? Duxi probum, — Erravi; post cognovi et fugio cognitum. »

[5] Il semble résulter d'un passage de Macrobe, *Satur.*, I, 6, que le mari prévoyant cet exercice possible de la puissance paternelle pouvait s'assurer un recours semblable à celui d'un acheteur évincé : « Asinæ cognomentum Corneliis datum est, quoniam princeps Corneliæ gentis, empto fundo *seu filia data marito, cum sponsores ab eo solemniter poscerentur*, asinam cum pecuniæ onere produxit in forum, quasi pro sponsoribus præsens pignus. » Mais, si tant est que ce passage repose sur une donnée exacte, les *sponsores*, dont il est question, n'accédaient-ils pas simplement à la promesse ou *sponsio* qui constituait les fiançailles, ou plus simplement encore à la promesse de dot?

motif et impunément[1]; elle n'a pour cela qu'à quitter la maison conjugale : elle fait route à part, *divertit*[2]. Le mari qui n'a point la puissance sur elle, n'a aucune action pour la ramener au foyer. Le mariage sans *manus*, c'est l'union libre, comme on dirait de nos jours. Ces traits, qu'il montre sous l'Empire, il dut les avoir toujours; il n'est parlé d'aucune loi qui y ait introduit ce divorce effréné, et écarté d'anciennes restrictions.

Si le mari avait acquis la *manus*, la situation était tout autre. La femme était-elle *filiafamilias* avant son mariage, du coup, la puissance paternelle tombait; le mari n'avait pas à craindre que le père, déchu de son droit, ramenât sa fille dans une famille à laquelle elle n'appartenait plus. Un texte du temps de l'Empire, rappelant cette menace perpétuelle qui pèse sur la tête d'une femme mariée et *filiafamilias*, se termine par cette réflexion : « Emancipatæ vero filiæ pater divortium in arbitrio suo non habet[3]. » Cela est vrai de la femme *in manu* comme de la femme émancipée. La *manus* consolide le mariage : c'est la protection du mari contre son beau-père.

C'est aussi une arme contre la femme. La femme *in manu* ne peut divorcer à son gré. *Filiafamilias*, elle n'aurait pas pu divorcer sans la volonté de son père, qui s'imposait à elle; maintenant, elle est *loco filiæ* à l'égard de son mari; elle ne peut divorcer que par la volonté de celui-ci[4]. Divorcer, pour la femme, c'est s'éloigner de son époux, cesser la vie commune. Or, le mari, en vertu de la *manus*, peut revendiquer la femme comme il pourrait la manciper[5]; et celui qui donnerait asile à la fugitive

---

[1] Le régime de la dot a pu, pendant longtemps, corriger ces inconvénients. Voy. P. Gide : *Du caractère de la dot en droit romain*, p. 39.

[2] Le mot *divertere* ne fut employé d'abord que pour le divorce provoqué par la femme. Voy. Freund et Theil, *Dictionnaire de la langue latine*, v{is} *Divortium, Divertere*. — Lorsque le mari imposait le divorce, on disait de lui : *repudiat, divortium facit.*

[3] L. 5, C. V, 7.

[4] Voy. dans ce sens, Kuntze : *Cursus der Institutionen*, 2e édit., p. 545.

[5] Gaïus, I, 118, 118a.

pourrait être poursuivi comme voleur[1]. Sans doute, il
peut, lui, répudier cette femme, et il est juste alors qu'il
abdique sa puissance sur elle; mais en la répudiant, il use
de cette puissance même, il agit comme juge domestique.
Ce qui le prouve bien, c'est que, s'il prononce la répudiation sans réunir un conseil de famille, il commet une faute
grave que punira le censeur[2]. Divorcer, c'est donc faire
acte de juge; la femme ne peut jouer ici que le rôle de
justiciable. Tout au plus, si la répudiation est injuste,
pourra-t-elle, à un autre point de vue, porter l'affaire devant un autre tribunal, où son mari sera son adversaire,
et obtenir la restitution d'une partie de sa dot par cette
action *rei uxoriæ* dont P. Gide a si bien démontré le caractère quasi-pénal.

C'est ainsi que dans l'ancien droit germanique, où
toujours le mari avait le *mundium* sur sa femme, lui
seul avait le droit de divorcer. Le mariage avait pour
fondement le contrat de fiançailles intervenu entre le
mundualdus et le mari : ce dernier pouvait toujours s'affranchir des charges du mariage et renvoyer l'épouse,
sauf, s'il agissait sans motifs valables, à payer une
amende qui fut attribuée d'abord aux parents de celle-ci,
puis à elle-même. « Au contraire, ni la femme ni ses
parents ne pouvaient, de leur seule volonté, rompre
le mariage; la première, parce que, dans le mariage,
elle se trouvait sous la puissance de son mari, à laquelle
elle ne pouvait pas plus se soustraire qu'à celle de son
tuteur naturel; les seconds, parce que le tuteur naturel
avait, lors du mariage, transféré sa puissance au mari.
C'est seulement assez tard que, sous l'influence du droit
romain, on reconnut à la femme le droit de divorcer
pour certains motifs déterminés; mais, hors de ces cas,
jamais elle ne pouvait rompre l'union, tandis que le

---

[1] Gaïus, III, 199.
[2] Val. Max., II, 9, 2.

mari le pouvait toujours[1]. » Est-il étonnant que, sur ce point, la *manus* romaine ait produit le même effet que le *mundium* germanique?

La doctrine que nous soutenons ici n'est point nouvelle. Heineccius l'indiquait déjà en substance dans son commentaire sur les lois Julia et Papia Poppæa[2]. Mais aujourd'hui, il faut le dire, elle paraît se heurter à une phrase des Commentaires de Gaius. Dans ce passage mutilé (I, 137), le jurisconsulte établit un parallèle entre la fille de famille et la femme *in manu*. Après avoir déclaré que la *filiafamilias* ne peut jamais forcer son père à la mettre hors de sa puissance, il dit qu'en principe il en est de même de la femme *in manu* à l'égard de son mari[3]; mais il relève une exception à ce principe : « Nihilo magis potest cogere quam filia patrem, sed filia quidem nullo modo patrem potest cogere, etiamsi adoptiva sit; hæc autem virum, repudio misso, proinde compellere potest atque si ei nunquam nupta fuisset. » Ne voilà-t-il pas un texte très clair, qui donne à la femme *in manu* le droit de divorcer?

On pourrait contester que tel soit le véritable sens de la phrase de Gaius. Elle ne dit pas, en effet, de qui émane le *repudium*, et en maintenant à ce mot son sens propre et rigoureux[4], on pourrait songer à une répudiation venant du mari. On traduirait ainsi le passage : « La femme *in manu*, lorsque son mari lui a envoyé le *libellus repudii*, peut forcer celui-ci à la remanciper; » et le sens serait très acceptable. Le mari qui répudiait sa femme aurait pu vouloir garder sur elle la

---

[1] Löning : *Geschichte des deutschen Kirchenrechts*, t. II, p. 618.

[2] *Opera omnia*. Genev. 1767, t. III, p. 243 : « Saltim olim Romulus, uti jam Plutarchus observavit, maritis non sine causa sontica, uxoribus nullo modo divortia permiserat, quam legem et in decem Tabulas migrasse e loco Ciceronis colligunt (*Philip.*, II, c. 28). Sed et Plauti temporibus nondum uxoribus jus videtur fuisse divortendi a maritis. »

[3] A la différence, ajoutait sans doute Gaius, de celle qui n'est tombée *in manu* que *fiduciæ causa*, laquelle pouvait toujours exiger une *remancipatio*.

[4] L. 101, § 1, D. L, 16.

manus, qui existe, on le sait, en dehors du mariage. Cela eût été injuste, exorbitant, et on ne le permettait pas.

Mais à l'époque de Gaius, le mot *repudium* désigne aussi le divorce provoqué par la femme, et le sens général de la phrase paraît emporter cette dernière traduction. Il faut donc dire qu'à cette époque la femme *in manu* peut dénoncer le divorce à son gré et, comme conséquence, obliger son mari à la remanciper. Mais alors la *manus* touche à son déclin, et le divorce, au contraire, est devenu une institution d'ordre public. Il paraît impossible de ne pas voir là une altération de l'ancien droit, un échec apporté par le temps à la majesté du *paterfamilias*. Celui-ci, selon la conception ancienne, n'a pas de compte à rendre à ceux qui sont sous sa puissance. Il fait l'usage qu'il veut de ses pouvoirs, presque absolus, à peine limités par l'adjonction d'un conseil de famille : de ce qu'il fait, il n'est responsable que devant le censeur. Prenons un exemple dans une autre matière. Lorsque nous lisons dans un texte[1] que l'esclave peut avoir une action contre son maître pour le forcer à l'affranchir, alors même que nous ne connaîtrions pas l'histoire des fidéicommis, ne serions-nous pas en droit d'affirmer que c'est là une règle nouvelle, incompatible avec l'esprit et la rigueur de l'ancienne législation? Il en est de même du droit que Gaius reconnaît à la femme *in manu*. On peut même croire qu'il y eut là, sinon une innovation législative[2], du moins, une interprétation logique de la législation des lois caducaires.

---

[1] L. 44, D. xl, 5 : « De libertate fideicommissaria præstanda servus cum domino recte contendit. »

[2] Des lois sûrement vinrent toucher au régime de la *manus*. Gaius, I, 111 : « Hoc totum jus partim *legibus* sublatum est, partem ipsa desuetudine obliteratum est. » Tacite (*Ann.*, IV, 6), rapporte un discours de Tibère, proposant au Sénat de réformer le régime de la *manus* parce qu'on ne trouve plus pour les hauts sacerdoces de patriciens issus *ex confarreatis nuptiis;* il rappelle des réformes antérieures accomplies par Auguste : « Sicut Augustus quædam ex horrida illa antiquitate ad præsentem usum flexisset. »

Les jurisconsultes, s'appuyant peut-être sur un texte précis, traduisant fidèlement en tout cas l'esprit des *leges,* établirent que la faculté de divorcer était d'ordre public, et que toute convention contraire était nulle[1]. Dès lors, si l'on avait maintenu au mariage avec *manus* ses effets traditionnels, il aurait fourni à la femme le moyen de tourner cette règle : il fallait donc que la femme *in manu* eût le droit de divorcer. Ce droit nouveau fut-il même introduit plus tôt? on ne saurait le dire; mais sûrement, à l'époque de Plaute, il n'existait pas encore.

Il faut remarquer d'ailleurs, que le droit de l'Empire nous fournit un autre exemple de ces unions, mal équilibrées en apparence, où le droit de divorcer n'appartient qu'au mari. La loi Julia ou Papia Poppæa interdisait le divorce à l'affranchie qu'avait épousée son patron ; celui-ci pouvait au contraire la répudier[2]. En donnant cette allure boiteuse à ces mariages inconnus jusque-là[3], le législateur des lois caducaires copiait sans doute un ancien type, car bientôt les jurisconsultes ne comprendront plus très bien cette combinaison[4], et ce titre ancien ne pouvait être que le mariage avec *manus*. Le patronat fait ici ce que la *manus* faisait jadis.

Jusqu'aux derniers temps de la République, une différence considérable séparait donc le mariage libre et le mariage avec *manus*. Aussi, seule aux yeux des anciens,

[1] L. 2, C. viii, 39 (rescrit d'Alexandre Sévère) : « Libera matrimonia esse antiquitus placuit, ideoque pacta, ne liceret divertere et stipulationes, quibus pœnæ irrogentur ei, qui quæve divortium fecisset, ratas non haberi constat. » Il semble que cette phrase soit calquée sur un texte de loi.

[2] L. 11, D. xxiv, 3.

[3] Les mariages entre ingénus et affranchis étaient sans doute prohibés par l'ancien droit romain, peut-être furent-ils permis pour la première fois par la loi Julia, L. 23, D. xxiii, 2. Le mariage entre la *patrona* et l'affranchi reste prohibé dans le droit postérieur.

[4] Ulpien (L, 11, pr. D. xxiv, 2), n'admet pas que le divorce voulu par l'affranchie ne soit pas valable (et cependant la loi le dit expressément); selon lui, par ce divorce le mariage est rompu, seulement le législateur a enlevé à l'affranchie le *connubium,* le droit de se remarier, tant que le patron ne consent pas à divorcer. Cf., L. 45, D. xxiii, 2.

la femme *in manu* avait dans sa plénitude la dignité d'é-
pouse. Elle seule était solidement unie au mari dont elle
prenait le rang; seule, devant la loi civile, elle était unie
à ses enfants par les liens de la parenté; seule, elle portait le titre auguste de *materfamilias*. Quant à la simple
uxor, ce n'était qu'un hôte de passage au foyer conjugal;
sans doute, ses enfants étaient légitimes, mais elle et ses
enfants n'étaient point membres de la même famille.

Ces sentiments sont mis en lumière par deux définitions
du mot *pellex*, empruntées à deux époques différentes.
Voici la plus ancienne que nous a conservée Aulu-Gelle :
« Pellicem appellatam probrosamque habitam quæ juncta
consuetudine esset *cum eo in cujus manu mancipioque alia
matrimonii cuusa foret*[1]. » La plus récente est rapportée
par le jurisconsulte Paul : « Granius Flacus in libro *De
Jure Papiriano* scribit pellicem nunc vulgo vocari quæ
cum eo cui uxor sit corpus misceat[2]. » De cette comparaison, il résulte que jadis on notait d'infamie la concubine
d'un homme marié seulement lorsque la femme légitime
était soumise à la *manus;* alors seulement la dignité du
mariage était offensée. Plus tard, on donna cette satisfaction à l'opinion publique, alors même que la maîtresse
ne portait le trouble que dans un mariage libre. C'est
donc qu'aux temps anciens la femme qui n'était pas *in
manu mariti* était bien près d'être regardée elle-même
comme une concubine[3].

En tombant sous la *manus,* si la femme perdait jadis
le droit de divorcer librement, elle obtenait d'ailleurs,
par contre, certaines garanties contre une répudiation
émanant du mari. S'il y avait eu *confarreatio,* le divorce
appelait la cérémonie de la *diffareatio,* et la vieille reli-

---

[1] *N. A.,* IV, 3, 3.

[2] L. 144, L, 16. — Cf. Paul Diacre, v° *Pellices.*

[3] Peut-être cela ressort-il d'une autre définition, obscure d'ailleurs, et probablement fort ancienne, du mot *pellex* que Paul (L. 144, D. L, 16) rapporte encore d'après Granius Flaccus : « Quosdam eam (pellicem vocari) quæ *uxoris
loco sine nuptiis in domo sit,* quam παλλακὴν græci vocant. »

gion infligeait sans doute une pénitence au mari qui abusait de son droit. Alors même que la *manus* avait été acquise par des modes purement civils, le mari, nous l'avons dit plus haut, ne devait point répudier sa femme sans réunir un conseil de parents. Dans le mariage libre, au contraire, il suffit d'un mot, et le divorce est accompli : parfois même ce sera un esclave ou un affranchi qui, sans plus de cérémonie, apportera à la femme l'ordre de départ :

« Collige sarcinulas, dicet libertus, et exi[1]. »

On comprend maintenant comment il se fit que le mariage avec *manus* fut pendant longtemps le plus usité, soit qu'il y eût *conventio in manum* volontaire, soit qu'on laissât l'*usus* s'accomplir. C'était le mariage normal, celui que visait d'ordinaire le législateur. Par là s'expliquent certains traits curieux de l'action *rerum amotarum*. Telle qu'elle nous apparaît à l'époque classique, cette action, dans son application normale, suppose un vol commis par un des époux au préjudice de l'autre, et à l'occasion d'un divorce[2] : ordinairement aussi, l'époux voleur a été répudié par son conjoint[3]. Mais, de plus, on a clairement observé qu'à l'origine l'action était donnée au mari contre la femme, jamais à femme contre le mari. « Les textes, dit M. Albert Desjardins, où l'on recherche le principe et l'origine de l'action *rerum amotarum,* ne parlent que

---

[1] Juvénal, Sat., VI, v. 145. Cela est absolument vrai pour le droit antérieur à l'Empire. La loi *Julia de adulteriis,* ordonna, il est vrai, que tout divorce fût constaté en présence de sept témoins citoyens Romains au nombre desquels ne pouvait figurer l'affranchi de l'époux qui divorçait, L. 9, D. xxiv, 2. Mais même après la loi *Julia* il n'est point certain que les divorces irréguliers dans la forme fussent privés de tout effet juridique. Voy. Schirmer : *Die formlose Scheidung nach der lex Julia (Zeit. für Rechtsgechichte,* tom. XI, p. 355).

[2] L. 11, § 2, D. xxiv, 2 : « Non solet nisi ex divortio oriri. »

[3] L. 11, pr. D. xxv, 2 : « Marcellus libro octavo Digestorum scribit sive vir uxorem, sine uxor virum domo expulit, et res amoverunt, rerum amotarum teneri. »

du mari demandeur et de la femme demanderesse[1]; Ulpien se couvre encore de l'autorité de Marcellus pour établir sur ce point l'égalité entre les époux[2]. »

Cette particularité, si nettement indiquée, n'a pas été
suffisamment expliquée[3]. Elle se justifie très bien, si l'on
admet que l'action *rerum amotarum* ne fut créée qu'en
vue du mariage avec *manus*. On comprend alors qu'elle
ne pût être dirigée que contre la femme; car, d'un côté,
la femme seule peut être répudiée, et c'est certainement
dans la répudiation et dans le ressentiment qu'elle entraîne qu'on voyait le mobile du vol; d'autre part, et surtout, un vol commis par le mari au préjudice de la femme
ne se conçoit pas : l'épouse n'a rien en propre; tout, dans
le ménage, appartient à l'époux.

Cette hypothèse paraît pleinement confirmée lorsqu'on
examine de près le texte où Paul reproduit les diverses
considérations par lesquelles on a justifié la création de l'*ac-*
tio rerum amotarum : « Paulus, lib. VII, ad Sabinum. Rerum amotarum judicium singulare introductum est adversus eam, quæ uxor fuit, quia non placuit cum ea furti
agere posse, quibusdam existimantibus ne quidem eam furtum facere, ut Nerva, Cassio, quia societas vitæ quodam
modo dominam eam faceret, aliis ut Sabino et Proculo,
furto quidem eam facere, sicut filia patri faciat, sed furti
non esse actionem constituto jure; in qua sententia et Julianus rectissime est[4]. » Ces motifs, appliqués à la situa-

---

[1] L. L., 1, 2, D. xxv, 2.
[2] *Traité du vol dans le droit romain,* p. 277.
[3] Voici ce que dit M. Desjardins, p. 284 : « L'action *r. a.*, doit appartenir à
cette époque où l'on s'aperçut que les divorces devenaient trop nombreux, qu'ils
étaient souvent inspirés par un vil intérêt, et même précédés de manœuvres frau-
duleuses destinées à les rendre plus avantageux. Si en droit elle pouvait être
exercée indistinctement par les deux époux, ceux qui l'établirent ne songèrent
qu'à fournir une arme au mari; c'est lui qui en fait avait ordinairement l'occasion de s'en prévaloir. Les témoignages historiques du siècle qui fut le dernier
de la République et le premier de l'Empire, nous montrent, en effet, que c'était
de la part des femmes qu'on redoutait le plus l'abus du divorce. »
[4] L. 1, D. xxv, 2.

tion de la femme dans le mariage libre, ne sont plus que des considérations morales; appliqués au contraire à celle de la femme *in manu*, ils reprennent leur précision juridique. Tous convenaient que l'action *rerum amotarum* avait été créée parce que l'action *furti* ne pouvait être intentée contre la femme. L'épouse dont il s'agit ne peut voler son mari, disaient Nerva et Cassius, car elle est en quelque sorte copropriétaire des biens de son époux : cela ne convient-il pas à merveille à la femme *in manu*, *heres sua* de son mari? D'autres jurisconsultes, Sabinus, Proculus, Julien, comparaient cette épouse à une *filiafamilias* : elle peut bien, disaient-ils, voler son conjoint, comme la *filiafamilias* peut voler son père, mais l'action *furti* ne naît point contre elle : cela ne s'applique-t-il pas, au pied de la lettre, à la femme *in manu* qui, pour son mari, est *loco filiæ*[1]? Enfin le nom même donné à l'action, semble rappeler d'une façon pittoresque le fait qui lui donna naissance. *Res amotæ*, cela représente un paquet qu'on emporte. Le mari a répudié la femme; celle-ci étant *in-manu*, n'a rien à elle; mais sans aucun doute, en dehors de toute restitution de dot, le mari lui laissait prendre ses linges et hardes, comme dit notre loi française. L'épouse répudiée n'était-elle pas tentée bien souvent d'aller plus loin et de grossir par un larcin le *mundus muliebris* qu'elle emportait?

Ainsi l'*actio rerum amotarum*, à l'origine, ne s'appliquait qu'au mariage avec *manus*, qui formait encore le droit commun. Elle ne s'appliquait point au mariage libre : là aussi, cependant, à l'occasion du divorce, la femme pouvait voler le mari et même le mari voler la femme. Laissait-on ces actes impunis? Non, sûrement; mais sans doute

---

[1] M. Baron, qui a adopté notre interprétation de la loi 1, D. xxv, 1, ajoute que pour lui la main des compilateurs de Justinien se fait nettement reconnaître dans les mots « adversus eam quæ uxor fait, » lesquels sont une interpolation. Voyez, compte rendu de cette étude dans la *Kritische Vierteljahresschrift*, N. F., tom. VII, p. 598.

on donnait alors à la victime l'action *furti*. Juridiquement, rien n'entravait sa naissance ou son exercice ; et, le mariage libre étant considéré comme une union d'ordre inférieur, aucune objection morale ne s'élevait contre l'emploi de cette action. Mais, dans la suite, la *manus* se fit de plus en plus rare, et en même temps le mariage libre monta dans l'estime publique. La simple *uxor* acquit le titre de *materfamilias*, que conférèrent les mœurs et non plus la jurisprudence [1] : Alors il parut inconvenant de donner contre elle l'action *furti*, qu'on remplaça par l'action *rerum amotarum*. Mais les motifs sur lesquels s'appuya cette application nouvelle de l'action diffèrent profondément de ceux qui soutenaient l'ancienne : « *In honorem matrimonii,* nous dit Gaius, turpis actio adversus uxorem negatur[2]. » Dès lors, il était logique de donner cette même action contre le mari, lorsqu'à l'occasion du divorce il commettait un vol, et c'est ce qui eut lieu en effet.

III.

La *manus mariti* était condamnée à disparaître rapidement le jour où, la liberté du divorce s'imposant comme un principe, on reconnut le droit de divorcer à la femme *in manu*. Dès lors la *manus* ne produisait plus que des effets pécuniaires, plus gênants encore qu'ils n'étaient utiles. Au point de vue des droits de famille, la *conventio in manum* ne servait plus qu'à protéger contre l'autorité arbitraire de son beau-père celui qui épousait une

---

[1] L. 46, § 1, D. L, 16 (Ulpien) : « Matremfamilias accipere debemus eam, quæ non inhoneste vivit ; matrem enim familias a ceteris feminis mores discernunt, atque separant ; proinde nihil intererit, nupta sit an vidua, ingenua sit an libertina ; nam neque nuptiæ neque natales faciunt matremfamilias, sed boni mores. »

[2] L. 2, D. xxv, 2.

filiafamilias. Bientôt cette garantie devint inutile, le danger ayant disparu. Une jurisprudence nouvelle, introduite par des constitutions impériales, enleva au père le droit de rompre un mariage bien uni, réduisant presque à rien son ancien pouvoir[1]. On refusa au père agissant contre le mari l'interdit *de liberis exibendis*[2]; bien plus, renversant tous les anciens principes, on donna au mari un interdit, *de uxore exhibenda et ducenda,* pour réclamer l'*uxor* que le père, invoquant sa puissance, aurait ramenée malgré elle au foyer paternel[3].

Dès lors, il fallait effacer la *manus mariti* des lois romaines; ou, si on la conservait encore, on ne pouvait y voir qu'une sorte de contrat de mariage impliquant une confiance entière de la femme en son mari. Mais alors l'acquisition de la *manus* ne devait jamais résulter que d'une convention; il fallait abolir celui des modes d'acquisition qui n'était point conventionnel, c'est-à-dire l'*usus.*

Depuis bien longtemps déjà, l'*usus* n'était plus l'événement inévitable qui devait au bout d'un an ramener tous les mariages au droit commun : la loi des XII Tables avait pris soin d'en régler la facile interruption. Il n'est point vraisemblable cependant que, pour favoriser le mariage libre, les décemvirs aient introduit cette interruption, impossible avant eux. Ils régularisèrent plutôt une pratique confuse et incommode.

Dans le mariage libre, la femme pouvait toujours s'éloigner du mari, le père reprendre sa fille, si elle était sous sa puissance. Prenons ce dernier cas comme étant le plus fréquent. Le *pater,* qui ne voulait pas voir tomber sa puissance par l'accomplissement de l'*usus,* avait un

---

[1] L. 5, C. v, 17. — Paul : *Sent.,* V, 6, 15. — L. 4, C. xxiv, 2. Voy. M. Accarias, *op. cit.,* t. I, 2ᵉ édit., p. 223 et suiv.

[2] L. 1, § 5, D. xliii, 30.

[3] L. 2, D. xliii, 30 (Hermogénien) : « Imo magis de uxore exibenda ac ducenda pater etiam, qui filiam in potestate habet, a marito recte convenitur. »

moyen à sa disposition. Il pouvait, par un divorce, reprendre sa fille avant l'expiration de l'année fatale, sauf
à la rendre bientôt après au mari, pour la reprendre de
nouveau avant qu'une nouvelle année se fût écoulée. Mais
cela était difficilement praticable. Dans ces conditions,
l'union fragmentaire des deux époux se serait composée
d'une série de mariages quasi-annuels : cela n'était point
conforme à l'intention des parties. Mais si, sans dénoncer
un divorce formel, le père se contentait de reprendre tous
les ans sa fille pendant quelques jours, pouvait-on voir
dans ces absences un fait assez caractéristique pour que
l'usucapion fût considérée comme interrompue? Cela était
soutenu sans doute, mais cela pouvait faire difficulté. La
loi des XII Tables décida qu'il en serait ainsi, fixant d'une
manière précise le nombre des jours que devait comprendre l'*usurpatio*.

Le législateur avait voulu seulement donner la solution
d'une difficulté pratique; mais, par là même, il ouvrait
au mariage libre un large champ d'application, en faisant
de l'interruption de l'*usus* une simple formalité. Cependant, la *trinoctii usurpatio* ne devait être pratiquée que
dans l'hypothèse plus haut choisie, celle où elle opérait
au profit d'un *pater*, la femme étant *filiafamilias* : alors,
en effet, l'autorité du père justifiait l'absence de la femme ·
qui rentrait pour trois jours au foyer paternel. Mais l'*uxor
sui juris*, si, contre la volonté du mari, elle abandonnait
pendant trois nuits le lit conjugal, ne devait-elle pas craindre une juste répudiation? On arrêta bientôt pour elle et
d'une autre manière l'accomplissement de l'*usus*.

La femme *sui juris* était en tutelle, le plus souvent sous
la tutelle de ses agnats. Pour les intérêts pécuniaires que
ceux-ci représentaient, pour la conservation des biens
dans les familles, il importait fort que la femme ne tombât
pas *in manum mariti*. On avait admis dans le plus ancien
droit que la *coemptio*, et sans doute aussi la *confarreatio*,
ne pourrait avoir lieu sans l'autorisation de tous les tu-

teurs légitimes [1]. La jurisprudence les protégea également
contre l'*usus,* et voici comment. Gaius nous apprend (II,
47) que d'après la loi des XII Tables les *res mancipi* appartenant à une femme soumise à la tutelle de ses agnats,
ne pouvaient point être usucapées à moins qu'elles n'eussent été livrées par elle-même *tutore auctore;* c'était
encore une règle en vigueur au temps de Cicéron [2]. Les
jurisconsultes s'emparèrent de cette règle, et considérant
peut-être que la *manus* sur la femme, qui s'acquérait par
mancipation dans la *coemptio,* pouvait être assimilée aux
res mancipi, ils décidèrent que la femme soumise à la
tutelle des agnats ne pourrait point, si ceux-ci n'avaient
pas donné leur consentement, tomber par *usus* sous la
manus de son mari; c'est ce que Cicéron déclare encore
fort nettement [3].

Ainsi restreint, l'*usus* existait encore à l'époque de
Cicéron. A l'époque de Gaius, il a été totalement aboli. Il
le fut, nous dit ce jurisconsulte, par l'action combinée
des lois et du temps [4]. Quelles sont ces lois dont parle
Gaius? Le pluriel, qu'il emploie seul, pourrait faire songer
aux lois caducaires : mais nous ne savons rien à cet égard.
En tout cas, elles ne firent pas tout, et peut-être la
jurisprudence ne fut-elle pas étrangère à cette abolition de
l'*usus.* Il est permis de former une conjecture à cet égard.

La tendance était, nous l'avons vu, d'appliquer à l'*u-
sus* les règles de l'usucapion. Or, ces règles ne semblent

---

[1] Cic. : *Pro Flacco,* XXXIV, 84.

[2] *Ad Atticum,* I, 5, 6 : « Id mirabamur te ignorare, de tutela legitima, in
qua dicitur esse puella, nihil usu capi posse. » D'après ce passage ce ne seraient
point seulement les *res mancipi,* mais bien toutes les choses comprises dans la
tutelle légitime, qui seraient soustraites à l'usucapion. Dans ce sens, Voigt : *Die
XII Tafeln,* II, p. 237. Mais Cicéron a probablement négligé de préciser la formule
dans une lettre.

[3] *Pro Flacco,* XXXIV, 84 : « In manum, inquit convenerat. Nunc audio,
sed quæro usu an coemptione? Usu non potuit. Nihil enim potest de tutela
legitima nisi omnium tutorum auctoritate deminui. »

[4] I, 111 : « Sed hoc totum jus partim legibus sublatum est, partim ipsa desue
tudine obliteratum est. »

pas avoir été toujours les mêmes : la théorie fut sans
doute au début, tout autre qu'elle se montre plus tard,
et même assez grossière. Certains indices permettent,
en particulier, de croire qu'à l'origine on n'exigeait point
une possession véritable ayant tous les caractères qu'elle
dut présenter dans la suite, et qu'il suffisait d'une jouissance telle qu'elle, pourvu qu'elle fût exercée *animo domini*. La terminologie parle en ce sens : le vieux mot
usus a précédé le mot *possessio*, et la succession de
ces termes différents semble indiquer un changement
dans la conception. De plus, selon la théorie primitive,
on pouvait usucaper certains droits qui ne comportaient
pas une possession véritable, d'après l'idée que les
jurisconsultes se firent plus tard de la possession : les
servitudes s'acquéraient jadis par usucapion[1]; dans la
suite, on déclara qu'elles ne pouvaient être usucapées
n'étant pas susceptibles d'une véritable possession[2], et
la loi Scribonia ne fit peut-être que consacrer législa-
tivement ce changement de la théorie. On peut croire
que ce mouvement d'idées ne fut pas sans influence
sur la disparition de l'*usus*. Pouvait-on permettre encore
cette sorte d'usucapion, avec les idées plus fines sur la
possession, qui s'étaient dégagées? Ici, aucune possession
ne pouvait se concevoir, qu'on vît dans la *manus* ou dans
la femme elle-même[3] l'objet de l'usucapion.

Lorsque l'*usus* eut disparu, la *coemptio* et la *confarreatio*
subsistèrent encore. La *coemptio*, nous l'avons dit, dut être
employée quelquefois comme contrat de mariage : la
femme qui la consentait se reposait entièrement en son

---

[1] L. 4, § 29, D., XLI 1, 3 : « Libertatem servitutum usucapi posse verius
est quia eam usucapionem sustulit lex Scribonia, quæ servitutem constituebat,
non etiam eam quæ libertatem præstat sublata servitute. »

[2] L. 14, pr. D. VIII, 1; cf. L. 20, *ibid.*

[3] Gaius, I, 90 : « Per eas vero personas quas in manu mancipiove habemus,
an possessio adquiratur quæri solet *quia ipsas non possidemus.* » Aussi Gaius
dit-il de la femme qui tombait *per usum* sous la *manus* (I, 111) : « Veluti annua
possessione usucapiebatur. »

mari. Encore un document presque contemporain des lois
caducaires, la *laudatio funebris* de Turia [1], nous montre-
t-il que toutes les femmes qui voulaient donner à leur
époux une pareille marque de confiance, n'avaient point
recours à la *coemptio*. Si la sœur de Turia, « *femina sanc-
tissima* [2], » fait *coemptio* avec son mari Cluvius [3], Turia
elle-même n'est point tombée sous la *manus*, et cependant
elle a abandonné à son mari le gouvernement de toute sa
fortune, contractant peut-être avec lui une *societas omnium bonorum* [4].

Chose remarquable, c'est le plus ancien mode d'acquisition de la *manus*, la *confarreatio*, qui paraît avoir survécu aux deux autres. Il se conserva fort tard dans la Rome
païenne [5]. En effet, selon les rites, ceux-là seuls qui étaient
nés *ex confarreatis nuptiis* pouvaient être appelés à certains sacerdoces; et la femme du flamine de Jupiter devait
être sous la *manus* de son mari. Mais, dès l'époque de
Tibère, le législateur prit soin de rendre inoffensives quelques-unes de ces *conventiones in manum* en leur enlevant
tout effet civil [6].

[1] Bruns : « *Fontes juris Romani antiqui*, » la donne comme ayant été composée entre les années 746 et 752 u. c.

[2] *Laudatio*, I, 9.

[3] I, 16 : « Sororem omnium rerum fore expertem quod emancupata esset
cuvio. » Le père même de Turia avait fait *coemptio* avec sa femme (probablement une seconde femme), I, 13, 14 : « Temptatæ deinde estis ut testamentum
patris, quo nos eramus heredes, ruptum diceretur coemptione facta cum uxore. »

[4] I, 37 et suiv. : « Omne tuum patrimonium acceptum a parentibus communi
deligentia conservavimus, neque enim erat adquirendi tibi cura, quod totum
mihi tradidisti, officia ita partiti sumus ut ego tutelam tuæ fortunæ gererem, tu
meæ custodiam sustineres. »

[5] Une inscription (Orelli, n° 2648) mentionne un *sacerdos confarreationum et
diffarreationum*. M. Karlowa (*Formen der röm. Ehe*, p. 26), établit que cette inscription est postérieure à Commode et antérieure à Constantin.

[6] Tacite, *Ann.*, IV, 6 : « Sub idem tempus de flamine diali in locum Servilii
Maluginensis defuncti legendo, simul roganda nova lege disseruit Cæsar. Nam patricios, confarreatis parentibus genitos, tres simul nominari, ex quibus unus lege-
retur, vetusto more. Neque adesse ut olim eam copiam, omissa confarreandi ad-
suetudine, aut inter paucos retenta. Plures ejus rei causas adferebat, potissimam
penes incuriam virorum feminarumque : accedere ipsius cærimoniæ difficultates

Voilà bien des hypothèses accumulées en peu de pages. Le lecteur jugera si l'enchaînement des idées et leur concordance avec les quelques témoignages que nous ont laissés les anciens donnent à l'ensemble une certaine solidité.

quæ consulto vitarentur, et quando exiret e jure patrio qui id flaminium apisceretur, quæque in manum flaminis conveniret. Ita medendum senatus decreto aut lege : sicut Augustus quædam ex horrida illa antiquitate ad præsentem usum flexisset. Igitur tractatis religionibus placitum instituto flaminum nil demutari. Sed lata lex qua flaminica dialis, sacrorum caussa in potestate viri, cætera promiscuo feminarum jure ageret. » Cf. Gaius, I, 136.

LE TESTAMENT DU MARI

DONATIO ANTE NUPTIAS.

Beaucoup d'anciennes législations font à la femme mariée, quant à ses droits pécuniaires, une condition à la
fois rigoureuse et privilégiée. D'un côté, le plus souvent,
les biens qu'elle apporte en se mariant passent sous la
domination du mari qui en a la jouissance ou même la
propriété; au cours du mariage, elle ne peut acquérir
sans le consentement du mari, qui, bien souvent encore,
a la jouissance ou la propriété de cés acquêts. D'autre
part, on fait à la veuve d'importants avantages; non-seulement son apport lui est restitué, mais encore elle a de
larges gains de survie, prélevés sur la fortune de son mari
défunt.

Ces idées, si familières aux coutumes germaniques, ont
guidé également les anciens Romains; mais, dans l'application, ceux-ci leur ont donné un tour particulier conforme à leur génie.

A Rome, la forme la plus ancienne de l'union légitime,
celle qui resta longtemps dominante, fut le mariage avec
manus[1]. Tout ce qui appartenait à la femme lors de la
conventio in manum, tout ce qu'elle acquérait dans la

[1] Voyez l'étude qui précède sur *La manus, la paternité et le divorce dans l'ancien
droit romain*.

suite, se confondait dans le patrimoine de son mari, et si elle mourait la première, la confusion était irrévocable, et rien ne venait en tempérer les effets. Si, au contraire, le mari prédécédait, les droits de la veuve n'étaient point méconnus : la succession *ab intestat* s'ouvrait-elle, la femme, *sua hæres*, venait à côté des enfants prendre une part virile ; à défaut d'enfants elle recueillait tout. Mais c'était là un accident fort rare dans les mœurs romaines. Le plus souvent, le *paterfamilias* avait testé, et alors l'usage, comme je vais le montrer, lui imposait toute une série de dispositions testamentaires en faveur de sa femme, qui assuraient à celle-ci, avec la reprise de son apport, des gains de survie importants.

Aux yeux des anciens Romains, c'est un devoir précis pour le mari que d'assurer à sa veuve une vie digne et facile : c'est la compensation du rôle humble et effacé que la femme a dû tenir, au point de vue juridique, pendant la durée du mariage. Mais ce devoir, ce sont les mœurs et non les lois qui l'imposent au mari : la loi ne lui fournit que le moyen de le remplir, en lui ouvrant le droit de tester. Il agira librement, dans sa pleine souveraineté de chef de famille, lorsqu'il fixera les droits pécuniaires de sa femme dans l'acte suprême qui doit clore son règne domestique.

Les anciens Romains, en effet, ont eu l'idée de cette communauté des biens dans la famille qui, chez les Germains et les Slaves, produit parfois des effets si nets et si puissants[1] : mais, tant que vit le père, ils n'en ont fait naître aucun droit des membres contre le chef[2]. Dans ce patrimoine que gouverne le *paterfamilias* et qui est le sien, se trouvent confondus bien des apports divers ; le bien de la femme, le travail des enfants ont contribué à le

---

[1] Voyez, par exemple, Czylahrz : *Zur Geschichte des ehelichen Güterrechts im bömisch-mährischen Landrecht*, 1883, p. 1, ssv.

[2] Si ce n'est peut-être le droit de provoquer, le cas échéant, l'*interdictio re et commercio* du *paterfamilias*. Voy. Voigt : *Die XII Tafeln*, § 164, tom. II, p. 726, ssv.

grossir; mais c'est le père seul qui fixera dans son testament la part de chacun. Faire son testament, c'est donc pour lui s'acquitter d'un grand devoir moral : ne pas le faire, c'est éviter de payer une dette sacrée, c'est le fait d'un homme sans conscience et d'un dépositaire infidèle. Voilà pourquoi, sans doute, et non sans raison, les Romains regardaient comme quasi-déshonoré celui qui mourait *intestat*[1].

Avec le mariage sans *manus* on pourrait croire que le testament du mari perdit pour la femme beaucoup de son importance. Il n'en fut point ainsi, et il ne cessa pas d'être à son égard un acte de justice distributive. Le mari, en effet, était propriétaire de la dot, et, pendant longtemps, la loi ne donna aucune action à la femme survivante pour en réclamer la restitution. Tant qu'il en fut ainsi, la simple *uxor* ne recouvra ses biens dotaux qu'en vertu d'une clause du testament de son mari, et si celui-ci mourait *intestat,* elle était moins bien traitée que la femme *in manu;* elle n'était point *sua hæres* comme cette dernière, et le préteur lui-même, lorsqu'il l'appela à la succession par l'édit *Unde vir et uxor,* ne lui donna qu'un rang bien éloigné parmi les *bonorum possessores.* Sous l'influence de ces principes, l'habitude du *legatum dotis* s'enracina tellement qu'elle subsista, alors que l'*actio rei uxoriæ* eut atteint son complet développement.

Les dispositions testamentaires que l'usage dictait au mari en faveur de la femme *in manu* dépassaient de beaucoup la restitution de la dot; elles lui faisaient sa part dans cette fortune du *paterfamilias,* qui seule avait profité

---

[1] Voici ce que Fronton écrit à Marc-Aurèle. Il est question de testaments, qu'on devait envoyer des provinces à Rome pour la décision d'un procès : « Qui mos si fuerit inductus ut defunctorum testamenta ex provinciis transmarinis Roman mittantur, indignius et acerbius testamentorum periculum erit quam si corpora mittantur defunctorum qui trans maria testantur. Nam his quidem nullum ferè gravius periculum perveniet... At ubi testamentum naufragio sumbersum est, illa demum et res et domus et familia naufraga atque insepulta est. » Lettres de Marc-Aurèle et de Fronton, édit. Cassan, tom. I, p. 155-6.

de son labeur et de sa vigilance. Ces libéralités persistè-
rent en faveur de la simple *uxor*. Sans doute, celle-ci
avait conservé la faculté d'acquérir pour elle-même ou
pour le père dont elle devait hériter un jour. Mais cette
faculté d'acquérir ne pouvait être productive que si la
femme avait un fonds à faire fructifier : or, il semble que,
pendant longtemps, la femme ne reçut rien de sa famille
en dehors des biens qu'elle apportait en dot[1]; les paraphernaux ont tenu, pendant longtemps, une place peu
importante dans le droit matrimonial romain[2]. Dans le
mariage libre comme dans le mariage avec *manus,* la
veuve avait bien droit à une récompense.

D'ailleurs, les legs du mari à sa femme répondaient en
partie à des besoins qui sont de tous les temps, et ils four-
nirent aux Romains un moyen commode pour corriger
les inconvénients que présenta la prohibition des donations entre époux.

Je voudrais ici retrouver, à l'aide des textes, les clauses
qui étaient de style dans le testament du mari, et montrer aux diverses époques la portée de ces dispositions[3]. Je

---

[1]. Cela semble attesté par l'habitude chez le père de léguer à sa fille sa dot,
tout en l'exhérédant. L. 10, § 2, D. xxxiv, 1; L. 21, D. xxxiii, 5.

[2] Les jurisconsultes de l'époque classique parlent fort rarement des biens paraphernaux. L. 9, § 3, D. xxiii, 3; L. 95, pr. D. xxxv, 2. Cette classe de biens, qui
avait un nom spécial en Gaule et en Grèce, n'en avait pas à Rome. Jadis on
les avait désignés par l'épithète *recepticia.* Aulu-Gelle, *N. A.,* xvii, 6, 1 et 6 :
« Quando mulier dotem marito dabat, tum quæ ex suis bonis retinebat neque ad
virum transmittebat ea recipere dicebatur; sicuti nunc in venditionibus recipi
dicuntur, quæ excipiuntur neque veneunt. » Cf. Festus, v° *Recepticium;* Non.
Marc., 56, 6 et 12. Cette terminologie indiquait clairement le caractère tout exceptionnel des biens non dotaux de la femme. Plus tard, l'expression *dos recepticia* fut employée dans un autre sens. Ulp., vi, 5. La pratique que constate
Ulpien dans la loi 9, § 3, D. xxiii, 3, montre que, de son temps, les biens paraphernaux avaient généralement peu d'importance.

[3] Dans les habitudes romaines, le testament était autant l'œuvre de la jurisprudence qui en fournissait le modèle que du testateur qui y déposait ses volontés.
Pour le rédiger, l'assistance d'un jurisconsulte était presque nécessaire; c'était
faire un grand éloge d'un scribe que de dire qu'il pouvait rédiger les testaments
sans cette assistance. Voy., par exemple, Wilmanns, *Inscript.,* n° 2473 : « Testamenta scripsi annos XIV sine jurisconsulto. »

montrerai ensuite comment, au Bas-Empire, s'établirent pour la femme des gains de survie conventionnels ou légaux, qui reléguèrent au second plan le testament du mari.

§ 1.

LE TESTAMENT DU MARI.

I.

Nous trouvons au Digeste de nombreux textes qui nous montrent un mari instituant sa femme héritière[1]; et c'était certainement la règle lorsque la femme se trouvait *in manu mariti.* Celle-ci était alors *hæres sua* de son mari; il fallait par conséquent qu'elle fût instituée par lui ou exhérédée, et le plus souvent il l'instituait; ce qui le prouve, c'est que le premier, le plus important des legs qu'il lui fera porte dans l'usage le nom de legs précipu-taire, « *prælegatum dotis*[2]. » Cependant il devait arriver assez souvent que le mari exhérédât *bona mente* la femme *in manu* avec les filles et les petits-fils, leur laissant, à titre de legs, leur part dans le patrimoine; il réservait alors à ses fils le titre d'héritier et le règlement de la

---

[1] Voy. LL. 34, § 3; 53, § 1, 77; 88, § 16; 89 pr., § 7, D. xxxi; LL. 44 pr., §§ 7, 14; 42, D. xxxii; LL. 13, § 1; 21, § 2, D. xxxiii, 1; L. 21, D. xxxiii, 5; LL. 14; 41, § 14, D. xl, 5.

[2] On a soutenu que l'expression *prælegatum dotis* n'emportait point l'idée de legs précipitaire, et s'expliquait par l'idée de restitution (V. Dirksen : *Manuale,* v° *Prælegare);* mais ce point de vue est traduit par l'expression *dos relegata.* On a prétendu aussi que l'on disait *prælegare dotem* « quod, antequam ejus reddendæ dies venerit, ea numerari a mariti hæredibus jubetur » (Vicat : *Vocabularium juris utriusque,* v° *Prælegare*). Mais c'est une étymologie peu vraisemblable. Il est plus naturel de conserver ici au mot *prælegare* son sens propre, le seul qu'il pût avoir pour l'école Sabinienne (Gaius, II, 217, ssv.).

succession [1]. Mais je croirais que moins fréquemment que
les filles et les petits-fils, la *materfamilias* était rayée du
nombre des héritiers.

Même dans le mariage libre, la femme est souvent
instituée par son mari. Parmi les textes du Digeste qui
contiennent de semblables institutions, quelques-uns sans
doute se rapportent à une femme *in manu* [2]; mais dans le
plus grand nombre il s'agit d'une simple *uxor*. Peut-être
doit-on attribuer cela à la force des anciennes habitudes;
mais, d'autre part, ces textes attestent chez les contemporains des grands jurisconsultes un profond respect de
l'épouse, et font le plus heureux contraste avec les témoignages des philosophes et des satiriques. Souvent la mère
est instituée à côté de son fils [3]; parfois la fille est exhérédée alors que la mère est instituée avec le fils [4]. Fréquemment, en inscrivant sa femme au nombre de ses
héritiers, le mari lui remet le soin de sa sépulture [5], ou
lui donne la mission de veiller après lui sur ses intérêts
les plus chers [6].

[1] Ce qui ferait croire à cette exhérédation fréquente de la femme *in manu*,
des filles et des petits-fils, c'est que, tandis que le fils doit être exhérédé *nominatim*, toutes ces personnes peuvent être exhérédées *inter cæteros* (Gaius, II,
128; Ulp., xxii, 20). Leur exhérédation était donc considérée en quelque sorte
comme une clause de style. Mais en même temps le *paterfamilias* leur laissait
leur quote-part de la succession, peut-être dans un *legatum partitionis*. Le *jus
accrescendi*, qu'on reconnut à ces personnes lorsqu'elles avaient été omises,
dut être mesuré sur la part de biens qu'on leur léguait d'ordinaire dans les
testaments qui contenaient la clause : *cæteri exheredes sunto*.

[2] Voy. LL. 14 et 41, § 14, D. xl, 5. Il est dit dans ces textes que la femme
instituée *abstinuit ab hereditate;* on peut en conclure qu'elle est *heres sua*, puisqu'elle fait usage du *jus abstinendi*.

[3] L. 77 pr., D. xxxi : « Cum pater filias eorumque matrem heredes instituisset »
(cf. L. 89, *eod. tit.;* L. 41 pr., §§ 7, 14, D. xxxii).

[4] L. 21, D. xxxiii, 5 : « Filium et uxorem heredes scripsit, filiam exheredavit
et ei legatum dedit, cum in familia nuberet, centum. »

[5] L. 42, D. xxxii : « Titius heredes instituit Seiam uxorem ex parte duode-
cima, Mæviam ex reliquis partibus, et de monumento quod sibi exstrui volebat,
ita cavit : « Corpus meum uxori meæ volo tradi sepeliendum et monumentum
exstrui. »

[6] L. 41, § 14, D. xxxii : « Heredis scripti fidei commiserat ut Seiæ uxori uni-

Mais la partie la plus importante comme la plus intéressante dans le testament du mari, c'est l'ensemble des
legs en faveur de la veuve, dont l'usage lui imposait au
moins les principaux. Il y avait là une série de clauses
qui étaient de style [1] et dont l'interprétation se rattachait
à une conception spéciale des droits de l'épouse [2]. Essayons
de les reconstituer.

II.

Le premier en ordre de ces legs, celui qui, pendant
longtemps, fut le premier en importance, c'est le *legatum
dotis.* Son origine remonte sûrement à une époque où la
femme survivante n'avait pas droit à la restitution de sa
dot. Même quand il instituait sa femme héritière, le mari
détachait de son patrimoine, comme une valeur étrangère,
la dot qu'elle y avait apportée et la lui attribuait à titre
de legs préciputaire, *prælegatum dotis* [3]. A plus forte raison la femme recevait-elle ce legs lorsqu'elle n'était pas

versam restitueret hereditatem, et uxoris fidei commisit in hæc verba : « A te,
Seia, peto, ut quidquid ad te ex hereditate mea pervenerit, exceptis his, si
quæ tibi legavi, reliquum omne reddas restituas Mæviæ infanti dulcissimæ : a
qua Seia satis exigi veto cum sciam eam potius rem aucturam quam detrimento
futuram. » — L. 21, § 2, D. xxxiii, 1 : « Filium ex dodrante, uxorem ex qua-
drante instituit heredes et filii fidei commisit, ut novercæ restitueret hereditatem, ab ea autem petiit, ut infirmitatem filii commendatam haberet, eique mens-
truos aureos ·denos præstaret, donec ad vicesimum quintum annum ætatis
pervenerit, cum autem impleret eam ætatem, partem dimidiam hereditatis ei
restitueret. »

[1] L. 45, D. xxxii : « In usu frequentissimo versatur, ut *in legatis uxoris* adji-
ciatur quod ejus causa parata sint. » — L. 33, § 1, D. *ibid. :* « Uxori suæ *inter
cætera* ita legavit. »

[2] L. 29, pr. D. xxxii. Il s'agit d'un legs fait à une concubine et non à une
uxor : « Labeo id non probat, quia in hujusmodi legato non *jus uxorium* sequendum, sed verborum interpretatio esset facienda. »

[3] L. 1, §§ 6, 13, l. 9; L. 15, l. 17, D. xxxiii, 4; L. 54, l. 78, § 14, D. xxxvi,
1; L. 27 pr., D. xxxiii, 2.

instituée héritière. Le legs de la dot est souvent qualifié dans les textes *relegatum dotis*[1] : cette expression indique bien nettement l'idée d'une restitution ; c'est un bien qui retourne au véritable ayant droit.

Ces deux termes *prælegatum* et *relegatum* sont d'ailleurs employés pour désigner un autre legs qui se rapproche fort de celui de la dot par les motifs sur lesquels il repose : le legs du pécule au *filiusfamilias*. Le pécule qu'administre le fils déjà grandi en âge n'est-il pas en réalité sa création et sa chose? Peut-être même a-t-il rendu à la caisse du père les premières avances grâce auxquelles il s'est formé. Comme droit à son pécule, le fils peut invoquer le titre qui justifie le mieux la propriété, c'est-à-dire le travail. En léguant par préciput le pécule au fils[2] et la dot à la femme, le *paterfamilias* accomplit un même acte de justice distributive : les mêmes expressions employées de part et d'autre montrent que cette pensée fut bien celle des anciens Romains.

L'habitude de léguer à la femme sa dot persista, nous l'avons dit, après que l'action *rei uxoriæ* fut née et que la pratique des *cautiones rei uxoriæ* se fut répandue. Le jurisconsulte Paul dit encore : « Paterfamilias dotem, *ut solet,* legavit[3]. » Sans doute on voit là surtout la force d'un ancien usage; mais le legs de la dot présentait aussi pour la femme des avantages qu'elle ne trouvait ni dans l'action *rei uxoriæ,* ni même parfois dans la stipulation de sa dot : je vais le montrer tout à l'heure.

Le legs de la dot se présente sous deux formes : le *legatum dotis* proprement dit et le *legatum pro dote*. Dans le

---

[1] L. 1 pr., §§ 1, 2, 5, 9, 10, 11, 12, 14, 15; L. 2 pr., l. 3 ; L. 4, D. xxxiii, 4 ; L. 77, § 12, D. xxxi : « Dos prælegata... reddi potius videtur quam dari. »

[2] L'habitude pour le père de léguer à son fils son pécule paraît ressortir des textes. V. L. 26, D. xxxiii, 8 : « Titi fili, e medio præcipito, sumito tibi que habeto domum illam item aureos centum. *Alio deinde capite peculia filiis prælegavit.* » Cf. L. 10, *ibid.;* L. 89 pr., D. xxxi; L. 7, D. xl, 1. — V. Brisson : *De formulis et solemnibus populi romani verbis,* lib. VIII, édit. Paris, 1583, p. 715.

[3] L. 13, D. xxxiii, 4.

premier cas, le mari léguait la dot elle-même considérée comme une universalité, comme une entité juridique, « *dos ipsa, dos generaliter legata est*[1]; » dans le second, il léguait à sa femme un ou plusieurs objets déterminés pour lui tenir lieu de sa dot : « *Non dos sed pro dote aliquid legatur*[2]. »

Aux yeux des jurisconsultes classiques, ces deux sortes de legs ont des effets bien différents. Le *legatum dotis*, quant à sa portée, se règle exactement sur l'action qu'aurait la femme, en dehors de tout legs, pour se faire restituer sa dot : « verum est id dotis legato inesse quod actioni de dote inerat... dotis actionem continet dotis relegatio[3]. » Le *legatum pro dote*, au contraire, est un legs ordinaire qui porte sur un ou plusieurs objets individuellement déterminés, et la clause qui en fait un équivalent de la dot n'est en réalité qu'une *demonstratio*. De cette distinction fondamentale découlent des différences secondaires qu'énumèrent les textes, et dont voici les principales. Si la dot consiste en corps certains non estimés et que ces choses aient péri fortuitement, le *legatum dotis* s'évanouit[4]; le *legatum pro dote* subsiste en pareil cas pourvu que son objet propre n'ait point péri[5]. Si le mari, par extraordinaire, a légué une dot qui n'existait pas, le *legatum dotis* est alors nul, le *legatum pro dote* est valable[6]. Si la dot, au moment de la dissolution du mariage, était encore due par la femme elle-même à qui elle est léguée, le *legatum dotis* ne lui procurera que sa libération; en vertu d'un *legatum pro dote*, elle pourrait sans doute réclamer l'objet précis du legs[7]. Les textes nous disent que dans le *legatum dotis* la femme subira les mêmes *retentiones* qu'elle

---

[1] L. 6, § 1 ; L. 1, § 14, D. xxxiii, 4.
[2] L. 2 pr.; L. 6, § 1, D. xxxiii, 4.
[3] L. 1 pr., § 5, D. xxiii, 4.
[4] L. 1, § 6, D. xxxiii, 4.
[5] L. 8, D. xxxiii, 4.
[6] L. 6, § 1, D. xxxiii, 4.
[7] L. 1, § 7, D. xxxiii, 4; cf. L. 16, l. 1, § 9, *ibid.*

aurait supportées dans l'*actio rei uxoriæ*[1] ; en cas de *legatum pro dote*, elle ne devra même pas compte des dépenses nécessaires faites à l'occasion de sa dot[2]. Enfin, la femme ne trouvait dans le *legatum dotis* que la valeur exacte de sa dot, elle pouvait trouver dans le *legatum pro dote* un objet d'une valeur beaucoup plus grande.

Cette distinction a donc une très grande importance à l'époque classique, mais il est fort douteux qu'elle soit très ancienne et qu'on l'ait faite de tout temps. S'il est vrai que l'usage de léguer la dot à la femme ait existé alors que l'*actio rei uxoriæ* n'existait pas encore, il est clair qu'alors l'interprétation du *legatum dotis,* telle que nous venons de la donner, n'avait pas encore pu naître. Elle ne put se former que quand l'obligation de restituer, imposée par la loi au mari, eut donné au terme *dot* une valeur juridique et un objet légalement déterminé. Jusque-là, il n'y eut à vrai dire que des *legata pro dote :* mais sans doute déjà, lorsque ceux-ci étaient conçus en termes fort généraux, on reconnaissait au juge de larges pouvoirs, pour déterminer ce que devait obtenir la femme.

A l'époque des grands jurisconsultes, le *legatum dotis* n'a rien en lui-même de très avantageux pour la femme. Le profit le plus clair qu'elle en retirera, c'est que si elle avait dû pour réclamer sa dot recourir au droit commun et qu'il s'agisse d'une *dos quæ annua, bima, trima, die redditur,* elle pourra agir de suite et profitera du *commodum repræsentationis*[3].

Le *legatum pro dote,* au contraire, pourra, nous l'avons vu, lui donner beaucoup plus que le droit commun. Il se présentait d'ailleurs sous plusieurs formes.

La formule la plus usitée et la plus ancienne paraît avoir été à peu près la suivante : « *Quanta pecunia* (ou *summa*) *dotis nomine ad me pervenit, tantam pecuniam* (ou

---

[1] L. 1, § 3, D. xxxiii, 4.
[2] L. 2 pr., D. xxxiii, 4.
[3] L. 1, § 2, D. xxxiii, 4.

tantumdem) pro ea dote uxori do lego (ou *heres meus dato*)[1]. »
D'ailleurs on interpréta d'abord ces termes en ce sens
qu'on vit dans le mot *pecunia* ou *summa* non pas la valeur
de la dot en argent mais la dot elle-même, les objets qui
la constituaient[2], comme ce même mot *pecunia* désignait
le patrimoine entier dans la *nuncupatio* du testament *per
æs et libram*[3], et c'est peut-être sur cette ancienne formule
que la jurisprudence édifia la théorie postérieure du *legatum dotis* proprement dit. Mais il n'est pas douteux qu'à
l'époque classique elle ait été employée par des testateurs
pour léguer à la femme, non la dot elle-même, mais sa
valeur en argent : *pecuniam pro dote legare*[4]. Et alors
c'était surtout une question d'intention que de savoir si le
disposant avait voulu faire un *legatum dotis* ou un *legatum
pro dote*. D'ailleurs celui-ci, s'il se décidait pour le second
parti, avait un moyen bien simple d'écarter toute difficulté :
c'était de fixer la somme d'argent qu'il léguait *pro dote*[5].

D'autres fois, c'étaient des corps certains, compris dans
la dot ou pris dans le patrimoine du mari, qui faisaient
l'objet du legs[6]. Parfois, enfin, c'était l'institution d'héritier elle-même, faite en faveur de la femme, qui était
destinée à lui tenir lieu de sa dot[7].

---

[1] L. 6 pr., § 1 (Labéon), D. xxxiii, 4; L. 17, § 1 (Scævola), *ibid.*, L. 41, § 1,
D. xxxi. Brisson, *De formulis,* p. 717 : « Plane in dotis relegatione solemnia
fuisse verba hæc *quantas pecunias* docet Marcianus in lege, 95, D. *De legatis,*
iii. »

[2] L. 95, D. xxxii : « Aristo res quoque corporales contineri ait, quia et hoc
verbum « *quantas* » non ad numeratam dumtaxat pecuniam referri ex dotis relegatione et stipulationibus emptæ hereditatis apparet, et « *summæ* » appellatio similiter accipi deberet, ut in his argumentis quæ relata essent ostenditur. »

[3] Gaius, II, 104.

[4] L. 3, l. 6, § 1, *in fine*, D. xxxiii, 4.

[5] L. 6 pr., § 1, D. xxxiii, 4.

[6] L. 48, D. xxxi : « *Licinius Lucusta Proculo suo salutem.* Cum faciat condicionem in releganda dote, ut si mallet uxor mancipia quæ in dotem dederit quam
pecuniam numeratam recipere; si ea mancipia uxor malit, numquid etiam ea quæ
postea ex his mancipiis nata sunt, uxori debeantur. — *Proculus Lucustæ suo
salutem.* Si uxor mallet mancipia quam dotem accipere, ipsa mancipia, quæ æsti-
mata in dotem dedit, non etiam partus mancipiorum ei debebuntur. »

[7] L. 53, § 1, D. xxxi : « Heres instituta pro dote. »

Le legs de la dot, sous ses deux formes distinctes, pouvait être construit *per præceptionem*[1], *per vindicationem*[2], *per damnationem*[3], et sans doute aussi *sinendi modo*. Lorsque le mari avait légué individuellement *per vindicationem* les corps certains composant la dot, la femme avait pour les réclamer la revendication, tandis que l'action *rei uxoriæ*, comme l'action *ex stipulatu* qu'elle avait pu s'assurer, étaient des actions personnelles.

Si le *legatum dotis* proprement dit avait été fait *per vindicationem,* la femme pouvait-elle également revendiquer les corps certains compris dans la dot et non aliénés valablement par le mari? A ma connaissance, les textes ne le disent pas; mais on peut croire qu'il en était ainsi. En effet, le legs de la dot ressemble assez à celui du pécule, en ce que, de part et d'autre, l'objet est une sorte d'universalité, et les jurisconsultes romains font eux-mêmes la comparaison[4] : or, il paraît bien que le légataire du pécule (dans la forme *do, lego*) pouvait revendiquer les corps certains qui y étaient compris[5]. Dans ces conditions, le *legatum dotis* aurait été fort avantageux, même à la femme qui aurait pu réclamer sa dot par l'action *ex stipulatu :* et c'est peut-être en se plaçant à ce point de vue que les *Institutes* de Justinien déclarent, en termes généraux : « Si uxori maritus dotem legaverit, valet legatum quia plenius est legatum quam de dote actio[6]. » Dans le droit des *Institutes,* la légataire aura toujours la revendication pour les corps certains compris dans la dot[7].

---

[1] L. 17 pr., D. xxxiii, 4.

[2] L. 10, D. xxxiii, 4.

[3] L. 3; L. 6 pr., § 1, D. xxxiii, 1.

[4] L. 1, § 10, D. xxxiii, 4; L. 6 pr., § 1, D. xxxiii, 8.

[5] L. 6 pr., D. xxxiii, 8 : « Si peculium legetur et sit in corporibus, puta fundi vel ædes, si quidem nihil sit quod servus domino vel conservis liberisve domini debeat, integra corpora *vindicabuntur.* » L. 56, D. vi, 1. — Voy. Voigt : *Die XII Tafeln,* § 101, anm. 2, 4, 5.

[6] Inst., I, 20, 15.

[7] Il est vrai, d'autre part, que dans le droit de Justinien, la femme a la revendication des biens dotaux non aliénés par le mari. L. 30, C. v, 12 (de l'an 529).

III.

A côté du legs de la dot, l'usage en plaçait un autre, dont l'origine remonte aussi à l'ancien régime du mariage avec *manus.* Les textes en fournissent de nombreuses variantes, mais dans sa teneur la plus complète, il était ainsi rédigé : « *Titiæ uxori quidquid vivus dedi, donavi, ejus causa* (ou *usibus*) *comparavi, confeci, id omne do lego*[1]. » Cela comprenait plusieurs chefs.

Cela comprend d'abord le *mundus muliebris,* et tout ce qui a été acquis dans le ménage pour l'usage particulier de la femme, ou mis à sa disposition par le mari : *quæ ejus causa parata sunt.* Que ce legs fût une coutume très ancienne, cela n'est pas douteux[2], et Africain nous dit expressément qu'il était de style : « *Uxori, uti adsolet, legavit quæ ejus causa parata erant*[3]. » Il est aisé de comprendre pourquoi.

La femme soumise à la *manus* ne conserve rien en propre et ne peut rien acquérir : tous les objets familiers, meubles, esclaves attachés à sa personne, vêtements et bijoux, au milieu desquels elle a vécu, ne sont donc point à elle, pas même ceux qu'elle a apportés en se mariant de la maison paternelle; tout cela appartient au mari[4].

---

[1] L. 13, D. xxxiv, 2; L. 33, § 1, D. xxxii.

[2] Voyez Nonius Marcellus, v° *Mundus,* où il cite ce passage de Lucilius : « Legavit quidam uxori mundum omne. »

[3] L. 2, D. xxxiv, 2.

[4] Tel était jusqu'à ces derniers temps le principe admis par la législation anglaise. L'acte de 1882 (45 et 46 Vict., c. 75) est venu renverser les règles traditionnelles que d'ailleurs la pratique ou la loi avaient partiellement corrigées : il a proclamé l'indépendance de la femme mariée, en faisant de la *séparation de biens* le régime de droit commun, une séparation de biens où la femme n'est point soumise à l'autorité maritale. C'est depuis lors seulement que la femme a pu

Cependant tout cela ne doit-il pas revenir à la veuve? D'autres législations, qui confondent également le patrimoine de la femme dans celui du mari, permettent de plein droit à la veuve de reprendre ces objets[1] : le droit romain, suivant sa tendance naturelle, laisse au mari le soin de faire cette attribution dans son testament. D'ailleurs ici encore le mari fera pour sa femme ce que fait le père de famille pour la *filiafamilias*. Voici un exemple de ces dispositions : « *Paulinæ filiæ meæ dulcissimæ, si quid me vivo dedi, comparavi, sibi habere jubeo; cujus rei quæstionem fieri veto*[2]. »

Dans le mariage libre, l'habitude se conserva pour le mari de léguer à sa femme « *quæ ejus causa parata fuerunt,* » et un intérêt nouveau justifia dans la suite cette habitude. Là aussi, sauf le cas où ces objets constituaient pour elle des paraphernaux, la femme ne pouvait pas en être propriétaire au cours du mariage. En effet, ou bien ils faisaient partie de la dot, ou ils avaient été acquis par le mari, et la coutume qui annulait les donations entre époux empêchait qu'ils ne passassent dans le patrimoine de la femme[3].

Ce legs était si usuel, qu'il avait des règles d'interpré-

être considérée comme propriétaire des bijoux donnés par le mari avant ou depuis le mariage. Voyez Griffith et Worthington Bromfield : *The married women's property acts*, London, 1883, p. 5. « It is submitted that a married woman will now hold her paraphernalia as separate property... They consist of such articles of dress and ornament, as jewels, pearls, watches, and rings as are suitables to her station in life, and are given to her to be worn as ornaments, wether before or after marriage by her husband..... Before this act a married woman had no right of property in her paraphernalia till she became a widow, which vested on her on her husband's death... while her husband could give them away or sell or pledge them, though he could not bequeath them, aud they were liable to his debts. »

[1] Voyez, pour le droit anglais, la note précédente.

[2] L. 34, § 6, D. xxxi. — La loi 88 pr., D. xxxi, montre que le même sentiment d'équité conduisait à des legs d'une formule plus large encore au profit de tous les enfants en puissance : « Lucius Titius testamento ita cavit : *Si quid cuique liberorum meorum dedi aut donavi aut in usum concessi aut sibi adquisiit aut ei ab aliquo datum aut relictum est, id sibi præcipiat, sumat, habeat.* »

[3] L. 7, § 1; L. 18; L. 31 pr., D. xxiv, 1.

tation particulières ; et un grand nombre de textes sont
consacrés aux questions qu'elles soulevaient. Ainsi les termes « *quæ uxoris causa parata sunt,* » comprenaient non-
seulement ce que le mari avait acquis pour l'usage de sa
femme, mais encore tout ce qu'il avait mis à la disposition
habituelle de celle-ci, alors même qu'il s'agissait d'objets
dont il était déjà propriétaire avant le mariage[1]. Cela comprenait même les objets qui avaient servi à une première
femme[2] : et cette dernière interprétation était considérée
comme un droit de l'épouse, tellement qu'on se demandait
si l'on devait l'étendre au legs fait en faveur d'une concubine, non pas qu'on songeât à lui attribuer les vêtements
et les bijoux d'une épouse décédée ou divorcée, mais on
se demandait si l'on devait lui attribuer les objets qui
avaient servi à une précédente *concubina*. Les vieux jurisconsultes Cascellius et Trebatius se refusaient à l'admettre[3]. Il est vrai que déjà Labéon décidait en sens contraire : il donnait pour motif que le droit matrimonial
n'avait là rien à avoir, qu'il s'agissait simplement d'une
interprétation de volonté et que le legs fait à la concubine devait être interprété comme celui fait à la *filiafamilias* ou à toute autre personne[4]. Ulpien est plus affirmatif encore dans le même sens, mais pour un tout autre
motif : « Parvi autem refert uxori an concubinæ quis
leget quæ ejus causa parata sunt ; sane enim nisi digni-
tate nihil interest[5]. » Ne peut-on pas voir là, soit dit en
passant, une preuve de la lente transformation qui déjà,

---

[1] L. 45, 1. 47, 1. 48, 1. 49, D. xxxii.

[2] L. 47 pr., D. xxxii ; ou encore à une fille du mari.

[3] L. 29 pr., D. xxxii : « Qui concubinam habebat ei vestem prioris concubinæ
utendam dederat ; deinde ita legavit : vestem quæ ejus causa empta, parata esset.
Cascellius, Trebatius negant ei deberi prioris concubinæ causa parata, *quia alia
conditio esset in uxore.* »

[4] L. 29 pr., D. xxxii : « Labeo id non probat, quia in ejusmodi legato non jus
uxorium sequendum, sed verborum interpretatio esset facienda, idemque vel in
filia vel in qualibet alia persona juris esset. » Et Javolenus ajoute : « Labeonis
sententia vera est. »

[5] L. 49, § 4, D. xxxii.

dans le Haut-Empire, modifia peu à peu la conception du concubinat? Après que la loi *Julia de adulteriis* l'eut mis au nombre des unions légales, par cela seul qu'elle l'exemptait des peines dont elle frappait les unions irrégulières, on devait tendre de plus en plus avec le temps à lui reconnaître une valeur juridique.

Le legs des *parata* en faveur de la femme se présentait aussi avec une formule plus détaillée, énumérant soigneusement les diverses catégories d'objets qu'on voulait y comprendre. C'est ainsi que procéda Labéon dans son testament, dont cette clause nous a été conservée par Paul : « Labeo testamento suo Neratiæ uxori suæ nominatim legavit : *Vestem, mundum, muliebrem omnem, ornamentaque muliebria omnia, lanam, linum, purpuram, versicoloria facta infectaque omnia*[1]. »

Les *parata* légués à la femme étaient le plus souvent des cadeaux que lui avait faits son mari au cours de leur union. Mais peut-être celui-ci avait-il voulu lui faire des donations plus importantes portant sur des sommes d'argent ou sur des corps certains. Cela était impossible dans le mariage avec *manus;* ces libéralités n'avaient fait acquérir aucun droit à la femme : mais ici encore l'usage obligeait le mari à léguer à la *materfamilias* ce qu'il lui avait inutilement donné de son vivant[2]. Sur ce point comme sur les autres, la femme *in manu* était assimilée aux enfants en puissance. Ceux-là aussi, en droit, ne pouvaient recevoir de donations du *pater,* mais l'habitude était que le père transformât en legs valables ces donations inefficaces[3]. Et même une jurisprudence qui se forma au cours du III° siècle, admit que les donations faites aux *filii* et

[1] L. 32, § 6, D. xxxii.

[2] L. 107, D. xxx : « Si quando quis uxori suæ ea quæ vivus donaverat *vulgari modo leget.* » — C'est à cela que se rapportent les termes « *quidquid dedi, donavi,* » dans la formule de legs plus haut citée.

[3] Voyez la formule de legs dans la loi 88 pr., D. xxxi : « Quid cuique liberorum meorum dedi aut donavi... sibi præcipiat, sumat, habeat. »

filiæfamilias seraient validées de plein droit par le décès du père, s'il n'avait pas retiré son bienfait avant de mourir[1]. Dès lors, pour les enfants, le legs portant sur ces objets n'avait plus d'utilité; et on eût, sans aucun doute, appliqué la même théorie au profit de la femme *in manu,* si à cette époque la *manus* eût encore existé.

Dans le mariage libre, pendant longtemps l'*uxor* put recevoir de son mari des donations entre-vifs; c'était encore la règle lorsque fut votée la loi *Cincia*[2]. Mais, quand la coutume eut fait prévaloir la nullité des donations entre époux, le legs des choses données eut pour l'*uxor* la même importance que pour la femme *in manu :* et l'usage l'imposa de même au mari. Par là, la règle prohibitive des donations entre époux perdait beaucoup de sa rigueur. Sauf le cas où le mari mourait *intestat,* les donations qu'il avait pu faire à sa femme étaient toujours confirmées à titre de legs. Aussi l'*Oratio Antonini,* en validant les donations que l'époux aurait maintenues jusqu'à son décès, si elle modifia profondément le droit, ne changea-t-elle pas le fond des choses. Elle substitua, à une confirmation testamentaire qui était de style, une confirmation tacite, plus commode et par là même plus équitable. C'est d'ailleurs ce qu'indique fort nettement Ulpien : « Oratio autem Imperatoris nostri de confirmandis donationibus non solum ad ea pertinet, quæ nomine uxoris a viro comparata sunt, sed ad omnes donationes inter virum et uxorem factas... cui locum ita fore opinor, *quasi testamento sit confirmatum quod donatum est*[3]. » Mais dès lors le legs des

---

[1] Paul, *Sent.,* V, 11, 3; *Frag. Vat.,* §§ 274, 277, 278, 281; L. 18 pr., C. III, 36; L. 2, C. III, 28. Cette jurisprudence n'existait pas encore à l'époque où Papinien rédigeait ses réponses : Voy. *Frag. Vat.,* § 294. Ce texte contient un rapprochement curieux entre la donation atteinte par la loi *Cincia,* la donation faite par le *paterfamilias* à l'enfant en puissance, et la donation entre époux depuis l'*Oratio Antonini.*

[2] *Frag. Vat.,* § 302.

[3] L. 32, § 1, D. XXIV, 1.

choses données à la femme, ne fut plus maintenu dans le testament du mari que par la force de l'habitude.

IV.

Ordinairement le mari faisait un legs d'usufruit en faveur de la femme[1]. C'est là une habitude ancienne[2] et qu'attestent encore les jurisconsultes de l'époque classique. Le titre du Digeste, qui traite principalement du legs d'usufruit[3] contient 43 fragments, et, sur ce nombre, il en est 13 qui parlent d'un usufruit légué à la femme[4]. Lorsque les lois caducaires fixèrent d'une manière spéciale le *jus capiendi* entre époux, à côté d'une quotité en pleine propriété, elles établirent une quotité supplémentaire en usufruit[5].

En cela les Romains suivaient une pente naturelle qui entraîne aussi les législations modernes. Toutes, elles font consister principalement en usufruit les gains de survie des époux, ceux de la femme en particulier. Par cette combinaison, sans dépouiller à jamais ses héritiers naturels, le mari peut assurer à celle qu'il laisse après lui la vie facile et large qu'il lui faisait de son vivant.

---

[1] L. 27, D. xxxiii, 2 : « Uxori maritus (per fideicommissum) usum fructum et alia et dotem prælegavit. » Dans cette phrase, le mot *alia* désigne sans aucun doute le legs des *parata*, etc.

[2] Dans les *Topiques*, Cicéron cite ce legs parmi les clauses usuelles sur lesquelles il raisonne, c. iii, 17 : « Non debet ea mulier, cui vir bonorum suorum usumfructum legavit, cellis vinariis et oleariis plenis relictis, putare id ad se pertinere. Usus enim non abusus legatus est. »

[3] Dig. xxxiii, 2 : *De usu et usufructu et reditu et habitatione et operis per legatum vel fideicommissum datis.*

[4] LL. 22, 24, 25, 27, 30 pr., 31, 32, § 2, 3, 4; 35, 37, 38, 39.

[5] Ulp., XV, 3 : « Præter decimam etiam usumfructum tertiæ partis bonorum (ejus) capere possunt... 4. Hoc amplius mulier præter decimam dotem capere potest legatam sibi. »

Les legs d'usufruit dans le testament du mari pouvait être conçu de diverses manières. Le plus souvent il s'agissait d'un usufruit pour la vie entière de la femme[1] ; mais parfois il était restreint à une durée préfixe[2]. Fréquemment il devait prendre fin quand les enfants du testateur seraient en âge[3] ; la volonté du père de famille produisait alors au profit de la mère un résultat semblable à celui qui découle pour elle de l'article 384 du Code civil. Si le droit romain n'organise pas l'usufruit légal de la mère survivante[4], que nous avons puisé à une autre source, les Romains avaient reconnu au moins en partie les intérêts légitimes auxquels il correspond, et ils leur donnaient satisfaction conformément au génie de leurs institutions.

Au lieu de faire un legs d'usufruit, pour atteindre le même but, le mari pouvait laisser à sa femme par voie d'institution héréditaire ou de legs la portion de biens dont il voulait lui assurer la jouissance, et la grever d'un fidéicommis au profit de ses enfants ou autres parents[5].

---

[1] LL. 22, 23 pr., 25, 27, 31, 38, D. xxxiii, 2.

[2] Voy., par exemple, L. 35, D. xxxiii, 2.

[3] L. 5, C. iii, 33 (Alexandre Sévère) : « Si pater usumfructum prædiorum in tempus vestræ pubertatis matri vestræ reliquit. » — L. 12, *ibid.* (Justinien) : « Ambiguitatem antiqui juris decidentes sancimus sive quis *uxori suæ* sive alii cuicumque usumfructum reliquerit sub certo tempore, in quod vel *filius ejus* vel quisquam alius pervenerit, stare usumfructum in annos, in quos testator statuit, sive persona de cujus ætate compositum est ad eam pervenerit sive non. » — L. 32, § 4, D. xxxiii, 2 : « A te peto, uxor, uti ex usufructu, quem tibi præstari volo *in annum quintum decimum* contenta sis annuis quadragentis, quod amplius fuit rationibus heredis heredum ve meorum inferatur. » — L. 37, D. *ibid.* : « Uxori meæ usumfructum lego bonorum meorum *usque dum filia mea annos impleat octodecim.* »

[4] Le père survivant trouvait dans les effets de la *manus* ou de la *patria potestas* des avantages qui dépassent de beaucoup la portée de l'usufruit légal.

[5] L. 59 (al. 57), § 2, D. xxxvi, 1 : « Peto de te, uxor carissima, uti cum morieris hereditatem meam restituas filiis mei vel uni eorum vel nepotibus meis, vel cui volueris, vel cognatis meis si cui voles ex tota cognatione mea. » — L. 39, D. xxxiii, 2 : « Uxori vestem, mundum muliebrem, lanam, linum et alias res legavit et adjecit : proprietatem autem eorum, quæ supræ scripta sunt, reverti volo ad filias meas quæve ex his tunc vivent. » — L. 41, § 14, D. xxxii : « Uxoris fideicommisit in hæc verba : A te, Seia, peto ut quidquid ad te ex hereditate mea pervenerit, exceptis his, si quæ tibi supra legavi, reliquum omne reddas

Parfois la disposition portant sur un revenu ou usufruit avait un caractère plus modeste. Ainsi le mari lègue à sa femme l'*annuum*, c'est-à-dire la pension qu'il lui faisait pendant sa vie, selon les habitudes romaines[1]; ou encore il lui laisse les provisions de bouche qui se trouvent dans la maison[2]. Dans un texte, l'usufruit légué à la femme est seulement destiné à lui permettre d'attendre la restitution de sa dot[3].

V.

Les diverses dispositions testamentaires que nous venons d'examiner formaient, dans le droit antique, un ensemble harmonieusement combiné. La naissance de l'action *rei uxoriæ*, créée pour la femme divorcée, mais bientôt après étendue à la femme survivante, vint jeter quelque trouble dans cette ordonnance. L'habitude du *legatum dotis* n'en persista pas moins, nous l'avons dit : mais ce legs n'allait-il pas faire double emploi dorénavant? La femme, ne pouvait-elle pas invoquer tour à tour le testament du mari et la coutume, et se faire payer deux fois sa dot? Cela n'eût point été impossible, surtout s'il s'agissait d'un *legatum pro dote*. Pour parer à cet inconvénient, un préteur inconnu rédigea l'*Edictum de alterutro*, qui forçait la femme de choisir entre ce que lui léguait son mari et ce que lui assurait la loi. Cet édit s'appliquait sûrement à toutes les dispositions testamen-

restituas Mæviæ infanti dulcissimæ. A qua Seia satis exigi veto cum sciam eam potius rem aucturam quam detrimento futuram. »

[1] L. 10, § 2, D. xxxiii, 1; cf. L. 15 pr.; L. 28, § 6, D. xxiv, 1; L. 6, § 3, D. xxxiii, 8.

[2] L. 1 pr., D. xxxiii, 9.

[3] L. 30 pr., D. xxxiii, 2.

taires faites en faveur de la femme et destinées à lui
tenir lieu de sa dot : au *legatum dotis*, au *legatum pro
dote*[1], à l'*institutio pro dote*[2]. Il n'était même pas nécessaire que le mari eût indiqué explicitement que, dans
sa pensée telle disposition devait suppléer la restitution
de dot : on pouvait démontrer que telle avait été son
intention[3].

Cela était parfaitement raisonnable, mais il semble
que l'édit *De alterutro* allait plus loin. D'après lui,
semble-t-il, la femme qui intentait l'action *rei uxoriæ*
renonçait par là même à tous les legs quelconques que
contenait en sa faveur le testament du mari[4]. Cela se
comprend moins aisément, car ces legs, fixés par l'usage,
reposaient sur un sentiment d'équité, et beaucoup d'entre
eux n'avaient aucun rapport avec la restitution de la dot.
S'il faut accepter comme certaine cette disposition de
l'édit, voici peut-être comment elle s'explique.

L'introduction de l'action *rei uxoriæ*, quelque équitable qu'elle nous paraisse, portait un coup sensible à
l'ancienne organisation familiale : elle imposait au mari
une responsabilité légale inconnue jusque-là. Le préteur
qui, le premier, *edixit de alterutro*, chercha sans doute
à conjurer ce danger autant qu'il était possible. Si la
femme voulait s'en tenir au testament du mari, qui
jadis fixait seul tous ses droits, elle recueillait toutes les
libéralités qu'il contenait en sa faveur. Si, au contraire,
elle n'acceptait pas le règlement arrêté par le mari pour
la restitution de sa dot, *mariti judicium non agnoverit*,
elle pouvait maintenant porter la question devant le
juge; mais alors elle ne devait plus rien attendre de ce
testament qu'elle avait méconnu. Elle devait opter, pour
ainsi dire, entre le régime ancien et le nouveau. Le pré-

---

[1] L. 53 pr., D. xxxi.
[2] L. 53, § 1, D. xxxi.
[3] L. 2 pr., D. xxxiii, 4; cf. L. 1, § 14, *ibid.;* L. 6, § 1, D. xxxvi, 2.
[4] L. unic., § 3, C. v, 13.

teur espérait bien que, dans la plupart des cas, le choix de la femme s'attacherait au testament du mari.

Mais celui-ci pouvait, par une déclaration expresse, soustraire à l'application de l'édit tout ou partie des legs qu'il faisait à sa femme, car il n'y avait point là une règle d'ordre public. Ce qui le montre bien, c'est que si la femme réclamait sa dot non par l'action *rei uxoriæ*, mais par l'action *ex stipulatu,* invoquant une promesse formelle de restitution, elle pouvait en même temps réclamer les legs que lui avait faits son mari, autres pourtant que le *legatum dotis* ou *pro dote*[1]. Cependant, ici encore, la volonté du testateur, nettement exprimée, pouvait empêcher le cumul[2].

§ 2.

LA *DONATIO ANTE NUPTIAS.*

I.

Dans l'usage, la veuve romaine recueillait des gains de survie assez importants; mais elle les tenait tous du testament de son mari[3]. Cependant, n'avait-elle pas pu s'en

---

[1] L. unic., § 3, C. v, 13 : « Sciendum itaque est edictum prætoris quod de alterutro introductum est, in ex stipulatu actione cessare, ut uxor et a marito relicta accipiat et dotem consequatur, nisi specialiter pro dote ei maritus ea dereliquit, quum manifestissimum est testatorem, qui non hoc addiderit, voluisse eam utrumque consequi. »

[2] L. 46, D. xxiv, 3 : « Qui dotem stipulanti uxori promiserat eidem testamento quædam legaverat, ita tamen, ne dotem ab heredibus peteret; ea, quæ legata erant, uxor capere non potuerat; respondi dotis actionem mulieri adversus heredes non esse denegandam. »

[3] A moins qu'on ne voie dans l'action *rei uxoriæ,* qui lui était ouverte quand le mari prédécédait, un gain de survie légal.

assurer par convention? Dans le mariage avec *manus,* il
n'y fallait pas songer, mais le droit romain donnait toute
facilité pour cela dès qu'on se place dans le mariage libre.
S'il défendit de bonne heure les donations entre époux, il
admettait sans réserve les donations entre fiancés et permettait de les plier aux combinaisons les plus variées.
Pour assurer à sa future épouse un gain de survie conventionnel, le fiancé aurait trouvé un instrument tout
prêt dans le droit de l'époque classique. Ce n'était point la
donatio mortis causa proprement dite, qui emporte la ré-
vocabilité *ad nutum* et qui n'eût pas donné à la femme plus
de garantie qu'un legs. Mais le futur époux pouvait faire
valablement une donation soumise à la condition de son
prédécès, tout en s'interdisant la faculté de la révoquer[1].

Cette combinaison, si bien appropriée au but, ne paraît pas avoir été usitée à l'époque classique : sans doute
on ne sentait pas alors le besoin pour la femme de gains
de survie conventionnels. Ce qu'on trouve, ce sont des
donations entre-vifs pures et simples, faites par le fiancé
à la fiancée. Les jurisconsultes, d'ailleurs, n'en parlent
guère que pour faire remarquer qu'elles ne tombent pas
sous le coup de la prohibition des donations entre époux,
et il ne paraît pas qu'elles aient été bien fréquentes et
usuelles.

Si l'on descend maintenant au Bas-Empire, on y trouve
la pratique des donations *ante nuptias* tellement développée, qu'on les range au même titre que la dot parmi
les conditions quasi-essentielles du mariage : « Si dona-
tionum ante nuptias vel dotis instrumenta defuerunt,
pompa etiam aliaque nuptiarum celebritas omittatur, nullus æstimet ob id deesse recte alias inito matrimonio
firmitatem[2]. » Nous voyons en même temps que ces do-

---

[1] L. 13, § 1; L. 35, § 4, D. xxxix, 6. — Voyez M. Labbé, sur Ortolan : *Explication historique des Instituts,* 12ᵉ édit., t. II, appendice IV, p. 733, ssv.

[2] L. 3, C. Th. iii, 7 (Theod. et Val., a. 428). En l'an 382, les empereurs Gra-
tien, Valentinien et Théodose, voulant assurer aux enfants d'un premier lit la

nations sont un bénéfice propre à la femme, le fiancé seul
en faisant d'ordinaire à sa fiancée : « Si sponsa... sponsaliorum titulo, *quod raro accidit,* fuerit aliquid sponso
largita[1]. »

Ce changement s'explique par une transformation parallèle dans l'organisation de la famille. Au temps des
grands jurisconsultes, la famille était forte encore et unie
au point de vue du droit. Au Bas-Empire elle se désa-
grège. Les droits pécuniaires de ses membres se déga-
geaient peu à peu : en laisser le règlement, comme jadis,
au testament du *paterfamilias,* c'était, dans les idées nouvelles, les mettre à la merci d'une volonté arbitraire et
changeante. Aussi la loi affirmait progressivement les
droits privés des enfants en puissance. Depuis longtemps,
la femme divorcée ou survivante avait un droit légal à la
restitution de sa dot. Mais elle ne se contentait pas, le plus
souvent, de ce droit strictement attaché à sa personne, et
par une stipulation, rendait contractuelle l'obligation du
mari de restituer la dot à la dissolution du mariage. Il
était naturel qu'elle se fît également assurer par un acte
entre-vifs les avantages que son mari était moralement
obligé de lui faire sur ses biens personnels, et que précédemment il ne réglait que dans son testament[2].

nue-propriété des biens que la femme remariée avait reçus de son premier mari,
énumèrent ces libéralités dans l'ordre suivant, L. 3, C. Th., III, 8 : « Quidquid
ex facultatibus priorum maritorum *sponsaliorum jure,* quidquid etiam nuptiarum
solemnitate perceperint, quidquid aut mortis causa donationibus factis aut testamenti jure directo aut fideicommissi vel legati titulo vel cujuslibet liberalitatis
præmio ex bonis maritorum fuerint adsecutæ. » — En 412, Honorius et Théodose
(L. 3, C. Th. III, 8), traitant le même sujet, s'occupent principalement des choses
« quæ nuptiarum tempore mulieres accipiunt. »

[1] L. 2, C. Th. III, 5 (Constantin, a. 336).

[2] M. Dareste, dans une étude sur le *Code Rabbinique,* insérée au *Journal
des savants* (juin-juillet 1884), attribue à la *donatio ante nuptias* du Bas-Empire
une autre origine. Il y voit une imitation de la *Ketouba* juive, qui aurait passé
dans les lois romaines sous la double influence des communautés juives, largement répandues dans tout l'Empire, et du Christianisme, proposant la loi
mosaïque comme la loi idéale, *lex Dei.* Nous ne pouvons nous ranger à l'opinion
de notre savant maître. La donation *ante nuptias* a ses précédents dans le droit

Mais dans le développement des *donationes ante nuptias,* il faut reconnaître l'influence de certaines coutumes, fort anciennes sans doute, mais qui, pendant longtemps, n'avaient pas eu d'importance juridique. Cela ressort du nom même dont on nomme maintenant les donations *ante nuptias* : on les appelle *sponsalia.* Cela indique clairement qu'elles interviennent à l'occasion des fiançailles dont elles forment un incident. Il paraît certain que de tout temps, au moment des fiançailles ou au moins avant le mariage, le futur époux faisait à la fiancée des présents, au nombre desquels était un anneau[1]; de même que le lendemain des noces, à Rome comme en Germanie, le mari faisait un nouveau présent à la jeune épousée[2]. Mais jusqu'au Bas-Empire, ces usages n'avaient eu aucune importance juridique. Le cadeau du fiancé, répondant maintenant à un besoin véritable, changea de nature, devint une sérieuse et importante donation et passa du domaine des mœurs dans celui du droit[3]. C'est ainsi que la *dos* et le *morgengabe* des coutumes germaniques, probablement insignifiants à l'origine, se développèrent dans la suite et en se combinant produisirent notre douaire coutumier.

Ce n'est pas là une pure imagination. Un fait précis

du Haut-Empire, comme nous le montrons; ces germes se développèrent naturellement sous l'influence des mœurs nouvelles, introduisant de nouveaux besoins.

[1] Juvénal, *Sat.* VI, 25, ssv. : « Conventum tamen et pactum et sponsalia nostra — Tempestate paras, jamque a tonsore magistro — Pecteris, et digito pignus fortasse dedisti. »

[2] Juvénal, VI, 200, ssv. : « Ducendi nulla videtur — Causa, nec est quare cœnam et mustacea perdas — Labente officio crudis donanda, *nec illud — Quod prima pro nocte datur cum lance beata — Dacicus et scripto radiat Germanicus auro.* »

[3] Des constitutions impériales de la seconde moitié du IIIe siècle parlent déjà de ces présents comme d'une chose usuelle. L. 7, C. v, 3 (impp. Carus, Carinus et Numerianus) : « Si cum ante nuptias munera darentur. » — L. 8, C. *ibid.* (Diocletianus et Maximianus) : « Si ante matrimonium... sponsæ suæ, *licet ante sponsalia,* fundum donavit. » — Souvent c'étaient des esclaves qui faisaient l'objet de la donation. L. 10, L. 14, C. v, 3 (Diocletianus et Maximianus).

assigne à la *donatio ante nuptias* du Bas-Empire l'origine que nous venons de lui donner. Constantin (dans la loi 5, C. Th. III, 5), pour décider dans un certain cas si cette libéralité sera ou non maintenue, se réfère expressément à l'une des cérémonies des fiançailles. Il s'agit de savoir si, l'un des fiancés venant à mourir avant le mariage, la *donatio ante nuptias* déjà faite subsistera au profit de la femme ou de ses héritiers[1]. L'empereur décide qu'elle est maintenue pour moitié, si le baiser, « *osculum*, » a été échangé entre les fiancés, sinon elle sera annulée. Or, ce baiser symbolique était une cérémonie qui précédait le mariage, qui venait sceller définitivement les fiançailles[2] et que les chrétiens avaient empruntée au paganisme. Elle est nettement indiquée par Tertullien : « Ad desponsationem (virgines) velantur quia et corpore et spiritu masculo mixta sunt *per osculum et dextras,* per quæ primum resignarunt pudorem spiritu[3]. »

L'usage que nous signalons, était si bien enraciné, qu'il a probablement donné naissance à une institution coutumière d'une région de la France. Dans le Poitou, l'Aunis, l'Angoumois, nous trouvons un gain de survie en faveur de la femme, qui n'est point le douaire, bien qu'il s'en rapproche, et qui porte les noms de *oscle, ouscle, osclage*[4]. N'est-ce pas là, transformée avec le temps, l'an-

---

[1] Une décision analogue est donnée dans le *Römisch-Syrisches Rechtsbuch*, publié par MM. Bruns et Sachau, § 91.

[2] Gothof. sur la loi 5, C. Th. III, 5 : « Cui sponsus osculum præbuit plus quam sponsa censeri debet. »

[3] *De veland. virg.*, C. 11. — *La dextrarum junctio* dont il est ici question était, dans la Rome païenne, une cérémonie de mariage lui-même. Voy. M. Voigt : *Die XII Tafeln*, t. II, p. 690. Elle figurera aussi dans le rituel du mariage chrétien.

[4] Coutumes de Charroux (an 1247), art. 12, 17, 18 (Giraud : *Essai sur l'histoire du droit français*, II, p. 402). — *Livre des droiz et des commandemens d'office de justice*, § 934 : « Et est ouscle c'est le tiers denier de ce que son mari ot en mariage d'elle en argent et meuble, que la femme doit prendre sur les biens de l'homme après sa mort. » § 951 : « Il est coustume que quand argent est donné à femme en mariage après la mort de son seigneur, elle a le tiers denier en oultre selon que la somme monte en ouscle, et en cestuy ouscle elle n'aura que sa vie; et elle morte est tenue de le rendre aux hoirs du mari. Mais femme par

cienne donation du mari qu'accompagnait *l'osculum* [1]? Il
n'est pas probable que ni la chose ni même le nom aient
été introduits par la renaissance du droit romain.

II.

Dans le droit du Bas-Empire comme à l'époque classique, la *donatio ante nuptias* se présente tout d'abord sous
la forme d'une donation entre-vifs pure et simple. Mais
cela présentait des inconvénients évidents, cela entraînait
des conséquences manifestement contraires à l'intention
des parties. Il fallait faire disparaître ces inconvénients,

la coustume puet eslire ou avoir le dit ouscle ou la moitié à héritaige dudit
ouscle... Et oppinions sont contraires que au cas que le mari li fait donnaison
de meubles et acquetz, quelle ne doit point prendre ledit douaire : et autres oppinions sont contraires que les gentilz femes ne prennent point tel douaire en deniers. » — *Coutume de la Rochelle*, art. 46, et Valin, sur l'art. 45, n° 18 : « Pour
ce qui est de *l'osclage*, il y a toute apparence qu'il vient *d'osculum*, mais sans
nous arrêter à examiner si cette étymologie est juste, ni si l'oclage est, comme
on l'a prétendu, *pudicitiæ præmium*, il suffit de dire que dans notre usage il est
le tiers en montant de la dot qui entre dans la communauté, autrement la moitié
de la dot... il n'est point dû à la femme sans convention, la femme ne peut le
demander qu'en renonçant à la communauté... ce point d'usage est si constant
qu'il est devenu comme de style dans les contrats de mariage où l'oclage est
stipulé. » Et n. 9 : « Dans notre pratique le douaire et l'oclage peuvent subsister
ensemble quoique nous regardions l'oclage comme un douaire et que pour l'ordinaire il en tienne lieu. » — *Coutume d'Angoumois*, art. 47 : « Par la coustume gardée entre roturiers, le mariage solu, la femme a son choix de prendre la moitié
des meubles et acquets faits durant ledit mariage ; ou bien les meubles et deniers
et biens immeubles qu'elle y aura porté. Auquel dernier cas, elle aura lesdits
deniers par elle portez en faveur de son dit mariage, et pour son douaire ou
ocle, aura le tiers des deniers seulement en montant. Et ce outre les domaines
et deniers par elle baillez et payez. » Voy. Vigier sur cet article.

[1] Gothof., *ad leg.*, 5, C. Th. III, 5 : « Vestigium istius juris aliquod etiam nunc
videmus in consuetudine Ruppellana, art. 46, quâ cavetur mulierem post mariti
obitum inter cætera sibi habere quod donatio accepit pro jure osculi, vulgo *pour
son ousclage.* »

et pour cela transformer la nature de cette donation; c'est ce que firent peu à peu la législation et la pratique.

1° La donation que recevait la fiancée était nécessairement faite en vue du mariage. Cependant, donation entre-vifs pure et simple, elle n'en restait pas moins acquise à la donataire au cas où le mariage ne se réalisait pas. Les parties pouvaient, il est vrai, convenir que la libéralité serait caduque dans ce cas. Cependant elles n'avaient point toute liberté à cet égard; elles ne pouvaient prendre la combinaison d'une condition suspensive, au moins quand la donation consistait en une *datio;* car alors l'acquisition étant retardée jusqu'à l'accomplissement du mariage, on retombait dans la donation entre époux[1]. Ce qu'on pouvait faire, c'était convenir que la donation serait résolue, si l'union n'était pas consommée; mais il ne semble pas que cette clause ait été fort usitée[2], peut-être y voyait-on une indication de mauvais augure. Cependant au fond, il était bien conforme à l'intention véritable des parties de rendre la libéralité conditionnelle. C'est ce que fit Constantin par une constitution de l'an 319[3]. Il décida que, si après avoir reçu les *sponsalia,* la fiancée ou le *pater* sous la puissance duquel elle se trouvait, se refusaient à célébrer le mariage, les biens donnés feraient intégralement retour au donateur. Si, au contraire, le refus procédait du fiancé, la fiancée conserverait la *donatio ante nuptias* à titre de dédommagement[4]. La même loi prévoyait le cas où l'un des fiancés viendrait à mourir *ante nuptias :* elle décidait en principe que la donation alors était caduque; cependant lorsque c'était le fiancé dont la mort rendait le mariage impossible, la

---

[1] L. 4, C. v, 3 : « Quod sponsæ ea lege donatur ut tunc dominium ejus adipiscatur, quum nuptiæ fuerint secutæ, sine effectu est. »

[2] L. 2, C. Th. iii, 5 : « Cum veterum sententia displiceat, quæ donationes in sponsam nuptiis quoque non secutis decrevit valere. »

[3] L. 2, C. Th. iii, 5.

[4] La constitution ne permet point de justifier le refus par quelque motif : « Cum longe antequam sponsalia contrahantur hæc cuncta prospici debuerint. »

fiancée gardait la *donatio* qu'elle avait reçue de lui, s'il ne laissait ni père, ni mère, ni enfants d'un précédent mariage. Cette décision fut d'ailleurs modifiée par une autre constitution du même empereur de l'an 336, que nous avons eu déjà l'occasion de citer[1]. Elle porte que si le décès de l'un des fiancés se produit après que le baiser symbolique a été échangé, la *donatio ante nuptias* faite à la fiancée sera toujours maintenue pour moitié, soit à son profit, soit au profit de ses héritiers. Si, au contraire, l'*osculum* n'était pas encore intervenu, la donation est caduque pour le tout[2].

2° Si dans l'intention des parties la *donatio ante nuptias* était destinée à assurer un gain de survie à la femme, celle-ci ne devait y avoir aucun droit lorsque le mariage se dissolvait par le divorce ou par son propre décès. Or, la libéralité, se présentant sous la forme d'une donation entre-vifs, était maintenue dans l'un et l'autre cas.

Dans l'hypothèse d'un divorce, le législateur du Bas-Empire fit disparaître en partie cette contradiction, en se plaçant, il est vrai, à un autre point de vue. Une loi célèbre de Théodose et Valentinien, en l'an 449, vint modifier profondément la législation du divorce[3]. Elle ne le supprima point, elle n'en soumit même pas la validité à une sentence judiciaire; mais réagissant indirectement contre l'institution, elle édicta des peines ou des incapacités contre l'époux qui abuserait du droit de répudiation ou qui donnerait à son conjoint un juste motif de *repudium*. Si c'était la femme qui se mettait dans l'un ou

---

[1] L. 5, C. Th. III, 5.

[2] « Si ab sponso rebus sponsæ donatis, interveniente osculo, ante nuptias hunc vel illam mori contigerit, dimidiam partem rerum donatarum ad superstitem pertinere præcipimus, dimidiam ad defuncti vel defunctæ heredes, cujuslibet gradus sint, et quocumque jure successerint : ut donatio stare pro parte media, et solvi pro parte media videatur. Osculo vero non interveniente, sive sponsus sive sponsa obierit, totam infirmari donationem et donatori sponso sive heredibus ejus restitui. »

[3] L. 8, C. v, 17.

l'autre cas, elle perdait la dot et la donation *propter nuptias*, qu'elle gagnait au contraire toutes les deux, si le mari l'avait répudiée sans motif, ou lui avait fourni une juste cause de répudiation. Les empereurs Théodose et Valentinien n'avaient point visé le divorce par consentement mutuel, qui restait librement permis, comme par le passé[1] : mais, sans doute, alors le libre accord des parties fixait le sort de la *donatio ante nuptias*. On sait que Justinien, particulièrement dans la Novelle 117, restreignit encore les cas où le divorce serait exempt de peines, tout en aggravant les pénalités qui frappaient les divorces désapprouvés.

3° Si le divorce n'intervenait point, mais que le mariage fût dissous par la mort de la femme, celle-ci transmettait à ses héritiers la *donatio ante nuptias;* c'était le contraire d'un gain de survie. Pour remédier à cet inconvénient, il semble qu'on se soit avisé d'abord d'un moyen assez simple; il nous est indiqué par quelques-uns des textes peu nombreux que nous avons sur le sujet[2]. La femme ajoutait à sa dot, et à ce titre rendait à son mari les biens qu'elle avait reçus de lui par donation anté-nuptiale. Cette combinaison permettait d'abord au mari de garder, pendant le mariage, la jouissance de ces biens. De plus, si la femme prédécédait, il en gardait définitivement la propriété, du moins suivant le droit commun. Jusqu'à Justinien, en effet, lorsqu'il n'y a pas eu stipulation de la dot, les héritiers de la femme prédécédée n'ont pas d'action pour réclamer la dot adventice, qui reste acquise au mari[3].

---

[1] L. 9, C. v, 17 (Anastase, a. 497).

[2] Ce sont un fragment de Paul au Digeste (L. 12 pr., D. vii, 2) et deux constitutions impériales, l'une de Septime Sévère et Caracalla, et l'autre de Dioclétien et Maximilien, ll. 1 et 14, C. v, 3. Ces textes confirment bien notre manière de voir sur l'origine de la *donatio ante nuptias* en en montrant la source dans les pratiques juridiques du Haut-Empire.

[3] Cette combinaison avait encore un autre avantage. Si le divorce intervenait et qu'il fût imputable à la femme, elle permettait au mari de se faire attribuer

Mais ainsi pratiquée, la *donatio ante nuptias* n'était pas autre chose qu'un supplément de dot fourni par le mari lui-même. C'est la conception qui se conserva en Occident; c'est du moins celle qu'on retrouve dans la pratique de nos pays de droit écrit. L'*augment de dot*[1] semble avoir pris son nom et ses caractères plutôt à une ancienne coutume qu'aux dispositions des lois du Bas-Empire sur les *donationes propter nuptias*[2].

En Orient, en effet, on fit de la *donatio ante nuptias,* non le supplément, mais le pendant et la contre-partie de la dot, en ne considérant celle-ci, il est vrai, qu'au point de vue du droit de survie qu'elle pouvait constituer pour le mari. Déjà bien avant le règne de Justinien, les principes de l'*actio rei uxoriæ,* qui maintenaient la dot adventice dans le patrimoine du mari en cas de prédécès de la femme, trouvaient rarement leur application. Le plus souvent la restitution de la dot était assurée par une stipulation ou des pactes adjoints à la constitution. Cela n'excluait point un gain de survie pour le mari; seulement, ce gain étant déterminé par la convention, une clause fixait la portion de la dot que l'époux garderait si la femme prédécédait *constante matrimonio*[3]. On prit l'habitude, parallèle pour ainsi dire, de fixer aussi dans quelle proportion la *donatio ante nuptias* serait acquise à la femme survivante. Dès lors, ce fut en réalité cette quote-part qui, seule, constitua pour elle une libéralité. La somme totale de la donation *ante nuptias* ne fut plus qu'une valeur fictive, qui servait à calculer la donation dont réellement

en partie la *donatio propter nuptias* par le *judicium de moribus* ou la *retentio propter mores*. Cela était utile avant la constitution de Théodose et Valentinien.

[1] Voy. Laurière : *Gloss.,* v° *Augment de dot.*

[2] D'ailleurs, de très bonne heure on dut simplifier la pratique indiquée plus haut. La donation faite par le mari à l'occasion des noces prit directement le caractère d'un supplément de dot, sans qu'il fût nécessaire, comme au début, que la femme, après avoir reçu le bien à titre de *sponsalia*, le rendît au mari *dotis nomine*.

[3] L. unic., § 6, C. v, 13 : « Si decesserit mulier constante matrimonio, dos non in lucrum mariti cedat *nisi ex quibusdam pactionibus.* »

bénéficierait la femme le cas échéant. La *donatio propter nuptias* était devenue un simple gain de survie.

Pendant le mariage, en effet, le mari conservait non-seulement la jouissance, mais la propriété des biens compris dans la donation. Cela ressort bien d'une constitution de Justinien, qui permet à la femme d'exiger le paiement de la dot et de la *donatio propter nuptias* en cas de déconfiture du mari, comme elle pourrait le faire en cas de prédécès de celui-ci[1]. Alors, par exception, elle aura la jouissance de ces biens, mais sans pouvoir les aliéner[2], tant que durera le mariage. Mais d'ordinaire la femme se faisait consentir sur ces objets eux-mêmes une hypothèque, qui permet d'employer le mot *vindicare* pour indiquer qu'elle les réclame[3].

La *donatio ante nuptias*, peu à peu, prenait les traits de la dot, encore à d'autres points de vue. Ainsi, comme son nom l'indique, et comme le voulaient les anciens principes alors qu'elle était vraiment une donation entre-vifs ordinaire, elle devait précéder le mariage. Mais dorénavant n'était-il pas naturel qu'elle pût être comme la dot constituée ou augmentée pendant le mariage? L'empereur Justin le décida ainsi[4]. Et Justinien, confirmant cette loi, enleva à ces donations leur vieux nom, qui ne correspondait plus à la chose nouvelle, il les appela *donationes propter nuptias*[5]. De même, en tant que donation entre-vifs,

---

[1] L. 29, C. v, 12 : « Ut potuisset si matrimonium eo modo dissolutum esset quo dotis et ante nuptias donationis *exactio* ei competere poterat. »

[2] *Ibid.* : « Ita tamen ut eadem mulier nullam habeat licentiam eas res alienandi vivente marito et matrimonio inter eosdem constituto, sed fructibus earum ad sustentationem tam sui quam mariti filiorumque, si quos habet, abutatur. »

[3] *Ibid.* : « Eam posse easdem res *vindicare*, vel a creditoribus posterioribus, vel ab aliis, qui non potiora jura legibus habere noscuntur. » L. 8, § 3, C. v, 17 : « Eam et dotem recuperare et ante nuptias donationem lucro habere aut *legibus vindicare* censemus. »

[4] L. 19, C. v, 3.

[5] L. 20 pr., C. v, 3 : « Quasi antipherna hæc possunt intelligi et non simplex donatio... non simplices donationes intelligantur sed propter dotem et nuptias factæ. »

la *donatio ante nuptias* était soumise à la formalité de l'insinuation. Justinien commença par décider que l'insinuation pourrait valablement être faite seulement au cours du mariage [1]; puis, entraîné par la logique, il écarta totalement la nécessité de l'insinuation [2].

Dans ce développement des donations *propter nuptias,* tel que nous l'avons montré jusqu'ici, c'est la libre volonté des parties qui a constitué et déterminé le gain de survie. Mais le commandement de la loi devait intervenir dans une certaine mesure.

D'ordinaire, on proportionnait dans les contrats de mariage les gains de survie des deux époux. En l'an 468, les empereurs Léon et Anthemius imposèrent aux parties une exacte proportionnalité : la femme survivante gagnerait sur la donation *ante nuptias* la même fraction que le mari survivant devait conserver sur la dot [3]. Justinien changea cette proportionnalité en une égalité absolue : il décida que la *donatio ante nuptias* et la dot devraient toujours être de la même valeur [4].

Justinien alla plus loin : il assura un gain légal de survie à la femme qui ne pouvait bénéficier des dispositions précédentes, parce qu'elle n'apportait point de dot : ce fut la quarte du conjoint pauvre organisée par les Novelles 53, 74 et 117. Ce droit, accordé d'abord au mari comme à la femme [5], fut ensuite réservé à cette dernière [6].

Les biens que recueillait la femme survivante, soit comme *donatio propter nuptias,* soit à titre de quarte, lui appartenaient en principe en toute propriété : mais, s'il

---

[1] L. 20, § 1, C. v, 3.

[2] Nov. 119, C. 1; Nov. 127, C. 2.

[3] L. 9, C. v, 14 : « Quantam partem mulier stipuletur sibi lucro cedere ex ante nuptias donatione, si priorem maritum mori contigerit, tantam et maritus ex dote partem seu pecuniæ quantitatem stipuletur sibi si constante matrimonio prior mulier in fata collapsa fuerit. »

[4] Nov. 97, C. 1.

[5] Nov. 53, C. 6, § 5.

[6] Nov. 117, C. 5.

existe des enfants du mari d'un précédent mariage, la loi leur réserve la nue-propriété des biens donnés *ante nuptias*[1]. De même la quarte du conjoint pauvre se borne à un usufruit lorsque le mari laisse des enfants pour héritiers.

Au cours de ces changements, le testament du mari a perdu en grande partie l'importance qu'il avait pour la femme. Aussi n'en est-il plus guère question dans les lois du Bas-Empire. Seuls les legs d'usufruit du mari en faveur de la femme paraissent être restés à l'état de disposition usuelle; un titre leur est du moins consacré dans les Codes de Théodose et de Justinien[2]. Encore ce titre ne contient-il qu'une seule constitution, dans laquelle les empereurs Arcadius et Honorius déclarent que l'usufruit laissé par testament à la femme est perdu par elle lorsqu'elle se remarie, alors qu'elle conserve l'usufruit des choses données *ante nuptias*.

---

[1] L. 1, C. v, 10 ; L. 2, C. Th. iii, 8; Nov. 22, C. 23-26.
[2] C. Th. iii, 9; C. J. v, 10.

LE DÉLIT D'ADULTÈRE A ROME

ET LA

LOI *JULIA DE ADULTERIIS.*

La loi *Julia de Adulteriis coercendis* appartient au principat d'Auguste[1]. C'est une de ces lois des *judicia publica,* qui se rattachent pour la plupart aux noms de Sylla, de César ou d'Auguste, et qui, pour la première fois, donnèrent au droit pénal de Rome une base solide et des règles précises. Pendant longtemps, on le sait, les crimes commis par les citoyens romains furent jugés par l'assem-

---

[1] Suétone : *Aug.* 34; Plutarque : *Apophteg.,* éd. Reiske, VI, 780; L. 1, D. xlviii, 5. Il est difficile d'en déterminer la date exacte; on l'attribue généralement à l'an de Rome 736 ou 737; Voyez Rudorff : *Römische Rechtsgeschichte,* I, § 36; Rein : *Das Criminalrecht der Römer,* p. 839; *Dictionnaire des antiquités grecques et romaines* de Saglio et Deremberg, v° *Adulterium;* Karlowa : *Römische Rechtsgeschichte,* I, p. 617. Il est certain qu'elle est antérieure à l'année 738, car Horace y fait une allusion évidente dans l'Ode cinquième du livre IV, et cette Ode est adressée à Auguste pour le rappeler du long voyage qu'il avait commencé en 738 (Dio. Cas., liv, 19). D'autre part, elle doit être postérieure à l'année 735, car c'est en cette année qu'Auguste reçut à vie le pouvoir consulaire avec le droit de porter les lois qu'il jugerait nécessaires en y attachant son nom (Dio. Cas., liv, 10). Je placerais volontiers la loi *Julia de Adulteriis* en 736, car cela cadre bien avec ce qu'on lit dans Dion Cassius, liv, 16. — Elle prévoyait non-seulement l'adultère, mais aussi tous les délits contre les mœurs compris sous l'expression de *stuprum.* Suétone l'appelle *Lex Julia de Adulteriis et pudicitia* (Aug. 34); et la rubrique au Code porte : « *Lex Julia de Adulteriis et stupro* » (Cod. ix, 9). De là vient qu'elle employait indifféremment les mots *adulterium* et *stuprum,* L. 6, § 1, D. xlviii, 5; mais les deux délits étaient différents. L. 35, § 1, Dig., xlviii, 5. Voyez aussi L. 101, D. l, 16.

blée du peuple, qui statuait directement ou par l'organe de commissaires élus. Les comices votaient sur la peine proposée par le magistrat accusateur, comme ils eussent voté sur un projet de loi, et souvent le magistrat, en proposant la peine, n'avait pour guide que la coutume ou son sentiment personnel. Les lois des *judicia publica*, en substituant aux comices les *quæstiones perpetuæ*, établirent d'une façon précise la définition des délits dont devaient connaître les jurés et la peine que le préteur devait appliquer en cas de condamnation.

Les particularités que présente la loi *Julia*, notamment au point de vue de la procédure, devaient attirer sur elle l'attention : plusieurs des grands jurisconsultes de l'époque classique, Ulpien, Paul et Papinien, l'avaient commentée en détail; et nos anciens auteurs l'avaient aussi étudiée avec soin[1]; elle a été un peu plus négligée par les modernes, comme en général le droit pénal romain[2]. En reprenant cette étude, nous nous proposons deux choses : montrer quels précieux témoignages cette loi fournit sur les mœurs contemporaines; surtout rechercher comment les jurisconsultes de Rome appliquaient au droit pénal cette merveilleuse faculté d'interprétation qui les servit si bien dans le domaine du droit civil.

Mais pour que cette étude soit satisfaisante, il ne suffit pas d'examiner en elle-même la loi d'Auguste, il faut la rapprocher de ce qui était avant elle, et suivre dans les temps postérieurs le droit qu'elle a introduit.

---

[1] Cujas : *Commentarius in libros Æm. Papiniani de Adulteriis;* Brisson : *Ad legem Juliam de Adulteriis liber singularis;* Matthæus : *Commentarius ad libros 47 et 48 Digestorum, de Criminibus;* édit. 1715, pp. 294-348.

[2] Voyez cependant Rein : *Criminalrecht der Römer*, pp. 835-876; *Dictionnaire des antiquités grecques et romaines*, v° *Adulterium*.

CHAPITRE PREMIER.

L'ADULTÈRE AVANT LA LOI JULIA.

La loi *Julia* faisait partie de cet ensemble de réformes au moyen desquelles Auguste espérait ramener dans Rome les vieilles mœurs. Aussi les éloges des poëtes officiels tombèrent en pluie autour d'elle[1]. Il semblait que pour la première fois l'adultère était puni, et que, grâce aux rigueurs nouvelles, cette honte allait disparaître à jamais. Le second point certainement était faux; mais le premier était-il exact? Était-il vrai qu'avant la loi *Julia,* la société romaine, vieille déjà de plus de sept cents ans, n'avait pas senti la nécessité de réprimer l'adultère?

Remontons aux origines. Le vieil État romain reposait, on le sait, sur l'organisation de la famille; et la famille elle-même était bâtie sur une idée fondamentale, la religion du foyer, le culte des ancêtres. Du père aux enfants passe, avec les biens, ce culte sacré; le fils et la fille sont les héritiers nécessaires du foyer qu'ils n'ont pas quitté, et vraisemblablement à l'origine la volonté de l'homme était impuissante à changer cette dévolution. Dans un tel milieu, l'adultère de la femme était le plus grand crime

---

[1] Horace : *Odes*, IV, 5, 20, ssv.

> « Nulla polluitur casta domus stupris ;
> Mos et lex maculosum edomuit nefas ,
> Culpam pœna premit comes. »

Cf. *Epist.*, II, 1, 1. Ovide : *Fast.*, II, 139 (il compare Romulus et Auguste) :

> « Tu rapis, hic castas duce se jubet esse maritas. »

qui se pût imaginer. Il introduit dans la famille un sang
étranger : au lieu du prêtre désigné par le vieux droit
divin, c'est un profane qui offrira aux mânes des aïeux le
sacrifice désormais inefficace[1].

Quant à l'adultère du mari, il est loin d'avoir la même
gravité. Si le mari a trahi sa femme pour l'épouse d'autrui, complice du crime que cette dernière a commis, il
pourra en supporter toute la gravité; mais dans toute
autre hypothèse son infidélité n'est qu'une faute morale
dont lui, le maître, il ne doit compte à personne. La morale antique interdit à la femme trompée toute vengeance
et toute plainte : « Es-tu adultère, disait Caton, ta femme
n'oserait pas te toucher du bout du doigt, et elle n'en a
pas le droit[2]. » On connaît les récriminations que Plaute
a mises dans la bouche d'une femme :

> « Ecastor lege durâ vivunt mulieres...
>   Nam si vir scortum duxit clam uxorem suam,
>   Id si rescivit, impune est viro[3]. »

C'est là le langage d'une époque où la foi n'est plus
entière, mais écoutons la loi hindoue : « Quoique la conduite d'un époux soit blâmable, bien qu'il se livre à
d'autres amours et soit dépourvu de bonnes qualités, une
femme vertueuse doit constamment le révérer comme un
dieu[4]. » Sans doute cette différence entre l'homme et la

---

[1] Voy. M. Fustel de Coulanges : *La cité antique*, p. 102, et la loi hindoue (*Manou*, III, 175) : « Ces êtres, fruits d'un commerce adultère, anéantissent dans
ce monde et dans l'autre les offrandes adressées aux dieux et aux mânes, lorsqu'on leur en donne une part » (Traduct. Loiseleur Deslongchamps, p. 102). —
Après l'établissement des castes, la société hindoue considère l'adultère avec
une horreur plus grande encore (*Manou*, VIII, 353) : « C'est de l'adultère que
naît dans ce monde le mélange des classes, et du mélange des classes provient
la violation des devoirs destructrice de la race humaine, qui cause la perte de
l'univers » (Loiseleur Deslongchamps, p. 304).

[2] « Illa te, si adulterares, digito non auderet contingere, nec jus est. » Aulu-
Gelle : *N. Att.*, X, 23, 5.

[3] *Mercator*, act. IV, sc. v, v. 3, ssq.

[4] *Manou*, V, 154, traduction citée, p. 191.

femme repose sur d'autres motifs, puisque, dans une certaine mesure, elle a persisté jusqu'à nous ; mais son fondement primitif, comme sa justification complète, ne se trouve que dans les vieilles idées religieuses de la race indo-européenne.

L'adultère de la femme est donc le plus grand danger qui menace la famille antique. Mais, comme tous les organismes vivaces, celle-ci trouve en elle la force de réagir. Sans chercher au dehors, elle trouvera dans son propre sein des justiciers et des juges.

D'abord, si le mari surprenait sa femme en flagrant délit, il pouvait la tuer légitimement : « In adulterio uxorem tuam si deprehendisses, sine judicio impune necares, » disait Caton [1]. Ce droit de tuer, *jus occidendi,* qui fait du mari un justicier immédiat, a été reconnu par toute l'antiquité classique [2]. Et ce n'est pas, comme chez nous, une atténuation de la peine du meurtre, mais une impunité complète que la loi lui accorde. Le mari romain avait incontestablement ce pouvoir, lorsque la femme était *in manu;* l'avait-il aussi dans le mariage libre ? D'éminents auteurs le soutiennent [3] ; mais c'est la conséquence d'une opinion inexacte, selon nous, qui voit dans la *manus mariti* un pouvoir s'exerçant sur les biens seuls et non sur la personne de la femme, et nous trouverons dans la loi *Julia* des dispositions qui prouvent le contraire.

En dehors du cas de flagrant délit, il est encore possible de punir la femme adultère sans ébruiter le scandale et sans sortir du cercle de la famille. Si elle était *in manu mariti,* sans aucun doute celui-ci pouvait se constituer son juge [4]. Mais il devait, nous disent les textes, s'entourer

---

[1] Aulu-Gelle : *N. Att., loc. cit.*

[2] Voy. pour la Grèce : *Dictionnaire des antiquités grecques et romaines,* v° *Adulterium;* Thonissen : *Le droit pénal de la République athénienne,* p. 316.

[3] Voy. M. P. Gide : *Étude sur la condition privée de la femme,* 2° édition, p. 116, 117, et, dans le même sens que notre savant maître, M. Zumpt, *op. cit.,* t. I, p. 356.

[4] Denys d'Halicarnasse, II, 25 : « Οἱ συγγενεῖς μετὰ τοῦ ἀνδρὸς ἐδίκαζον. »

d'un *concilium*, véritable tribunal de famille. Où prenait-
on les membres de ce tribunal? parmi ceux que la loi
antique considère comme les seuls parents, c'est-à-dire
parmi les agnats? Mais les agnats de la femme tombée *in
manu* sont ceux de son mari. Les liens de parenté civile
qui l'unissaient à sa propre famille ont été brisés par la
capitis deminutio. Pourtant, pour introduire l'impartialité
dans ce tribunal, où siège un mari offensé, il faut appeler
avant tout ceux qui sont nés du même sang que la femme,
ceux qui ont grandi avec elle ou qui l'ont vue grandir,
c'est-à-dire ses *cognats :* aussi ce sont eux qu'on choisit :
bien que ces parents soient souvent désignés d'une façon
assez vague, c'est l'expression *cognati* qui domine dans les
textes [1].

Ce *concilium* n'avait point, comme celui qui entoure le
magistrat romain, pour unique mission de donner des
avis : il avait un rôle actif et prépondérant; les parents
jugeaient avec le mari, dit Denys, et ailleurs la condamnation qui intervient est appelée *Decretum propinquorum* [2],
cognatorum.

Quant à la procédure suivie devant cette juridiction, il
n'y avait point, bien entendu, de formes tracées d'avance.
On puisait sa conviction où l'on voulait. Il est vraisemblable seulement que, pour découvrir la vérité sur un
crime toujours dissimulé, on torturait fréquemment les
esclaves de la maison, témoins nécessaires et parfois complices ou fauteurs. Certaines dispositions de la loi *Julia*
refléteront fidèlement cet usage.

Si la femme n'était pas *in manu mariti*, cette juridiction
familiale, si bien appropriée au but, n'allait-elle pas faire
défaut? Non, si l'*uxor* était *filiafamilias*, elle trouvait en-

---

[1] Liv. XIII, 18. *Epitome Livii*, 48; Val. Max., VI, 3, 7 : — Cf. Val. Max., V,
8, 3; V, 9, 1; Suet., *Tib.*, 35; Tacite, *Ann.*, XIII, 32. Un passage de Polybe
(IV, 2) a permis d'affirmer que les agnats du mari étaient aussi appelés. Voy.
P. Gide, *op. cit.*, p. 130, ssv.; Geib, *op. cit.*, p. 90; Zumpt, *op. cit.*, I, p. 356.
[2] Val., VI, 3, 8; Livii, *Epit.* 48.

core un juge dans le père, armé du droit de vie ou de mort. Le *paterfamilias* s'entourait aussi habituellement du *concilium* des parents; mais il ne semble pas que ce fût pour lui une nécessité absolue, à la différence du mari [1].

Si la femme n'était plus *filiafamilias* et n'était pas *in manu*, on serait tenté de croire qu'aucun jugement domestique n'était possible [2]. Nous pensons au contraire que même alors les parents et le mari étaient juges [3]. Dans ce tribunal, nous l'avons vu, le rôle prépondérant appartient aux parents; dès lors, peu importe que le mari ait ou n'ait pas la *manus*. Nous avons vu des exemples d'assemblées de *cognati* condamnant la femme, alors que le mari n'est plus [4], sans qu'il soit indiqué qu'il s'agisse d'une *filiafamilias*.

Les pouvoirs de ce tribunal de famille étaient très étendus. Selon Denys d'Halicarnasse, il pouvait prononcer la peine de mort contre la femme adultère [5]. Et, pour les temps très anciens, cela n'a rien que de très vraisemblable; rien que la mort n'était capable d'expier ce forfait. Mais cette sévérité dut s'adoucir, et Tacite nous apprend que la peine généralement usitée était d'exiler la coupable à deux cents milles de Rome : « *Exemplo majorum propinquis suis ultrà ducentesimum lapidem removeretur* [6]. »

Lorsque fut née l'*actio rei uxoriæ*, qui assurait à la femme la restitution de sa dot, le mari put aussi, devant un autre tribunal, réclamer la punition de l'adultère. Il répudiait la coupable; et, par les voies ordinaires de la procédure civile, il portait les faits devant un juge, qui lui attribuait définitivement tout ou partie de la dot, à titre

---

[1] Voy. Geib, *op. cit.*, p. 93; cf. Val. Max., VI, 1, 2, 3, 6.

[2] Dans ce sens, Geib, *op. cit.*, p. 87.

[3] P. Gide, *op. cit.*, p. 129.

[4] Val. Max., VI, 3, 8; Livii, *Epit.* 48.

[5] II. 25 : « Θανάτῳ ζημιοῦν συνεχώρησεν. »

[6] Ann., II, 50.

de peine contré la femme[1]. C'est bien là une véritable peine, les expressions qu'on trouve dans les textes ne laissent aucun doute à cet égard[2]; et le mari, pour s'en faire attribuer le bénéfice, a une véritable action pénale, l'action *de moribus,* qui comme les actions *vindictam spirantes,* est intransmissible activement et passivement. L. 1 C. Th. (3. 13.)[3].

Lorsque la dot était réclamée par l'*actio rei uxoriæ,* il semble que l'action *de moribus* n'avait pas une existence distincte. En vertu de ses pouvoirs larges, le juge, en cas d'adultère de la femme, absolvait le mari ou ne le condamnait qu'à restituer une partie de la dot; à l'origine, en effet, on déterminait moins ce que le mari pouvait garder que ce qu'il devait rendre. Plus tard, on renversa cette idée, et alors naquit la théorie des *retentiones ex dote;* mais cela suffisait, et l'on ne voit pas à quoi eût servi dans ce cas l'*actio de moribus*[4]. Cependant, on la trouve à côté de la *retentio propter mores,* comme l'*actio rerum amotarum,* à côté de la *retentio* correspondante. Elle pouvait être utile au mari, soit que sur l'action *rei uxoriæ* il n'eût pas pu faire valoir des faits qu'il ignorait

---

[1] Caton, *De dote :* « Vir cum divortium facit, judex pro censore est, quod imperium videtur, habet, si quod perverse tetreque factum est a muliere, mulctatur... si cum alieno viro probri quid fecit, condemnatur. » Aulu-Gelle : *Noct. att.,* X, 23, 4.

[2] *Mulctatur (mulla)* dans le passage de Caton plus haut cité; et L. 5 pr. D. xxviii 4 : « Illud convenire non potest, ne de moribus agatur..., ne *publica coercitio* privata pactione tollatur. »

[3] « De moribus actio ultra personam extendi non potest, nec in heredem dabitur, nec tribuitur heredi. »

[4] V. P. Gide : *Du caractère de la dot en droit romain,* à la suite de l'*Étude sur la condition privée de la femme,* 2e édition, p. 528. — « Actio de moribus pars videtur fuisse actionis rei uxoriæ muliere agente. » Cujas, sur la loi 39, D. xxiv, 3. — Cependant, même dans ce cas, il semble qu'on ait parfois considéré l'*actio de moribus* comme une sorte d'action contraire de l'*actio rei uxoriæ,* toutes deux étant soumises au même juge et pouvant toutes deux aboutir à une condamnation. Valère Maxime raconte qu'un nommé Titinius avait épousé une femme débauchée pour pouvoir, en la répudiant, se faire attribuer la dot. Marius, *judex inter eos sumptus,* déjoua ce calcul : « Mulierem impudicitiæ ream sestertio nummo, Titinium summa totius dotis condemnavit. » Val. Max., VIII, 2, 3.

alors[1], soit qu'ayant rassemblé ses preuves, il voulût prendre les devants, sans attendre d'être poursuivi par la femme.

Dans une autre hypothèse, elle était absolument utile : c'est lorsque la restitution de la dot avait fait l'objet d'une stipulation. L'action *ex stipulatu,* qu'avait alors la femme, n'admettait pas les *retentiones,* L. un., § 5, C. 5, 13. Même en prouvant l'adultère, le mari devait être alors condamné à restituer la dot entière. Mais nous croyons qu'il pouvait, en intentant l'*actio de moribus,* se faire attribuer, dans un *judicium* séparé, la portion de la dot dont la privation devait constituer une peine pour la coupable[2].

A l'origine, le juge était maître de déterminer cette portion sans limitation aucune. Plus tard, une loi posa des règles précises, en fixant la quotité des *retentiones* en cas d'adultère, la femme était privée du sixième de sa dot (Ulp., *Frag.,* VI, 12).

En même temps, se produisait une autre modification très significative. Il est probable que l'action *de moribus* n'appartenait d'abord qu'au mari, l'adultère de la femme étant seul considéré comme punissable. La même loi, qui fixait le taux des *retentiones,* donna cette action à l'épouse contre le mari. Convaincu d'adultère, celui-ci perdait les termes que la coutume avait introduits pour la restitution de la dot « quæ pondere, mensurâ, numero continetur; » si la dot, suivant le droit commun, devait être restituée immédiatement, il était condamné à payer en plus « *quantum in illâ dote, quæ triennio redditur, repræsentatio facit.* » Ulp., *Frag.,* VI, 13. Ici l'égalité de droit, sinon de

---

[1] V. Pellat : *Textes sur la dot,* p. 27.

[2] Nous avons vu en effet qu'on ne peut jamais convenir « ne de moribus agatur. » L. 5 pr., D. xxiii, 4. — C'était peut-être dans notre hypothèse que servait le *præjudicium* « *quanta dos sit.* » Gaius, IV, 44. Quant à faire de l'*actio de moribus* elle-même un simple *præjudicium,* comme on l'a voulu, cela nous paraît impossible. Gaius nous indique le cas où « de moribus mulieris agitur, » comme un de ceux où le défendeur doit *satisdare.* Gaius, IV, 102; l'action devait donc aboutir à une condamnation.

fait, était donc rétablie entre les deux époux. Les plaintes de la Syra de Plaute avaient été entendues et ses vœux exaucés[1]. Aussi est-il certain que la loi qui introduisit ces réformes doit être de date assez récente[2].

Voilà comment l'ancien droit romain assurait la punition de la femme adultère : permettait-il également de frapper son complice? Il mettait celui-ci à la discrétion du mari, mais à une condition, c'est qu'il fût surpris par lui en flagrant délit. Le mari pouvait alors le tuer impunément; il pouvait, s'il le préférait, le mutiler, le battre, le soumettre aux derniers outrages; il agissait toujours dans la plénitude de son droit, et les textes que nous fournissent les exemples de ces représailles déclarent toujours : « *jure fecit; ei fraudi non fuit*[3]. » Le droit romain, comme la législation grecque[4], était resté fidèle en cela au vieux principe de la vengeance privée, et les jurisconsultes romains connaissaient bien cette parenté des deux législations[5].

Mais il n'était pas dans l'esprit des coutumes antiques de donner à la vengeance privée un caractère implacable. Au contraire, au lieu de représailles effectives contre l'agresseur surpris en flagrant délit, elles admettaient volontiers

---

[1]   Utinam lex esset eadem, uxori quæ est, viro.
..... Ecastor, faxim, si itidem plectantur viri,
Si quis clam uxorem duxerit scortum suum,
Ut illæ exiguntur, quæ in se culpam commerent.

[2] Elle est postérieure à l'époque de Plaute, cela est certain; elle n'existait point du temps de Marius, puisque dans le procès qu'il jugea contre Titinius, celui-ci avait pour but de dépouiller sa femme de toute sa dot : « dote spoliare conaretur » (Val. Max., VIII, 2. 3).

[3] Horace, *Sat.*, I, ii, 32, ssv.; — Val. Max., VI, 1, 13.

[4] *Dictionnaire des antiquités grecques et romaines*, vᵒ *Adulterium.* Leist : *Græco-Italische Rechtsgeschichte*, 1884, p. 29. Nous avons deux lois athéniennes qui donnent formellement au mari le droit de tuer l'*adulter* qu'il surprend en flagrant délit : l'une est citée par Démosthène, *in Aristocr.*, 53-55 ; l'autre par Lysias, *in Cæde Eratosthenis*, cette dernière était gravée sur une stèle de l'Aréopage : « Τὸν νόμον ἐκ τῆς στήλης τῆς ἐξ Ἀρείου πάγου. »

[5] L. 24 (23) pr., D. XLVIII, 5.

que l'offensé composât avec lui à prix d'argent. Pour l'adultère la loi grecque organisa de bonne heure cette composition. La procédure suivie était des plus simples, si l'on
peut employer ce terme pour désigner des procédés aussi
grossiers. Le mari saisissait le coupable et le chargeait de
liens[1] ; il faisait constater sa capture par des témoins appelés exprès pour cela et souvent amenés par lui à l'avance,
et il retenait son prisonnier jusqu'à ce que les amis ou les
proches de celui-ci, avec lesquels s'engageaient des pourpar-
lers, se fussent obligés à payer la somme exigée[2]. C'est là
exactement l'enchaînement des scènes que décrit Homère
dans l'épisode célèbre qui montre Mars et Vénus enchaî-
nés par Vulcain[3], et l'on peut affirmer que le poëte a simplement transporté dans l'Olympe la rude procédure de
ses contemporains. La loi de Gortyne récemment découverte réglemente aussi cette grossière procédure et organise quelques garanties contre les abus qu'elle devait facilement entraîner[4]. Enfin la loi athénienne permettait encore

---

[1] C'est la *ligatio* dont parlent en cas de flagrant délit les *leges barbarorum*.

[2] Leist, *op. cit.*, p. 300, 301.

[3] Odyss., VIII, 266, ssv. Dès que Mars et Vénus ont été saisis dans les ré-
seaux subtils tendus par Vulcain, celui-ci appelle tous les dieux pour qu'ils
constatent le flagrant délit (305, ssv.); ils reconnaissent que Mars doit la composition de l'adultère : « τό καὶ μοιχάγρι᾽ ὀφέλλει. » Cependant il faut que Neptune
s'engage au profit de Vulcain à payer la composition, au cas où Mars ne la paie-
rait pas et cautionne ainsi ce dernier (345, ssv.). C'est alors seulement que Vulcain délivre Mars et Vénus (359, ssv.).

[4] Loi de Gortyne, II, 20, ssv. Voyez Dareste : *Bulletin de correspondance
hellénique*, IX, 301, ssv.; — Heinrich Lewy : *Altes Stadrechtvon Gortyn*, p. 8, 9.
— En ne prenant que le cas où les deux coupables sont de condition libre, voici
ce que décide la loi : « Si quelqu'un est pris en flagrant délit d'adultère avec une
femme libre dans la maison du père, du frère ou du mari, il paiera cent statères ;
s'il est surpris dans une autre maison, il en paiera cinquante... Que (le mari)
déclare devant trois témoins aux proches (καδεσταῖς) de l'individu pris en flagrant
délit qu'ils aient à le racheter dans les cinq jours... s'il n'est pas racheté, il est
abandonné à ceux qui l'ont pris et qui peuvent faire de lui ce que bon leur semble. S'il prétend qu'on lui a tendu un piège, celui qui l'a pris, quand il s'agit
d'une composition de cinquante statères ou au-dessus, doit jurer, lui cinquième,
qu'il l'a surpris en flagrant délit d'adultère et ne lui a point tendu de piège, chacun des cojurants prononçant la malédiction sur lui-même en cas de parjure. »

« d'enchaîner le *moichos* pris en flagrant délit et de le retenir prisonnier jusqu'à ce qu'il fournît des cautions pour garantir le paiement de la composition convenue. Mais celui qui, traité ainsi, prétendait être la victime d'une machination, pouvait porter la question devant les juges, et se dire, par une action spéciale ἀδίκως ἐιρχθῆναι ὡς μοιχόν. Si d'ailleurs il était reconnu coupable, le vieux droit de vengeance reprenait le dessus, quelque peu adouci. Les cautions remettaient le μοιχος à l'offensé qui pouvait, devant le tribunal, faire de lui ce qu'il voulait, pourvu qu'il ne se servît pas d'une épée [1]. »

On peut montrer, je crois, que l'ancien droit romain suivait les mêmes principes. Il admettait aussi que le mari composât à prix d'argent avec l'*adulter* surpris en flagrant délit, et c'est là sans doute ce qu'entend un scholiaste d'Horace lorsqu'il dit qu'avant la loi *Julia* la peine de l'adultère était pécuniaire [2]. Bien que la loi *Julia* défendît sévèrement ces compositions, comme nous le verrons plus loin, il semble même que l'usage s'en maintint néanmoins [3]. La coutume romaine autorisait aussi les mêmes pratiques que la coutume grecque. Le mari pouvait enchaîner avec l'aide des siens l'*adulter* surpris [4], et le retenir prisonnier jusqu'à ce qu'il se fût racheté, mais il devait faire constater sa capture par des témoins. Plaute parle plusieurs fois de cette *testatio* [5] et la loi *Julia*, contient elle-même la trace

---

[1] Leist, *op. cit.*, p. 300, 301.

[2] « Prius adulterii pœna pecuniaria erat. » Acron, *in Horat. Sat.*, II, i, 46, ed. Orelli.

[3] L. 4 pr., D. xii, 5 : « Si ob stuprum datum sit, vel *si quis in adulterio deprehensus redemerit se*, cessat repetitio; idque Sabinus et Pegasus responderunt.»

[4] Térence : *Eunuchus*, Act. V, sc. iv, v. 33 : « Colligavit primum eum miseris modis. » — L. 7, § 1, D. iv, 2 : « Proinde si quis in furto vel adulterio deprehensus vel in alio flagitio vel dedit aliquid vel se obligavit, Pomponius libro vicesimo octavo recte scribit posse eum ad hoc edictum pertinere : timuit enim vel mortem vel *vincula*. »

[5] *Curculio*, Act. I, sc. i, v. 29, 30. Il s'agit d'un jeune homme à qui un esclave conseille de respecter les femmes mariées :

Semper curato ne sis intestabilis;
Quod amas, amato *testibus præsentibus*.

visible de ce droit ancien. Elle permet en effet au mari de garder chez lui prisonnier pendant vingt heures l'adultère qu'il a surpris, et cela *testandæ hujus rei causa* [1]. Sans doute cet emprisonnement privé n'a plus pour but de préparer une composition maintenant défendue ; il sert seulement à assurer une preuve facile à la poursuite. Mais on peut affirmer que le législateur nouveau n'eût point inventé une semblable procédure. Il a emprunté à la coutume ce rouage qui fonctionnait depuis longtemps, et l'a conservé en l'adaptant à un nouveau système et en en changeant la portée.

Les pouvoirs qu'on reconnaissait au mari en cas d'adultère flagrant pouvaient donner lieu à de graves abus. Un honnête homme, un homme simplement imprudent, pouvait être attiré dans un piège et contraint, par des menaces de mort ou de séquestration, de payer ou de promettre une somme d'argent considérable [2]. Le droit romain avait-il pris, comme la loi grecque, quelques précautions contre ce danger. On peut remarquer que dans le *Miles gloriosus* de Plaute on fait jurer à la victime qu'elle ne s'en prendra à personne du traitement qu'on lui fait subir et des coups qu'elle reçoit [3] ; mais c'est là une indication peu précise.

De même le *Miles gloriosus*, surpris chez une femme qu'on fait passer à ses yeux pour mariée, reconnaît qu'on a le droit de faire constater par des témoins la situation et de lui demander une réparation. Act. V, scène dernière, v. 23-24 :

> Et si *intestatus* non abeo bene agitur pro noxia
> ..... ut vivam semper intestabilis.

Sans doute il y a là des plaisanteries obscènes, consistant à jouer sur le double sens du mot *testis*, la castration constituant des représailles fréquemment usitées contre l'*adulter* surpris ; mais pour que le jeu de mot fût possible, il fallait qu'on employât une expression ayant un sens juridique.

[1] L. 26 (25) pr., § 5, D. xlviii, 5.

[2] La scène dernière du *Miles gloriosus* en fournit un exemple qui montre que la chose n'était point rare.

[3] Scène dernière, v. 18, ssv. :

> « Jura te nociturum esse homini nunc hac de re nemini
> « Quod tu hodie hic verberatus aut quod verbcrabere,
> « Si te salvom hinc mittimus venereum nepotulum...

Lorsque fut née l'action *quod metus causa,* l'homme tombé dans un guet-apent put incontestablement l'intenter à raison des sommes ou des promesses qu'on lui avait arrachées[1].

Lorsque l'*adulter* n'était pas surpris en flagrant délit, le mari trompé avait-il une action contre lui, si d'ailleurs il avait des preuves? On n'en trouve aucune trace chez les Romains .avant la loi *Julia*[2]. Quelque surprenante que cette lacune paraisse d'abord, on peut l'expliquer. Il est probable que lorsque la vieille coutume, dans sa grossièreté première, abandonnait à la vengeance privée la répression des délits contre les particuliers, elle n'admettait aussi la légitimité des représailles ou des compositions que lorsque l'agresseur était pris en flagrant délit[3]. Plus tard on alla plus loin : on susbtitua d'abord en cas de flagrant délit la sentence du juge à la seule action des parties, la peine restant d'ailleurs ce qu'elle était jusque-là, c'est-à-dire le talion ou une réparation pécuniaire; puis on créa des actions assurant la répression du vol et des autres *delicta privata,* dès qu'ils pouvaient être prouvés sans que le flagrant délit eût été constaté[4]. Mais

« Ergo des minam auri nobis... salvis testibus,
« Ut te hodie amittamus Venereum nepotulum. »

[1] La loi 7, § 1, D. iv, 2, plus haut citée, donne l'action même à celui qui a été réellement surpris en flagrant délit d'adultère; mais cela vient de ce que depuis la loi *Julia* la composition fut défendue.

[2] Le droit Grec, du moins le droit Athénien, connaissait au contraire dans ce cas une γραφὴ μοιχείας. Voyez Platner : *Der Process und die Klagen bei den Attikern,* II, 208.

[3] C'est la théorie développée par M. Leist : *Græco-italische Rechtsgeschichte,* p. 298. Elle explique d'une manière satisfaisante l'importance extrême du flagrant délit dans les anciennes législations. Toute répression aurait d'abord reposé sur le flagrant délit.

[4] Cela expliquerait d'une manière très simple la différence qui existe dans le système romain entre la peine du *furtum manifestum* et celle du *furtum nec manifestum.* A l'époque où fut établie l'action *furti manifesti,* seul le vol flagrant était punissable, mais la peine en était dure; lorsque l'action *furti nec manifesti* fut créée les mœurs sans doute étaient plus douces, et par là même la peine édictée fut moins sévère, mais l'esprit de tradition fit conserver pour le vol

l'adultère resta en dehors de ce développement; on ne sentit pas le besoin de faire pour lui ce qu'on faisait pour les autres délits; il s'agissait d'une matière où la preuve est difficile et la poursuite parfois aussi dangereuse que l'impunité.

Est-il certain cependant qu'aucune loi, avant la *lex Julia,* n'ait fait de l'adultère un *delictum publicum?* On a plus d'une fois soutenu le contraire. D'après un passage de Plutarque on a pu croire que Sylla avait porté une loi réprimant l'adultère[1]; mais en y regardant de près on voit qu'il s'agit là d'une loi somptuaire qui est aussi signalée ailleurs[2]. D'autre part, un récit de Valère Maxime a fait croire à quelques-uns qu'une loi *Servilia* avait eu le même objet[3]; mais il est presque certain que la loi en question est la *lex Servilia repetundarum.* Un témoignage plus précis et plus grave est fourni par le jurisconsulte Paul : il déclare, en effet, que dans son premier chef la loi *Julia de Adulteriis* abrogeait plusieurs lois antérieures[4]. Je croirais toutefois que ces lois abrogées concernaient non pas l'*adulterium* mais le *stuprum;* la loi

---

manifeste la pénalité consacrée par l'usage; et le préteur, lorsqu'il la modifia, tint compte lui-même de la différence traditionnelle entre le vol flagrant et non flagrant.

[1] *Comparatio Lysandri cum Sulla,* Reiske, III, p. 164 : « Τοὺς περὶ γάμων καὶ σωφροσύνης εἰσηγεῖτο νόμους τοῖς πολίταις, αὐτὸς ἐρῶν καὶ μοιχεύων, ὥς φησι Σαλούστιος. »

[2] C'est ce qu'indique clairement le mot σωφροσύνη dans la phrase plus haut citée. — Dans ce sens, voyez Zumpt : *Das Criminalrecht der römischen Republik,* IV, p. 175.

[3] Val. Max., VIII, 1, 8. L'argument qu'on tire de ce passage est assez faible. Il y est dit qu'un certain Cosconius, mis en accusation d'après la loi *Servilia* fut acquitté, quoique certainement coupable, en raison de l'indignité de son accusateur Valerius Valentinus, son avocat ayant lu une pièce de vers dans laquelle Valentinus « puerum prætextatum et ingenuam virginem a se corruptam poetico joco significaverat. » On en a conclu que le fait reproché à l'accusé était justement le même dont s'était vanté l'accusateur. Mais même en acceptant cette manière de voir, la loi *Servitia* aurait prévu non l'*adulterium* mais le *stuprum.*

[4] Paulus : *Libro singulari et titulo de adulteriis* (Collatio, IV, 2, 2) : « Et quidem primum caput legis Juliæ de Adulteriis prioribus legibus pluribus abrogat. »

Julia, on le sait, réprimait l'un et l'autre délit, et il est certain qu'il existait sous la République des lois contre le *stuprum*[1]. Il est possible cependant que la loi *Julia* ait emprunté quelques-unes de ses dispositions accessoires à des lois antérieures. Ainsi elle déclarait *intestabilis* la personne qui était condamnée conformément à son texte[2]; or, certains passages de Plaute plus haut cités[3], montrent que de son temps l'homme saisi en flagrant délit d'adultère devenait *intestabilis;* peut-être était-ce en vertu d'une loi.

Mais bien qu'aucune loi ne frappât l'adultère et n'en attribuât la connaissance à une juridiction déterminée, rien n'empêchait qu'un magistrat ne traduisît les coupables devant l'assemblée du peuple, juge ordinaire au criminel, et ne proposât une peine contre eux. C'est une procédure dont on trouve des exemples qui se rapportent sans doute à quelque grand scandale public. C'était alors une *multæ irrogatio*[4], et la peine était assez forte, puisque, dans un cas cité par Tite-Live, l'amende infligée à quelques matrones fut assez considérable pour qu'avec cette somme on pût élever un temple à Vénus[5].

Sauf ces accusations extraordinaires, la répression de l'adultère était abandonnée, on le voit, à la vengeance privée et aux tribunaux domestiques. Tout en respectant les autorités anciennes, en leur faisant une place dans le système nouveau, la loi *Julia* fit passer l'adultère dans le domaine du droit pénal public.

---

[1] On en connaît une par son nom, la loi *Scantinia.* Voy. Cic., *ad fam.,* VIII, xii, 3; et xiv, 4. Celle-ci resta même en vigueur, dans certaines de ses dispositions, après la loi *Julia :* Suétone, *Domit.,* 8; Juven. II, 43, ssv. Voyez Rein : *Criminalrecht,* p. 866.

[2] LL. 14, 18, D. xxii, 5.

[3] Page 82, note 5.

[4] Cic., *Pro Rabirio,* 3, 8 : « Est in eadem multæ irrogatione præscriptum hunc nec suæ nec alienæ pudicitiæ pepercisse. » La peine était parfois l'exil, Liv. XXV, 2.

[5] Liv. X, 31.

CHAPITRE DEUXIÈME.

L'ADULTÈRE D'APRÈS LA LOI JULIA.

Le droit que nous avons décrit parut suffisant aux Romains pendant plus de sept siècles [1]. À l'époque d'Auguste il était facile d'en apercevoir les imperfections. Les mœurs antiques avaient cédé devant une effrayante corruption que les poëtes et les philosophes nous retracent à l'envi; mais, mieux que toutes les descriptions, le texte de là loi et les commentaires des jurisconsultes révèlent la profondeur du mal.

C'était la famille elle-même, qui, d'après la vieille coutume, avait la mission et le pouvoir de punir la femme adultère. Mais elle n'est plus la forte corporation du passé; c'est la famille relâchée des époques sceptiques. Le mari, autrefois justicier, n'est le plus souvent qu'un mari de comédie. La loi nouvelle lui enlèvera un à un presque tous ses privilèges; moyennant certaines conditions, tout étranger pourra se porter accusateur de la femme et du complice : l'époux lui-même sera poursuivi à propos de la faute de l'épouse. Les complaisances injustifiables, les lâchetés, les trafics honteux des maris sont signalés et frappés tour à tour.

---

[1] On peut remarquer qu'aujourd'hui encore, en Angleterre, l'adultère n'est pas un délit réprimé par la loi pénale : « Adultery is not punissable by our law as a crime, » dit Stephen. Sauf une action devant la juridiction ecclésiastique *pro salute animæ,* qui est hors d'usage, il ne donne lieu qu'à une action pécuniaire en *damages,* comme *civil injury.* Voy. Stephen : *Commentaries on the laws of England,* édit. 1874, t. III, p. 438 et ssv; p. 309, note *f.*

Comme toutes les lois des *judicia publica,* la loi *Julia*
avait des règles de fond, qui spécifiaient les délits et les
peines, et des règles de forme qui déterminaient la procédure à appliquer. Nous suivrons cette division; mais
auparavant, voyons ce que le législateur avait fait de ces
droits de famille que nous étudiions il y a un instant.

§ 1.

Le jus occidendi *du mari et du père; disparition*
des tribunaux domestiques.

Le mari, nous l'avons vu, avait le droit de tuer sa
femme et le complice de celle-ci surpris en flagrant délit.
Évidemment cette justice expéditive paraissait barbare aux
générations nouvelles, de mœurs plus douces. Ce qui le
montre bien, c'est l'esprit dans lequel les jurisconsultes
interpréteront ce qui en restera. Dès son second chef, la
loi *Julia* supprime complètement ce droit pour ce qui est
de la femme, et le restreint considérablement quant au
complice. *Collatio,* t. IV, c. 2, § 3; Paul, *Sent.,* I, 26, 1.

Le mari n'a plus le droit de tuer sa femme surprise en
flagrant délit : s'il la tue, cédant à sa fureur, c'est un
meurtre ordinaire, passible des peines de la loi *Cornelia de*
Sicariis, L. 25 (24) pr., D. 48, 5; L. 39 (38), § 8, *ibid.* Paul,
Sent., I, 26, 4. La loi *Julia* ne contient même aucune
atténuation en sa faveur, ce fut seulement le droit postérieur qui en introduisit.

Mais dans la famille il y avait un autre homme qui pouvait avoir la puissance sur la femme; c'était son père, si
elle était *filiafamilias.* A celui-là la loi nouvelle laisse le
jus occidendi lorsqu'il l'avait déjà; elle le lui remet même
lorsqu'elle l'arrache aux mains du mari. Cela est bien conforme aux idées qui maintenant ont cours : le mari pour-

rait céder à une idée de vengeance, le père ne pourra que punir. L. 23 (22), § 4, D. 48, 5.

Le droit du père n'existe jamais lorsque la femme est *sui juris,* lorsqu'elle a été émancipée, avant ou depuis le mariage. Mais en dehors de ce cas deux hypothèses sont possibles : la femme *alieni juris* est *filiafamilias* ou elle est *in manu mariti.*

Si elle était *filiafamilias,* la loi Julia, en reconnaissant au père le *jus occidendi,* ne lui donnait aucune prérogative nouvelle, L. 22 (21), D. 48, 5 : ce droit, il le possédait depuis les premiers siècles de Rome, et la tradition le faisait remonter à une *lex Regia.* Si la loi *Julia* l'affirme, ce n'est que pour le limiter en y apportant des restrictions dont nous parlerons bientôt. Les jurisconsultes romains l'avaient bien compris. *Collatio, h. t.,* c. 4 [1].

Si la femme était tombée *in manu mariti,* suivant les vieux principes, le père avait perdu sur elle le droit de vie et de mort; mais la loi *Julia* le lui rend par une disposition bien remarquable [2]. En consentant à la *conventio in manum,* il n'a abdiqué son pouvoir que pour le transmettre au mari; la loi, en en dépouillant ce dernier, le restitue au *paterfamilias.* Cette disposition montre bien que le mari n'avait pas le droit de tuer sa femme surprise en flagrant délit, lorsque celle-ci n'était pas *in manu mariti.* S'il eût eu ce droit, la loi aurait également prévu le cas où l'épouse était devenue *sui juris* par une émancipation, et, dans cette hypothèse encore, elle aurait enlevé au mari le *jus occidendi* pour le rendre au père.

Dans ces deux cas, le père ne peut tuer impunément sa fille que dans certaines conditions. Il faut qu'il ait surpris

---

[1] Le *jus occidendi,* cela est logique, appartient aussi bien au père adoptif qu'au père naturel (L. 23 (22) pr., D. *h. t.*).

[2] *Collat. h. t.,* c. 2, § 3 : « Secundo capite permittit patri, si in filia sua quam in potestate habet, *aut in ea quæ eo auctore, cum in potestate esset, viro in manum convenerit,* adulterum deprehenderit, ut is pater adulterum sine fraude occidat ita ut filiam in continenti occidat. » Nous avons là probablement les termes mêmes de la loi. Cf. *ibid.,* c. 7.

les coupables, dans sa maison ou dans celle de son gendre,
et que le flagrant délit soit des plus caractérisés, L. 24 (23)
pr., D. *h. t.* Il faut de plus qu'il tue non pas sa fille seule
ou le complice seul, mais tous les deux *in continenti,* Coll.
h. t., c. 8 ; L. 24 (23), § 4 D. *h. t.* Il ne peut faire un choix,
et épargner l'un ou l'autre. Cette restriction avait pour
but de protéger non la fille, mais le complice [1].

Si la femme est *filiafamilias,* mais que son père soit lui-
même en puissance, qui aura le *jus occidendi?* Personne ;
ni le père, car c'est un droit qui dérive de la puissance
paternelle, ni le grand-père, car la loi *Julia* n'a parlé que
du *pater,* LL. 21 (20) et 22 (21) D. *h. t., Vide tam. Coll.
h. t.,* c. 12, § 2. — Telle est du moins la solution que
donnent les jurisconsultes ; peut-être ne sont-ils pas très
logiques en ce qui concerne le grand-père ; mais ils ont en
haine cette loi de sang.

Dépouillé du *jus occidendi,* quant à sa femme, le mari
l'a du moins conservé dans certains cas à l'égard du complice. La loi avait fait des catégories. Elle avait mis d'un
côté toutes les personnes *honorables,* dont elle déclarait la
vie inviolable. D'autre part, elle avait énuméré les dé-
classés et les gens interlopes, qu'elle mettait hors du droit,
et que le mari pouvait tuer impunément. Sur cette liste
nous trouvons celui qui était ou avait été *leno,* acteur ou
saltimbanque ; celui qui, condamné dans un *judicium publicum,* n'avait pas été réhabilité (*restitutus*); l'affranchi
du mari ; celui de la femme, de son père ou de sa mère,
de son fils ou de sa fille ; L. 25 (24) pr., D. *h. t.* Ajoutons,
d'après les *Sentences* de Paul [2], les gens notés d'infamie,
« *eos qui corpore quæstum faciunt,* » et les esclaves, bien
entendu. C'est là une énumération qui jette un singulier
jour sur la société romaine. Pour que l'exécution accomplie

---

[1] Ce qui montre bien l'esprit dans lequel les jurisconsultes interprètent ce
point, c'est qu'ils se demandent si le père sera impuni lorsqu'il a tué l'un des
coupables et seulement blessé l'autre, L. 33 (32) pr., D. *h. t.*

[2] I, 26, 4.

par le mari fût légitime, il avait quelques précautions à prendre. Il devait dans les trois jours déclarer les faits et le lieu où ils s'étaient passés au magistrat « cujus jurisdictio est eo loco, » *Collat. h. t.,* c. 3, § 5; c. 12, § 5 : il devait de plus répudier sa femme sur-le-champ, L. 25 (24), § 1, D. *h. t.* Cette obligation de répudier la femme prise sur le fait se retrouve du reste à chaque pas dans la loi *Julia.* Il faut enfin qu'il ait trouvé les coupables dans sa maison, *domi suæ,* L. 25 (24) pr., *h. t.*

Ces conditions étant réunies, le mari fût-il *filiusfamilias* a le droit de tuer l'*adulter,* L. 25 (24), § 2, *h. t.* [1]. Cela est logique, c'est le droit de vengeance privée, non la puissance domestique que le mari exerce ici.

Lorsqu'il n'a pas le droit de tuer, il peut au moins retenir le coupable prisonnier pendant vingt heures; nous le savons déjà. C'était là le troisième chef de la loi *Julia* et nous en avons le texte précis : « Viro adulterum in uxore sua deprehensum, quem aut nolit aut non liceat occidere, retinere horas diuturnas nocturnasque continuas non plus quam viginti, testandæ ejus rei causâ, sine fraude sua, jure liceat, » L. 26 (25) pr., D. *h. t.* Il peut le retenir alors même qu'il l'a surpris ailleurs que dans la maison conjugale, L. 26 (25), § 2, *h. t.,* et le père de la femme a le même droit, L. 26 (25), § 1, D. *h. t.* — Voilà dans quelle mesure le mari pouvait encore se faire « le médecin de son honneur. » La loi *Julia* l'avait à cet égard en grande partie désarmé.

Comme juge domestique, siégeant avec les *propinqui,* il était plus maltraité encore. La *quæstio perpetua* revendiquait la femme adultère, et toute compétence à cet égard fut dès lors refusée en principe à la juridiction familiale.

---

[1] Si le mari est lui-même un *leno* ou une personne vile, ou si c'est son patron qu'il surprend, ne perd-il pas le *jus occidendi,* étant admis que toutes les conditions soient d'ailleurs réunies : cela est probable, *ex sententiâ legis,* L. 25 (24), § 3; L. 39 (38), § 9, D. *h. t.* — Au lieu de tuer l'*adulter,* le mari peut naturellement le maltraiter, L. 23 (22), § 3, D. *h. t.*

C'est ce qu'un certain nombre de textes permettent d'affirmer. L'empereur Tibère trouvant que, faute d'accusateurs, la répression publique de l'adultère était impuissante, voulut rétablir momentanément la juridiction des parents; il fallut pour cela une déclaration formelle de sa part : « Matronas prostratæ pudicitiæ, quibus accusator publicus deesset, ut propinqui more majorum de communi sententia coercerent, *auctor fuit* » (Suétone, *Tib.*, 35). Tacite raconte aussi que Tibère se montra clément envers Apuleia Varilia, alliée à la famille impériale : « Adulterii graviorem pœnam deprecatus, ut exemplo majorum propinquis suis ultra ducentesimum lapidem removeretur, *suasit* » (*Ann.*, II, 50). — Sous Néron, un mari jugea sa femme, coupable, il est vrai, non d'adultère, mais d'un autre crime. Mais Tacite fait encore observer qu'elle fut « mariti judicio *permissa* » (*Ann.*, XIII, 32).

La juridiction des Comices en matière d'adultère n'avait plus d'objet. La loi *Julia* la supprimait par là même qu'elle créait pour ce délit une *quæstio perpetua*. Quant au *judicium de moribus*, elle le maintint, le réglementa même peut-être : mais on s'arrangea de façon à ce qu'il ne fît point double emploi avec la poursuite publique. Ce sont des points sur lesquels nous reviendrons plus loin. Voyons maintenant le droit que la loi *Julia* introduisait.

§ 2.

Délits relatifs à l'adultère; leur définition et leur peine.

I. Le premier délit relevé par la loi *Julia* était naturellement l'adultère de la femme. Quant au mari, il n'est pas punissable à raison de l'injure faite à l'épouse, quand il lui est infidèle, L. 1, C. 9, 9. Sans doute il sera coupable d'*adulterium* s'il a souillé un ménage étranger ; si même sa maîtresse, quoique non mariée, est une *matrona honesta*, il sera coupable de *stuprum*. La loi *Julia* en effet n'admet pas qu'avec une telle femme on entretienne en dehors du mariage des relations suivies; elle punit à la fois l'homme et la femme qu'a unis le *stuprum*, L. 13 (12), D. *h. t.;* LL. 18, 20, C. 9, 9[1]. Mais alors même le mari n'est point puni pour violation de la foi conjugale; ce qui le prouve, c'est qu'un célibataire serait également punissable dans les mêmes conditions[2]. Si du reste il prend pour maîtresse une courtisane, une affranchie, il n'a rien à craindre. Dans tous les cas, même lorsqu'il est punissable, la femme ne peut point l'accuser. Dans le système des *judicia publica* se porter accusateur est une sorte de droit civique, une fonction publique ouverte en principe à tous les citoyens, mais dont les femmes sont exclues, L. 1, D. 48, 2. Pour qu'une femme puisse accuser, il faut une exception, spécialement établie, qu'on trouve dans certains cas, mais que la loi *Julia* n'avait pas admise, L. 2, D. 48, 2[3]. Elle n'avait point créé un droit d'accusation *jure uxoris*, comme elle en créa un *jure mariti*, L. 1, C. *h. t.* Nous aurons cependant à examiner plus loin si l'infidélité du mari ne pouvait pas fournir à la femme accusée

---

[1] La loi 35 (34) pr. D. *h. t.*, donne une définition du *stuprum* d'une précision remarquable : « Stuprum committit qui liberam mulierem, consuetudinis causa, non matrimonii, continet, excepta videlicet concubina. » En dehors du mariage l'homme n'avait donc qu'un moyen pour rendre impunissables ses relations avec une femme ingénue, c'était de la prendre pour concubine. On avait même douté qu'on pût prendre pour concubine une *honesta mulier*, L. 1, § 1, D. xxv, 7; on l'avait admis, mais il fallait alors une *testatio* formelle, L. 3 pr., D. xxv, 7.

[2] La seule différence entre le mari et le célibataire, c'est que ce dernier peut se mettre « *extra pœnam legis*, » en prenant pour concubine la femme « *honestæ vitæ et ingenua*, » L. 3 pr., D. xxv, 7; l'homme marié ne le peut pas, le concubinat, qui imite le mariage, lui est interdit en vertu du principe de monogamie : « Eo tempore quo quis uxorem habet, concubinam habere non potest, » Paul, *Sent.*, II, 20, 1, L. unic., C. v, 26. Voyez cependant Paul Gide : *L'enfant naturel et la concubine*, à la suite de l'*Étude sur la condition privée de la femme*, 2° édit., p. 560, note 5.

[3] Ce texte, qui énumère ces cas exceptionnels et qui ne range pas dans le nombre le *stuprum* du mari, est emprunté au livre I, *de Adulteriis*, de Papinien.

par lui un moyen de défense. Plus tard, lorsque les *quæstiones perpetuæ* eurent disparu et que le système accusatoire eut perdu de sa rigueur, le juge nouveau, investi de pouvoirs étendus, put dans cette hypothèse, sur la plainte de la femme ou même d'office, punir l'adultère de l'époux, L. 14 (13), § 5, D. *h. t.;* mais c'est un point qui appartient au droit postérieur.

Donc la loi *Julia* ne retient que l'adultère de la femme. Quels étaient les éléments du délit? Il est certain qu'au fait matériel devait se joindre l'intention coupable; en général tous les faits prévus par notre loi étaient des infractions intentionnelles et pour l'adultère, cela était dit formellement : « Ne quis posthac stuprum adulterium facito *sciens dolo malo,* » L. 13 (12), D. *h. t.* Pour ce qui concerne la femme les textes en fournissent quelques exemples. Nous voyons d'abord que celle qui subit une violence n'est pas coupable, quand même la honte l'aurait empêchée de révéler à son mari l'outrage reçu, L. 40 (39) pr., L. 14 (13), § 7, D. *h. t.* Mais voici qui est plus topique.

Les Romains de l'époque classique considéraient la *bigamie* non comme un crime à part, mais comme un adultère ou un *stuprum,* suivant que le bigame était le mari ou la femme, L. 12 (11), § 12; L. 44 (43), D. *h. t.;* L. 18, C. 9, 9. Et cela se conçoit avec la facilité des divorces et des mariages qui donnait parfois à une union ou à un veuvage une durée de vingt-quatre heures[1]. Or un texte nous apprend que la femme, qui, après une longue absence de son mari, se croyant veuve à tort, se remarie sans avoir divorcé, ne tombe pas sous le coup de la loi *Julia* à cause de sa bonne foi, L. 12 (11), § 12, D. *h. t.*

---

[1] « Digressam a marito post biduum statim duxerat » (Suétone : *Cæsar.,* 43). « Uxorem pridie sortitionem ductam postridie repudiasset » (Id., *Tib.,* 35). « Aut minus aut certè non plus tricesima lux est, — Et nubit decimo jam Thelesina viro » (Martial : *Epig.,* VI, 7). — Avant la loi *Julia* le bigame était noté d'infamie, L. 1 pr., D. III, 2. La table d'Héraclée, c. VIII, n'indique pas cette cause d'infamie.

Mais toute femme mariée, quelle que fût sa qualité, était-elle punie en cas d'infidélité? La loi contenait, pour désigner celle qu'elle frappait, un mot qui donna lieu à bien des difficultés; elle l'appelait « *materfamilias.* » Cela est certain, L. 8 (7, 1), L. 11 (10) pr., D. *h. t.*

Suivant une vieille terminologie, usitée encore au temps de Cicéron, celle-là seule pouvait porter ce titre, qui était *in manu mariti*[1]. Aulu-Gelle en donne cette raison : « Quoniam non in matrimonium tantum, sed in familiam quoque mariti et in sui heredis locum venisset. » Mais il est clair que le législateur n'avait point voulu se référer à cette vieille signification. A l'époque d'Auguste, le nom de *materfamilias* convient déjà à toute femme unie à son mari en justes noces, cf. L. 11 (10) pr., D. *h. t.*[2], même par le mariage libre. Mais dans le mariage de droit des gens? Ici il n'y a pas *connubium;* les termes de la loi ne cadraient plus; mais l'esprit était certain. Le droit pénal ne devait plus être limité par l'idée étroite de la cité; il ne s'agissait pas de réserver aux citoyens romains un bénéfice, mais d'arrêter la contagion de l'immoralité dans ce monde de Rome où se mêlent les nations. Ici encore la loi s'applique, *Collat., h. t.,* C. 5, § 1.

La loi *Julia de maritandis ordinibus,* vint, on le sait, défendre certaines unions soit aux sénateurs et à leurs descendants, soit même à tous les citoyens ingénus, Ulp. *Frag.,* XIII, 1. 2. Ces mariages étaient-ils nuls, ou seulement inefficaces pour écarter l'application des règles sur la *capacitas?* Cette dernière interprétation, qui a été soutenue avec une grande force par M. de Savigny, nous pa-

---

[1] *Topica,* III, 14 : « Genus est enim uxor : ejus duæ formæ; una *matrum familias* : eæ sunt quæ in manum convenerunt; altera earum quæ tantummodo uxores habentur. » « Matrem autem familias appellatam esse eam solam quæ in manu mariti mancipioque esset, aut in ejus cujus maritus manu mancipioque esset. » *Noct. Attic.,* XVIII, 6, 9.

[2] Aulu-Gelle, pour retrouver la signification première complètement oubliée de son temps, invoque l'autorité des anciens : « Veterum scriptorum auctoritatibus. » *Loc. cit.*

raît la plus vraisemblable[1]. Ce qui est certain, c'est que les jurisconsultes ne semblent pas avoir hésité à regarder, dans une telle union, l'infidélité de la femme, comme un adultère punissable d'après notre loi, L. 25 (24), § 3, D. h. t.; L. 14 (13), § 1, D. h. t.[2]. Cette loi, disait Sextus Cæcilius, s'applique à tous les mariages.

Cependant une partie de ces femmes étaient de viles créatures ou des femmes de condition inférieure. Parmi celles que les *Leges* interdisaient aux sénateurs se trouvaient les affranchies, les filles d'acteurs ou de baladins, celles qui vivaient de la prostitution, au moment de leur mariage; les *lenæ,* les actrices, les baladines ne pouvaient même être épousées par aucun homme ingénu, LL. 41, 42, 44, D. 23, 2.

Or, toutes ces femmes et même celles qui exerçaient les petits métiers et appartenaient au bas peuple, semblent avoir été considérées par les anciens, comme une part abandonnée à la débauche. Alors, du moins qu'elles n'étaient pas mariées, la loi romaine fermait les yeux sur leurs mœurs : elle surveillait au contraire la *matrona,* la femme de la bonne société, qui seule pouvait porter la chaste *stola* aux longs plis. Pour celle-là, ses dérèglements étaient punis alors même qu'elle n'était pas mariée[3]. Quant aux autres, ce sont des femmes « in quas stuprum non committitur, » L. 1, § 1, D. 25, 7; on ne punit ni elles ni ceux à qui elles vendent leurs faveurs[4].

---

[1] Savigny (*Syst.*, t. II, App. VII); mais voyez en sens contraire les raisons très sérieuses que fait valoir notre savant maître M. Accarias (*Précis de droit romain*, t. I, n° 91 ᵃ). — Le rescrit de Marc-Aurèle, d'où résulte sûrement la nullité absolue, ne s'applique d'après sa lettre qu'au mariage entre filles de sénateurs et affranchis, L. 16, D. xxiii, 2.

[2] Lorsque la loi *Julia de adulteriis,* fut votée, ces mariages étaient du reste parfaitement valables : la loi *Julia de maritandis ordinibus,* qui les réprouvait, présentée au peuple en 736, ne put être votée qu'en 757 u. c. (V. Rudorff, *op. cit.*, t. 1, § 27).

[3] C'est le droit de la loi *Julia :* mais on trouve des exemples assez nombreux de condamnations par les comices. Val. Max., VI, 1, 8; Liv., 22; 25, 2.

[4] « Tutior at quanto merx in classe secundâ, — Libertinarum dico.... — Desine matronas sectarier. » Horace : *Sat.*, I, 2, v. 94, ssv. Cf. Cic. : *Philip.*, II, 49.

Les Romains comme les Grecs comprenaient même dans cette catégorie toutes celles qui faisaient un commerce ou vendaient au marché : « Cum his quæ publice mercibus vel tabernis exercendis procurant adulterium fieri non placuit, » Paul, *Sent.,* II, 26, 11[1]. Lorsqu'elles étaient mariées, ces femmes pouvaient-elles être coupables d'adultère, alors que, filles, la loi sur le *stuprum* ne les touchait pas? Pour celles qui n'avaient pour tout vice que leur basse naissance, de même pour les affranchies, l'affirmative (L. 14 (13), § 1, D. *h. t.*) nous paraît certaine. Pour celles qui avant leur mariage avaient fait le métier de prostituées, un texte le déclare aussi de la façon la plus précise : « Sed et in ea uxore, quæ vulgaris fuerit, potest maritus adulterium vindicare, quamvis, si vidua esset, impune, in ea stuprum committeretur, » L. 14 (13), § 2, D. *h. t.* Nous traduisons en effet ainsi les premiers mots : « Le mari peut obtenir la punition de l'adultère, même s'il s'agit d'une femme qui avant son mariage était à qui voulait la prendre[2]. »

Cette loi fait, on le voit, une distinction essentielle entre la femme mariée et celle qui ne l'est pas. À partir du mariage, la femme doit conserver intact, non plus seulement son honneur propre, mais aussi celui du mari. Cette distinction ressort peut-être plus nette encore d'un passage de Tacite. Un ancien usage admettait que toute femme, quelle qu'elle fut, pouvait impunément se prostituer, pourvu qu'elle fît une déclaration devant les édiles.

---

[1] *Adulterium* est pris ici dans le sens de *stuprum.* Cf. Démosthène, *in Neær.*

« Τόν τε νόμον ἐπὶ τούτοις παρεχόμενος, ὃς οὐκ ἔα ἐπὶ ταύταις μοιχὸν λαβεῖν ὁπόσαι ἂν ἐπὶ ἐργαστήριον κάθωνται ἢ ἐν τῇ ἀγορᾷ πωλῶσί τι ἀποφασμένως. »

[2] Ce point fait l'objet d'une controverse des plus vives entre nos anciens auteurs (V. Matthæus, *de Crim.*, p. 297, 298 et les autorités qu'il cite). Il y a en effet au Code un rescrit qui semble bien contraire à notre opinion : « Si ea, quæ tibi stupro cognita est, et passim venalem formam exhibuit, ac prostitutam meretricio more vulgo se præbuit, adulterii crimen in ea cessat » (L. 22, C. IX, 9). Mais nous pensons que ce texte ne s'inquiète point du sort de la femme, il s'occupe seulement du complice, et, en le déclarant non punissable, il ne fait qu'énoncer une règle que nous expliquerons plus loin.

La corruption alla si loin qu'on fut obligé de faire un
sénatus-consulte pour atteindre les matrones qui, par cette
inscription à la police des mœurs, voulaient éviter les
peines de la loi *Julia* sur le *stuprum*. Cf. L. 11 (10), § 2, D.
h. t. Avant que le sénatus-consulte fût rendu, il arriva
qu'une femme mariée, de famille prétorienne, nommée
Visellia, fit sa déclaration et se prostitua. Le sénat demanda compte au mari de ce qu'il n'avait pas poursuivi
sa femme selon la loi *Julia* pour cet adultère évident
(*Ann.*, II, 85).

Cependant les femmes mariées, qui faisaient le métier
de filles d'auberge ou de cabaret, ne tombaient point sous
le coup de la loi, L. 29, C. 9, 9, et probablement il en
était de même pour celles qui après leur mariage conti-
nuaient leur métier de *lena*.

A côté du mariage existait à Rome une sorte d'union
inférieure entre l'homme et la femme, le concubinat.
Bien avant l'Empire le concubinat était fort usité; mais
c'était un simple fait ignoré de la loi qui n'y attachait
aucun effet utile ou préjudiciable. Avec les lois d'Auguste, il prit une importance juridique, et fut reconnu
par le législateur. « *Concubinatus per Leges nomen as-
sumpsit,* dit le jurisconsulte Marcien[1]; mais que signifie
cette phrase célèbre? Veut-elle dire qu'Auguste fit du
concubinat un mariage véritable quoique d'ordre inférieur, créant des liens civils soit entre les concubins,
soit entre eux et les enfants nés de leur union? On l'a
soutenu, et cette opinion, qui peut revendiquer d'il-
lustres défenseurs, compte aujourd'hui encore des partisans. Mais lorsqu'on examine un à un les effets civils
du mariage on constate bientôt que le concubinat n'en
produit aucun, et, en restant sur le terrain du droit
civil, on est autorisé à dire avec Paul Gide : « Les relations avec une concubine, au temps des Romains, n'é-

---

[1] L. 35, D. xxv, 7.

taient pas autre chose que ce qu'elles sont de notre temps, un simple fait dépourvu de tout effet légal[1]. »

Cependant en reconnaissant le concubinat, le législateur avait entendu donner quelque effet à cette reconnaissance; mais pour le trouver il faut se placer sur le terrain du droit pénal. La loi *Julia,* sévère réformatrice des mœurs, punissait sous le nom de *stuprum* les liaisons établies en dehors du mariage et au nom du plaisir seul entre un homme et une femme ingénue; mais en même temps le concubinat, plus sérieux dans son but, largement admis par les mœurs romaines, fut déclaré non punissable. Cette décision s'expliquait d'ailleurs par ce fait qu'on prenait généralement les concubines parmi les femmes dont la loi pénale ne surveillait point les mœurs, *in quas stuprum non committitur;* mais malgré l'avis contraire de certains prudents, on avait admis aussi qu'en prenant certaines précautions, on pouvait choisir comme concubine un *honesta mulier* sans craindre les peines du *stuprum* [2].

Il résulte de tout cela que depuis Auguste le concubinat était bien devenu une union légale, dépourvue il est vrai de tout effet civil, mais reconnue et tolérée par le législateur[3]. Par là même les prudents devaient se demander si l'infidélité de la concubine n'était point punissable comme un adultère : ils répondirent négativement, et cette décision est généralement citée pour prouver qu'à leurs yeux le concubinat était un simple fait, non une institution juridique. En réalité, les jurisconsultes me paraissent avoir été guidés par une considération d'une autre nature.

---

[1] *Condition de l'enfant naturel et de la concubine,* à la suite de l'*Etude sur la condition privée de la femme,* deuxième édition, p. 549. Cf. Labbé *Appendices aux Instituts d'Ortolan,* II, p. 695, ssv.

[2] L. 3 pr., D. xxv, 7.

[3] Ce qui montre que tel était bien le point de vue des jurisconsultes, c'est que dans les hypothèses où le mariage est prohibé entre certaines personnes, ils se demandent toujours si entre elles le concubinat est permis. L. 1, § 2; L. 5, D. xxv, 7.

Ils se déterminèrent surtout par un argument de texte, ce qui est fort naturel en matière de droit pénal. La loi *Julia*, nous l'avons dit, désignait par l'expression *mater-familias*, la femme dont elle poursuivait l'adultère; or, il était impossible de faire rentrer la concubine dans l'expression *materfamilias* : on opposait continuellement les deux termes, L. 1 pr., D. 25, 7; L. 41, § 1, D. 23, 2. La raison était aussi dans ce sens. Une union impliquant une estime profonde de la part du mari pouvait seule rendre responsables devant la loi pénale les femmes dont on faisait ordinairement des concubines; en ne leur donnant que ce dernier titre, l'homme avait d'avance manifesté son indifférence pour les actes d'infidélité futurs[1]. Tel était certainement le principe; mais il subissait une exception. Il pouvait arriver qu'une femme, tout en devenant *concubina*, eût un rang égal à celui d'une épouse et méritât le nom de *matrona*. Tel était le cas de l'affranchie unie à son patron. Les mœurs n'approuvaient pas le mariage dans ces conditions, mais elles permettaient le concubinat : « Quippe cum honestius sit patrono libertam concubinam quam matremfamilias habere, » L. 1 pr., D. 25, 7. Une semblable concubine était atteinte par la loi *Julia*, L. 14 (13) pr., D. *h. t.*

Enfin, en descendant jusqu'aux derniers rangs de cette société romaine, si variée déjà à l'époque classique, nous trouvons une dernière sorte d'union entre l'homme et la femme, mais celle-là n'est considérée que comme un fait et un accouplement, c'est le *contubernium* des esclaves : ici, bien entendu, il ne peut être question d'adultère punissable; la femme esclave est une femelle, non une épouse, L. 6 pr., D. *h. t.* Seulement celui qui l'a débauchée pourra être poursuivi par le maître pour avoir porté

---

[1] On avait admis, nous l'avons dit, que moyennant une *testatio* une femme *honesta* pouvait être prise pour concubine; mais en acceptant cette union inférieure, elle perdait le titre de *materfamilias*.

atteinte à la propriété d'autrui, Paul, *Sent.*, II, 26, 16;
L. 2, D. 11, 3; L. 6 pr., D. *h. t.*[1].

II. Le complice de la femme, l'*adulter* est le second
coupable que frappe notre loi. Mais ici encore, pour que
le délit existe, il faut le dol, l'intention coupable. Voyons
quelques applications de cette idée.

Avec les divorces si fréquents à cette époque, on n'était
pas toujours sûr, en épousant une femme, qu'elle n'était
pas mariée à un autre. En effet, la loi même que nous
étudions, tout en laissant subsister au fond les facilités
du *repudium,* avait subordonné la validité du divorce à
certaines conditions de forme ; il fallait en particulier qu'il
fût dénoncé au conjoint en présence de sept citoyens romains au nombre desquels ne pouvait figurer l'affranchi
du dénonçant, L. unic., § 1, D. 38, 11 ; L. 35, D. 24, 1 ;
L. 9, D. 24, 2 [2]. Supposons une femme qui a voulu
divorcer, mais qui a négligé cette formalité, aux yeux
de la loi son mariage subsiste et celui qui l'épouse entretient des relations avec une femme mariée; cependant,
s'il est de bonne foi, il n'est pas coupable d'adultère, L. 44
(43), D. *h. t.* Supposez encore une femme qui se présente
au public avec les allures d'une prostituée et qui en réalité
est mariée; elle pourra être punissable, d'après ce que
nous avons dit plus haut; mais celui qui l'aura fréquentée
ne le sera pas, L. 22, C. 9, 9.

Le complice est atteint par la loi, non-seulement si
c'est un homme libre, mais aussi si c'est un esclave,
L. 5, D. 8, 2. Cependant, si c'est l'esclave du mari, n'est-
il pas plus simple que celui-ci le juge lui-même et le
punisse de sa propre main en vertu de la puissance do-

---

[1] La loi 6 cit. indique comme actions à intenter celle de la loi *Aquilia,* les
actions *Injuriarum;* et *De servo corrupto* : mais la loi *Aquilia* ne peut s'appliquer que lorsqu'il s'agit d'un *stuprum* commis sur une *virgo immatura* (L. 25,
D. XLVII, 10). Dans notre hypothèse il n'y a lieu qu'à l'action *injuriarum* ou *de*
servo corrupto.

[2] Voy. M. Schirmer, *Die formlose Scheidung nach der lex Julia de adulteriis*
(Zeitschrift für Rechtsgeschichte, tom. XI, p. 355 ssv.).

minicale, sans qu'un débat public intervienne? On le
pensa d'abord : mais des rescrits impériaux finirent par
admettre ici l'action publique, L. 5, D. 48, 2 ; L. pr., D.
h. t.[1].

Enfin le jurisconsulte Papinien fait observer que le
mineur de 25 ans est punissable aussi bien que le majeur;
il est seulement nécessaire qu'il s'agisse d'un garçon pubère, L. 37 (36), D. h. t.

Après avoir visé l'épouse et son complice, il semble
que la loi *Julia* dut s'arrêter là : il n'en est pas ainsi.
C'est le mari qui va maintenant entrer en scène, le mari
trompé, et la loi froide et pratique parlera plus haut sur
l'affaissement des mœurs que la satire la plus indignée.

III. Tout mari qui surprend sa femme en flagrant délit
d'adultère est déclaré punissable s'il ne répudie pas la
coupable ou s'il fait grâce au complice : « *Si retinet uxorem et dimittit adulterum*[2]. » La loi impose ainsi au mari
deux devoirs distincts.

1° Le premier ne découle point d'un principe nouveau.
Les mœurs avant la loi avaient déjà imposé au mari cette
répudiation. Ce qui le commande, c'est l'esprit même
qui gouverne la famille antique. Le chef de famille ne
saurait pardonner, car il est juge avant tout, et doit être
sans faiblesse comme sans reproche[3]. Sans aucun doute,
la note du censeur aurait frappé celui qui, cédant à un
cœur trop épris, aurait gardé à son foyer la femme
souillée[4] : la loi d'Auguste ne fait que continuer cette
tradition. La répression, que le censeur, en vertu de son
pouvoir propre, instituait jadis périodiquement, le légis-

---

[1] De la comparaison de ces deux textes il paraît ressortir qu'Antonin le Pieux
n'admettait pas la poursuite publique et que ce fut Marc-Aurèle qui la permit le
premier.

[2] L. 30 (29), pr. D. h. t.; — 1. 2, § 2, *ibid*.

[3] Voyez M. Fustel de Coulanges, *la Cité antique*, p. 109.

[4] La loi athénienne note en pareil cas le mari d'infamie. Démosthène *in Neæram* :
« Ἐπείδαν δὲ ἕλοι τόν μοιχὸν μὴ ἐξέστω τῷ ἑλόντι συνοικεῖν τῇ γυναικί, ἐὰν δὲ συνοικῇ
ἄτιμως ἔστω. »

lateur l'organise maintenant une fois pour toutes et en permanence. On peut dire d'ailleurs d'une façon générale que la législation d'Auguste sur le mariage a eu pour but de codifier et de transformer la jurisprudence des censeurs, la *coercitio censoria,* en la faisant passer dans la loi civile ou pénale.

Si d'ailleurs la loi *Julia* défend au mari de pardonner la faute indéniable, ce n'est pas seulement pour ramener les âmes amollies à la sévérité des temps anciens; ce qui préoccupe le législateur, c'est l'avilissement des caractères qui l'inquiète. Pour le Romain du siècle d'Auguste, la vieille religion du foyer n'est plus qu'une légende; mais, chose plus grave encore, il n'est plus sensible à l'honneur : il n'a pas appris le pardon et il ne sait plus se venger; il faut que la loi le fouette, pour qu'il sente la honte[1]. Ce mari si indifférent, ce ne peut être qu'un *leno;* la loi donne en effet, au délit à raison duquel elle le punit, le nom de *lenocinium.* Du reste, cette disposition est une pièce essentielle dans le mécanisme de la loi *Julia.* Comme nous le verrons plus tard, tant que la femme coupable n'est pas répudiée, les étrangers à qui l'accusation est ouverte, à défaut du mari et du père, ne peuvent intervenir; il fallait donc obliger l'époux, sinon à accuser, au moins à répudier.

C'est un *repudium* sérieux et définitif que demande la loi. Si le mari a répudié sa femme, puis l'a épousée à nouveau, il semble innocent; il a obéi aux termes de la loi : *non retinuit;* mais en réalité, il a voulu faire fraude à la loi : *sententia legis tenetur,* L. 34 (33), § 1, D. *h. t.*

La disposition que nous venons d'étudier n'atteint pas tous les maris complaisants, mais ceux-là seulement qui

[1] La loi n'interdit point absolument le pardon, mais elle veut qu'il soit vraisemblable. Lorsque le mari, après avoir répudié sa femme qu'il sait adultère, mais qu'il n'a pas surprise en flagrant délit, la reprend ensuite pour épouse, il ne pourra point intenter l'accusation à raison des faits commis pendant la première union : « Abolevit enim prioris matrimonii delicta reducendo eam. » (L. 14 (13), § 9; L, 41 (40), § 1, D. *h. t.*)

constatent chez eux le flagrant délit, L. 30 (29) pr., D. *h. t.*
Pour ceux qui ferment les yeux, tant que l'évidence indéniable ne s'est pas imposée à eux, tant qu'ils n'ont pas
vu, ce qui s'appelle vu, la loi laisse impunie leur débonnaire tranquillité : *Cæterum qui patitur uxorem suam de-*
linquere matrimoniumque suum contemnit quique conta-
minationi non indignatur, pœna adulterum non infligitur,
L. 2, § 2 ; L. 30 (29), § 4 ; D. *h. t.* Elle n'a pas voulu instituer une véritable inquisition des mœurs; du reste, elle
pense retrouver ailleurs ces hommes faciles.

2° La disposition qui défend au mari de faire grâce à
l'*adulter* surpris en flagrant délit, constitue un droit nouveau et fort remarquable. Jusque-là, le mari pouvait légitimement ou le tuer ou composer avec lui à prix d'argent.
La loi *Julia* qui a restreint le *jus occidendi,* interdit maintenant la composition pécuniaire. C'est bien en effet cette
composition qu'elle vise lorsqu'elle punit le mari « *qui*
dimittit adulterum; » c'étaient là les termes consacrés par
l'usage pour désigner cette transaction[1]. Cette interprétation est confirmée par un autre chef de la loi, lequel
punit également les tiers qui s'entremettaient pour amener cette composition; ici les termes ne laissent aucun
doute « : *Is cujus ope consilio dolo malo factum est ut vir*
femina ve in adulterio deprehensi pecunia aliave qua pac-
tione si redimerent, eadem pœna damnatur quæ constituta
est in eos qui lenocinii crimine damnantur[2]. »

Sur ce point encore le système primitif, conservé jusque-
là, était formellement abrogé, et la répression de l'adul-

---

[1] Voyez le passage du *miles gloriosus* plus haut cité, p. 83, note 3 : « Ergo
des minam auri nobis... Ut te hodie *amittamus* venereum nepotulum. »

[2] L. 15 (14) pr., D. *h. t.* Remarquons que chez les tiers la loi exige l'intention
coupable, *dolo malo.* Ces officieux pourraient peut-être échapper à la peine si
c'étaient en réalité de véritables amis des deux parties, des gens bien intention-
nés, détestant le bruit et le scandale. — Lorsque le mari qui transige avec l'*a-*
dulter est un militaire, les peines sont aggravées contre lui et il est chassé de
l'armée; L. 12 (11) pr., D. *h. t.* « Miles qui cum adultero uxoris suæ pactus est
solvi sacramento deportari que debet. »

tère était rendue au droit pénal public. C'était bien justice, car le système ancien constituait un anachronisme choquant. Pour que la composition pécuniaire ne soit pas absolument odieuse en ces matières délicates, il faut une rudesse et une naïveté de mœurs qu'on chercherait en vain chez les contemporains d'Auguste[1].

IV. La loi Julia va plus loin encore dans cet ordre d'idées.

Dorénavant l'adultère était toujours punissable et pouvait donner lieu à une poursuite sans que jamais la constatation du flagrant délit fût nécessaire pour cela. Par là même, il pouvait donner lieu à des transactions pécuniaires hors du cas du flagrant délit, et la loi devait également prohiber celles-ci ; elle devait les prohiber d'autant mieux que d'ordinaire l'argent obtenu en pareil cas sera probablement le gain d'un chantage éhonté.

Aussi la loi punit-elle le mari qui reçoit quelque chose à raison de l'adultère commis par sa femme : « In eum maritum pœna statuta qui de adulterio uxoris suæ quid cepit[2]. » Et d'une façon générale, elle frappe toute personne qui touche un prix à raison d'un adultère découvert par elle : « Plectitur et qui pretium pro comperto stupro acceperit ; nec interest utrum maritus sit qui acceperit an alius quilibet, » L. 30 (29), § 2, D. *h. t.*

Des étrangers peuvent en effet avoir agi pour leur propre compte, en dehors du mari : ils ont épié les coupables, rassemblé les preuves, et, lorsque cette enquête de police privée est terminée, ils menacent la femme et son complice de les dénoncer s'ils ne donnent telle somme. Les

---

[1] Le mari qui surprenait l'*adulter* en flagrant délit et lui faisait grâce sans avoir rien reçu pour prix de son pardon, était-il également punissable ? Le texte ne paraît pas avoir distingué, et le législateur n'avait probablement pas songé à cette hypothèse pour lui invraisemblable. Lorsqu'il s'agissait non du mari, mais d'un tiers qui surprenait l'adultère, les jurisconsultes décidaient que le pardon désintéressé n'était pas punissable. L. 30 (29), § 2, D. *h. t.* : « Ceterum si gratis quis remisit ad legem non pertinet. »

[2] L. 2, § 2, D. *h. t.*

femmes, aussi bien que les hommes, pratiquaient ce trafic, car les jurisconsultes indiquent que les dispositions qui le répriment s'appliquent aux deux sexes, L. 11 (10), § 1, L. 30 (29), § 2, D. *h. t.*

Enfin l'épouse elle-même peut être poursuivie de ce chef. La loi n'avait donné aucune action pénale à la femme pour poursuivre l'adultère du mari : mais elle avait l'action *de moribus;* sa colère n'est pas à mépriser, on peut songer à l'apaiser par un don. Si elle a reçu quelque argent à l'occasion de l'adultère de son mari, elle sera punie, L. 34 (33), § 2, D. *h. t.*

La loi *Julia* atteint donc tous ceux qui pratiquent le chantage. Mais, de plus, ils ne garderont point ce profit illégitime. Le préteur intervient et donne à celui qui a été dépouillé l'action ou l'exception *quod metus causâ,* L. 7, § 1 ; L. 8, D. 4, 2. Ce qui montre que les Romains n'appliquaient point toujours la maxime : *Cum utriusque turpitudo versatur, melior est causa possidentis*[1].

V. La loi atteint aussi ceux qui, d'avance, préparent et facilitent l'adultère d'autrui pour en tirer profit.

C'est d'abord le mari qui vend sa femme à beaux deniers comptants : « Qui quæstum ex adulterio uxoris suæ fecerit plectitur ; nec enim mediocriter deliquit, qui lenocinium in uxore exercuit[2]. » D'ailleurs une complaisance honteuse, mais non lucrative de la part de l'époux, restait impunie ; à plus forte raison échappaient à la loi les maris faciles que les riches romaines allaient parfois chercher dans les

---

[1] L'admission de l'action *quod metus causâ* pouvait faire doute cependant : elle n'est donnée, on le sait, que lorsque la menace a été très énergique ; il faut craindre une *major malitia;* la mort ou des coups (L. 5 ; L. 3, § 1, D. iv, 2) ; la crainte de l'infamie ne suffit pas (L. 7 pr., *ibid.*). Or, ce n'est que le mari qui peut infliger ces maux en cas de flagrant délit, et encore pas toujours. Mais peu importe ; on peut craindre ces violences, quoique illégitimes : « Sed potuerunt vel non jure accidi, et idem justus fuerit metus..., si proditus esset potuerit ea pati quæ diximus » (L. 8 cit.).

[2] L. 30 (29), § 3, D. *h. t.,* cf. L. 9 (8), § 1, D. *ibid.* — La loi désignait sans doute ce délit par les termes « *quæstum facere ex uxoris adulterio;* » c'était

classes pauvres et qui, contents de la dot qu'elles leur apportaient, d'avance connaissaient leur rôle et laissaient faire[1].

Viennent ensuite les entremetteurs. À l'époque où fut votée la loi *Julia*, le droit romain n'avait point de théorie générale sur la complicité. Chacune des lois des *Judicia publica* formait, comme on l'a dit, un petit code à part; comme sa procédure spéciale, chacune avait sa théorie de la complicité. À cet égard la loi *Julia* avait procédé d'une façon concrète : elle avait désigné un seul complice, le plus dangereux, un entremetteur particulier : « Si quis domum suam ut stuprum adulteriumve cum aliena matrefamilias fiat sciens præbuerit, cujuscumque sit conditionis, quasi adulter punitur, » L. 9 (8) pr., D. *h. t.* Les jurisconsultes par l'interprétation la plus ingénieuse étendirent ce texte; fermant successivement toutes les issues par où on pouvait lui échapper, ils finirent par atteindre tous les complices.

Remarquons d'abord qu'on ne distinguait point entre l'ami complaisant et le logeur gagé; la loi exigeait seulement la mauvaise foi, « *sciens.* » Mais à prendre les termes au pied de la lettre, celui-là seul aurait été puni comme complice, qui prêtait la maison dont il était propriétaire, *domus sua*. Évidemment une telle interprétation n'était pas possible; la loi avait voulu parler de toute habitation, L. 10 (9), § 1, D. *h. t.* Si même au lieu de sa maison on a prêté celle d'un ami, on a voulu faire fraude à la loi, on sera atteint (L. 11 (10) pr., D. *h. t.*).

---

d'ailleurs une expression consacrée pour désigner la prostitution. Dans la loi 30 (29), § 4, à notre titre ces termes font l'objet d'un commentaire très précis : « Questum autem ex adulterio uxoris facere videtur qui quid accepit ut adulteretur uxor : sive enim sepius sive semel accepit, non est eximendus : quæstum enim de adulterio uxoris facere ille existimandus est, qui aliquid accepit ut uxorem pateretur adulterari meretricio quodam genere. Quod si patiatur uxorem delinquere non ob quæstum, sed negligentiam vel culpam vel quandam patientiam vel nimiam credulitatem, extra legem positus videtur. »

[1] Juvénal, VI, 135, ssv.

La maison a bien été prêtée, mais elle n'a pas été le théâtre de l'adultère; elle a seulement servi de lieu de rendez-vous et de conversation aux deux coupables, qui sont allés réaliser ailleurs leur criminel projet : celui qui a prêté la maison est punissable, « quia sine colloquio illo adulterium non committeretur, » L. 10 (9), § 2, D. *h. t.*

Supposons qu'au lieu de prêter une maison, l'entremetteur ait réuni les coupables à la campagne dans un lieu écarté, ou dans un *balneum*, il sera encore puni, c'est comme s'il avait fourni sa demeure, L. 10 (9), § 1, D. *h. t.*

Arrivés là, les jurisconsultes romains devaient admettre que quiconque se serait entremis, ne fût-ce que par ses conseils, pour préparer l'adultère, serait puni comme complice. Mais ici le texte sur lequel ils s'étaient appuyés jusque-là ne pouvait suffire, car évidemment, outre le conseil, il exigeait un fait matériel. Ils trouvèrent ce qu'ils cherchaient dans la disposition générale qui prohibait l'adultère : « Ne quis posthæc stuprum adulteriumve facito sciens dolo malo. » Cela s'applique, dirent-ils, et à celui qui a accompli l'acte et à celui qui l'a conseillé, L. 14 (13), D. *h. t.*

VI. Il nous reste encore une dernière incrimination à étudier, et qui n'est pas la moins curieuse. La femme adultère n'est pas seulement frappée d'une peine; lorsque la condamnation sera intervenue, on veut que le mariage lui soit désormais interdit; quiconque l'épouserait serait coupable : « Ait lex adulterii damnatam si quis duxerit eâ lege teneri, » L. 30 (29) § 1, D. *h. t.* Si même après avoir été répudiée, avant toute condamnation, elle a trouvé un nouvel époux, celui-ci, lorsqu'elle sera poursuivie par une procédure que nous étudierons plus loin, devra immédiatement la répudier à son tour, L. 13 (12), § 13, D. *h. t.* Rien n'est plus remarquable que cette loi, qui, après avoir chassé la coupable du foyer conjugal, la condamne à un célibat éternel, au milieu d'une société où les mariages se nouent et se dénouent perpétuellement. Cette sévérité ne procède point d'une grande idée morale; ce n'est pas une façon de dire à la femme que, pour pleurer sa faute, elle n'a pas trop de tous les jours qui lui reste à vivre : le but poursuivi est plus utilitaire et moins profond. Auguste veut relever le mariage discrédité, le rendre honoré et enviable; pour cela il en ferme l'accès à toutes celles qui ont déjà failli, dont la faute a été solennellement constatée, et qui failliraient probablement encore dans une union nouvelle. Mais cette pécheresse peut se repentir : cela est invraisemblable, et d'ailleurs ce n'est pas dans la Rome antique qu'on hésite à sacrifier l'individu, lorsque c'est la condition d'un grand bien pour la société.

Du reste les jurisconsultes vinrent en aide à cette femme isolée. Le mariage lui sera interdit sans doute, car la loi l'en a formellement exclue. Mais il y a le concubinat, qui offre un ménage reconnu par les lois, aux affranchies, aux femmes du bas peuple, aux courtisanes même. La femme adultère pourra y trouver un refuge, et celui qui la prendra pour concubine sera exempt de toute peine : « Qui autem damnatam adulterii in concubinatu habuit, non puto lege Juliâ de adulteriis teneri, quamvis si uxorem eam duxisset, teneretur, » L. 1, § 2, D. 25, 7[1].

Nous avons ainsi examiné les diverses incriminations qui rayonnent autour de l'adultère comme autour d'un centre unique; voyons maintenant quelle peine s'appliquait à chacune d'elles.

Mais avant d'entrer dans le détail, il est nécessaire de dire quelques mots de la pénalité dans les lois des *Judicia publica* en général. Dans toutes ces lois les peines étaient *fixes* : elles ne comportaient ni maximum ni minimum, n'admettaient ni aggravation ni atténuation. Lors-

---

(1) Du reste, le mariage est interdit par cette voie indirecte aux femmes condamnées pour *adulterium* ou *stuprum*, non à celles qui l'ont été pour les autres délits prévus par la loi *Julia* (L. 30 (29), § 1, D. *h. t.*).

que le vote de la majorité des jurés avait été *condemno*,
le préteur ou le *judex quæstionis* n'avait qu'à appliquer
exactement la peine indiquée par la loi; il n'avait pas à
la mesurer au fait; elle était immuable. Il n'y avait pas
de milieu entre l'absolution et la condamnation à la
peine intégrale[1]. Et ce système alors, comme chez nous
à l'époque intermédiaire, dut amener plus d'une absolution injuste. Ce n'était pas du reste une nouveauté pour
le peuple romain. Au temps où la poursuite avait lieu
devant l'assemblée du peuple, les comices constitués juges
ne pouvaient que ratifier la peine proposée par le magistrat, ou absoudre; pas plus dans ce cas que dans tous
les autres, ils n'avaient, et cela se conçoit, le droit d'a-
mendement[2].

Cela dit, quelle était d'abord la peine de l'*adultera* et
de l'*adulter?* Le jurisconsulte Paul fait à cette question
la réponse la plus précise : c'était la *relegatio in insulam*[3];
de plus la femme subissait la confiscation de sa dot et du
tiers de ses biens; l'*adulter* voyait la moitié de ses biens
confisqués, *Sent., II, 26, 14.*

Devant un texte aussi formel il semble qu'aucun doute
ne soit possible : nous touchons cependant à la controverse classique de notre matière. Ce qui fait la difficulté,
c'est que les *Institutes* de Justinien classent de la façon
la plus nette la loi *Julia* parmi celles qui contenaient la
peine de mort[4]. Entre ces deux affirmations il faut choisir,
et l'opinion dominante s'est prononcée avec raison pour
le témoignage de Paul.

Remarquons d'abord que la sévérité que les *Institutes*

---

[1] V. Geib., *Geschichte des römischen Criminalprozesses*, p. 363. — Cic., *De invent.*, II, 19, 59 : « Ea igitur pœna si adfici reum non oporteat, damnari quoque
non oportere, quoniam ea pœna damnationem necessario consequatur. » *Pro Sulla*,
22, 63 : « Nemo judicem reprehendit cum de pœna queritur, sed legem, con-
demnatio est enim judicum... pœna legis. » Cf. L. 1; § 4, D. XLVIII, 16.

[2] Geib., *op. cit.*, p. 147, nᵒˢ 132-33.

[3] « Dummodo in diversas insulas relegentur. »

[4] « Temeratores alienarum nuptiarum gladio punit. » *Inst.* IV, 18, 4.

prêtent à la loi *Julia* contrasterait avec les mœurs contemporaines. A l'époque d'Auguste, le législateur en général n'aime pas à répandre le sang ; et, s'il est vrai que
l'empereur voulait à tout prix réformer les mœurs, il est
certain que l'esprit public ne voyait pas dans l'adultère
le terrible sacrilège des époques primitives : on eût pro-
testé contre une peine qui eût paru certainement hors de
proportion avec la faute[1].

Plus tard l'adultère fut puni de mort, mais les temps
étaient changés : nous rechercherons à quel moment s'introduisit cette modification[2] ; dès maintenant nous pouvons montrer que la loi *Julia* ne contenait pas la peine
capitale. Cela ressort jusqu'à l'évidence d'un certain nombre de ses dispositions ; celle qui interdit d'épouser la
femme condamnée, L. 30 (29), § 1, D. *h. t.*; L. 1, § 1, D.
25, 7; celle qui interdit de recevoir en témoignage les
condamnés hommes ou femmes, LL. 14, 18, D. 22, 5.
Remarquons aussi que l'*adulter* après sa condamnation
est déclaré incapable de servir comme soldat, L. 4, §
17, D. 49, 16. Citons enfin la loi 13, D. 34, 9, où nous
voyons un individu condamné pour adultère qui se marie
et fait valablement son testament. Toutes ces décisions
sont incompréhensibles, si la loi *Julia* portait la peine
de mort.

Il est vrai que, pour lever la contradiction, on cite un
texte : la loi 9, C. 9, 9[3].

Cette constitution déclare d'abord que la femme condamnée d'après la loi *Julia de pudicitia* doit rester soumise aux peines légales, « pœnis legitimis, » puis elle
ajoute : « qui autem adulterii damnatam, *si quocumque
modo pœnam capitalem evaserit,* uxorem duxerit, eadem

---

[1] Cet esprit se montre bien nettement dans les restrictions apportées au *jus
occidendi*.

[2] Justinien a raison de compter de son temps la loi *Julia* parmi les *leges capitales;* il ne fait pas de l'histoire, mais du droit pratique.

[3] Constitution d'Alexandre Sévère de l'an 225.

lege causa lenocinii tenetur. » Voilà, dit-on, la preuve
que la peine légale était bien la mort, et qu'il pouvait se
faire cependant que le condamné vécût et se mariât ; il
suffisait pour cela que la peine, par suite d'une atténuation, eût été transformée[1]. Mais ce résultat ne pouvait
se présenter à l'époque où la loi *Julia* fut votée. Nous
avons vu en effet que les *Leges judiciorum publicorum*
(et notre loi en est une) n'admettaient aucune atténuation
de la peine ; quand il y avait condamnation, il fallait
nécessairement appliquer la peine légale. Plus tard sans
doute, sous le système des *Cognitiones extraordinariæ,*
comme nous le montrerons plus loin, une atténuation
fut possible, L. 13, D. 48, 19. Mais il ne faut pas confondre les époques[2]. On doit d'ailleurs admettre que la loi 9
du Code a été interpolée par Tribonien, car, à l'époque
d'Alexandre Sévère, il n'est pas probable que la peine de
mort eût déjà été introduite en matière d'adultère[3]; il
faut en dire autant d'un rescrit de Dioclétien (L. 18, C. 2,
4), où l'adultère est rangé parmi les crimes capitaux.

Les *Institutes* donnent non le droit de la loi *Julia,* mais
un droit postérieur. Cela est du reste arrivé à Justinien
pour d'autres lois encore, comme l'a remarqué Matthæus[4].
Il déclare que la peine de la loi *Julia majestatis* était la
mort (*Inst.,* IV, 18, 3) : or, il résulte d'un texte de Paul
(*Sent.,* V, 29, 1) que c'était seulement l'*aquæ et ignis interdictio.* Il affirme enfin que la loi *Cornelia, de Sicariis,*
« homicidas ultore ferro persequitur » et la loi 3, § 5, D. 48,

---

[1] Il serait assez singulier de voir la loi *Julia* édicter quelques-unes de ses dispositions importantes pour les cas où les peines qu'elle porte ne seraient pas
appliquées.

[2] C'est ce que n'a pas vu Cujas, qui déclare que la loi 9 au Code enlève une
grande partie de leur force probante aux textes sur l'incapacité de témoigner et
sur la possibilité d'un nouveau mariage, cités plus haut. *Ad hanc legem,* au Code
(Édit. Fabrot, t. IX, col. 1328-29).

[3] Elle n'existait pas à l'époque de Caracalla. Dion Cassius, racontant qu'en
vertu de son suprême pouvoir cet empereur faisait mettre à mort les *adulteri,*
constate que c'était contraire aux lois : « ἐφόνευε παρὰ τὰ νενομισμένα. » LXXVII, 16.

[4] *De Criminibus,* p. 307.

8, atteste que la peine portée dans la loi était « deportatio in insulam et omnium bonorum ademptio [1]. »

La peine de la loi *Julia* n'était donc pas la mort; mais ne pourrait-on pas admettre que c'était une autre peine capitale, l'*aquæ et ignis interdictio?* Cela lèverait certaines difficultés : il serait alors naturel que le condamné survécût et pût contracter un mariage selon le droit des gens, puisqu'il n'aurait perdu que la *civitas;* d'autre part, cela permettrait d'accepter pour sincère l'un des textes que nous avons déclaré interpolés, la loi 18 C. 2, 4. On l'a soutenu [2], mais cela ne nous paraît pas admissible. Si la peine avait été celle de l'*aquæ et ignis interdictio,* elle eût été remplacée dans le droit postérieur non par la *relegatio,* mais par la *deportatio :* « Deportatio in locum aquæ et ignis interdictioni successit, » L. 1, § 1, D. 48, 19. Or il est certain que la peine appliquée plus tard d'après la loi *Julia* n'était pas la *deportatio.* Cela résulte d'abord de ce que c'est la peine qu'on applique à l'adultère lorsqu'il s'y joint un crime plus grave [3]. Nous avons vu dans la loi 13 D. (34, 9) un homme condamné pour adultère faisant son testament, alors que le déporté a perdu avec la *civitas* la *testamenti factio.* De même la loi 14 D (22, 5) décide qu'un tel condamné ne peut servir de témoin dans un testament; mais elle décide ainsi uniquement parce que la loi *Julia* a une disposition formelle, qui le déclare *intestabilis;* or le déporté n'étant plus *civis Romanus,* par là même et sans exclusion spéciale, ne pouvait être *inter testes adhibitus* (Gaius, II, 104).

Du reste la *relegatio* est la peine que les historiens nous montrent constamment appliquée en matière d'adultère·

---

[1] Vid. tamen Paul, *Sent.,* V, 33, 1.

[2] Rein: *Das Criminalrecht der Römer,* p. 848 : « Aber die Relegatio in insulam stand noch nicht in Lex Julia, sondern *aquæ et ignis interdictio,* wofür bald *de portatio* und *relegatio in insulam* aufkam. »

[3] Adultère et inceste combinés : « In insulam deportandus est quia duplex crimen est » (L. 5, D. xlviii, 18). Cf. L. 13 (12) pr., D. *h. t.,* où il s'agit d'un soldat puni plus sévèrement que ne le serait un·*paganus.*

(Tacite, *Ann.*, II, 50, 85); c'est celle qu'Auguste lui-même appliqua à sa fille et à sa petite-fille (Suétone, *Aug.*, 64[1]; cf. Tacite, *Ann.*, II, 53).

Mais cette peine principale était accompagnée pour la femme et pour l'*adulter* de pénalités complémentaires qu'il faut examiner.

Pour la femme, c'était la confiscation de la moitié de sa dot et du tiers de ses biens. Ici, il faut remarquer que la dot est mentionnée à part, non pas seulement parce qu'on en confisque une portion plus forte que celle qu'on prélève sur les autres biens, mais parce que, pour l'atteindre, il fallait la viser spécialement. La confiscation des biens d'une femme n'entraînait pas en principe celle de sa dot, alors du moins que celle-ci, au moment de la condamnation, se trouvait encore aux mains du mari et n'avait pas été restituée[2]; et cela est conforme à l'esprit du droit de l'époque classique. La dot, c'est la condition même du mariage, la dotation des enfants; sa conservation est un objet d'intérêt public. Ainsi dans le cas où la confiscation des biens est la conséquence inévitable de la peine principale, en cas de *deminutio capitis media* ou *maxima* (L. 1 pr., D. 48, 20), la dot n'est pas en principe *publicata*. Si la peine est la *deportatio,* le mariage de la femme condamnée peut subsister comme mariage de droit des gens; la dot subsistera *in suo statu,* et à la dissolution de cette union la femme pourra la répéter, L. 5, § 1, D. 48, 20; L. 1, C. 5, 17[3]. — Si la femme subit une condamnation qui la rend *serva pœnæ,* l'ancien mariage est radicalement détruit, et un nouveau n'est pas possible; cepen-

---

[1] « Julias filiam et neptem omnibus probris contaminatas relegavit. »

[2] Si elle avait été restituée, au point de vue de la confiscation elle devait être comprise dans les *bona.* Arg. L. 10, § 1, D. xlviii, 20.

[3] Il semble que l'action *rei uxoriæ* ait été dans ce cas non l'*action directe,* car, *jure civili,* le mariage n'existe plus après la condamnation, mais une action utile : « Quasi humanitatis intuitu hodie nata actione, » L. 5, § 1, Dig. cit. « Dotis exactio *ipso jure* non competit, sed indotatam eam esse... nec ratio æquitatis nec exempla permittunt. » L. 1, C. cit.

dant là encore la dot n'est pas confisquée ; elle reste au mari : « Verum est dotem mariti lucro cedere, quasi mortua sit, » L. 5 pr., D. 48, 20. Ici encore, en restant au mari, elle servira à sa destination naturelle, qui est de tourner au profit des enfants communs. En effet, lorsque les biens d'un homme étaient confisqués, il avait été admis par faveur qu'on en laissait une quote-part à ses enfants issus de justes noces et restés en puissance, L. 1, §§ 1, 2 ; L. 7 pr., D. 48, 20 ; L. 8, C. 9, 49 ; lorsqu'au contraire les biens d'une femme étaient confisqués, rien n'était laissé aux enfants, L. 6, C. 9, 49[1] ; c'était alors sauver à leur profit une portion du patrimoine maternel que de laisser la dot au mari. Pour que la dot fût englobée dans la confiscation, il fallait une disposition spéciale[2].

Pourquoi la loi *Julia* contenait-elle une semblable disposition ? C'est qu'ici, au lieu de respecter la dot, le législateur avait intérêt à l'entamer ; la dot, c'est pour la femme le moyen de se remarier, et l'on ne veut pas que la femme adultère se remarie, puisqu'on punit celui qui l'épouse. Mais est-il bien certain que la loi *Julia* confisquait la moitié de la dot ? on pourrait en douter. Il y a au Digeste un texte qui énumère limitativement les lois qui prononcent une telle confiscation : L. 3, D. 48, 20[3], et la loi *Julia* ne se trouve pas sur cette liste. Mais en examinant le texte de plus près, on voit qu'il contient une erreur ; après avoir annoncé cinq lois, il est obligé, pour fournir son compte,

---

[1] « De bonis matris deportatæ filiis nil deberi absolutissimi juris est. »

[2] A cette théorie d'après laquelle la confiscation des biens n'entraîne pas celle de la dot, on pourrait opposer la loi 24, § 7, D. xxiv, 3 : il y est dit au début : « Si bona mulieris pro parte sint publicata, supersit mulieri reliquæ partis dotis exactio. » Il semble bien que là la dot suive le sort des *bona ;* mais il y a là certainement une façon de parler trop rapide ; le jurisconsulte voulait dire « si bona *et dos* sint publicata. » Ce qui le montre, c'est qu'il fait spécialement mention dans la suite de la confiscation de la dot « si post litem contestatam publicata sit pro parte dos, » et pourtant, dans ce cas, la *litis contestatio* ayant transformé le droit de la femme, il était moins nécessaire de le rappeler.

[3] « Quinque legibus damnatæ mulieri dos publicatur, majestatis, vis publicæ, parricidii, venefici, de sicariis. »

d'en dédoubler une en deux : le meurtre et l'empoisonnement sont en effet punis par une seule et même loi, la *lex
Cornelia de sicariis*. Pour rétablir le compte, il suffit d'a-
jouter la *lex Julia de adulteriis*[1].

Nous savons déjà que la femme condamnée est incapable de témoigner en justice, L. 18, D. 22, 5.

L'*adulter*, outre la *relegatio*, subissait la confiscation de
la moitié de ses biens. Il était également incapable de témoigner et de servir dans l'armée; ce sont des points que
nous avons déjà vus. On peut en outre considérer comme
certain qu'il y avait une peine différente et plus forte pour
le cas où le coupable était un affranchi du mari, de la
femme ou des descendants et descendants de celle-ci, L.
43 (42), D. *h. t.* Nous ne savons quelle était cette peine,
peut-être était-ce la peine de mort[2].

Voilà quelle était la punition des deux principaux coupables. Quelle était la peine des autres délits accessoires
que nous avons relevés? C'était celle que subissait l'*adulter*.
Voici comment on peut le montrer. Celui qui tire profit
de l'adultère de sa femme, et celui qui prête sa maison
pour qu'il s'y commette un adultère, sont punis comme
l'*adulter* lui-même, « quasi *adulter* punitur, » L. 8 pr.,
D. *h. t.*; la peine du *lenocinium* était donc la même que
celle de l'*adulterium*. D'autre part, le fait du mari qui
surprend sa femme en flagrant délit et ne la répudie point
ou qui transige avec le complice, est qualifié de *lenocinium*, D. 30 (29) pr., D. *h. t.* Était qualifié de même le fait
d'épouser une femme *adulterii damnatam,* « eadem lege

---

[1] Voyez Cujas, *ad lib.* II *Papiniani de Adulteriis* : « Et in ea lege maxime
observandum est Ulpianum legem Corneliam de sicariis et veneficis dividere in
duas, unam de sicariis scilicet fecerit, alteram de veneficis, quibus locis usui
esse possit optime scio legem Juliam de Adulteriis » (Op. édit. Fabrot, t. IV,
col. 1377). — La loi qui suit immédiatement celle-là, et qui s'occupe aussi de la
confiscation de la dot est tirée du Commentaire de Papinien sur la loi *Julia*.

[2] Il ne faut pas croire qu'il s'agisse dans cette loi seulement du *jus occidendi*
du mari; il est aussi parlé d'une véritable peine, « pœna libertinorum... lege Julia
de Adulteriis coercendis ad tuenda matrimonia. »

ex causa lenocinii punitur, » L. 9, C. 9, 9. Enfin dans le cas de *lenocinium* qui est relevé contre la femme, on déclare que « quasi adultera punitur, » L. 34 (33), § 2, D. *h. t.* Cependant on peut se demander si dans ce cas la confiscation de la dot était prononcée; il est permis d'en douter, car la condamnation n'empêche pas alors que la femme reste mariée ou se remarie. On peut aussi soulever la même difficulté à propos des femmes qui étaient frappées pour avoir favorisé l'adultère chez autrui : la loi, pour ce chef, ne visait directement que les hommes, car les jurisconsultes éprouvent le besoin de déclarer qu'il s'applique aussi aux femmes, L. 11 (10), § 1, D. *h. t.* Il eût été logique de ne leur infliger alors que la relégation et la confiscation de la moitié des biens, sans toucher à leur dot.

CHAPITRE III.

LA PROCÉDURE D'APRÈS LA LOI JULIA.

§ 1.

L'accusation.

Avant la loi *Julia*, peu de personnes pouvaient poursuivre la répression de l'adultère. Le mari et le père seuls pouvaient faire comparaître la femme devant le tribunal domestique; et seuls les magistrats accusateurs avaient le droit de la traduire devant l'assemblée du peuple. L'action *de moribus* n'appartenait qu'aux époux, dans l'origine seulement au mari. De même l'*adulter* ne pouvait être poursuivi que par le magistrat, ou frappé par le mari s'il y avait flagrant délit. Pour prendre en main cette cause du foyer conjugal il fallait être un des chefs de la famille ou l'un des chefs de la nation.

Mais la loi *Julia* faisait de l'adultère un *crimen publicum*, relevant d'une *quæstio perpetua*. Or, dans ce système pénal, la procédure était pleinement accusatoire. Il ne pouvait y avoir de condamnation sans accusateur[1]; mais en principe, tout citoyen pouvait accuser, L. 43, § 10, D. 23, 2; L. 30, § 1, D. 48, 10; L. 30, C. 9, 9; *Inst.*, 4, 18, 1. Étaient seulement privées de ce droit, en vertu d'une loi ou de la coutume, certaines classes de personnes

---

[1] Cicéron: *Pro Roscio Amer*. 20, 56; Tacite: *Ann*. XV, 69; *Act. Apost*. xxv, 16.

suspectes[1]. C'est du reste un procédé familier aux Romains
que de remettre au peuple entier le soin de veiller à l'intérêt commun au lieu d'en faire la mission d'un fonctionnaire spécial. C'est l'idée qui sert de fondement aux
actions *populares* et au *crimen suspecti tutoris*.

Ce principe allait-il être appliqué au délit d'adultère?
Cela était impossible. Sans doute on ne voulait point conserver au mari et au père l'espèce de magistrature qu'ils
exerçaient autrefois; il fallait soumettre le mariage à une
surveillance effective : mais on ne pouvait point ouvrir
toute grande la porte de la maison conjugale, et permettre
au premier venu d'en arracher la femme pour la traîner au
tribunal, elle et son complice. Ce ne sont point cependant
les accusations mal fondées qu'on redoutait surtout, l'accusateur téméraire s'expose à une peine, et bientôt du
reste les accusateurs feront défaut. Mais si la faute n'est
pas évidente, et que le mari se taise sans être complice,
peut-on donner aux étrangers le droit d'ébruiter le scandale? Si la faute est indéniable, ne faut-il pas laisser aux
principaux intéressés, pendant un certain temps du moins,
un droit exclusif de poursuite? C'est ce qu'on pensa. Entre
des idées opposées une transaction s'établit; et en matière
d'adultère, le principe d'accusation publique subit chez
les Romains un échec inévitable; de même que chez nous
c'est là un des cas où le principe de l'indépendance du
ministère public a dû céder.

Examinons les règles de l'accusation d'abord quant à la
femme, puis quant à l'*adulter*.

I. *Accusation de l'adultera*. — Tant que dure le mariage la femme ne peut être accusée par personne, ni par
son mari, ni par un étranger.

Pour pouvoir accuser sa femme d'adultère le mari doit

---

[1] Ces incapacités, dont la plupart étaient prévues par la loi *Julia judiciorum
publicorum*, sont énumérées dans les lois 8, 9, 10, 12, D. xlviii, 2. Voyez aussi
L. 6, § 2, L. 37, D. *h. t.* Cf. Rudorff, *op. cit.*, t. II, § 127; Geib., *op. cit.*, p.
254, ssv; 515, ssv.

avant tout la répudier. L. 11, C. 9, 9 ; L. 11, § 2, D. 24, 2[1].
Cela se conçoit dans une société pour laquelle le mariage
est l'un des contrats les plus facilement résolubles. La
répudiation dans un pareil cas était déjà commandée par
les mœurs ; et les lois d'Auguste ont pour tendance d'imposer les devoirs de famille. Du reste la loi *Julia* con-
damnerait quiconque épouserait la femme condamnée ;
n'est-il pas logique que le mari, qui va provoquer cette
sentence, chasse d'abord la coupable de son foyer.

Tant que dure le mariage, la femme ne peut pas non
plus être accusée par les étrangers. L. 12 (11), § 10 ;
L. 27 (26) pr., D. *h. t.;* les jurisconsultes donnent bien le
motif exact de cette exception aux règles générales[2] : il ne
faut pas troubler la paix des ménages. Ces principes sont
applicables, pensons-nous, quelle que soit l'espèce de
mariage qui unit les conjoints.

Mais alors, pour assurer l'impunité à la femme, il suffira d'un mari complaisant, et nous savons que le législateur a des idées précises sur les complaisances des maris.
Non ; si le mari se trouve dans un des cas de *lenocinium*
prévus par la loi, tout citoyen pourra le poursuivre, et s'il
le fait condamner, bien que le mariage subsiste, rien
ne l'empêchera plus d'accuser la femme, L. 27 (26) pr.,
D. *h. t.*

Lorsque le mariage sera dissous, comment les choses
vont-elles se passer? La dissolution peut avoir lieu par
le divorce ou par la mort. Examinons les deux hypothèses, en observant que la mort du mari est seule à
considérer pour le moment, puisqu'il s'agit d'accuser la
femme.

[1] Dans ce dernier texte l'accusation en adultère vaut divorce, parce qu'il s'agit
d'un patron qui, ayant épousé son affranchie, peut la répudier sans solennité
aucune.

[2] « Constante matrimonio ab eo qui extra maritum ad accusationem admittitur,
accusari mulier adulterii non potest ; probatam enim a marito uxorem et quies-
cens matrimonium non debet alius turbare atque inquietare. » L. 27 (26), pr., D.
h. t.

Le mari répudie l'épouse coupable. Dès lors l'accusation est possible; le législateur la désire; mais il désire en même temps qu'elle soit intentée par un de ceux qui ont l'autorité dans la famille, et qui, plus énergiquement que tout autre, avec moins de scandale, sauront obtenir la répression. Pendant soixante jours, à compter du divorce, le mari et le père pourront seuls accuser; ce n'est qu'à l'expiration de ce délai que les étrangers seront admis, L. 4, § 1; L. 15 (14), § 2; L. 12 (11), § 6; L. 16 (15), § 5; L. 31 (30), § 1, D. *h. t.;* L. 6, C. 9, 9. C'est là l'accusation *jure mariti aut patris;* et ce *privilegium* est, comme nous le verrons, un dernier vestige des juridictions familiales. Les avantages qu'il procure ne consistent point du reste uniquement dans ce droit de prévention.

Dans cette accusation privilégiée, on ne peut pas opposer au mari les incapacités, dérivant de la loi *Julia* ou des lois générales, qui feraient écarter un étranger. Par exemple, un *extraneus* qui serait *filiusfamilias,* ou mineur de vingt-cinq ans, ou noté d'infamie, ou qui soutiendrait, comme accusateur, deux procès criminels encore en suspens, ne pourrait pas intenter le *crimen adulterii :* aucun de ces obstacles n'arrêtera celui qui agit *jure mariti.* L. 6, §§ 2, 3; L. 16 (15), § 6; L. 38 (37), D. *h. t.;* Coll. *h. t.,* c. 4, § 1[1]. Il en était probablement de même pour l'accusation *jure patris.*

La loi faisait aussi une situation particulière au père et au mari quant à la *calumnia.*

Dans l'accusation ouverte à tous, il y avait un grand danger; c'était exposer l'honneur des citoyens à toutes les entreprises des malveillants. Le remède à ce mal fut de punir ceux qui accusaient faussement, les *calumniatores.* Ce fut là l'objet d'une loi *Remmia* dont il est parlé

---

[1] Une seule prohibition subsistera contre le mari; c'est celle qui défend au citoyen, qui occupe une haute magistrature, d'accuser tant qu'il est en charge. L. 16 (15) pr., D. *h. t.* C'est qu'il y a là un motif d'ordre public; on craint une influence trop grande sur les jurés.

plusieurs fois au Digeste et dont on ignore la date, L. 1,
§ 2, D. 48, 16; L. 13, D. 22, 5[1]. Il est vraisemblable qu'à
l'origine la peine était cruelle, et qu'elle consistait à
imprimer avec un fer rouge la lettre K au front du
kalumniator[2] ; mais cette peine dut disparaître de bonne
heure; les expressions empruntées à Cicéron et aux sources
postérieures, qui s'y réfèrent encore, sont prises très
probablement dans un sens métaphorique. Nos textes
indiquent l'infamie comme la peine de la *calumnia*. L. 14,
D. 48, 1[3]; L. 1, L. 4, § 4, D. 3, 2; L. 6, C. 9, 9[4]. — Quoi
qu'il en soit, la loi *Julia* décidait, croyons-nous, que celui
qui accusait *jure mariti* ou *jure patris* ne pouvait être
condamné comme *calumniator,* Collat. *h. t.*, c. 4, § 1 ; L.
37, § 1, D. 4, 4. Cela se conçoit très bien : hier, pour la
femme du moins, le mari et le père étaient des juges; on
ne peut aujourd'hui les traiter comme des accusateurs
ordinaires[5]. Ce point cependant fait l'objet d'une vive
controverse. Si nous avons cité des textes qui appuient
notre dire, il en est d'autres qui parlent en sens contraire
d'une façon très précise, L. 15 (14), § 3; L. 31 (30) pr., D.
h. t. Comment résoudre cette antinomie? L'opinion généralement admise consiste à dire qu'on sera beaucoup plus
difficile pour admettre la *calumnia* dans l'accusation *jure
patris* ou *mariti* que dans l'accusation *jure extranei*[6]. Mais

---

[1] Ce qui est certain, c'est qu'elle était en vigueur au temps de Cicéron : *Pro
Sex. Rosc. Amer.*, 19, 55.

[2] Cic.: *Pro Rosc. Am.*, 20, 57 : « Litteram illam cui vos usque eo inimici estis
ut etiam kalendas omnes oderitis..... vehementer ad caput infligent; » Cf. Pline :
Pan. Traj., 36. L. 13, D. xxii, 5, « homo integræ frontis. » Voy. Rudorff, *op.
cit.*, t. II, § 138; Geib., *op. cit.*, p. 294, ssv.

[3] « Præses patrem calumniam intulisse pronuntiaverat; inter infames patrem
defunctæ non habendum respondi. »

[4] Plus tard, sous le système des *cognitiones extraordinariæ*, le *calumniator*
dut subir le talion, c'est-à-dire la peine même qu'il avait demandée pour l'accusé.
L. 10, C. ix, 46.

[5] Ce privilège semble avoir appartenu au père toutes les fois qu'il accusait ses
enfants. L. 14, D. xlviii, 1.

[6] Matthæus, *op. cit.*, p. 324-5; Geib., *op. cit.*, p. 586; Rein., *op. cit.*, p. 849,
à la note.

c'est là une conciliation qui n'en est pas une; nous proposons l'hypothèse suivante[1].

Il y a eu, pensons-nous, deux doctrines successives en matière de *calumnia*. A l'origine, il suffisait que l'accusation n'eût pas réussi pour que l'accusateur pût être condamné comme *calumniator*. C'était là une théorie conforme à l'esprit du droit ancien qui évite la recherche des intentions, mais elle était bien dangereuse, surtout avec le jury. Aussi en vint-on à déclarer que celui-là seul pouvait encourir les peines de la calomnie, qui était de mauvaise foi, une simple faute ne suffisant pas pour cela : telle est bien la doctrine qu'attestent de la façon la plus nette certains passages du Digeste et du Code, L. 1, § 3, D. 48, 16; L. 3, C. 9, 46. Mais l'autre opinion a laissé des traces dans certains textes : voy. L. 22, D. 34, 9; L. 2, C. 9, 46[2]. Le soin même que les jurisconsultes apportent à établir que la faute ne suffit pas, montre qu'il exista une théorie contraire et plus ancienne, Paul, *Sent.,* I, 5, 1; L. 233, D. 50, 16; L. 1, §§ 3 et 5, D. 48, 16. Sous l'empire de cette ancienne doctrine, il était absolument juste d'écarter toute action en *calumnia,* lorsqu'il s'agissait du père et du mari accusateurs : c'est ce qu'avait fait la loi *Julia.* Avec l'opinion nouvelle, qui ne punit le *calumniator* que lorsqu'il y a dol évident, cette exemption n'avait plus sa raison d'être, et on entendit la loi

---

[1] On serait tenté de dire que la *calumnia* serait inadmissible lorsque le mari ou le père accusent la femme, et possible au contraire lorsqu'ils poursuivent l'*adulter.* Cela serait bien logique. Mais les textes ne distinguent point. Collat. *h. t.,* c. 4, § 1; L. 15 (14), § 3, D. *h. t.*

[2] Dans la première de ces lois il s'agit d'un tuteur qui a intenté une accusation de faux dans le seul intérêt de son pupille. « Cogente forte matre pupilli vel libertis patris instantibus; » s'il échoue, il n'est pas un juge, dit le jurisconsulte, qui le noterait d'infamie pour *calumnia.* Si le dol a toujours été exigé, cette décision est difficilement compréhensible. La loi 2, C. ix, 46, est ainsi conçue : « Mater inter eas personas est quæ sine calumniæ timore necem filii sui vindicare possunt... sed extraneus heres, qui suspicionem, quam de morte sua habuisse defunctus cavit, exequitur, hoc nomine a calumnia excusatus est. » Cela nous semble probant.

en ce sens, qu'elle avait seulement voulu dire, ce qui était devenu le droit commun, qu'on ne pourrait point condamner le père et le mari pour une simple faute[1].

Probablement le père et le mari échappaient aussi aux peines édictées par le *senatus-consultum Turpillianum* contre les *tergiversatores*, c'est-à-dire ceux qui abandonnaient une accusation après l'avoir intentée[2]. Un texte, en effet, déclare que le sénatus-consulte n'atteint point tous ceux qui ne pourraient pas être poursuivis pour *calumnia*, L. 15, § 2, D. 48, 16. Il est vrai qu'un rescrit indique le contraire. L. 16, C. 9, 9 : « Erras tu, marite, existimans etiam si simpliciter, id est sine abolitione destitisses, senatus-consulto in personâ tua locum non fuisse, diversum enim Divi Principes sæpe sanxerunt. » Il dut encore sur ce point s'opérer un changement dans la doctrine[3].

Enfin, pour terminer l'énumération des avantages attachés à l'accusation *jure mariti aut patris*, disons dès maintenant qu'elle leur donnait le privilège exclusif de soumettre à la torture les propres esclaves de la femme ou de l'*adulter* pour les faire parler contre eux. C'est un point sur lequel nous reviendrons.

Mais tout père, tout mari, jouissaient-ils de ces privilèges ? Pour le père, si nous en croyons un texte, celui-là seul en aurait joui qui avait la *potestas* sur sa fille, L. 15 (14), § 2, D. *h. t.* Cela était logique, car les textes établissent une corrélation entre ce droit d'accusation privilégiée et le *jus occidendi*, L. 25 (24), § 3, D. *h. t.* Ce-

---

[1] Plus tard le mari fut peut-être puni plus sévèrement que tout autre, et soumis aux peines de la *calumnia*, par cela même, qu'ayant accusé sa femme, il n'avait pas pu la faire condamner. Nov. 117, C. ix, § 4.

[2] Il y avait dans cette retraite quelque chose de très grave, car, dans cette procédure accusatoire, le procès tombait par là même. Le sénatus-consulte ne permettait d'abandonner l'accusation que moyennant une décision de la juridiction saisie, *abolitio privata*. L. 3, § 3, D. xlvii, 15; L. 1, C. ix, 42.

[3] La théorie première s'expliquait ainsi : on peut permettre à ces personnes de renoncer à l'accusation sans *abolitio* préalable; ne craignant pas la *calumnia* elles arriveraient au même résultat, en menant l'accusation jusqu'au bout, mais de façon à laisser intervenir un acquittement.

pendant il s'était formé une autre opinion distinguant
entre le *jus occidendi*, qui paraissait odieux, et le droit
d'accusation *jure patris* qui paraissait favorable ; en cas
d'émancipation de la fille, on maintenait ce dernier seulement. *Collat.*, *h. t.*, c. 7.

Quant au mari il faut séparer deux choses : s'il s'agit de
ce droit particulier d'après lequel tant qu'il n'a pas répudié sa femme, aucun étranger, pas même le père, ne
peut l'accuser, il faut, croyons-nous, le lui reconnaître
dans toute espèce d'union ; s'agit-il au contraire du droit
d'accusation exclusive et privilégiée dans les soixante jours
après le divorce, celui-là seul le possède qui est uni en
justes noces. La loi *Julia* en principe ne se référait qu'à
de tels mariages ; si on appliquait pour d'autres unions
les peines qu'elle prononçait, on ne pouvait étendre par
interprétation un droit aussi exorbitant que l'accusation
jure mariti. Nous voyons ainsi ce droit refusé au mari :
lorsqu'il s'agit d'un mariage de droit des gens, *Coll.*, *h. t.*,
c. 5, § 1 ; L. 14 (13), § 1, D. *h. t.*; d'une femme épousée
contrairement aux *leges novæ*, L. 14 (13) § 4 ; L. 25 (24), § 3,
D. *h. t.*; ou d'une concubine qui n'a point perdu la dignité
de *matrona*, L. 15 (14) pr., D. *h. t.*[1]. Dans tous ces cas,
dès que le divorce a eu lieu, tout citoyen peut intenter
l'accusation ; le mari ne viendra qu'avec les étrangers et au
même titre, *jure extranei venit*. Alors aussi l'accusation
jure patris n'existe pas ; elle n'apparaît, en effet, dans les
textes que comme une dépendance et un complément de
l'accusation *jure mariti*.

Lorsque l'époux ne peut pas accuser *jure mariti*, il ne
peut pas non plus tuer impunément l'*adulter* surpris en
flagrant délit, quelle que soit sa condition : ici encore les
textes établissent une union intime entre les deux privilèges ;

---

[1] Il y a encore d'autres hypothèses : on admet plus tard que l'infidélité de la
fiancée était punissable, comme celle de l'épouse ; mais alors pas d'accusation
jure mariti., *Coll.*, *h. t.*, c. 6, de même dans des cas où le mariage, nul en droit,
a existé de fait. L. 14 (13), §§ 4, 6, 8, D. *h. t.*

ce sont deux démembrements de la vieille autorité domestique, L. 25 (24), § 3, D. *h. t.*

Lorsque le mari venait *jure extranei,* la jurisprudence lui avait pourtant conservé quelques avantages; on ne lui opposait point les incapacités qui eussent fait écarter un étranger, *Coll., h. t.,* c. 4, § 2, c. 5; L. 16 (15), § 6, D. *h. t.;* et pendant les deux premiers mois à partir du divorce il pouvait agir sans craindre la *columnia, Coll., h. t.,* c. 4, § 1.

Le droit d'accusation *jure mariti aut patris* dure, nous l'avons dit, seulement pendant soixante jours à partir du divorce. Mais est-ce là un *tempus continuum,* ou s'agit-il de jours *utiles?* Les textes indiquent à l'envi que ce sont des jours utiles; on ne compte que ceux où l'on a pu accomplir les actes nécessaires pour intenter l'accusation, L. 4, § 1; L. 12 (11), § 6; L. 16 (15), pr. D. *h. t.;* L. 6, L. 21, C. 9, 9. Cependant cela ne paraît pas avoir été dans l'intention du rédacteur de la loi *Julia :* il voulait parler, croyons-nous, de jours continus; et la disposition a bien été ainsi interprétée par certains jurisconsultes. C'est encore ici une théorie plus récente qui les a transformés en jours utiles. Nous verrons, en effet, que, pour assurer la *quæstio servorum,* la loi défendait à la femme et à certains de ses parents d'affranchir leurs esclaves dans les soixante jours à partir du divorce, c'est-à-dire pendant le délai ouvert pour l'accusation *jure mariti* ou *patris,* qui seule admettait cette torture : « *Intra sexagesimum diem divortii,* » L. 12 pr., § 1; L. 13, L. 14, §§ 3, 7, D. 40, 9. Les deux délais sans aucun doute se couvraient exactement : or certainement, lorsqu'il s'agit de la prohibition d'affranchir, les soixante jours étaient un *tempus continuum.* Non-seulement les textes cités sont précis, mais on conçoit qu'on ne pouvait pas imposer aux *manumissores* l'obligation de calculer les jours utiles pour l'accusation[1] : ce délai est du reste qualifié par un

---

[1] On tient compte non-seulement des obstacles de droit, mais aussi des obstacles de fait. L. 12 (11), § 5, D. *h. t.*

texte de « tempus angustissimum, » L. 13 (12), § 6, D. 40, 9. On trouve effectivement des traces du même mode de calcul lorsqu'il s'agit de l'accusation *jure mariti :* « Intra dies sexaginta divortii, » L. 15 (14), § 2, D. *h. t.;* « Sexaginta dies numerantur : in diebus autem sexaginta et ipse sexagesimus est, » L. 31 (30), § 1, D. *h. t.* Cette dernière loi est incompréhensible si elle parle de jours utiles; elle se conçoit au contraire si elle parle d'un délai continu; la solution opposée eût été exacte si l'on avait compté le *dies a quo* [1].

· Mais plus tard on s'écarta de cette idée, comme le prouve l'ensemble de nos textes ; on voulait faciliter l'accusation. Ce qui favorisa probablement la nouvelle interprétation, c'est que les quatre mois ouverts pour accuser à tout citoyen « après les soixante jours réservés au mari et au père » furent dès l'abord considérés comme un *tempus utile,* L. 4, § 1 ; L. 12 (11), § 5, D. *h. t.* On arriva à donner le même caractère au premier délai, si bien qu'on les additionne souvent tous les deux, ce qui donne un total de six mois utiles, L. 30 (29), § 5, D. *h. t.*

Y avait-il une concurrence absolue pendant les soixante jours entre le mari et le père, celui qui se présentait le premier étant préféré? Non, le mari primait le père : si tous les deux se présentent à la fois, c'est le mari qui sera choisi, L. 2, § 8, D. *h. t.;* survient-il même lorsque le père de la femme a déjà formé son accusation, si son retard ne lui est pas imputable, il sera encore préféré, à moins qu'il ne soit suspect, L. 3, D. *h. t.* Si un obstacle juridique absolu l'empêche d'agir, le père ne pourra point non plus accuser, et jusqu'à ce que l'obstacle disparaisse le délai ne court point, L. 16 (15) pr., D. *h. t.*

Le père peut se joindre comme *subscriptor* à l'accusation formée par le mari ; mais s'il s'abstient, le délai quant à lui cesse de courir ; il conserve alors son droit personnel

---

[1] Cf. Savigny : *Syst.,* t. IV, p. 400 (Édit. allemande).

d'accusation. Il pouvait lui être utile, car les Romains n'admettaient point d'une façon générale et absolue la règle *non bis in idem*.

Lorsque les soixante jours se sont écoulés sans que le mari et le père aient cherché à venger l'honneur du foyer, le principe des *judicia publica* reprend le dessus; l'accusation est ouverte à tous, L. 4, § 1; L. 12 (11), § 6; L. 15 (14), § 2; L. 30 (29), § 5, D. *h. t.*[1]. Seulement la loi *Julia* avait édicté certaines incapacités spéciales, qui s'ajoutaient aux causes d'exclusion ordinaires. Elle n'admettait pas que le mineur de vingt-cinq ans pût accuser, L. 16 (15), § 6, D. *h. t.* C'eût été là, en effet, un censeur bien jeune, et il eût été permis de soupçonner quelque dépit amoureux. Le fils de famille ne pouvait point non plus former une semblable accusation sans l'autorisation du père, L. 6, § 2; L. 38 (37), D. *h. t.*[2].

Plusieurs accusateurs peuvent se présenter à la fois; et pourtant c'est un principe de la procédure des *judicia publica,* qu'il ne peut y avoir qu'un seul accusateur, L. 16, D. 48, 2. Cf. Tacite, *Ann.,* II, 30. Il y a lieu alors à un débat préliminaire qui porte le nom de *divinatio*[3]. Notre loi déclarait que le magistrat présidant la *quæstio* devrait choisir l'accusateur, L. 2, § 9, D. *h. t.*[4].

Les *extranei* ont quatre mois *utiles* pour accuser, L. 4, § 1; L. 12 (11), § 6, D. *h. t.* Passé ce délai aucune accusation n'est possible contre la femme; il en résulte donc qu'au bout de six mois après le divorce toute action contre elle est éteinte : « Accusationem is intulit, qui præscriptione summoveri poterat, ut quilibet adulterii... feminæ

---

[1] En principe, les *extranei* ne sont admis que lorsque les soixante jours sont écoulés; cependant si le mari et le père déclarent qu'ils n'agiront pas, on peut dès maintenant les admettre.

[2] On peut considérer cette prohibition comme particulière à la loi *Julia,* le *filiusfamilias,* en général, pouvait accuser. L. 5, § 5, D. xxxiv, 9.

[3] Voy. Cicéron: *Divinatio in Q. Cæcilium.*

[4] Si le mari, qui a négligé d'user de son droit privilégié, se présente alors en concours avec des étrangers, on lui donne la préférence. L. 4, § 2, D. *h. t.*

post sex menses utiles ex die divortii, » L. 1. § 10, D. 48, 16. C'est là un des premiers cas de prescription de l'action pénale connus des Romains. A l'origine les actions criminelles étaient perpétuelles, comme les vieilles actions de droit civil[1] ; notre loi fut une des premières qui introduisit la prescription. Il était naturel de l'introduire en matière d'adultère : c'est là surtout qu'il faut favoriser l'oubli et ne pas réveiller les anciennes querelles. Cependant on peut s'étonner de la brièveté de la prescription qu'invoquera la femme répudiée, alors surtout que son complice ne pourra invoquer qu'une prescription de cinq ans. Pourquoi cette différence[2] ? En voici, suivant nous, le motif. Les lois d'Auguste favorisent les mariages. Sans doute la femme condamnée pour adultère ne pourra pas se remarier, mais celle-là seulement : toutes les autres femmes divorcées doivent contracter une nouvelle union. Il faut donc qu'on sache promptement à quoi s'en tenir : si la femme est adultère, qu'on la fasse vite condamner ; sinon qu'elle puisse suivre la loi commune. Pour l'*adulter*, les mêmes raisons n'existent pas ; il pourra se remarier alors même qu'il serait condamné. Nous verrons que la même idée introduisit encore un autre privilège en faveur de la femme. Du reste, on faisait aussi profiter celle-ci de la prescription de cinq ans lorsqu'elle pouvait lui être avan-

---

[1] V. Cicéron : *Pro Rabirio*, 9. Ce n'est que plus tard qu'on étendit à toutes les accusations, qui n'étaient point régies à cet égard par des règles spéciales, la prescription de vingt ans, qui semble avoir été le point de départ de toutes les prescriptions extinctives, L. 12, C. 9, 22. Cf. Suétone, *Tib.* 49 : « Post vicesimum annum veneni olim in se comparati arguebat. »

[2] M. Rudorff, *op. cit.*, t. I, § 36, ne reconnaît point cette diversité : il a un système singulier d'après lequel, après les soixante jours privilégiés et les quatre mois ouverts aux étrangers, l'accusation serait encore possible contre la femme tant qu'il ne se serait pas écoulé cinq ans *a die commissi criminis ;* seulement, une fois que les premiers délais seraient écoulés et alors seulement le mineur de vingt-cinq ans, l'infâme, l'affranchi, qui n'a pas 30,000 sesterces ou un fils, ne pourraient plus accuser. Cette opinion est contredite par les textes les plus formels. Le passage de la *Collatio, h. t.* C. 4, § 2, qu'invoque M. Rudorff, ne s'applique qu'au mari, qui vient *jure extranei inter quatuor menses.*

tageuse. Supposons que depuis le divorce il ne soit pas
écoulé six mois, mais qu'il y ait cinq ans depuis que le délit
a été commis, l'action sera prescrite, L. 30 (29), § 5, D. *h. t.*

Voilà bien des accusateurs qui peuvent être lancés
contre la femme. Si elle a été poursuivie par l'un d'entre
eux et acquittée, sera-t-elle sûre au moins de n'avoir plus
rien à craindre des autres? Non; les Romains n'ont point
admis d'une façon absolue la règle que nous exprimons
par la maxime latine : *Non bis in idem.* Il semble (et le
système accusatoire conduisait là, puisqu'il ne présente
qu'un débat entre deux particuliers) que la chose jugée,
au criminel comme au civil, ne s'imposait à l'origine
qu'autant qu'il y avait identité de parties. En cas d'acquittement le même accusateur ne pouvait point renouveler la
même accusation, mais un autre le pouvait, L. 7, § 2, D.
48, 2 : « Utrum ab eodem an nec ab alio accusari possit
videndum est... quoniam res inter alios judicatæ alii non
præjudicant[1]. » Mais il y avait là quelque chose d'exorbitant : aussi on en arriva à admettre que le jugement rendu
au criminel aurait force de chose jugée vis-à-vis de tout le
monde, L. 3, § 13, D. 43, 29; L. 7, § 2, D. 48, 2[2]. Alors
comme de nos jours le principal argument fut une idée
d'équité et d'ordre public, mais à Rome il subsista toujours quelque chose de l'ancienne théorie. On admit un
second accusateur même après une absolution, lorsqu'il y
avait eu *prævaricatio*, c'est-à-dire collusion entre l'accusateur et l'accusé (Voy. les textes cités ci-dessus, et L. 32
(31), D. *h. t.*); on l'admettait encore lorsqu'il s'agissait
d'une partie intéressée, qui avait été prévenue par un
étranger au moment où elle rassemblait ses preuves, L. 7,
2, D. 48, 2. Plusieurs textes font à notre matière l'application de ce principe, lorsqu'il s'agit du père ou du mari
qui se sont laissé devancer, L. 4 pr. et § 2, D. *h. t.*

---

[1] Cf. Quintillien, *Inst. orat.*, VII, 6, 14. *Declamatio*, 266.

[2] Voyez le même principe appliqué aux *actiones populares*. L. 30, § 3, D. xii, 2.

Jusqu'ici nous avons étudié la mise en accusation de la femme lorsque le mariage est dissous par le divorce. Lorsqu'il est dissous par la mort du mari la situation est bien différente; le principal intéressé, l'offensé, n'existe plus. Aussi d'un côté on laissera facilement arriver tout citoyen à l'accusation, mais plus que jamais on tendra à restreindre la poursuite dans un court espace de temps.

Lorsque le mari est mort tout le monde peut intenter contre la femme le *crimen adulterii :* pas de privilège. Le droit d'accusation *jure patris* disparaît; L. 23 (22), § 1, D. *h. t.* « in accusationem viduæ filiæ non habet pater jus præcipuum, » Cf. L. 12 (11), § 8, D. *h. t.* Cela est logique; l'accusation *jure patris* n'est, nous l'avons dit[1], que l'accessoire de l'accusation *jure mariti*. Donc, pendant les six mois accordés pour accuser la femme, tous ceux qui ne sont pas incapables peuvent se présenter. Mais à partir de quel moment commencent à courir ces six mois? A partir de la mort du mari, puisque ce n'est qu'alors qu'on a pu agir. Cependant, un rescrit paraît avoir admis qu'il fallait les compter à partir du jour où l'adultère a été commis, L. 30 (29), § 5, D. *h. t.*[2]. Il y avait là une décision de faveur. Si le mari avait laissé passer six mois sans divorcer, fallait-il après sa mort remuer ce passé trouble? Il y a là déjà je ne sais quelle idée de pardon.

II. *Accusation de l'adulter.* — Dans ces longues explications sur l'accusation, nous n'avons parlé que de la femme : les mêmes règles s'appliquaient-elles à son complice?

---

[1] Ce qui confirme encore ce point, c'est que dans ce cas la femme peut valablement affranchir ses esclaves, ce qui n'a pas lieu lorsque l'accusation privilégiée est possible : « Sed si morte mariti solutum sit matrimonium, vel aliqua pœna ejus, manumissio non impedietur. » L. 14, § 3, D. XL, 9. Il en serait autrement si, après avoir répudié sa femme, le mari mourait dans les soixante jours; l'accusation *jure mariti* a alors été ouverte, il y a place pour le *jus patris*. L. 14 pr., D. XL, 9.

[2] « Sex mensium hæc fit separatio ut in nupta quidem ex die divortii sex menses computentur, in vidua vero ex die commissi criminis, quod significari videtur rescripto ad Tertyllum et Maximum consules. »

Supposons le mariage encore existant, l'*adulter* ne peut être accusé ni par le mari ni par un tiers[1], L. 12 (11), § 10, D. *h. t.* : « Non ignorare debuisti, durante eo matrimonio in quo adulterium dicitur esse commissum, non posse mulierem ream adulterii fieri, sed nec adulterum interim accusari posse. » Ce texte est formel; cependant, c'est là encore un point qui fait difficulté. *Constante matrimonio,* tout le monde admet que le mari ne pouvait point accuser l'*adulter*; mais les tiers l'auraient pu, selon de hautes autorités[2]. Il y a dans une telle théorie quelque chose d'étrange. Si l'on ne permet à personne d'accuser la femme tant que dure le mariage, c'est pour que le premier venu ne puisse pas troubler la paix des familles; or, en quoi ce danger sera-t-il évité si, au lieu de la femme, les tiers peuvent poursuivre son complice? Cette opinion n'aurait jamais été produite s'il n'existait un texte qui semble l'imposer, L. 40 (39), § 1, D. *h. t.* : « Nupta quoque muliere tametsi lenocinii vir *prior* non postuletur, adulterii crimen contra adulterum ab extrario poterit inferri. » Cela paraît formel; il n'en est rien. Ce texte vise une hypothèse où le mariage souillé par l'adultère a été rompu par le divorce, et où, avant toute poursuite, la femme s'est remariée ; alors, nous le verrons, elle a une position privilégiée. On ne peut l'accuser qu'après avoir fait condamner son complice; voilà pourquoi la loi 40 (39), § 1, suppose qu'on poursuit l'*adulter* et non la femme; mais elle ne dit en aucune façon qu'on puisse l'accuser au cours du mariage[3].

Lorsque le divorce est intervenu, y a-t-il pendant soixante jours contre l'*adulter* comme contre la femme un droit

---

[1] A moins, bien entendu, que le tiers n'ait d'abord fait condamner le mari pour *lenocinium.*

[2] Voy. Cujas, qui suivait en cela l'opinion d'Accurse : « At adulter etiam constante matrimonio... ab extraneo potest accusari jure publico, etiam si prius maritum non accuset lenocinii. » *Prælectiones in codicem;* sur la loi 5, C. IX, 9.— Cf. Matthæus, *op. cit.,* p. 324.

[3] Ce qui montre bien que le texte vise cette hypothèse, c'est qu'il parle du premier mari, *vir prior;* dans l'opinion de Cujas, il faudrait qu'il y eût « prius. »

d'accusation privilégié appartenant au mari et au père? Oui; cela est certain, au moins en ce qui concerne le mari, L. 6, § 3; L. 39 (38), § 9, D. *h. t.;* L. 6, C. 9, 9. L'opinion contraire a été un instant émise par Cujas dans ses leçons sur le Code; mais le surlendemain même du jour où il l'avait professée, il la rétractait avec la grande bonne foi du savant véritable [1].

Lorsque le mariage est dissous par la mort du mari, l'accusation publique est immédiatement ouverte contre l'*adulter.* Enfin, si c'est la femme qui prédécède, rien n'empêche dès lors d'accuser le complice, L. 12 (11), § 4; L. 40 (39), § 2; L. 45 (44), D. *h. t.* La loi *Julia* est en effet une loi très ingénieuse qui cherche à ménager tous les intérêts, mais que de hautes considérations morales n'ont point inspirée. Chez nous, bien que la loi ne le dise point, la jurisprudence décide que, si la femme est morte sans avoir été condamnée, il est impossible de poursuivre son complice. L'épouse emporte alors dans la tombe une présomption d'innocence invincible. Il y a là un sentiment de respect très élevé, et en ce point, plus que les Romains, nous avons le véritable culte des morts.

L'*adulter* peut invoquer le bénéfice de la prescription; mais elle ne lui est jamais acquise qu'au bout de cinq ans, *a die commissi criminis;* et c'est là, bien entendu, un *tempus continuum,* L. 32 (31), L. 30 (29), § 6, D. *h. t.;* L. 1, § 10, D. 48, 16; L. 5, C. 9, 9 [2]. Mais la loi lui accorde une protection spéciale. Elle défend de constituer à l'état d'accusé, *recipere inter reos,* tout citoyen absent pour un service public : « *Ne quis inter reos referat eum qui sine detractatione reipublicæ causa aberit,* » L. 16 (15), § 1, D.

---

[1] « Ergo hæc stet sententia jure mariti vel patris accusari tantum adulteram non adulterum. » *Ad legem,* 6, C. IX, 9. — « Velim vos id mutare et retractare quod tentabam nudius tertius jure mariti accusari tantum adulteram non adulterum. » *Ad legem,* 7, *ibid.* (*Opera,* édit. Fabrot, t. IX, col. 1323 et 1325).

[2] On en distrait cependant le temps pendant lequel un obstacle juridique insurmontable s'opposait à la poursuite. L. 32 (31), L. 4 pr., D. *h. t.*

h. t.; c'est là le texte même de la loi. C'était un privilège
assez sérieux; car à cette époque, bien que les mœurs
condamnassent une telle pratique, il n'était point illégal
de recevoir une accusation contre un absent, s'il avait été
régulièrement cité devant le préteur[1]; et alors, moyennant
une citation nouvelle, au jour fixé pour les débats, malgré
l'absence de l'accusé, le jugement était rendu[2].

Nous savons quand et par qui peuvent être accusés les
deux coupables; mais ici nous trouvons une disposition
singulière : ils ne peuvent point à la fois être accusés par
la même personne, l'accusateur qui voudra les atteindre
tous les deux devra procéder successivement, L. 5, L. 8,
(7), § 1; L. 16 (15), §§ 8, 9; L. 33 (32), § 1; L. 40 (39), § 6,
D. *h. t.;* L. 8, C. 9, 9. Les textes sont formels; mais comment expliquer une semblable disposition? Le droit romain
n'empêchait point, en général, de comprendre plusieurs
coupables dans une même accusation, L. 2, C. 9, 6. Est-ce
là une règle protectrice des accusés, qui ne donnerait à
l'accusateur qu'une victime à la fois, dans l'espoir qu'un
premier procès l'apaiserait? Nous ne le pensons point[3] :
notre loi n'est point une loi de douceur; et du reste l'accusateur, à l'occasion d'un seul et même adultère, pourra
très bien poursuivre à la fois deux coupables, pourvu que
ce ne soient pas la femme et son complice, par exemple

---

[1] Cicér. : *Verr.*, II, 29, 38, 39; Geib., *op. cit.*, p. 270, ssv.; 302, ssv.

[2] Cette disposition qui protège l'*absens reipublicæ causa* était-elle spéciale à
la loi *Julia?* On trouve raconté dans *Valère Maxime*, III, 7, 9, un procès dans
lequel Antoine aurait pu invoquer la même défense en vertu d'une loi *Remmia* (?) :
« Beneficio legis Remmiæ quæ eorum qui reipublicæ causa abessent recipi no-
mina vetabat. » Il est probable que c'était là une loi spéciale à la poursuite intentée dans ce cas, laquelle avait une certaine analogie avec le *crimen adulterii;*
Antoine était « incesti postulatus. » Cf. Suétone : *Divus Julius*, 23. *Vide tamen*,
L. 12, D. xLvIII, 2.

[3] C'était pourtant l'opinion de Cujas, le seul auteur à notre connaissance qui
ait cherché l'explication de cette anomalie : « Cur lex Julia vetuerit duos simul
accusari non est hæc ratio ne traducatur par amantium, cum traduci possit a
diversis, sed hæc ut cohibeatur nimium studium accusatoris, qui in hac causâ
uno reo non est contentus ». (*Opera*, édit. Fabrot, t. IX, col. 1327).

l'*adulter* et celui qui a prêté sa maison, L. 33 (32), § 1,
D. *h. t.* Le mari peut aussi accuser à la fois deux amants
de sa femme, Paul, *Sent.,* II, 26, 10 ; et on décidait enfin
que l'*adultera* et l'*adulter* pouvaient être poursuivis en
même temps, pourvu que ce fût par des accusateurs différents, et par suite dans des instances diverses, L. 18 (17),
§ 6, D. *h. t.* Nous verrions là une mesure ayant pour but
d'assurer la répression. On craignait peut-être que les
efforts réunis des deux principaux coupables ne réussissent
à attendrir ou à corrompre les juges : si chacun d'eux se
trouvait isolé en face de juges différents, leur succès était
plus douteux [1].

Mais si l'accusateur ne peut point comprendre dans une
même poursuite la femme et son complice, en principe
il peut choisir entre eux, L. 16 (15), §§ 8, 9 ; L. 33 (32),
§ 1, D. *h. t.* Cependant ce libre choix disparaît dans une
hypothèse.

Aussitôt après le *repudium,* ou après la mort du mari,
la femme devenue libre s'est remariée. L'accusation pro-
cédera-t-elle néanmoins contre elle? Cela est grave ; le
législateur favorise le mariage. « Il ne faut pas inutilement
troubler l'union nouvelle : « *bene concordans sequens matrimonium dirimere,* » L. 12 (11), §§ 11, D. *h. t.* L'accusation
ne sera possible contre la femme que lorsqu'une présomption grave en aura démontré le bien fondé ; il faudra que
l'accusateur s'en prenne d'abord à l'*adulter,* L. 2 pr., L. 5

---

[1] Notre ancien droit, qui suivait le droit romain en matière d'adultère, en
était arrivé, chose curieuse, à remplacer cette règle par la règle diamétralement
opposée : on ne pouvait point poursuivre l'un des coupables sans poursuivre
l'autre. Ce fut, paraît-il, un arrêt du 31 août 1552 qui s'écarta d'abord des principes romains en permettant au mari une double accusation. « Cet arrêt habitua
les maris à comprendre dans leurs plaintes les deux parties, et cet usage fut si
généralement adopté que l'on alla jusqu'à regarder l'omission de cette précaution
comme un vice de procédure... Il semble qu'il faudrait en pareil cas prendre un
parti mitoyen entre la rigueur du droit romain, qui ne permet pas la cumulation,
et la rigueur du droit français qui l'exige, en laissant sur cela entière liberté
aux maris. » Fournel : *Traité de l'adultère,* p. 56. C'est ce parti moyen qu'a adopté
le législateur moderne.

pr., L. 18 (17), § 6; L. 40 (39), § 3, D. *h. t.* Il doit d'abord, disait la loi, *adulterum peragere;* et cela voulait dire, on l'interpréta du moins ainsi, non pas seulement l'accuser, mais le faire condamner. L'individu ainsi poursuivi était-il absous, l'*uxor* ne pouvait plus être accusée : « *Si absolutus fuerit, mulier per eum vincet; non potest accusari nec ab alio quidem,* » L. 18 (17), § 6; L. 20 (19), § 3, D. *h. t.* Les jurisconsultes étendent cette faveur aussi loin que possible : ainsi l'absolution de l'*adulter* est-elle obtenue par collusion, la femme n'en est pas moins à l'abri, L. 20 (19), § 3, D. *h. t.* Cela ne va point cependant jusqu'à faire assimiler à cette absolution les hypothèses où l'action est devenue impossible, L. 18 (17), § 7; L. 19 (18); L. 20 (19) pr., § 1, D. *h. t.*[1]. Si l'*adulter* poursuivi a été condamné, on pourra accuser la femme, mais il n'y aura contre elle qu'un préjugé moral dans ce jugement; elle n'en pourra pas moins être acquittée, L. 18 (17), § 6, D. *h. t.*

Cette protection subsistait-elle lorsque le mari que choisissait la femme était précisément son complice présumé? Oui, autrement la protection eût été illusoire, « *Alioquin ad hoc vel maxime viri confugient ut dicant cum adultero mulierem nuptias contraxisse,* » L. 12 (11), D. *h. t.*[2]. Mais la loi donnait au premier époux un moyen de remédier à cet inconvénient : il pouvait notifier à la femme, en la répudiant, qu'il comptait l'accuser, et « *ne nuberet.* » Alors si

---

[1] Ce qu'on protège, c'est uniquement le mariage : « Neque enim aliam lex tuetur quàm eam quæ nupta est, quamdiu nupta erit. » L. 20 (19), § 3, D. *h. t.* Si la femme divorcée et remariée, devient libre de nouveau avant l'expiration des six mois, on pourra commencer par elle l'accusation. Le mariage que l'adultère contracterait une fois qu'elle est *inter reos recepta* ne produirait aucun effet. L. 20 (19), § 2, D. *h. t.*

[2] S'il s'agissait, non d'une femme mariée coupable d'adultère, mais d'une fille coupable de *stuprum,* le mariage qu'elle contractait avec son complice lui assurait probablement l'impunité. Martial : *Epig.,* VI, 22 :

« Quod nubis, Proculina, concubino,
Et mœchum modo nunc facis maritum,
Ne lex Julia te notare possit,
Non nubis, Proculina, sed fateris. »   Cf. I, 75.

elle se remariait, malgré cet avertissement, l'accusation pouvait néanmoins commencer par elle, L. 17 (16); L. 18 (17), § 1, D. *h. t.* [1].

Quant aux autres coupables visés par la loi *Julia,* les règles de l'accusation sont faciles à déterminer. Le *lenocinium* du mari peut toujours être poursuivi *durante matrimonio;* quant aux autres délits, les règles sont évidemment les mêmes que pour la mise en accusation de l'*adulter :* et la prescription de cinq ans peut toujours être opposée, D. 30 (29), § 6, D. *h. t.*

Quelles étaient les formes de l'accusation? À l'origine, devant les *questiones perpetuæ,* elles étaient assez simples. L'accusateur venait d'abord devant le préteur qui présidait la *quæstio* et demandait l'autorisation de poursuivre telle personne (*postulatio*); s'il l'obtenait, il citait alors l'adversaire, et par une *interrogatio in jure* il cherchait à lui arracher un aveu, qui problablement alors, comme aujourd'hui encore dans la procédure anglaise, suffisait à lui seul pour que la peine pût être apppliquée [2]: s'il ne l'obtenait pas, il formulait d'une façon précise son accusation. Le préteur en dressait un procès-verbal qu'il lui faisait signer

---

[1] La dénonciation régulièrement devait être faite devant le juge, mais on admit qu'elle pouvait être aussi transmise par un *procurator* ou un esclave; elle devait contenir le nom du complice, ou au moins la cause qui légitimait la défense.

[2] Voy. bien qu'en sens contraire Geib., *op. cit.,* p. 373, ssv. — Lorsqu'il y avait flagrant délit constaté, le préteur pouvait-il aussi prononcer immédiatement la peine, sans qu'on eût besoin de traduire l'accusé devant les *judices?* On peut le soutenir si l'on adopte l'opinion, fort contestée d'ailleurs, d'après laquelle de tout temps à Rome le magistrat put prononcer et faire exécuter la peine contre le coupable surpris en flagrant délit, sans qu'une décision des comices ou, plus tard, des jurés, eût été nécessaire contre le citoyen; voyez dans ce sens : Zumpt, t. II, p. 178, ssv.; cf. Salluste : *Cat.,* 52; Tite-Live, 39, 17; Val. Max., VI, 1, 10. Au temps des grands jurisconsultes il semble bien ressortir d'un texte que l'esclave pris en flagrant délit et remis au magistrat était exécuté sans autre forme de procès, L. 15, D. xii, 4 : « Cum servus tuus in suspicionem furti Attio venisset, dedisti eum in quæstionem sub ea causa, ut, si id repertum |in eo non esset, redderetur tibi : *Is eum tradidit præfecto vigilum quasi in facinore deprehensum :* præfectus vigilum eum summo supplicio adfecit. » Mais il ne paraît guère possible de conclure du cas d'un esclave à celui d'un citoyen.

(*subscriptio*); puis il prononçait la mise en accusation : le nom de l'accusé était inscrit avec celui de l'accusateur sur le rôle des causes criminelles (*nomen receptum*) et le jour était fixé pour les débats. Mais bientôt ces formes se modifièrent : l'aveu n'eut plus la même force, L. 5, D. 48, 3; l'*interrogatio in jure* disparut. Au lieu du protocole rédigé autrefois par le préteur, l'accusateur prit l'habitude de libeller d'avance son accusation, *libellus accusationis,* qu'il déposait entre les mains du magistrat[1]. C'est seulement cette forme d'accusation que les textes relèvent à propos de la loi *Julia*. L. 2, § 8; L. 12 (11), § 36; L. 18 (17), § 1; L. 36 (35), D. *h. t.* En était-il ainsi dès le temps de la loi *Julia de adulteriis?* Cette forme paraît avoir été introduite par une autre loi d'Auguste, la *lex Julia publicorum,* L. 3 pr., D. 48, 2. Le dépôt du *libellus* n'équivalait point à une mise en accusation; il fallait en outre que le magistrat eût reçu *inter reos* l'accusé cité à cet effet.

Le *libellus* figurait parmi les *solemnia accusationis*, L. 18, D. 48, 2. Il devait être rédigé suivant une formule déterminée; une erreur entraînait la nullité de l'accusation. Il y avait donc grand intérêt à connaître ces formules, et Paul nous a conservé celle qui concerne le délit d'adultère, L. 3 pr., D. 48, 2[2]. En notre matière, du reste, on se montrait moins sévère que d'ordinaire. Si le *libellus* contenait quelque erreur, on permettait de la corriger, pourvu qu'on fût encore dans les délais, L. 36 (35), D. *h. t.*[3]. La remise du *libellus* suffisait pour interrompre la prescription, L. 12 (11), § 6, D. *h. t.*

---

[1] Voy. L. 8, C. ix, 2 : plus tard dans le même *libellus* l'accusateur dut expressément se soumettre lui-même à la peine du talion en cas de *calumnia*, L. 7 pr., D. xlviii, 2.

[2] « Consul et dies. Apud illum Prætorem vel proconsulem L. Titius professus est se Mæviam lege Julia de Adulteriis ream deferre, quod dicat eam cum Gaio Seio in civitate illa, domo illius, mense illo, consulibus illis adulterium commisisse. »

[3] Un texte postérieur nous dit même que les constitutions avaient affranchi le mari accusateur de la nécessité de l'*inscriptio* : « Nec inscriptionis vinculo con-

§ 2.

Règles de procédure propres à la loi Julia.

Nous ne déroulerons point la procédure à laquelle donnait lieu le *Crimen adulterii* : ce serait refaire l'histoire
de la procédure sous le système des *Quæstiones perpetuæ*[1].
Nous relèverons seulement trois points qui sont spéciaux
à cette poursuite.

I. D'abord un texte, L. 12 (11), § 2, D. *h. t.*, déclare
que la femme accusée ne peut point être défendue si elle
est absente au jour des débats[2]. Il semble qu'il n'y ait là
que l'application d'une règle générale. En principe on
ne pouvait point se faire représenter dans un procès criminel, L. 13, § 1, D. 48, 1. Cependant on était condamné,
quoique absent, d'une façon définitive; aussi permit-on
de se faire représenter dans les causes capitales : « Reos
capitalium criminum absentes etiam per procuratorem
defendi leges judiciorum publicorum permittunt, » L.
3, C. 9, 2[3]. Mais la loi *Julia,* même au temps des jurisconsultes, n'entraînant point la peine capitale, il ne pouvait être question d'un semblable privilège pour la femme;
il était donc inutile de dire qu'il lui était refusé. Aussi

tineri, cum jure mariti accusaret, veteres retro principes annuerunt. » L. 30 pr.,
C. ix, 9. Mais ces expressions veulent dire qu'il était dispensé non de fournir le
libellus, mais de la *suscriptio*, c'est-à-dire de l'engagement par lequel l'accusateur
se soumettait à la peine du talion en cas de *calumnia.* Cf. L. 17, C. ix, 1.

    [1] Voy. Geib., *op. cit.*, 2e période; Rudorff, *op. cit.*, t. II, §§ 127, ssv.; Labou-
laye, *op. cit.*

    [2] « Ea, quæ inter reas adulterii recepta esset, absens defendi non potest. »

    [3] Plus tard le droit changea; on n'admit plus la condamnation contre un absent
que dans les causes non capitales; pour ces dernières il s'institua une procédure
par contumace qui amenait au bout d'un temps très court, la confiscation définitive de tous les biens de l'accusé. Voy. Dig. xlviii, 17 : « De requirendis vel
absentibus damnandis. » Cf. L. 5 pr., D. xlviii, 18; Paul. : *Sent.* V, 5a, 9.

donnons-nous un autre sens à la loi. Si un accusé absent
ne pouvait pas se faire représenter, il pouvait au moins
faire valoir des excuses par un procureur et obtenir une
remise de la cause, L. 13, § 1, D. 48, 1. C'est vraisemblablement de cette faculté que sera privée la femme
adulterii rea. Les textes montrent en effet qu'en cette matière on redoute tout délai, on craint la corruption et on
veut précipiter la marche du procès : « In crimine adulterii nulla danda est dilatio, » L. 42 (41), D. *h. t.* — « In
causa adulterii dilatio postulata impertiri non potest. »
Paul, *Sent.,* II, 26, 17.

II. La seconde règle spéciale à notre procédure, contenue dans le texte même de la loi, concernait la théorie
des preuves; il s'agissait de la torture des esclaves. Elle
pouvait se présenter dans deux situations distinctes, que
nous allons successivement examiner.

A. L'accusé est un esclave. La preuve principale que
cherche le vieux droit romain, c'est l'aveu du *reus*. S'il
s'agit d'un homme libre, aucune contrainte n'est possible;
on n'emploie que l'*interrogatio in jure*. De vieilles lé-
gendes racontent encore que jadis Tarquin le Superbe
soumettait les hommes libres à la torture[1]; mais, depuis
les lois *Valeriæ* et *Porciæ* le citoyen romain est devenu
à cet égard inviolable[2]. Ce principe protecteur est rappelé encore dans les textes de l'époque classique, L. 1,
§§ 1, 5; L. 12, L. 15 pr., D. 48, 18. S'il s'agit au contraire d'un esclave, suivant une tradition commune à
toute l'antiquité classique, on cherche à le faire avouer
en le torturant[3]. Mais alors vont parfois se présenter des

[1] Denys d'Halic., III, 73.

[2] Cicéron : *Verr.,* V, 63 : « Cum ignes ardentesque laminæ cæterique cruciatus
admovebantur... ne civium quidem romanorum, qui tunc aderant, fletu et gemitu
maximo commovebare. » — Ce n'est que plus tard que dans certains cas on admit
la torture même vis-à-vis des hommes libres. L. 10, § 1, D. xlviii, 18; L. 3, L.
11, C. ix, 41.

[3] Val. Max., VIII, 4, 2 : « Tortus pernegavit.... sed perinde atque confessus
et a judicibus damnatus et a... triumviro in crucem actus est. »

difficultés; il pourra y avoir conflit entre le droit pénal, qui considère l'esclave comme un être responsable, et le droit civil, qui le considère avant tout comme un objet de propriété. Ces difficultés ne se présentent point si l'accusé est l'esclave de l'accusateur; celui-ci opère alors sur sa propre chose; elles apparaissent si c'est l'esclave d'autrui.

Lorsqu'un esclave était accusé *judicio publico,* le maître pouvait à son choix prendre sa défense ou l'abandonner, L. 19, D. 48, 19 ; L. 11, D. 48, 1. S'il l'abandonnait, bien qu'il n'y eut pas là une véritable *derelictio* (Voy. L. 9, D. 48, 1), très-certainement l'accusateur pouvait réclamer la torture; mais il le pouvait aussi, croyons-nous, en cas de *defensio* de la part du *dominus,* L. 2, C. 3, 42. L'intérêt public, qui demande la répression, doit l'emporter[1]. Pourtant il y a là un danger : l'esclave, s'il sort innocent de la torture, en sortira aussi affaibli ou déprécié, et le maître n'aura aucune action pour se faire indemniser, si ce n'est l'action de dol, en cas de mauvaise foi évidente de la part de l'accusateur[2]. Tel était le droit commun : en notre matière le législateur crut utile d'y déroger.

Ici, en effet, les accusations téméraires sont facilement présumables, surtout s'il s'agit d'un esclave[3]. L'accusateur devra respecter la propriété d'autrui : les juges estimeront l'esclave, et, en cas d'absolution, l'accusateur devra payer

---

[1] S'il s'agissait d'un *delictum privatum* imputé à l'esclave, la partie lésée, qui voulait le soumettre à la torture, le recevait du maître, généralement par une *datio*, en promettant d'en payer la valeur ou la moins-value, s'il se trouvait innocent, L. 8 pr., D. xix, 5; L. 15 pr., D. xxii, 4; L. 13, D. xlviii, 18. On peut même penser que le demandeur ne pouvait point arriver autrement à faire donner la question. Voy. M. Accarias : *Contrats innomés,* p. 245, ssv.

[2] L'action de la loi *Aquilia* et ses extensions ne seraient point admissibles; l'accusateur n'a fait qu'user d'un droit, Cf. L. 30 pr., D. ix, 2; pour la même raison serait exclue l'*actio injuriarum,* que le préteur promet contre celui « qui de servo, injussu domini, quæstionem habuisse dicatur. » Voy. L. 15, § 34, D. xlvii, 18. Cf. L. 13, § 1, *ibid.*

[3] Dans cette hypothèse probablement les peines de la *calumnia* ne sont point appliquées; d'ailleurs le mari ne les craint pas.

au maître le double de cette estimation, L. 28 (27), pr.,
D. *h. t.* Il y avait peut-être une stipulation judiciaire;
dans tous les cas, la loi donnait une *condictio ex lege*
pour assurer le recouvrement de cette somme, L. 29 (28),
D. *h. t.* [1].

B. L'accusé est une personne libre. Ici les esclaves ne
peuvent figurer au procès que pour porter un témoignage.

Les Romains n'admettaient point que l'esclave pût être
un témoin [2]; ils avaient même quant aux femmes un doute
à cet égard [3]. Cependant les esclaves jouaient un grand
rôle dans la société romaine; en fait, ils étaient les témoins
de bien des actes; refuser de les entendre c'était priver la
justice d'un puissant moyen d'investigation. Aussi avait-on
admis dans certains cas qu'on pourrait les entendre; mais
alors même apparaissait le mépris profond qu'avait pour
eux la société antique. Chez les Romains comme chez les
Grecs jamais on entend un esclave dans un procès sans le
soumettre à la torture. Seul l'homme libre dira la vérité
sous la foi sainte du serment; l'esclave qui n'a ni dieux ni
patrie ne peut la révéler que sous l'action de la douleur [4]

Il était aussi de principe qu'on ne pouvait point faire
parler contre l'accusé ses propres esclaves : *in caput domini servus non torquetur.* C'était maintenir visible à tous

[1] La loi 28 (27), §§ 1, 5, D. *h. t.*, détermine à qui reviendra cette estimation;
et nous trouvons en somme sur cette liste les personnes qui auraient l'action de
la loi *Aquilia* en cas de *damnum injuria datum.* — Nous avons le texte même de
la loi sur le point qui nous occupe : c'était le neuvième chef : « Capite quidem
nono : si servus adulterii accusetur, et accusator in eo quæstionem habere velit,
duplum pretium domino præstari. » L. 28 (27), § 16, D. *h. t.*

[2] Térence : *Phormio*, act. II, sc. 1, v. 62, 63 :

 « Servum hominem causam orare leges non sinunt,
 « Neque testimonii dictio est. »

[3] L. 18, D. xxii, 5 : « Ex eo quod prohibet Julia de Adulteriis testimonium dicere
condamnatam mulierem colligitur mulieres testimonii in judicio dicendi jus habere. »

[4] Voy. Cicer.: *Partitio orat.*, 34, 118. Tacite : *Ann.*, XIV, 44. — Les textes,
quand il s'agit de faire parler un esclave en justice, demandent toujours simplement si on pourra « torquere servum. »

les yeux la distance qui sépare l'esclave de son maître ; c'é-
tait une sage mesure, si l'on songe aux haines que devait
allumer l'esclavage antique. Tacite nous dit que cette règle
dérivait d'un vieux sénatus-consulte ; mais elle existait sûrement avant qu'on crût nécessaire de l'insérer dans une
loi positive, et elle se maintint très tard, L. 1, §§ 7, 13, 16,
D. 48, 18 ; L. 1, C. 9, 41[1]. Au contraire, l'ancien droit admettait que le maître accusé pouvait toujours offrir ses esclaves et les faire torturer pour établir son innocence[2].

Tous les esclaves qui n'appartenaient pas à l'accusé pouvaient être produits contre lui en témoignage. S'ils appartenaient à l'accusateur, pas de difficulté ; mais s'ils appartenaient à des tiers l'accusateur ne pouvait point forcer
le maître, le légitime propriétaire, à les livrer[3]. Il n'avait
qu'un moyen, c'était d'acquérir de gré à gré ceux qu'il
voulait faire entendre[4].

Tel était le droit commun ; mais dans notre loi, le
législateur avait rompu avec la tradition. En matière
d'adultère, les esclaves de l'accusé pourront être entendus
contre lui ; l'accusateur aura de plus le droit de forcer
certains tiers à livrer leurs esclaves pour la question,
moyennant une juste indemnité.

Supposons d'abord qu'il s'agisse de la femme, *adulterii
rea*. On pourra, contrairement aux principes que nous
venons d'exposer, torturer ses propres esclaves ; on pourra
réclamer pour la torture ceux que son père, sa mère, son

---

[1] Tibère se croyait obligé, pour tourner cette règle, d'employer un détour formaliste, « quia vetere senatus-consulto quæstio in caput domini prohibebatur,
callidus et novi juris repertor, mancipari singulos actori publico jubet. » Tacite :
Ann., II, 30.

[2] Cicer. : *Pro Sex. Roscio*, 28, 77. Val. Maxime, VIII, 4, 3. Plus tard il semble qu'on ait refusé d'admettre ce mode de justification incertain et cruel. LL. 6,
7, 14 C. (9, 41).

[3] Cicer. : *Pro Cluent.*, 63, 176 : « Servum... ab hoc adolescente... in quæstionem postulavit. Hic... nihil tamen ausus est recusare. » *Ibid.*, 63, 181 : « Eumdem illum tunc sine causa in quæstionem postulavit ; Oppianicus primo recu-
savit. »

[4] Voy. Cicer. : *Pro Cluentio*, 63, 176, 177 ; 64, 184.

grand-père et sa grand'mère ont attachés à son service,
sans lui en transférer la propriété, L. 3, C. 9, 9; L. 12,
§§ 1-5, D. 40, 9. D'où vient cette anomalie? L'adultère
n'aura souvent pour témoins que les esclaves domestiques,
de qui l'on ne se cache pas : cette idée a certainement
été dans l'esprit du législateur; mais il a surtout, croyons-
nous, songé au temps où la femme comparaissait devant
le tribunal de famille. Alors point de restriction; on torturait tous les esclaves qui se trouvaient ordinairement
autour d'elle. La loi *Julia* a voulu maintenir les mêmes
facilités devant la juridiction publique; elle n'introduit
point là à proprement parler un droit nouveau; elle n'a
fait qu'accommoder les vieux usages aux formes nouvelles.
Ce qui le montre bien, c'est que cette *quæstio* anomale ne
peut être requise que par ceux qui accusent *jure mariti
aut patris,* c'est-à-dire par les anciens présidents du tribunal domestique, *Collat. h. t.,* c. 11; L. 17 pr., D. 48, 18.

Si c'est maintenant l'*adulter* qui est en cause, le mari
et le père, accusateurs privilégiés, pouvaient encore exiger
qu'on soumît à la torture ses propres esclaves et ceux de
son père, L. 28 (27), § 6, D. *h. t.* Ici, évidemment, les
raisons que nous venons de développer ne s'appliquaient
point; le complice de la femme n'avait jamais été justiciable du tribunal de famille. Mais on voulait maintenir
l'égalité entre les deux coupables. L'idée d'utilité, les
caractères propres au délit poursuivi firent décider dans
ce sens. Déjà, antérieurement, lorsqu'il s'agissait de poursuivre le séducteur d'une vestale dans le *crimen incesti,*
il était admis qu'on pouvait torturer les esclaves de l'accusé *in caput domini* [1].

---

[1] Cicer.: *Partit. orat.,* 34, 118 : « De nostrorum etiam prudentissimorum
hominum institutis qui, cum in dominos de servis quæri noluissent, tamen de
incestu... quærendum putaverunt. » — Val. Max., VI, 8, 1. La loi 4, D. xlviii,
18, semble contredire ces témoignages : « In incesto ut Papinianus respondit,
et est rescriptum, tormenta servorum cessant, quia lex Julia cessat de adulteriis.»
Mais il s'agit là de l'inceste ordinaire, non de l'inceste de Vestales.

La loi ne se contentait pas d'établir ce droit de l'accusation privilégiée, elle en assurait l'exercice et en prévoyait les abus. Le père ou le mari auront le droit de se faire livrer les esclaves que le législateur leur abandonne ainsi; et pour cela, ils auront l'action *ad exhibendum* contre le propriétaire : « Servos ei rei exhibendos, » L. 3, C. 9, 9. Lorsqu'il s'agissait de la femme accusée, le législateur avait même pris, pour assurer les esclaves à la torture, des précautions spéciales, qui ne s'appliquaient pas dans l'accusation contre l'*adulter* : ce qui prouve encore qu'en édictant ces dispositions exceptionnelles, on avait surtout songé au jugement de l'épouse. Par un affranchissement la femme et ses parents auraient pu faire évanouir le droit de l'accusateur : toute *manumissio* intervenant de la part de ces personnes, dans les soixante jours de divorce, c'est-à-dire tant que l'accusation *jure mariti aut patris* est possible, est déclarée nulle par la loi, L. 12, §§ 1-5, D. 40, 9.

Toutes les fois qu'un esclave a été réclamé pour la torture, selon les règles que nous venons d'exposer, si l'accusé est acquitté, les juges doivent estimer le dommage, la dépréciation, et le propriétaire a une *condictio ex lege* pour se faire payer cette estimation, L. 28 (27), §§ 15, 16, D. *h. t.* S'il y a condamnation, point d'indemnité; l'accusateur ne s'était point trompé. Cette règle était assez dure lorsqu'il s'agissait non des esclaves de l'accusé, mais de ceux des parents : cela d'autant plus que la loi déclarait esclaves publics, dans tous les cas, ceux qui avaient été ainsi torturés : « Jubet lex eos homines, de quibus quæstio ita habita est, publicos esse, » L. 28 (27), § 11, D. *h. t.* On voulait éviter que la crainte ou l'espoir ne les empêchassent de parler contre leurs maîtres, L. 28 (27), §§ 13, 14, D. *h. t.*[1].

---

[1] Les esclaves de l'accusateur, s'il les avait fournis à la torture dans le procès, étaient aussi *publicati*. L. 27, § 14, D. *h. t.*

Toutes ces dispositions exceptionnelles de notre loi s'accordaient entre elles. Mais bientôt, perdant de vue l'idée première, on les étendit à de nouvelles hypothèses, et l'harmonie fut troublée. Le droit de réclamer la torture, restreint d'abord au cas d'accusation privilégiée, fut accordé bientôt au mari venant *jure extranei*, L. 6, C. 9, 9. Puis faisant un pas de plus, on l'accorda à tout accusateur, même étranger : « Quoniam non facile tale delictum sine ministerio servorum admitti creditum est, ratio eo perduxit ut, etiam extraneo accusante, mancipia quæstioni tormentorum subjicerentur a judicibus, » *Coll. h. t., C.* 11. Mais une portion des garanties imaginées pour assurer ce droit n'allait-elle pas alors disparaître? Lorsque l'accusation est possible aux étrangers, les affranchissements sont permis à tous, à la femme et à ses parents. Cela est vrai; mais en même temps s'introduisait une doctrine d'après laquelle est nul tout affranchissement qui a pour but de soustraire un esclave à la torture, L. 1, § 13, D. 48, 18. Enfin, nous pensons qu'on décida que l'accusateur pourrait forcer toute personne à livrer ses esclaves, pour qu'on les fît parler au procès, L. 28 (27), § 6, D. *h. t.*[1]. En même temps, les jurisconsultes décidaient que, dans une semblable hypothèse, l'accusateur devait offrir de consigner l'estimation des esclaves, Paul, *Sent.*, V, 6, 3.

III. Pour terminer l'étude des règles de procédure particulières à la loi *Julia*, il ne nous reste plus qu'à indiquer certaines fins de non-recevoir qu'elle accordait aux accusés, comme moyens de défense : c'est ce que les textes appellent les *præscriptiones*.

De tout temps on admit dans la procédure criminelle, à Rome, de semblables fins de non-recevoir. Elles devaient être discutées avant que l'instance ne s'ouvrît, car elles pouvaient la rendre impossible ou tout au moins la re-

---

[1] Tel nous paraît être le sens du rescrit d'Adrien contenu dans ce texte : « Divus Hadrianus Cornelio Latiniano rescripsit et de cæteris servis quæstionem haberi. »

tarder [1]. A l'origine, comme les exceptions du droit civil au temps des Actions de la loi, elles se discutaient au moyen de stipulations préjudicielles, soumises à un *judex* [2] : au temps des *Judicia publica,* on les soumettait soit au préteur qui présidait la *Quæstio,* soit peut-être aux jurés eux-mêmes au début de l'instance. Plus tard, le juge, qui succéda à la *Quæstio,* les examina seul; mais il fallait alors les présenter avant que la *nominis receptio* eût lieu, sinon il était trop tard, L. 16 (15), § 7, L. 2, § 4, D. *h. t.* Ces *præscriptiones* étaient fort nombreuses en notre matière, les unes ouvertes seulement à la femme, les autres accordées également à l'*adulter;* nous allons les passer rapidement en revue; nous en connaissons déjà un certain nombre.

1° C'était d'abord la prescription proprement dite. L'acusation n'est plus possible, nous le savons, au bout de cinq ans, quelquefois même au bout de six mois, s'il s'agit de la femme, D. 12 (15), § 4; L. 30 (29), § 5, D. *h. t.;* L. 1, § 10, D. 48, 16.

2° Toutes les incapacités qu'on pouvait opposer aux accusateurs *extranei* se présentaient sous la forme de *præscriptiones,* L. 16 (15), §§ 6, 7, D. *h. t.*

3° C'est au moyen d'une *præscriptio* que la femme remariée renvoie l'accusateur à poursuivre d'abord l'*adulter,* L. 20 (19) pr., D. *h. t.;* L. 5, D. 48, 2.

4° Le mari, accusant *jure mariti,* peut, nous le savons, retirer purement et simplement son accusation sans craindre les peines de la *tergiversatio;* mais, par là, il perdait le droit de la renouveler, même pour des faits nouveaux : « Marito accusanti illa præscriptio objicitur si legem prodidisse dicatur ob hoc quod adgressus accusationem destitit, » L. 2, § 1; L. 41 (40), § 1, D. *h. t.* [3].

---

[1] Cicer. : *De invent.,* II, 19, 58. Quintilien : *Declamat.,* 250.

[2] Voy. des exemples: Val. Max., VI, 10; Liv., III, 24; cf. Bekker : *Die Aktionen des römischen Privatrechts,* t. I, p. 250, ssv.

[3] D'après la loi 16, C. IX, 9, cette *præscriptio* dériverait non de la loi *Julia,* mais

5° Si le mari s'était rendu coupable de *lenocinium*, il perdait par là même le droit d'intenter aucune action à l'occasion de l'adultère de sa femme : l'*adultera* et l'*adulter* pouvaient lui opposer une *præscriptio* péremptoire. Certains textes le prouvent d'une façon certaine : « Præscriptio lenocinii quod marito objicitur, » L. 28, C. 9, 9 ; « Præscriptionem esse pollicitum eo nomine quod accusator uxorem post deprehensum adulterium penes se habuisse dicatur, » L. 26, 9, 9 [1]. Du reste, probablement, il n'y avait pas de dispositions formelles sur ce point dans la loi *Julia*. On avait trouvé impossible de permettre à ce mari, punissable lui-même, de poursuivre un délit qu'il avait ouvertement toléré [2]. Mais on s'écarta de cette idée dans la suite ; on trouva immoral que la faute du mari assurât l'impunité aux deux coupables : « Non est ejusmodi compensatio admissa. » Le *lenocinium* du mari, nous dit Ulpien, ne fera point tomber la poursuite qu'il intente ; l'*adulter* pourra seulement l'accuser à son tour. Mais cette contre-accusation devra être intentée avant que l'accusé ait été *inter reos receptus*, L. 2, § 4, D. *h. t.* De même, si c'est la femme que le mari poursuit, le jurisconsulte lui refuse la *præscriptio lenocinii* [3]; cependant, ici la femme ne pourra point accuser à son tour ; elle n'a pas le *jus accusandi*. Bientôt, la procédure inquisitoire gagnant du terrain, on admit que le juge pourrait, d'office, appliquer la peine au mari. L'empereur Sévère, jugeant au criminel, en avait donné l'exemple, L. 2, § 6, D. *h. t.* Ce qui put faciliter

de dispositions législatives postérieures : « Decreto patrum et lege Petronia ei, qui jure viri delatum adulterium non peregit, nunquam postea hoc crimen deferre permittitur, » Cf. L. 47, D. xxiv, 3. « *Ex mente Legis*. »

[1] Il résulte de la loi 26 C. citée, que cette défense ne pouvait point être invoquée par les esclaves accusés.

[2] Ce raisonnement semble bien contenu dans la loi 2, § 2, D. *h. t.* « Lenocinii quidem crimen lege Julia de Adultereis *præscriptum* est, cum sit in eum marium pœna statuta. »

[3] Putem non repellere : lenocinium igitur mariti ipsum onerat non mulierem excusat, L. 2, § 6, D. *h. t.*

la disparition de la *præscriptio lenocinii,* c'est qu'elle n'était pas écrite dans la loi, et qu'elle avait été seulement introduite par l'interprétation.

Il semble, du reste, que la liste des *præscriptiones* n'ait pas été arrêtée d'une façon définitive, et qu'on ait beaucoup laissé à l'interprétation[1]. Plusieurs autres fins de non-recevoir devaient être discutées, et parfois admises[2]; cela ressort de ce que l'empereur Dioclétien déclare expressément qu'il n'en conserve que trois[3] : « Ita nobis cordi pudor est ut removeamus prisci juris ambages..... in adulterii quæstione remotis de medio cæteris præscriptionibus, » L. 28, C. 9, 9. Il en est pourtant d'autres qui subsistèrent même après Dioclétien; car nous les voyons supprimées par les empereurs Théodose, Arcadius et Honorius, L. 33, C. 9, 9; elles étaient tirées de rapports de droit civil : « Præscriptiones civiles quibus dos aut repeti fingitur aut ex ratione aliqua debitum flagitatur, quæ occurrere atque prestrepere examini consuerunt. » C'est là un texte bien plus jeune que la loi *Julia;* on y trouve ce style de la décadence qui introduit à plaisir les images inutiles dans la langue du droit; il fait pourtant allusion, croyons-nous, à des dispositions contenues dans notre loi.

---

[1] La loi 25, C. ix, 9, suppose un moyen de défense qu'il est assez difficile de préciser : « Si ejus a quo nunc adulterii rea postularis, contra juris formam contubernio hæsisti innumeris auctoritatibus tueri te potes. » Suppose-t-on un homme qui veut poursuivre pour adultère la concubine ou l'esclave avec laquelle il vit; ou bien suppose-t-on qu'un mariage a suivi le concubinat ou le *contubernium,* l'esclave ayant été affranchie?

[2] Ainsi nous voyons dans un texte, L. 12 (11), § 9, D. *h. t.,* une femme, dont le mari est mort laissant un fils impubère, essayant de repousser l'accusation d'adultère par une exception dilatoire. Elle s'appuyait évidemment sur le principe de l'édit Carbonien, d'après lequel tout procès qui met en question la légitimité d'un impubère, doit être renvoyé jusqu'à l'époque de sa puberté, L. 1 pr., D. xxxvii, 10. Sa prétention est repoussée; car il peut se faire qu'elle soit adultère et que pourtant l'enfant soit légitime.

[3] Au nombre des trois est l'*exceptio lenocinii;* l'opinion reçue au temps d'Ulpien avait donc disparu à cette époque.

§ 3.

La loi Julia *et l'action* De moribus.

La loi *Julia* contenait, en effet, des dispositions concernant le droit civil. Rien de plus facile à comprendre : le
délit d'adultère avait, nous l'avons vu, pour conséquence
naturelle et parfois pour conséquence nécessaire le divorce,
institution de droit civil.

Le législateur, tout d'abord, subordonnait à certaines
formes la validité du *repudium;* c'est un point que nous
avons déjà indiqué, L. 1, § 1, D. 38, 11 ; L. 44 (43), D. *h. t.;*
L. 9, D. 24, 2 [1]. Jusque-là, l'expression quelconque de la
volonté avait suffi. Mais la loi nouvelle faisait courir, à
partir du divorce, les délais assez brefs ouverts pour accuser
la femme : il fallait qu'il fût facile de fixer la date précise
du *repudium.* Cette réforme était un complément nécessaire des dispositions pénales; ce n'était pas la seule qu'in-
troduisît la loi *Julia.*

Nous avons déjà dit qu'une loi fixa le taux des *retentiones de dote,* introduisant en même temps le *judicium de
moribus* contre le mari. Bien qu'on lui ait parfois assigné
une date plus ancienne, nous avons montré que cette loi
avait dû être votée à la même époque que la loi *Julia de
adulteriis;* allant maintenant plus loin, nous admettons
qu'elle n'est autre que la *lex Julia de adulteriis* elle-même [2].
Voici ce qui nous détermine à produire cette opinion.

L'antiquité avait admis pour l'adultère de la femme une
double répression : d'un côté, une peine effective pronon-

---

[1] Cf. LL. 7, 8, D. xxiv, 2, tirées du traité de Papinien, *De adulteriis.*
[2] M. Rudorff attribue les règles sur les retentiones à la loi *Julia de maritandis
ordinibus, op. cit.,* t. I, § 27. Dans notre sens, Czylahrz : *Das römische Dotalrecht,*
p. 335.

cée par le tribunal de famille ou par l'assemblée du peuple; d'autre part, la privation d'une partie de la dot, prononcée par un *judex* dans l'action *de moribus*. La loi nouvelle, tout à la fois novatrice et respectueuse du passé, selon une tendance chère aux Romains, devait maintenir, en la modifiant, cette double voie de droit. Elle avait transformé la poursuite publique et en avait tracé les règles; il était logique qu'elle réglementât également l'*actio de moribus*, qui jusque-là avait été assez flottante. Qu'il en ait été ainsi, c'est ce que montre clairement la loi 47, D. 24, 3[1]. Elle déclare que, lorsque le mari est lui-même coupable de *lenocinium*, il ne peut exercer aucune rétention sur la dot de la femme adultère; puis le texte ajoute : « Si quelqu'un prétend même qu'il résulte de l'esprit de *la loi* qu'en pareil cas le mari ne peut pas intenter l'accusation publique, il faut lui donner raison. » C'est donc qu'une seule même loi, la nôtre, réglait à la fois la *retentio propter mores* et le *crimen adulterii*.

Enfin, une dernière considération confirme notre hypothèse. C'est dans la loi *Julia de adulteriis* qu'était contenue la prohibition d'aliéner le fonds dotal italique : on l'admet du moins généralement, et cela est dit formellement par un texte, Paul, *Sent.*, II, 21 b, 2[2]. Une semblable disposition, jetée au milieu ou à la fin d'une loi purement pénale, a étonné. Pour rendre compte de ce fait, on a fourni diverses explications dont, à vrai dire, aucune n'est satisfaisante[3]. Pour nous, il n'y a là rien de surprenant.

---

[1] « Cum mulier viri lenocinio adulterata fuerit, nihil ex dote retinetur : Cur enim improbet maritus mores quos ipse aut corrupit aut ipse postea probavit? Si tamen *ex mente legis* sumet quis ut nec accusare possit audiendus est. »

[2] Voy. les lois 2, 6, 12, 13, 14, au titre de *Fundo dotali*, D. xxiii, 5, tirées des divers commentaires sur la loi *Julia de adulteriis*. M. Demangeat : *De la condition du fonds dotal*, p. 56, ssv. — Gaius, II, 63, désigne la loi qui défend d'aliéner le fonds dotal simplement sous le nom de loi *Julia*.

[3] Voy. M. Demangeat, *op. cit.*, p. 57, ssv., il conclut ainsi : « Je l'explique tout simplement en disant que le but de cette loi, comme de plusieurs autres de la même époque, est d'encourager le mariage. »

Le législateur, traitant de l'adultère, avait été tout naturellement conduit à s'occuper du divorce; il avait réglementé la restitution de la dot, puisque le *crimen adulterii* y apportait des modifications profondes. Arrivé là, il avait saisi cette occasion, si opportune, pour introduire une réforme utile que réclamait sans doute l'opinion des contemporains [1].

Donc la loi *Julia* maintenait pour le mari l'*actio* ou la *retentio de moribus* à côté de l'accusation publique ouverte contre la femme. Mais cela n'entraînait-il pas bien des difficultés? La femme pourrait-elle être soumise successivement aux deux actions? Cela était bien dur, et cela semble même contradictoire en partie. Au civil, la femme est punie par la rétention du sixième de sa dot; au criminel, la sentence emporte confiscation de la moitié de cette même dot. Il y a là une question intéressante, qui peut s'élever dans plusieurs situations distinctes.

A. On peut se demander d'abord si le mari cumulera les deux actions; si, après avoir agi *de moribus* ou réclamé *la retentio propter mores,* il peut encore accuser au criminel, ou à l'inverse. Pour répondre, il faut rattacher cette difficulté à une question plus générale.

En droit romain, il arrivait assez souvent qu'un délit donnât naissance à deux actions pénales : l'une de droit civil, dite *pœnæ persequendæ gratia,* l'autre de droit pénal proprement dit, une *publica accusatio.* Ainsi nous voyons concourir l'action *vi bonorum raptorum* et la loi *Julia de vi,* L. 2, § 1, D. 47, 8; la *loi Aquilia* et la loi *Cornelia de sicariis,* L. 23, § 9, D. 9, 2; cf. L. 15, D. 48, 2; L. 4, D. 48, 1 [2]. En général, les Romains admet-

---

[1] C'est ainsi que chez nous la loi du 25 mars 1873, réglant la condition des déportés, contient d'importantes dispositions sur le régime matrimonial et la succession des déportés que leur conjoint est venu rejoindre dans le lieu de déportation; et, en fixant dans l'article 13 les droits du conjoint survivant, elle n'a fait qu'introduire sur un point spécial une réforme réclamée pour le droit commun.

[2] Cf. Francke : *Commentär über den Pandektentitel de hereditatis petitione,* p. 69, ssv.

taient le cumul des deux poursuites, même exercées par une seule personne. Non-seulement lorsqu'on avait échoué, mais aussi lorsqu'on avait réussi dans la première, on pouvait encore intenter la seconde : « Solemus dicere ex quibus causis publica sunt judicia ex his causis non esse nos prohibendos quominus et privato agamus, » L. 7, § 1, D. 47, 10; L. 1, C. Theod. 9, 20; L. 1, C. 9, 31. Les jurisconsultes avaient reconnu, en effet, que la plupart des actions pénales de droit civil étaient pécuniaires, non-seulement dans leur objet, mais aussi dans leur cause. Bien que, à moins d'être mixtes, elles ne tendissent point à obtenir la réparation du préjudice causé, elles avaient en général pour but la protection du patrimoine : « In his de re familiari agitur, » L. 4, D. 48, 1. C'est pour cela qu'en principe ils les déclaraient transmissibles activement, *a parte actoris*[1], Gaius, IV, 112; et pour la même raison ils décidaient qu'elles pouvaient se cumuler avec une *accusatio publica* naissant du même fait[2]. Mais l'analyse si fine des jurisconsultes ne s'était point arrêtée là. Parmi les actions pénales de droit civil, il y en avait qui certainement puisaient leur cause non dans un dommage causé au patrimoine, mais dans une atteinte directe portée à la personne. Celles-là n'avaient cer-

---

[1] Cette doctrine cependant ne fut peut-être point admise sans difficulté. Cicéron dans un curieux billet adressé au jurisconsulte Trebatius, le lendemain d'un souper, où *inter pocula* on avait discuté des questions de droit, semble indiquer que, selon une ancienne opinion, si la personne volée mourait avant la *litiscontestatio*, l'*actio furti* ne passait point à son héritier : « Illuseras heri inter scyphos quod dixeram controversiam esse, posset ne heres quod furtum *antea* factum esset furti recte agere... scires quod tu neminem sensisse dicebas Sex. Ælium. M. Manilium, M. Brutum sensisse : ego tamen Scævolæ et Testæ assentior. » *Ad famil.*, VII, 22. — Il est vrai que d'ordinaire on entend autrement ce texte; on explique les mots *antea factum*, comme désignant un vol accompli non pas avant la mort du défunt, mais depuis cette mort et avant l'adition d'hérédité. Voyez M. Albert Desjardins : *Traité du vol dans le droit romain*, p. 74.

[2] Cependant une opinion s'était formée qui défendait d'intenter en premier lieu l'action pénale privée, lorsque l'accusation publique qui concourait avec elle était capitale : on craignait un préjugé. Cicér. : *De Invent.*, II, 20, 59; L. 7, § 1, D. XLVII, 10; cf. L. 23, § 9, D. IX, 2.

tainement qu'un objet : la punition et la vengeance ; aussi étaient-elles dites *vindictam spirantes*, étaient intransmissibles aux héritiers, et ne comptaient point dans le patrimoine, Gaius, IV, 112. Elles auraient fait double emploi avec l'action publique qui pouvait concourir avec elles ; ici le cumul n'était plus possible ; il fallait faire un choix, L. 7, § 1, D. 47, 10. Il en était ainsi, par exemple, de l'action *injuriarum* par rapport à l'action que la loi *Cornelia de injuriis* ouvrait pour l'application d'une peine véritable, L. 5, pr., § 9, D. 47, 10 ; l'offensé qui avait intenté l'une ne pouvait plus intenter l'autre : « Plane si actum sit judicio publico denegandum est privatum, similiter ex diverso, » L. 6, *in fine,* D. 47, 10.

Il en est de même du *judicium de moribus* (et de la *retentio* correspondante bien entendu) par rapport à l'accusation possible au criminel contre la femme. L'action civile tend au même but que l'accusation, et aussi est-elle appelée *coercitio, publica coercitio,* L. 15, § 1, D. 24, 3 ; L. 5, pr., D. 23, 4. Le mari devra choisir entre elles ; s'il intente l'une, il ne pourra plus intenter l'autre[1]. Cela est certain : « A plerisque prudentibus generaliter definitum est, quoties de re familiari et civilis et criminalis competit actio utraque licere experiri... cum una excepta sit causa de moribus, » L. unic. C. Th., 9, 20[2]. Et la loi 12 (11), § 3, D. *h. t.* est absolument probante dans le même sens. Un beau-père, y est-il dit, voulait accuser sa bru pour adultère ; et dans ce but il avait présenté au président de la province le *libellus accusatorius.* Avant que la *nominis receptio* ait lieu, il se ravise et retire son accusation. Pourquoi? parce qu'il *préfère* agir au civil *de moribus* « maluit accusatione desistere et lucrum ex dote magis petere. » C'est donc qu'il ne pouvait pas cumuler les deux actions ; l'action civile serait devenue impossible s'il avait poussé

---

[1] Ainsi reparaît l'analogie déjà signalée par Paul Gide entre l'*actio rei uxoriæ* et l'*actio injuriarum.* — V. *Du caractère de la dot en droit romain,* 2º éd., p. 524.

[2] Cf. Cujas : *Ad leg.* 33, D. xxiv, 3.

jusqu'au bout la *publica accusatio*[1]. Le jurisconsulte blâme la conduite du beau-père « qui commodum dotis vindictæ domus suæ præponere non erubuit, » affirmant une fois de plus l'incompatibilité des deux poursuites.

Il résultait de là que lorsque le mari voulait accuser la femme, si le procès était déjà engagé au civil sur la restitution de la dot, la femme pouvait lui opposer une *præscriptio*, tirée de l'impossibilité du cumul. C'est du moins ce qu'on peut conclure de la loi 33, C. 9, 9, où il est parlé des *præscriptiones civiles quibus dos repeti fingitur*[2].

Si le mari a choisi la voie civile, sans doute il ne pourra plus accuser au criminel; mais un tiers le pourrait-il? Les textes sont muets sur ce point. Peut-être cependant est-il possible d'admettre une solution affirmative. La règle *non bis in idem* n'est pas, nous l'avons vu, bien solidement établie chez les Romains; et il est certain qu'on trouva bientôt la répression résultant de la *retentio* très insuffisante. Arg. L. 12 (11), § 3, D. *h. t.*

B. Le mari est resté dans l'inaction absolue après le divorce; mais un *extraneus* a intenté l'accusation contre la femme. Le mari pourra-t-il agir *de moribus?* Si la femme a été acquittée, point de doute : il pourrait même accuser au criminel, L. 4, § 2, D. *h. t.* Nous croyons que la solution serait encore la même si la femme avait été condamnée sur la première poursuite. Mais alors la moitié de la dot a été confisquée, comment le mari pourra-t-il

---

[1] Pourquoi est-ce ici le père du mari et non le mari lui-même qui réclame le *lucrum ex dote?* C'est que le mari est dans cette hypothèse *filiusfamilias*, et si on admettait qu'alors il pouvait accuser au criminel sans l'autorisation de son père, ce dernier pouvait seul agir au civil.

[2] D'autres *præscriptiones* du même genre s'étaient aussi introduites; toutes les fois que la femme était accusée par son mari au moment où elle lui réclamait non pas seulement sa dot, mais aussi bien toute autre dette, « aut ex ratione aliqua debitum flagiatur, » elle prétendait tirer de là une *præscriptio*. Elle soutenait sans doute que l'accusation n'était alors qu'une riposte de la part du mari. Les empereurs Théodose, Arcadius et Honorius supprimèrent toutes ces *præscriptiones*, faisant passer avant tout le procès criminel. L. 33, C. 9, 9.

se faire attribuer le sixième de la dot entière? La confiscation ne sera pas opposable en ce qui le concerne; un
texte le dit formellement : « Et omnes omninô maritus
salvas actiones contra fiscum habet, » L. 4, D. 48, 20.
Et ce texte est tiré du livre second du traité de Papinien
de adulteriis.

Telle était la loi *Julia*, l'une des plus remarquables
qu'Auguste ait portées. Destinée à remplacer de vieilles
institutions devenues impuissantes, elle allait offrir le
spectacle d'une impuissance nouvelle, celle des lois lut-
tant contre les mœurs. Vainement elle déployait une
sévérité qui aujourd'hui paraîtrait excessive. Comme la
plupart des lois contemporaines, sortant du domaine
légitime du droit pénal, elle punissait la violation des
obligations morales et des devoirs de famille. Aussi bien
que l'adultère elle frappait le *stuprum* entre personnes
libres de tout lien conjugal; elle frappait les lâchetés
des maris complaisants; elle confiait enfin au peuple
entier la surveillance et la répression des désordres privés.
C'était une construction ingénieuse et savante, mais toute
factice : l'histoire des temps qui suivirent va nous le
montrer clairement.

CHAPITRE IV.

LES DESTINÉES ULTÉRIEURES DE LA LOI JULIA.

———

Sous l'empire de cette loi qui ouvre l'accusation à tout le monde, les accusateurs manquent bientôt (Suétone, *Tibère*, 35)[1]. Et en effet, la corruption grandissait, tolérée par l'opinion publique, encouragée parfois par les plus hauts exemples : Sénèque et Tacite en témoignent[2]; et les épigrammes de Martial, sorte de nouvelles à la main, nous montrent quelle place l'adultère se faisait au grand jour. La loi *Julia* était inappliquée : « Ubi nunc lex Julia? Dormis? » dit un des personnages de Juvénal[3]. Elle dormait, en effet, et, dans ce pays où la désuétude abrogeait les lois[4], elle eût bien vite disparu, si de temps à autre les empereurs ne l'eussent comme promulguée à nouveau. Domitien la renouvela de cette façon, cela est certain[5]; et plus tard nous voyons Septime Sévère rendre encore une loi sur l'adultère, laquelle évidemment n'était

---

[1] Matronas prostratæ pudicitiæ quibus accusator publicus deesset... *et reliq*.

[2] Tacite : *Hist.*, I, 2 : « Pollutæ cærimoniæ, magna adulteria. » — Sénèque : *De beneficiis*, III, 16 : « Numquid jam ullus adulterii pudor?... horum delictorum jam evanuit pudor postquam res latius evagata est. » Cf. Dio Cassius, LX, 18.

[3] *Satir.*, II, v. 37.

[4] Voy. M. Accarias : *Précis de droit romain*, t. I, n° 9.

[5] Juvénal : *Satir.*, II, v. 30, 31 : « Tunc leges revocabat amaras Omnibus, atque ipsis Veneri Martique timendas. » Martial : *Epig.*, VI, 2 : « Lusus erat sacræ connubia fallere tedæ.... tu prohibes, Cæsar... Nec mœchus erit te præside quisquam. » VI, 4 : « Plus debet tibi Roma quod pudica est. » VI, 7 : « Julia lex populis ex quo, Faustine, renata est. »

pas autre chose qu'un renouvellement de la loi *Julia*, augmentée peut-être de quelques dispositions nouvelles[1]. Lorsqu'il paraissait quelques-uns de ces édits, les poursuites se ranimaient et se multipliaient; mais c'était un feu vite éteint, et bientôt la loi était rendue à son sommeil profond. Voici par exemple ce que raconte Dion Cassius à propos de l'édit de Septime Sévère dont nous venons de parler : « A la suite de cette loi, les accusations devinrent très nombreuses. Étant consul, j'en trouvai trois mille inscrites au tableau des affaires criminelles. Mais comme très peu aboutissaient, l'empereur lui-même cessa de s'en préoccuper[2]. »

Bien que rarement appliquée, la loi *Julia* était étudiée par les jurisconsultes de l'époque classique, elle était même complétée par des sénatus-consultes et des constitutions impériales qui durent intervenir pour la plupart dans un de ces accès de sévérité dont nous venons de parler.

Nous savons d'abord qu'un sénatus-consulte fut rendu sous Tibère afin d'atteindre les matrones qui devenaient prostituées, *lenæ*, ou actrices pour éviter les peines de la loi *Julia*, sur le *stuprum*, L. 11 (10), § 2, D. *h. t.*; Suétone, *Tib.*, 35 ; Tacite, *Ann.*, II, 85[3]. Un autre sénatus-consulte, dont la date est inconnue, vint régler une hypothèse fort étrange. Il suppose qu'un mari, non par cupidité mais par haine, ménage à sa femme un commerce adultère, afin de la prendre en faute et de la répudier. La femme, selon la loi *Julia*, eût été protégée par la *præscriptio lenocinii;* et d'autre part le mari ne pouvait

---

[1] Dio Cassius LXXVI, 16 : Καὶ ἐνεκάλει μὲν τοῖς μὴ σωφρόνουσιν ὡς καὶ περὶ τῆς μοιχείας νομοθετῆσαί τινα.

[2] *Loc. cit.*

[3] Tacite : « Eodem anno (772. u. c.), gravibus senatus decretis libido feminarum coercita; cautumque ne quæstum corpore faceret, cui avus, aut pater, aut maritus eques Romanus fuisset. » Comme le prouve la loi 11 (10), § 2 D. citée, ce texte, assez étroit, fut étendu par l'interprétation.

être condamné pour *lenocinium;* car il n'avait point reçu d'argent, il répudiait la coupable et il était prêt sans doute à poursuivre l'*adulter.* Le sénat déclara punissables et la femme et le mari, L. 15 (14), § 1, D. *h. t.* Enfin un dernier sénatus-consulte est indiqué par la loi 30 (29). § 8, D. *h. t.*; il réglait un point de détail concernant l'interruption de la prescription.

Les empereurs s'occupèrent aussi directement de ces matières. Jugeant au criminel, ils créaient de graves précédents, et d'autre part dans leurs rescrits ils tranchaient des questions délicates et traçaient aux juges leur tâche. Du reste il se produisait dans la jurisprudence un mouvement général qui devait transformer le droit pénal de Rome. Sous le système des *Quæstiones perpetuæ,* le législateur n'avait rien laissé à l'arbitraire du juge. Devant chaque *quæstio,* ceux-là seuls pouvaient être poursuivis que la loi créatrice avait nettement désignés; les peines, nous le savons, étaient fixes, et enfin il n'y avait jamais de condamnation possible s'il ne se présentait pas un accusateur. Mais ces jurys criminels, dont le service, d'ailleurs, lassait les citoyens, disparurent de bonne heure; on n'en trouve plus de traces dans le second siècle après Jésus-Christ. Ils ne disparurent point subitement; mais, comme il arrive d'ordinaire, subsistèrent pendant quelque temps à côté des juridictions nouvelles qui devaient les remplacer.

L'empereur, réunissant entre ses mains tous les pouvoirs, devint tout d'abord le juge suprême; au-dessous de lui, le sénat, qui obtint la connaissance des délits, en particulier des délits politiques, et le *Præfectus Urbis,* qui obtint la compétence la plus étendue, firent aux *Quæstiones perpetuæ* une concurrence terrible. Sous Néron, c'était déjà une anomalie d'accuser devant la *Quæstio* plutôt que devant le *Præfectus Urbis* [1]. D'autres fonction-

---

[1] Tacite : *Ann.,* XIV, 41 : « Pari ignominia Valerius Pontius afficitur quod reos ne apud præfectum Urbis arguerentur, ad prætorem detulisset. »

naires obtenaient à Rome une compétence semblable ; dans les provinces, les *Præsides* la possédaient déjà [1]. Paul nous dit que de son temps l'ancienne procédure criminelle a complètement disparu : « Ordo exercendorum publicorum capitalium in usu esse desiit, » L. 8, D. 48, 1. C'est dorénavant le système des *Cognitiones extraordinariæ.*

Il n'y avait pas là seulement la substitution d'une juridiction à une autre. Les nouveaux juges possédaient des pouvoirs et une liberté de mouvement que n'avaient jamais eus les anciens. Cela se conçoit ; ils ne faisaient que représenter l'empereur, qui pouvait punir, même sans loi, comme le peuple l'avait fait autrefois. Sans doute, dans les cas prévus par les anciennes lois des *judicia publica*, les juridictions nouvelles appliquaient la peine fixée par chaque loi, L. 8, D. 48, 1 [2] ; mais il est certain qu'elles pouvaient la modifier soit en l'adoucissant, soit même en l'aggravant, L. 13, D. 48, 19 [3]. D'autre part, comme l'empereur lui-même, elles pouvaient prononcer des peines dans des cas non prévus par les lois : ce furent là les *crimina extraordinaria.* Enfin, en même temps, quoique plus lentement, s'introduisait la maxime que le juge peut parfois condamner d'office un coupable sans qu'il y ait d'accusateur, LL. 3, 13 pr., D. 1, 18 ; L. 1, C. Th., 9, 3. Un tel mouvement modifia sensiblement les règles de la loi *Julia.* Voyons ce que les textes nous apprennent là-dessus.

Un rescrit des empereurs Severus et Antoninus décida que la fiancée infidèle devait être punie comme l'épouse adultère, L. 14 (13), § 3, D. *h. t.* Cela n'avait rien d'exorbitant à Rome, où le mariage n'exigeant aucune solennité, les fiançailles ne s'en distinguaient pas toujours nettement.

---

[1] Voy. Geib., *op. cit.*, p. 393, ssv.

[2] « Ordo exercendorum capitalium publicorum in usu esse desiit, durante tamen pœna legum, cum extra ordinem crimina probantur. »

[3] « Hodie licet ei qui extra ordinem cognoscit quam vult sententiam ferre, vel graviorem vel leviorem, ita tamen ut in utroque modo rationem non excedat. »

D'autre part, nous avons vu Ulpien décider, probablement d'après des constitutions, que le juge, au lieu d'admettre la *præscriptio lenocinii,* devait punir le mari, L. 2, § 6, D. *h. t.* Ces sévérités ne s'arrêtèrent pas là : ce n'est pas seulement le *lenocinium* que le juge punira d'office ; il devra aussi, lorsqu'un mari accuse sa femme, rechercher si de son côté il n'a pas commis de *stuprum;* et s'il découvre à sa charge un semblable délit, il le punira, L. 14 (13), § 5, D. *h. t.* Ce texte rapporte, sans en indiquer la source, la décision d'un rescrit d'Antonin Caracalla, que nous possédons par ailleurs [1]. On avait donc fini par admettre que l'infidélité du mari pourrait donner lieu par elle-même à l'application d'une peine, et cela sur la plainte de la femme, mais seulement lorsque lui-même poursuivrait cette dernière pour adultère ; le droit romain n'alla jamais plus loin à cet égard.

D'après la loi *Julia,* nous l'avons dit, le mari n'avait jamais le droit de tuer sa femme surprise en flagrant délit ; en le faisant il s'exposait à la peine intégrale portée par la loi *Cornelia de sicariis.* Le droit nouveau lui accorda, dans ce cas, non l'impunité mais une mitigation de la peine, quelque chose comme l'excuse atténuante que reconnaît notre droit français, et dont c'est là l'origine, *Collat. h. t.,* c. 10 ; L. 39 (38), § 8, D. *h. t.* (Rescrits d'Antonin le Pieux, de Marc-Aurèle et de Commode) [2]. Quant au droit que la loi Julia reconnaissait encore au père, de tuer sa fille *in adulterio deprehensa*, ce n'était qu'un reste de la vieille puissance paternelle, et il dut disparaître, lorsque le *paterfamilias* n'eut plus sur ses enfants le droit de vie et de mort, L. 11, D. 28, 2 ; L. 3, C. 8, 47 ; L. un., C. Th. 9, 15.

---

[1] Code Grégorien, édit. Hænel, XIV, 2, 1.

[2] Il y a même un texte qui, si on le prenait au pied de la lettre, assurerait au mari l'impunité complète : « Si tamen maritus in adulterio deprehensam occidat... ignoscitur ei, » L. 3, § 3, D. 29, 5. Mais il faut entendre le mot « *ignoscitur*, » seulement en ce sens qu'il y a un adoucissement à la peine.

Le système nouveau permettait au juge d'aggraver la
peine : n'en résulta-t-il pas que la peine de l'adultère
changea, et devint capitale? Jusqu'à Constantin nous pensons que la peine de mort ne fut point en cette matière
prononcée d'une façon ordinaire et normale. Sans doute
on trouve parfois des exemples d'empereurs condamnant à
mort pour adultère; mais c'étaient là des sévérités qui,
croyons-nous, ne faisaient point jurisprudence; le soin
avec lequel les historiens et les biographes les relèvent,
montre que c'étaient des cas exceptionnels[1]. Sous Constantin au contraire une transformation s'opère et quant à
la peine et quant à la poursuite.

Avec Constantin une religion nouvelle arrivait au pouvoir; dorénavant le christianisme allait avoir sur les lois
une influence décisive, qui, en notre matière, se fit sentir
énergiquement. L'adultère, considéré surtout au point
de vue religieux, comme il l'avait été aux premiers siècles
de Rome, allait être rangé au nombre des crimes les plus
odieux. Dans une société sans foi il avait été poursuivi,
uniquement parce qu'il discréditait le mariage. Mais le
christianisme venait de reconstituer sur une idée puis-
sante la famille qui se décomposait : il la voulait sainte,
il la voulait forte. La religion consacrait le mariage, et
dès lors la violation de la foi conjugale était presque un
sacrilège[2]. C'est en effet à côté du sacrilège, du parricide
et de la magie, de l'empoisonnement, que les constitutions
de Constantin rangent l'adultère, exceptant des amnisties
accordées tous ces crimes atroces[3]. Aussi s'il y a aveu

---

[1] Julius Capitolinus Macrin, 12 : « Itaque pœna hos affecit cum ne adulteris
quidem talia apud majores sui tempore essent constituta supplicia.... adulterii
reos semper vivos simul incendit. » Cf. Vopiscus : Aurelien 7. Nous avons cité
précédemment un passage de Dion Cassius, qui déclare que Caracalla condamnant
à mort les *adulterii rei* agissait contrairement aux lois.

[2] Cependant la différence traditionnelle subsiste entre l'adultère de la femme et
celui du mari.

[3] C. Th. (édition Hænel), IX, 38, L. 1 : « Omnibus indulgemus præter vene-
ficos, homicidias, adulteros. » L. 4 : « Stupri atque adulterii parique immanitate

ou preuve certaine, ne donne-t-on point au condamné la faculté d'appeler, L. 1, C. Th. 9, 40 ; L. 1, C. Th. 11, 36 ; L. 4, C. Th. 11, 36[1]. Il est tout naturel qu'alors l'adultère ait été puni de mort. C'était la peine qu'avait connue la loi mosaïque que le christianisme mettait en lumière. Le jurisconsulte qui composa la *Lex Dei* probablement à la fin du quatrième siècle, et qui vraisemblablement était chrétien[2], produisait sur ce point la loi hébraïque comme un modèle à suivre : « Moyses dicit : quicumque mœchatus fuerit morte moriatur, qui mœchatus fuerit et quæ mœchata fuerit, » *Collat. h. t.,* C. 1. Constantin n'a fait que réaliser cet idéal en édictant pour ce cas la peine capitale : « Sacrilegos autem nuptiarum gladio puniri oportet[3]. »

Ainsi la régénération de la famille avait eu pour conséquence une aggravation de la peine de l'adultère ; il devait en résulter aussi que la poursuite ne serait plus permise qu'aux parents ; la *publica prosecutio* devait disparaître. Cette réforme fut également opérée par Constantin, L. 30 pr., C. 9, 9 ; L. 2, C. Th. 9, 7. Il déclara que dorénavant l'accusation ne serait plus ouverte qu'aux personnes *proximæ et necessariæ* qu'il énuméra limitativement : c'étaient le mari, avant tout autre, le père, le frère, l'oncle paternel et l'oncle maternel ; *quos verus dolor ad*

---

sacrilegii ; » L. 8 : « Quis enim sacrilego diebus sanctis indulgeat, qui adultero vel incesti reo tempore castitatis ignoscat? »

[1] L. 1, C. Th. xi, 36, cit. : « Unde cum homicidam vel adulternm, vel malefi- cum, vel veneficum, quæ atrocissima crimina sunt, confessio propria vel diluci- dissima et probatissimæ veritatis quæstio probationibus atque argumentis dete- xerit, provocationes suscipi non oportet. »

[2] Voy. sur ce point M. Ch. Giraud : *Novum enchiridion juris Romani,* p. 283.

[3] Ce paragraphe de la constitution de Constantin manque, il est vrai, dans le Code Théodosien, L. 2, C. Th. ix, 7 ; mais ce n'est probablement là qu'une omis- sion. Dans tous les cas une autre constitution de Constantin contient la même décision, L. 4, C. Th. xi, 36 ; elle prohibe, en cas d'adultère certain, l'appel qu'elle nomme « frustra vitam differentium moratorias provocationes ; » et elle finit par ces mots : « Cum pari similique ratione sacrilegos nuptiarum tanquam manifestos parricidas insuere culeo vivos vel exurere judicantem oporteat. »

accusationem impellit. Ces personnes pouvaient se désister de l'accusation après l'avoir intentée : « *crimen abolitione, si voluerint, compescant.* » Du reste, il est probable qu'à tous autres égards l'ancienne différence entre l'accusation *jure mariti* et *jure extranei* subsiste encore : « *in primis maritum genialis tori vindicem esse oportet.* » Seulement les *extranei* ne peuvent être maintenant que les parents admis à l'accusation après le mari.

Logiquement le réformateur chrétien eût dû aller plus loin ; il eût dû supprimer d'un côté le principe, qui défendait au mari de pardonner en cas de faute indéniable, et d'autre part la règle qui ne lui permettait d'accuser sa femme qu'après l'avoir répudiée. Il n'en fut point ainsi et le droit ancien fut conservé : « *ex suspicione* conjugem ream facere licet, vel *si eam tantum suspicatur,* penes se retinere non prohibetur, » L. 30 pr., C. 9, 9. Ce n'est que Justinien qui, dans ses Novelles, fit disparaître ces derniers vestiges de l'ancien droit [1].

Que devenait au milieu de ces changements l'*actio de moribus ?* En l'an 449, les empereurs Valentinien et Théodose promulguèrent une constitution, qui avait pour objet d'assurer l'indissolubilité du mariage, sans rompre absolument avec les anciens principes. Le *repudium* restait permis ; mais s'il intervenait en dehors de certains cas déterminés, il avait de graves conséquences au point de vue pécuniaire. Parmi les causes qui permettaient au mari de répudier sa femme se trouvait l'adultère, et alors, nonseulement il n'avait rien à craindre, mais il gardait la *donatio propter nuptias* et gagnait la dot entière, que la femme perdait par suite de sa faute, L. 8, § 5, C. 5, 17. Par

---

[1] Il est un cas où, comme autrefois, l'accusation d'adultère reste ouverte à tous, c'est le mariage entre Juifs et Chrétiens qu'on assimile à l'adultère, L. 5 C. Th. vii, 9 (Valentinien et Théodose) : « Ne quis christianam mulierem inmatrimonium Judæus accipiat, neque Judææ Christianus conjugium sortiatur, nam si quis aliquid hujusmodi admiserit, adulterii vicem commissi hujus crimen obtinebit, libertate in accusandum publicis quoque vocibus relaxata. »

une juste réciprocité l'adultère du mari autorisait la femme
à divorcer ; et alors elle réclamait sa dot et gagnait en entier
la *donatio propter nuptias*, L. 8, §§ 2, 4, C. 5, 17 [1]. Cela
supposait, en cas de condamnation de la femme, l'abroga-
tion de la disposition de la loi *Julia* qui confisquait la
moitié de la dot ; car il est vraisemblable que dès cette
époque la poursuite criminelle pouvait être cumulée avec
cette sorte de peine civile. Dès lors il ne pouvait plus être
question de *retentio propter mores* et d'*actio de moribus*.
Le mari, si c'était lui qui gagnait le *lucrum*, n'avait qu'à
garder ce qu'il avait entre ses mains : la femme avait pour
se faire rendre sa dot les actions ordinaires, et pour se
faire délivrer la donation *propter nuptias* elle a déjà la
revendication [2]. Aussi en l'année 528 Justinien supprime
l'*actio de moribus* « judicio de moribus penitus sublato, »
L. 11, § 2, C. 5, 17 ; en 530 les *retentiones* disparaissent,
L. un. § 5, C. 5, 13 [3].

Tel est le droit que nous trouvons écrit au Code de Justinien. Mais les Novelles de cet empereur apportèrent des
modifications importantes ; ce sont les Novelles 117 et 134
qu'il nous faut ici examiner.

Dans la ferveur et le premier élan de la religion nouvelle, le législateur était allé jusqu'aux sévérités extrêmes
frappant de mort la femme et son complice. Justinien
maintint la peine capitale pour l'*adulter* et pour les fauteurs du délit, Nov. 134, c. 10 [4] ; mais, pour la femme,
il tempéra la rigueur des lois ; il chercha surtout à la con-

---

[1] « Ad contemptum sui domusve suæ ipsa inspiciente cum impudicis mulieribus (quod maxime etiam castas exasperat) cœtum ineuntem, » L. 8, § 2, *cit.* S'il
y a des enfants nés du mariage le *lucrum* que gagne l'époux innocent (*dos* ou *donatio propter nuptias*) ne lui appartient qu'en usufruit, L. 8, *cit.*, § 7.

[2] L. 8, § 4, C. v, 17 : « Eam et dotem recuperare et ante nuptias donationem
lucro habere aut legibus vindicare censemus. »

[3] « Quid enim opus est inducere ob mores retentionem, alio auxilio ex cons-
titutionibus introducto. »

[4] « Si quando vero adulterii crimen probetur, jubemus illas pœnas peccantibus
inferri quas Constantinus divæ memoriæ disposuit, et illis similibus subjiciendos
pœnis qui medii ministri hujusmodi impio crimini facti sunt. »

traindre au repentir. Il supprima en même temps la nécessité du divorce comme préliminaire de la poursuite en adultère, et permit au mari de pardonner même après la condamnation. Dans cette législation nouvelle, le mari est redevenu le chef respecté de la famille, et ses droits augmentent en même temps qu'il recouvre la dignité morale et le sentiment du devoir.

L'ancien droit ne permettait au mari d'accuser sa femme que s'il l'avait d'abord répudiée : le droit nouveau déclare qu'il ne pourra divorcer pour cause d'adultère que s'il a d'abord poursuivi et fait condamner sa femme : « Si de adulterio maritus putaverit posse suam uxorem convinci, oportet virum prius inscribere mulierem aut etiam adulterum, et si hujusmodi accusatio verax esse ostenditur, tunc *repudio misso,* habere virum super ante nuptias donationem etiam dotem, » Nov. 117, c. 8, § 2[1]. Il est naturel, en effet, d'attendre pour dissoudre le mariage que la faute ait été prouvée d'une façon certaine : on s'achemine vers l'indissolubilité.

Si la femme est condamnée, elle ne subira plus la peine de mort : elle sera fustigée, puis enfermée dans un cloître, Nov. 134, C. 10 : « Adulteram vero mulierem competentibus vulneribus subactam in monasterium mitti. » Alors on attendra pendant deux ans; peut-être la pitié entrera-t-elle au cœur de l'époux. S'il pardonne, et la loi semble l'y inviter, il pourra reprendre la femme et le mariage sera censé n'avoir pas été dissous : « Si quidem intra biennium recipere eam vir suus voluerit, potestatem ei damus hoc facere et copulari ei nullum periculum ex hoc metuens, et nullatenus propter ea quæ in medio tempore facta sunt nuptias lædi, » Nov. 134, c. 10. Mais le délai est court; si deux années s'écoulent sans pardon, ou si le mari meurt dans cet intervalle, la femme aura

---

[1] Le texte ajoute que s'il n'y a pas d'enfants du mariage, le mari obtiendra en outre, sur les autres biens de la femme, une somme égale au tiers de la dot.

les cheveux rasés, prendra l'habit monastique, et restera
enfermée au cloître pour tout le reste de sa vie : « Si vero
prædictum tempus transierit, aut vir, priusquam recipiat
mulierem, moriatur, tonderi eam et monachicum habi-
tum accipere et habitare in ipso monasterio in omni propriæ vitæ tempore. » Ce n'est pas seulement une veuve,
c'est une pénitente que fait de la coupable le droit nouveau. Alors certainement le mari pouvait contracter une
nouvelle union[1]. Les dispositions que nous venons d'a-
nalyser sont très importantes. C'est là l'origine de ce droit
de grâce si particulier que notre loi reconnaît au mari, et
qui lui permet de faire tomber, s'il le veut, la condamnation prononcée contre l'épouse adultère[2].

Les Novelles de Justinien rendent aussi au mari quelques-uns des pouvoirs qui le changeaient en justicier, et
que lui avait enlevés la loi *Julia*. Tout en se moralisant,
la société revient vers la dureté primitive. Ainsi, au lieu
de faire condamner la femme coupable, le mari pourra la
fustiger lui-même, Nov. 117, c. 14 : *Si quis uxorem suam
flagellis castigaverit*. D'autre part, la loi ouvre une sorte
de procédure qui lui permettra de tuer impunément l'*adulter,* quel qu'il soit, et alors même qu'il n'y aurait pas, à
proprement parler, de flagrant délit. S'il soupçonne quelqu'un, il doit lui adresser par écrit trois dénonciations
et faire constater cela par trois hommes dignes de foi :
s'il trouve ensuite cet *adulter* présumé avec sa femme,
soit dans la maison conjugale, soit dans une maison qui
lui appartienne ou qui appartienne à la femme, soit « in
popinis aut in suburbanis, » il pourra le tuer impunément.
S'il le trouve, toujours avec la femme, mais dans un autre
lieu, il devra faire attester le fait par trois témoins et le

---

[1] Il est même probable qu'aussitôt après la condamnation, le mari pouvait envoyer à la femme le *repudium*, Nov. 117, c. 8, § 2, et alors contracter immédiatement un nouveau mariage ; mais alors aussi on ne devait point attendre deux
ans pour la claustration définitive de la femme.

[2] Code pén., art. 337.

livrera au juge, qui, sans autre preuve, prononcera la condamnation pour adultère, Nov. 117, c. 15 pr.[1].

Les Novelles déterminent enfin les conséquences qu'aura le délit d'adultère au point de vue pécuniaire. Lorsque la femme condamnée est attribuée définitivement au cloître, elle perd l'ensemble de ses biens. Le mari gagne, nous le savons, les *lucra nuptialia;* pour les autres biens de la femme, si elle laisse des descendants, ceux-ci en ont les deux tiers, le surplus étant attribué au monastère; si elle a des ascendants, ils ont les quatre douzièmes, et le reste appartient au monastère; enfin, si elle n'a pas d'ascendants ou que ceux-ci aient favorisé sa faute, tout revient au monastère, Nov. 134, 10[2].

Quant au complice, s'il a une femme, elle gagnera avec sa dot la *donatio propter nuptias;* s'il a des descendants ou ascendants jusqu'au troisième degré, ils recueilleront les autres biens, sinon le fisc le revendiquera, Nov. 134, c. 10.

Supposons, d'autre part, que le mari entretienne une concubine dans la maison conjugale ou tout au moins dans la ville où se trouve la maison conjugale[3] : s'il a été trois fois admonesté et averti par ses parents ou par ceux de sa femme, celle-ci peut légitimement divorcer; et elle gagne alors la *donatio propter nuptias,* et sur les autres biens du mari une valeur égale à cette donation, Nov. 117, c. 9, § 5. Il en est de même pour le cas où le mari a intenté

---

[1] Voy. d'autres dispositions du même genre et très dures, Novelle 117, c. 15, § 1; Nov. 137, c. 12; le premier des textes cités montre que les églises chrétiennes, comme autrefois les temples païens, servaient de lieu de rendez-vous.

[2] Les termes sont assez singuliers, il semble que le cloître ne recevait ces biens qu'en dépôt : « omnem ejus substantiam accipere monasterium conservandam; » mais évidemment, il y avait là une attribution définitive.

[3] « Si quis in ea domo in qua cum sua conjuge commanet, contemnens eam, cum alia inveniatur in ea domo manens; aut in eadem civitate degens in alia domo cum alia muliere frequenter manere convincitur... et reliq. » On voit là apparaître l'idée qui fait regarder le mari comme punissable, s'il entretient une concubine dans la maison conjugale, alors que tout autre adultère de sa part reste impuni.

contre elle une poursuite en adultère qui a échoué, Nov. 117, c. 9, § 4.

Ici s'arrête le développement du droit romain ; nous l'avons suivi depuis l'origine jusqu'à son dernier terme. Lorsque, à partir du quinzième siècle, notre ancienne jurisprudence composa sa théorie pénale presque entière avec des éléments romains, elle adopta pour le délit d'adultère les principes qu'elle trouvait consignés dans le Digeste et dans le Code. Mais, en passant par les mains de nos anciens jurisconsultes, et dans la pratique des cours, ces principes subirent encore de nouvelles transformations[1]. Il y eut tout un nouveau travail, qui eut surtout pour résultat d'augmenter les pouvoirs du mari. On n'ouvrit plus la poursuite qu'à lui seul, et on lui permit à toute époque le pardon. Le législateur moderne a recueilli en grande partie les données de l'ancienne jurisprudence en transformant et mitigeant les peines. Disons aussi que dans cette succession de lois le Code pénal est la première qui dans certains cas ait ouvert à la femme une poursuite en adultère contre le mari. Nous ne pouvons qu'indiquer ce mouvement : étudiant un point du droit pénal de Rome, nous devons nous arrêter lorsque nous avons trouvé les productions dernières de la législation romaine.

---

[1] Voy. Fournel : *Traité de l'adultère dans l'ordre judiciaire.*

SUR L'HISTOIRE

DE

L'USUCAPION.

L'usucapion, par son double élément du juste titre et de la bonne foi, présente une des théories les plus délicates du droit romain ; et cependant c'est une institution des plus anciennes, car la loi des XII Tables en la réglementant la suppose préexistante. N'y a-t-il pas là une contradiction logique? Il est peu vraisemblable qu'à une époque aussi reculée on ait admis des notions aussi subtiles, et l'on est tenté de croire que l'usucapion primitive était beaucoup plus simple et plus grossière que celle de l'époque classique. La contradiction disparaît si l'on admet avec quelques auteurs qu'à l'origine l'usucapion n'exigeait ni le titre, ni la bonne foi et s'accomplissait par la seule possession, prolongée pendant un certain temps. Cette théorie, produite d'abord en Allemagne par M. Stintzing [1], a été adoptée par MM. Pernice [2], Krüger [3] et Voigt [4]; M. Summer-Maine paraît aussi la professer, quoiqu'il ait négligé de préciser

[1] *Das Wesen von bona fides und Titulus in der römischen Usucapionslehre.* Heidelberg, 1852.

[2] *Marcus Antistius Labeo, das römische Privatrecht im ersten Iahrhunderte der Kaiserzeit,* tome II, p. 152, ssv.

[3] Puchta : *Institutionem,* 8e édition avec des notes de Krüger, 1875, t. II, p. 208, § 229, note *ii.*

[4] *Die XII Tafeln,* 1883, tome II, § 91, p. 232, ssv.

sa pensée sur ce point [1]. Elle n'a pas été, que je sache,
produite en France [2]. Je voudrais, à mon tour, l'exposer
telle que je la conçois et rechercher en même temps
comment se serait établie la théorie du droit classique.

§ 1.

L'usus d'un ou de deux ans.

I.

Supposer que la théorie primitive de l'usucapion négligeait la *justa causa* et la *bona fides,* c'est faire une hypothèse qui, loin de répugner à l'esprit du droit ancien, est,
au contraire, en parfait accord avec lui. Le droit antique
évite par instinct la recherche des intentions ; il ignore la
pensée individuelle dans les actes juridiques lorsqu'elle ne
s'est pas affirmée dans une forme précise et connue d'a-
vance. Ce serait une grave exception à cette loi générale,
si l'on avait au début scruté la pensée, la croyance du possesseur lors de la prise de possession.

D'un autre côté, parmi les *justæ causæ usucapiendi* du
droit classique, les plus importantes, comme la vente
consensuelle, la convention de paiement, sont de simples
conventions qu'ignorait systématiquement l'ancien droit.
Alors qu'il ne leur reconnaissait aucun effet dans les
rapports des parties contractantes, ne serait-il pas étrange

---

[1] *Ancient law,* 4e édit., p. 284, 285 : « In historical times usucapion was only
allowed to operate when possession commenced in a particular way ; but I think
likely that at a less advanced epoch possession was converted into ownership
under conditions even less severe than we read of in our authorities. »

[2] J'y ai seulement fait allusion dans mon étude sur *la manus, la paternité et le
divorce,* ci-dessus, page 10.

qu'il leur eût fait produire cet effet extérieur, de conduire
à l'usucapion? A l'époque où l'*exceptio rei venditæ et traditæ* n'était pas née encore, et où le propriétaire d'une *res
mancipi* pouvait revendiquer le lendemain la chose qu'il
avait vendue et livrée la veille, comment eût-on attaché
à la vente un effet important lorsqu'elle émanait d'un non
propriétaire?

Il est vrai qu'on a pu faire sur l'origine de l'usucapion
deux hypothèses, qui l'une et l'autre impliqueraient dès le
début la notion d'un titre au moins apparent. Il faut en dire
un mot avant d'aller plus loin.

Selon une première idée, le but originaire de l'usucapion aurait été de valider après coup les aliénations fautives dans la forme, quoique émanant du véritable propriétaire, par exemple la mancipation imparfaite ou la simple
tradition d'une *res mancipi* [1] : plus tard seulement on
l'aurait étendue au cas d'une aliénation consentie par un
non dominus. Mais cette opinion ne peut guère s'appuyer
que sur une observation dont la portée a été exagérée. On
a remarqué que Gaius, dans son Commentaire deuxième,
parle en première ligne de l'usucapion qui suit et consolide
la tradition d'une *res mancipi* (II, 41); ce n'est que subsi-
diairement (II, 43) qu'il nous la montre validant l'aliénation de la chose d'autrui. Mais il est aisé de voir que si
Gaius procède ainsi c'est uniquement parce qu'il rattache
incidemment l'exposé de l'usucapion à la division de la
propriété romaine en domaine quiritaire et *in bonis habere*.
Cette méthode, d'ailleurs assez défectueuse, explique bien
l'ordre des idées; l'auteur n'a songé en aucune façon à
retracer un développement historique [2]. L'argument tombe
donc, et en elle-même l'hypothèse reste peu vraisemblable
Ne serait-il pas étrange de se figurer le droit ancien.

---

[1] Voyez cette idée très nettement exprimée par M. Pernice, qui d'ailleurs la
réfute. *Labeo*, II, p. 153. — Cf. Schrader : *ad Instituta*, p. 247; Summer-Maine :
Ancient law, p. 287.

[2] Pernice, *op. et loc. cit.*

tendant tout d'abord à corriger les excès de son formalisme
et à guérir les blessures qu'il a faites?

Dans un autre sens on fait observer que traditionnellement le droit romain a établi un rapport étroit et constant
entre l'usucapion et la vente[1]. Le rapprochement est déjà
fait dans les XII Tables[2]. Le titre *pro emptore* est le premier en ordre; c'est lui qui est indiqué dans la formule
de l'action publicienne; c'est sans doute le type dont on est
parti et auquel les autres se sont ajoutés par assimilation.
N'est-il pas naturel de croire que cette union remonte
jusqu'à la naissance même de l'usucapion? L'effet direct
ou tout au moins la conséquence naturelle de la vente a
toujours été et sera toujours de rendre l'acheteur propriétaire : l'usucapion aura été introduite pour remettre après
coup les choses dans leur état normal, lorsque cet effet
n'avait pu se produire immédiatement, le vendeur n'ayant
pas la propriété de la chose, et que cependant le véritable
propriétaire négligeait de se plaindre et de faire valoir ses
droits. Dès l'origine l'usucapion aurait été inséparable du
titre, sinon de la bonne foi.

Sans doute cette idée peut paraître séduisante, mais
remarquons d'abord que la loi des XII Tables rapproche
de l'usucapion non la vente consensuelle, que sans doute
elle ne connaissait pas, mais bien la mancipation : l'*auctoritas* qu'elle mesure a la même durée que l'*usus,* c'est
l'obligation de garantie qui naît de la mancipation[3]. Il
faudrait donc au moins modifier la théorie. L'ancien droit
aurait fait de l'usucapion une dépendance, pour ainsi
dire, de la mancipation : celle-là aurait validé après coup

---

[1] Bechmann : *Der Kauf,* I, p. 107.

[2] Cicéron : *Top.,* 4 : « Usus, auctoritas fundi biennum est; » — *Pro Cæcina,*
19 : « Lex usum et auctoritatem fundi jubet esse biennium. » Comme le montre
clairement ce dernier passage, les mots *usus* et *auctoritas* doivent être pris dis-
jonctivement; l'un désigne l'usucapion, l'autre l'obligation de garantie. Voy. en
ce sens, Voigt : *Die XII Tafeln,* § 88, notes 1 et 2.

[3] Voyez la remarquable étude de notre collègue M. Girard : *Sur la formation
du système de la garantie d'éviction en droit romain,* p. 12, ssv.

les *mancipationes* régulières en la forme mais émanées
d'un non propriétaire[1]. On l'aurait sans doute aussi ratta-
chée à l'*in jure cessio* opérée dans les mêmes conditions,
mais il serait peu vraisemblable qu'on eût dès le début
admis sur la liste des *justæ causæ usucapiendi* la vente
consensuelle et les autres conventions.

Que le droit romain ait connu les titres *pro mancipato*[2]
et *pro in jure cesso*[3], cela est possible, quoique non prouvé :
mais il ne s'ensuit pas que de tout temps, et dès l'origine il
les ait pris en considération dans la théorie de l'usucapion.
Remarquons bien que les dispositions des XII Tables n'é-
tablissent point entre la mancipation et l'usucapion une
relation de cause à effet qui ferait de la première la condition même de la seconde : la vieille loi tire simplement de
l'*usus* accompli une conséquence qui rejaillit sur la mancipation. Du moment que l'*accipiens*, ayant usucapé, est devenu propriétaire, il n'y a plus lieu à l'obligation de
garantie qui pesait sur le *mancipans* en cas d'éviction. La
loi des XII Tables met seulement cette conséquence en re-
lief en limitant à une durée égale la vie de l'obligation de
garantie et le délai de l'usucapion. Enfin cette hypothèse
sur l'origine de l'usucapion abonde en difficultés : elle restreint singulièrement son domaine primitif, car elle laisse
de côté la simple tradition d'une *res mancipi* par le propriétaire et la tradition par un *non dominus* des *res nec
mancipi*.

---

[1] Un vers bien connu d'Horace, si l'on donnait aux mots leur valeur technique
exprimerait cette idée : *Ep.* II, 2, v. 158 :

« Si proprium est, quod quis libra mercatus et ære est,
« Quædam (si credis consultis) mancipat usus. »

[2] Dans ce sens, Ubbelohde : *Ueber die usucapio pro mancipato.* Marburg, 1873.
— *Contrà,* Huschke : *Das Recht der Publ. Klage,* p. 51, note 95 ; Accarias : *Précis,*
I, p. 563, note 3.

[3] Peut-être y en aurait-il une trace dans un texte du Digeste, qui, alors, aurait
été gravement interpolé. L. 33, § 3, D. xli, 3 : « Si mihi Titius a quo fundum
petere volebam, *possessione cesserit,* usucapionis justam causam habebo. Sed et
is, a quo ex stipulatu fundum petere volebam, *cedendo mihi possessione, si sol-
vendi causa id fecerit,* eo ipso efficiet ut fundum longo tempore capiam. »

Cependant un fait remarquable subsiste, c'est l'importance particulière du titre *pro emptore;* mais il est aisé de l'expliquer. Sans doute, lorsque la coutume créa l'usucapion, elle ne procéda point par un raisonnement précis et conscient : elle fut guidée par le respect instinctif qu'éprouve toute société primitive pour le fait même de la possession durable : néanmoins, l'institution n'aurait pas pu vivre si l'on n'y avait vu avant tout une protection pour les acquéreurs sérieux et de bonne foi. Il fallait qu'au bout d'un certain temps ils fussent certains d'être devenus propriétaires, et les jurisconsultes romains ne se sont point trompés lorsqu'ils ont vu là la raison d'être de l'usucapion[1]. Mais dans les temps anciens, sous une procédure grossière, l'usucapion ne pouvait procurer une sécurité complète aux acquéreurs honnêtes qu'à la condition de ne permettre aucune recherche sur la forme de leur acquisition et sur l'esprit dans lequel ils l'avaient faite. Sans doute, par là même elle profitera parfois à la mauvaise foi, mais c'est la conséquence forcée de la protection commode et sûre dont jouira le plus souvent la bonne foi : c'est ainsi que la protection possessoire créée dans l'intérêt du propriétaire, profite parfois à d'autres personnes ou même peut tourner contre lui. D'ailleurs, dans une société restreinte de petits propriétaires laborieux et vigilants, telle que la Rome antique, lorsqu'une ou deux années s'étaient écoulées sans qu'aucune action eût été dirigée contre celui qui possédait une chose à titre de propriétaire, une présomption presque invincible devait s'élever en faveur du possesseur.

L'usucapion brutale et grossière que nous imaginons, qui peut s'accomplir sans juste titre et sans bonne foi, et qui peut commencer par une prise de possession unilaté-

---

[1] L. 5, D. xli, 10; L. 1, D. xli, 3; Cicéron : *Pro Cæcina*, 26 : « Fundus a patre relinqui potest, at usucapio fundi, hoc est finis et sollicitudinis ac periculi litium, non a patre relinquitur sed a legibus. »

rale, ne fait point tache dans le milieu du très ancien droit : il s'agit maintenant d'en démontrer l'existence.

II.

La théorie première a laissé des traces dans le langage et dans les institutions.

On sait que, respectueux du passé, les jurisconsultes classiques nous ont plus d'une fois conservé des formules anciennes qu'ils répétaient après les générations précédentes, bien qu'elles ne répondissent plus au droit contemporain. C'est une de ces maximes qui a éclairé d'une vive lumière l'histoire de la dot[1]; ce sont de semblables adages qui ont permis de reconstituer les anciennes sociétés universelles[2]; c'est une vieille définition qui permet de croire à l'indissolubilité primitive du mariage chez les Romains[3]. Une observation semblable peut être faite en notre matière.

Nous avons une définition de l'usucapion qui doit être assez ancienne, puisqu'elle nous est donnée en termes identiques par Ulpien et Modestin[4]; c'était certainement une monnaie courante. Or, cette définition néglige les deux éléments, essentiels dans le droit classique, du juste

---

[1] Voyez Paul Gide : *Du caractère de la dot en droit romain.*

[2] Voyez la belle étude de notre cher et regretté collègue Ch. Poisnel : *Recherches sur les sociétés universelles chez les Romains*, dans la *Nouvelle revue historique de droit français et étranger*, t. III, 1879, p. 431, ssv.; 531, ssv.

[3] Voyez mon étude sur *la manus, la paternité et le divorce dans l'ancien droit romain* ci-dessus, p. 17.

[4] Ulp., xix, 3 : « Usucapio est autem dominii adeptio per continuationem possessionis anni vel biennii. » Modestin, L. 3, D. xli, 3 : « Usucapio est adjectio dominii per continuationem possessionis temporis lege definiti. » — La variante *adeptio* et *adjectio* n'a aucune importance. Dans le texte du Digeste (Modestin) on a substitué aux anciens délais de un et de deux ans une indication vague pour mettre la définition en harmonie avec le droit de Justinien.

titre et de bonne foi; elle ne donne comme conditions de
l'usucapion que le laps de temps et la possession continue.
Ne faut-il pas en conclure qu'à l'époque où fut arrêtée
cette formule il ne fallait rien de plus pour usucaper[1]. Il
semble bien d'autre part que la loi des XII Tables ne
précisait qu'un des éléments de l'usucapion, c'est-à-dire
le délai[2].

Ce n'est pas seulement dans les termes qu'on trouve des
vestiges de l'ancienne théorie : elle est restée en vigueur
dans le droit classique par un certain nombre d'applications, qui se comprennent mal, si l'on veut les justifier isolément au lieu de les rattacher à une règle commune.

C'est d'abord l'*usucapio pro herede*. Celle-là, chacun le
sait, s'accomplit sans juste titre et sans bonne foi; elle a
pour point de départ non pas une *traditio* mais une prise
de possession par l'*usucapiens*. Sans doute, à l'époque de
Gaius on en signale le caractère anormal; on lui donne
les épithètes de *lucrativa*, d'*improba*, on cherche à l'expliquer par des motifs particuliers, empruntés au régime
des successions[3]. Mais les mêmes traits se retrouvent dans
d'autres applications de l'usucapion, qu'on justifiera par
de tout autres motifs. Il en est ainsi pour les trois cas
d'*usureceptio* signalés par Gaius[4] : là aussi il y a absence
complète de titre et de bonne foi; la possession n'a point
été acquise par tradition, l'ancien propriétaire a simple-

---

[1] Ce qui renforce cet argument, c'est qu'à une certaine époque on sentit le
besoin de corriger la définition. Voici en effet, comment Isidore de Séville la
reproduit. *Orig.*, V, 25, 30 : « Usucapio est adeptio dominii per continuationem
justæ possessionis vel biennii vel alicujus temporis. » Cf. *Inst.*, I, 6, pr.

[2] Gaius, II, 42. Peut-être cette disposition qui fixait les délais d'un an et de
deux ans eut-elle pour but de rendre plus longue la prescription des immeubles. Il n'est pas impossible que la coutume primitive eût connu un délai uniforme d'une année pour l'usucapion de tous les objets : cela serait d'accord avec
la coutume germanique.

[3] Gaius, II, 55.

[4] Gaius, II, 59-61.

ment gardé la chose en main ou même parfois l'a reprise
de son autorité privée[1].

L'*usus* qui fait acquérir la *manus* au mari est rattaché
fort nettement à la théorie de l'usucapion[2]; et là, je l'ai
montré ailleurs, il ne pouvait être au début question du
juste titre[3], et l'idée même de bonne foi était inapplicable,
comme elle l'est dans l'usucapion d'une *res mancipi* livrée
par le *dominus*.

Dans les textes du Digeste nous trouvons un autre
exemple de cette usucapion brutale : c'est l'*usucapio libertatis* dirigée contre les *servitutes prædiorum urbanorum*.
Qu'il s'agisse là d'une usucapion véritable et non d'une
simple extinction par le non usage, c'est ce qu'atteste le
langage concordant des jurisconsultes[4]; et cela résulte
d'une manière plus nette encore de ce qu'il ne suffit pas
que pendant deux ans le fonds servant ait été mis dans
un état qui empêche l'exercice de la servitude; il faut
de plus que l'*usucapiens* en ait eu la possession, que cette
possession n'ait point été interrompue[5], qu'elle ne soit
point entachée de précarité[6]. Il est bien certain que le
juste titre et la bonne foi ne sont pas exigés ici[7].

Il me paraît presque certain que l'usucapion des servitudes prédiales supprimée par la loi Scribonia[8], suivait
les mêmes règles : il en existe, à mon sens, une preuve
presque directe. Cette usucapion abrogée a son pendant
dans la *præscriptio longis temporis* appliquée aux servitudes par le préteur. Or, il paraît bien que celle-ci n'exi-

---

[1] Cela pouvait se concevoir sans qu'il y eût *furtum*. V. Stintzing, *op. cit.*

[2] Gaius, I, 111.

[3] Voyez mon étude sur *la manus, la paternité et le divorce* ci-dessus, p. 10.

[4] LL. 6, 7, 32, pr., § 1, D. viii, 2; L. 17, D. viii, 4; L. 18, § 2, D. viii, 6;
L. 4, § 29, D. xli, 3.

[5] L. 32, § 1, D. viii, 2.

[6] L. 17, D. viii, 4.

[7] Voyez Elvers : *Die römische Servitutenlehre*, p. 776, ssv. — Cf. Demangeat :
Cours élémentaire de droit romain, 2º édit., t. I, p. 552.

[8] L. 4, § 29, D. xli, 3.

geait ni le juste titre[1] ni la bonne foi[2]. S'il en est ainsi,
on peut supposer qu'il n'y eut pas là de la part du préteur
une création complètement originale : comment eût-il
donné à la nouvelle *præscriptio* des règles si exorbitantes
du droit commun? Il est probable qu'il a copié un vieux
type non encore oublié, qui répondait mieux aux besoins
de la pratique que les combinaisons plus savantes d'une
théorie arrivée à son complet développement[3]. Peut-être
l'usucapion supprimée par la loi Scribonia tendait-elle à
se maintenir comme un usage local, que le préteur reconnut en le sanctionnant.

Voilà bien des cas d'usucapion qui s'appliquent à des
objets divers et à des situations dissemblables, qui se jus-
tifient par des motifs différents ; tous cependant présentent
un trait commun : ils se passent de la *justa causa* et de la
bona fides. Je ne vois qu'une explication possible de cet accord qui ne saurait être fortuit ; il faut admettre que ce
trait marquait l'usucapion primitive dans toutes ses applications ; en faisant place à une règle nouvelle le vieux
principe s'est maintenu sur certains points, qui lui offraient un terrain favorable, et dans certaines applications,
presque sorties de la pratique usuelle et qu'on jugea par
suite inutile de modifier.

---

[1] Elvers : *Servitutenlehre*, p. 740. Accarias : *Précis de droit romain*, t. I,
3e édit., p. 649 : « La *justa causa* n'est donc pas nécessaire, et cela revient à dire
que les servitudes, à la différence de la propriété, peuvent être acquises *longo
tempore*, non-seulement par celui qui a traité avec le *non dominus*, mais encore
par celui qui n'a traité avec personne. »

[2] Elvers, *op. cit.*, p. 741, ssv. Cependant en sens contraire : Accarias, *Précis*,
t. I, 3e édit., p. 649. Mais les Romains paraissent avoir regardé comme inséparables les deux éléments de la *justa causa* et de la *bona fides*.

[3] La *quasi præscriptio* des servitudes dut s'établir à une époque assez avancée,
où la théorie de l'usucapion avait reçu ses traits définitifs : en effet, elle suppose
la *quasi possessio* et cette dernière n'était pas encore admise par Labéon, L. 20.
D. viii, 1.

III.

Quelque facile, quelque large qu'elle fût, cette usucapion de forme antique n'était point cependant toujours ouverte à celui qui avait possédé une chose *animo domini* pendant une-ou deux années. On l'avait exclue dans un certain nombre de cas où elle aurait été manifestement injuste. Ces prohibitions subsistèrent lorsque la théorie eut changé ; mais quelques-unes perdirent alors beaucoup de leur importance, ou encore leur portée changea si bien qu'on ne leur trouve un sens pleinement satisfaisant qu'en les rapprochant de la théorie première, dont elles sont par là même une nouvelle démonstration.

La loi des XII Tables écartait l'usucapion dans certaines hypothèses. La plus importante et la plus célèbre de ces exclusions est celle qui prohibe l'usucapion des choses volées [1]. Nous n'avons pas le texte même de la loi et il est difficile de dire quels en étaient les termes. Il est certain qu'une interprétation fort ancienne vit là un vice inhérent à l'objet volé, qui le soustrayait à l'usucapion entre les mains non-seulement du voleur mais de tout possesseur et, à ce p int de vue, le mettait hors du commerce. Dans le droit classique, la prohibition n'est utile que contre le tiers qui a acquis avec *justa causa* et *bona fides* la *res furtiva;* selon Gaius, c'est celui-là seulement qu'avaient visé les décemvirs, les principes généraux suffisant pour exclure le voleur [2]. Mais, comme l'a remarqué M. Stintzing [3], pour

[1] Gaius, II, 45; Inst., II, 6, 2.

[2] Gaius, II, 49 : « Quod ergo vulgo dicitur furtivarum rerum et vi possessarum usucapionem per legem XII Tabularum prohibitam esse, non eo pertinet ut ne ipse fur quive per vim possidet, usucapere possit (nam huic alia ratione usucapio non competit, quia scilicet mala fide possidet); sed nec ullus alius, quanquam ab eo bona fide emerit, usucapiendi jus habet. »

[3] *Das Wesen von bona fides und titulus*, p. 10.

que Gaius ait jugé cette observation nécessaire il fallait
qu'on pût s'y tromper à ne consulter que le vieux texte. Il
est permis de croire que Gaius, dans son explication, commet un anachronisme, que cette disposition visait à l'origine principalement sinon exclusivement, le voleur en personne, et qu'elle n'eût point été édictée si, pour écarter
celui-ci, les principes généraux avaient suffi. Est-il vraisemblable, en effet, que le législateur des XII Tables ait
organisé de parti pris cette protection à outrance de la propriété mobilière, protection beaucoup plus complète et
plus énergique que celle qu'assure notre droit moderne?
Alors qu'il faisait en général l'usucapion si facile et si
brève, alors qu'il ne prenait aucune précaution spéciale
pour assurer contre l'usucapion possible la revendication
des objets perdus[1], il aurait édicté un texte uniquement
pour rendre indéfiniment efficace, malgré toutes les mu-
tations, la revendication des objets volés.

Avec notre hypothèse, au contraire, tout s'explique
aisément. À une époque où l'usucapion suivait en principe
toute prise de possession, même entachée de mauvaise
foi, il était tout naturel qu'on en interdît cependant le
bénéfice au voleur. C'est ce que fit la loi des XII Tables,
c'est le voleur qu'elle visa en prohibant l'usucapion des
choses volées[2]. Mais elle avait parlé en termes généraux

---

[1] Celui qui, même de mauvaise foi, prenait possession d'un objet perdu ne fut
point d'abord et pendant longtemps considéré comme voleur. En effet, selon une
règle rapportée par Scævola, il ne peut y avoir vol par rapport à une chose qui
est sans possesseur, L. 1, § 15, D. XLVII, 4 : « Scævola ait furtum fieri possessionis; denique si nullus sit possessor, furtum negat fieri. » Voy. Albert Desjardins : *Traité du vol*, p. 73. Et il n'est pas douteux que les choses complètement
perdues soient sans possesseur, Voy. L. 3, § 13 (Nerva filius), D. XLI, 2; L. 25
pr. (Pomponius) D. XLI, 2; L. 44 (Pomponius), D. XLI, 1. Plus tard, il est vrai,
on admit que celui qui s'appropriait de mauvaise foi une chose perdue commettait un vol, mais même au temps d'Ulpien cette doctrine n'était point incontestée.
Voy. L. 44, D. XLI, 2; L. 43, §§ 4, ssv, D. XLVII, 2; L. 3, pr., D. XLVII, 9; Cf.
L. 21, § 1, D. XLI, 2.

[2] On comprend bien qu'on ait cherché à étendre cette limitation utile à l'usucapion des immeubles : c'est ce qu'avaient voulu sans doute les anciens qui ap-

et objectivement : il en résulta qu'on déclara incapables d'usucaper non-seulement le voleur, mais avec lui tous les possesseurs successifs de la *res furtiva*[1]. Ainsi entendue la prohibition conserva son utilité alors même que la théorie eut changé et que la bonne foi et le titre furent exigés chez l'*usucapiens;* elle fut confirmée, retouchée, complétée par une loi *Atinia*[2], et cette combinaison, qui mettait une chose hors du commerce en ce qui concerne l'usucapion, fut même appliquée à d'autres situations[3].

pliquaient aux immeubles la notion du *furtum.* Voy. Gaius, II, 51; Inst., II, 6, 7; L. 38, D. xli, 3; Aulu-Gelle, *N. A.*, xi, 18, 13.

[1] Selon M. Pernice (*Labeo*, II, p. 155), ce résultat aurait été voulu par le législateur des XII Tables lui-même; bien qu'ayant principalement le voleur en vue, il aurait à dessein prohibé objectivement et absolument l'usucapion des choses volées. Il aurait eu pour but d'atteindre du même coup, outre l'auteur du vol, les recéleurs et acquéreurs de mauvaise foi auxquels l'objet serait transmis; et il aurait trouvé plus facile et plus sûr de rechercher la qualité de la chose que l'intention des possesseurs.

[2] C'est un problème fort difficile que de déterminer le rapport véritable entre la disposition des XII Tables et la loi *Atinia.* Pourquoi une même prohibition ainsi répétée? Selon M. Albert Desjardins (*Traité du vol*, p. 230) : « Il est permis de croire que la notion du vol ayant pris une grande extension depuis la loi des XII Tables, on éprouvait quelque hésitation à faire dans les cas nouveaux, l'application de la règle relative à l'usucapion, et que la loi nouvelle vint non rétablir un principe tombé en désuétude, mais déterminer le caractère général d'un principe resté en vigueur. » M. Stintzing (*op. cit.*, p. 10) admet simplement une répétition. Pour M. Voigt (Die XII Tafeln, II, p. 207, 240) la loi *Atinia* aurait retouché sur deux points les anciennes règles. 1o Le texte des XII Tables étant absolu, sans restrictions, un objet une fois volé restait indéfiniment soustrait à l'usucapion quand même le propriétaire aurait eu l'occasion, la possibilité de le reprendre. C'était là une exagération, et la loi *Atinia* aurait décidé que le vice serait purgé lorsque la chose serait revenue *in potestatem domini* (L. 4, § 6, D. lvi, 3); on doit avouer d'ailleurs (Pernice : *Labeo*, II, 157) que le correctif était assez singulier. 2o M. Voigt suppose que, après avoir fixé dans un texte déjà cité une durée égale pour l'usucapion et pour l'*auctoritas*, la loi des XII Tables s'était contentée d'exclure l'usucapion en cas de vol sans prolonger dans cette hypothèse la durée de l'*auctoritas* : il résultait de là que l'acquéreur par mancipation d'une *res furtiva* se voyait privé de son recours en garantie alors que cependant il ne lui avait point été possible d'usucaper. La loi *Atinia* serait venue rétablir l'harmonie rompue. Cela cadre bien avec le texte de cette loi conservé par Aulu-Gelle, *N. A.*, xvii, 7, 4 : « Quod subreptum erit ejus rei æterna auctoritas esto. »

[3] Les *res vi possessæ*, les choses que se faisaient donner les gouverneurs des provinces. L. 8 pr., § 1, D. xlviii, 11. Voy. Huschke : *Das Recht der Publicianischen Klage*, p. 79, ssv.

La loi des XII Tables contenait une autre disposition importante que Gaius nous rapporte en ces termes : « Olim mulieris quæ in agnatorum tutela erat res mancipi usucapi non poterant præter quam si ab ipsa tutore auctore traditæ essent id que lege XII Tabularum cautum erat[1]. » En restreignant ici l'application de l'usucapion, le législateur n'a point eu en vue de protéger la femme en tutelle contre les usurpations des tiers; on sait que la tutelle des femmes n'est point établie dans leur intérêt, et d'ailleurs aucune mesure semblable ne fut prise en faveur du pupille. Ce sont les tuteurs représentant la famille qu'on a voulu défendre contre les actes de la femme elle-même. Celle-ci ne pouvait point aliéner une *res mancipi* sans l'autorisation de son tuteur; mais elle aurait pu en remettre la possession à un tiers et celui-ci aurait usucapé : c'est cette combinaison que déjoue le texte des XII Tables. Mais il suppose par là même une législation dans laquelle l'usucapion procède sans *justa causa*. En effet, la mancipation ou l'obligation, que la femme aurait consentie *sine tutore* au profit du tiers avant de lui remettre la possession, étant nulle, ce tiers n'aurait eu aucun titre, et par là même il n'aurait pu usucaper, sans qu'il fût besoin d'une prohibition spéciale dans une législation qui n'aurait pas admis l'usucapion sans *justa causa*.

Enfin la loi des XII Tables défendait d'usucaper le *forum,* ou vestibule du tombeau[2], ainsi qu'une bande de terre large de cinq pieds, prise de part et d'autre par moitié sur les fonds contigus[3]. Ne s'agit-il pas là d'écarter

---

[1] Gaius, II, 47.

[2] Cic. : *de Leg.*, II, 24, 61 : « Quod autem forum id est vestibulum sepulcri bustum ve usucapi vetat, tuetur jus sepulcrorum. Hæc habemus in XII, sane secundum naturam quæ norma legis est. » Il n'est pas très aisé de dire au juste quel était le second objet soustrait à l'usucapion sous le nom de *bustum.* Voy. Paul Diacre, V° *Bustum.* Servius, *in Æn.*, XI, 201.

[3] Cic. : *de Leg.*, I, 21, 55 : « Controversia nata de finibus, in qua usucapionem XII Tabulæ intra quinque pedes esse noluerunt. »

les usurpations que commettent sans titre les voisins l'un contre l'autre [1]?

IV.

Ce n'est pas seulement la loi qui limita de divers côtés le champ d'application de l'usucapion primitive : la jurisprudence s'appliqua aussi à le restreindre. Elle y réussira pleinement lorsqu'elle fera admettre la nécessité de la *justa causa* et de la *bona fides*, mais même avant ce temps elle obtint un premier résultat en créant la théorie des *causæ possessionis* dont la trace se retrouve au Digeste, bien qu'elle ait perdu dans la suite beaucoup de son importance.

On entendait par *causa possessionis* non point un acte juridique antérieur à la prise de possession à laquelle il sert de fondement (cela c'est la *justa causa*), mais la nature même de cette prise de possession, *origo nanciscemdæ possessionis*, comme le dit très clairement Ulpien [2]. La jurisprudence admit que si celle-ci avait été clandestine, violente ou précaire (*clam, vi aut precario*), elle serait entachée d'un vice et ne pourrait conduire à l'usucapion [3] dont le domaine par là était bien restreint.

---

[1] Rudorff parlant des *quinque pedes*, remarque que la plupart du temps l'une des conditions de l'usucapion aurait fait défaut dans ce cas, le titre ou la bonne foi : et par là s'expliquerait en partie la prohibition des XII Tables. Mais comment aurait-on édicté une prohibition superflue dans la plupart des cas? Voy. Rudorff : *Gromatische Institutionen* (*Die Schriften der römischen Feldmesser*, II, p. 438) : « Die Ausschliessung der Usucapio *intra quinque pedes* hat vielmehr folgende Grunde. In den meisten Fällen fehl ein Erforderniss der Usucapion, entweder : 1º der Titel und die Ueberzeugung die mit dem Apflügen unvereinbar sind, oder, 2º der possessio. Denn in dem *usus itineris ad culturas* oder in dem *circumactus aratri* läge höchstens der quasi-Besitz einer intermittirende Wege-servitut, nicht der Sachbesitz, besonders wenn der Saum unbestellt liegen bleibt.»

[2] L. 6, pr., D. xli, 2.

[3] Des textes décisifs montrent que tel fut bien le sens et la portée des *causæ*

Cette théorie des vices de la possession est assez rarement
rappelée par les jurisconsultes à propos de l'usucapion,
alors qu'elle joue un grand rôle dans la matière des
interdits : la théorie de la *justa causa* et de la bonne foi
la masque presque complètement; mais à une époque où
les deux éléments n'étaient pas pris en considération, on
conçoit toute son importance [1]. D'ailleurs les jurisconsultes
de l'époque classique, tout en la tenant au second plan en
matière d'usucapion, savent encore l'utiliser [2] au besoin :
ils y rattachaient traditionnellement la règle d'après laquelle celui qui possède ou détient une chose au nom
d'autrui ne saurait usucaper [3] et opposaient alors les expressions : *pro suo possidere, pro alieno possidere.* Elle était
complétée par une règle fameuse que les prudents, dont
les textes figurent au Digeste, répètent encore tout en y
reconnaissant un legs des *veteres* [4]; je veux parler de la
maxime : « *Nemo sibi causam possessionis mutare potest.* »
Cette maxime signifie qu'après avoir commencé une possession d'une certaine qualité, le possesseur ne saurait par

---

possessionis. Cic. : *De lege agrar.*, III, 3, 11 : « Nam attendite quantas concessio-
nes agrorum hic noster objurgator uno verbo facere conetur : *quæ data, donata,
concessa, vendita.* Patior : audio. Quid deinde? *possessa.* Hoc tribunus plebis pro-
mulgare ausus est ut quod quisque post Marium et Carbonem Consules possideret, id eo jure teneret, quo quod optimo privatum! *Etiam ne si vi ejecit?
Etiam ne si clam, si precario venit in possessionem? Ergo hac lege jus civile, causæ
possessionum, prætorum interdicta tolluntur.* » — L. 31, § 4, D. xli, 3 : « Si vi
aut clam aut precario possessionem nactus quis postea furere cœperit, et possessio *et causa eadem* durat de hoc quod precario furiosus habet. »

[1] Ceux qui admettent comme nous que la *præscriptio longi temporis* des servitudes s'accomplissait sans titre et sans bonne foi, font remarquer combien par là
la théorie des *vitia possessionis* acquiert d'importance en cette matière. Voy. Elvers : *Servitutenlehre*, p. 744, ssv.

[2] L. 31, § 4, D. xli, 3 (toute la loi traite de l'usucapion); L. 40, D. xli, 2;
L. 4, pr., D. xli, 10.

[3] L. 13, pr., D. xli, 3 : « Pignori rem acceptam usu non capimus, quia pro
alieno possidemus. » — L. 40, § 3, D. xli, 2 : « Si servum meum bonæ fidei
emptori clam abduxerim, respondit non videri me clam possidere, *quia neque
precarii rogatione, neque condictione suæ rei dominum teneri, et non posse causam
clandestinæ possessionis ab his duabus causis separari.* »

[4] L. 3, § 19, D. xli, 2; L. 19, § 1, *ibid.*

un simple acte de sa volonté en changer le caractère[1] ;
elle veut dire encore que celui qui a la possession ou la
détention d'une chose *alieno nomine* ne peut par un simple
changement d'intention commencer à posséder *pro suo*[2].
On peut affirmer que c'est principalement en vue de
l'usucapion, et pour l'empêcher, que fut formulée cette
règle[3] ; mais là cependant, d'après la théorie classique,
elle est inutile, puisque la bonne foi ou le juste titre
manqueraient toujours à ceux contre qui elle est dirigée.
Aussi le vrai sens de l'adage a-t-il été révélé pour la première fois lorsque Savigny en a fait l'application à l'*usucapio improba pro herede*[4]. Mais telle qu'elle nous est présentée, la vieille formule a un caractère évident de généralité : rien ne peut faire supposer qu'elle ait été inventée
pour ce cas spécial. Elle devait viser non-seulement les

---

[1] L. 19, § 1, D. xli, 2 (Marcellus) : « Quod scriptum est apud veteres neminem
sibi causam possessionis posse mutare, credibile est de eo cogitatum qui et corpore et animo possessioni incumbens hoc solum statuit, ut alia ex causa id possideret, non si quis dimissa possessione prima, ejusdem rei denuo ex alia causa
possessionem nancisci velit. »

[2] L. 2, § 1, D. *pro herede*, xli, 5. Sur cette loi et sur l'application au simple
détenteur de la maxime, *nemo sibi causam possessionis mutare potest*, voyez cependant Baron, dans *Iherings Iahrbüchern*, VII, p. 155, ssv.

[3] Dans la matière des interdits, elle a peu d'applications utiles et même n'est
pas toujours respectée. Si elle empêche que la possession commencée *vi, clam* ou
precario ne puisse changer de caractère par le fait seul du possesseur, cela a de
l'importance quant aux interdits *uti possidetis* et *utrubi*, mais non quant aux interdits *unde vi* et *de precario* : ceux-ci en effet ont leur fondement dans le fait
originaire de l'expulsion violente, et dans la *rogatio* du précariste. D'autre part,
elle n'empêche point que le détenteur ne puisse par son propre fait acquérir sur
la chose qu'il détient la *possessio ad interdicta*. S'agit-il d'un meuble, le locataire,
commodataire, dépositaire, peut décider qu'il possédera désormais pour lui-
même, et aussitôt le locateur, commodant, déposant perd la possession, L. 47,
D. xli, 3 ; cf. L. 20, *ibid.*, les jurisconsultes paraissent avoir seulement hésité
quant à l'acte suffisant pour traduire ce changement d'intention. Voyez L. 67, D.
xlvii, 2 ; Randa : *der Besitz*, 3e édit., p. 513, note 10. Pour les immeubles, les
textes admettent aussi que le détenteur pourra *intervertere possessionem;* mais
cette interversion ne produira effet que lorsque celui pour qui il possédait en aura
eu connaissance et aura vainement réclamé la restitution de sa chose, L. 12, L.
18, D. xliii, 16.

[4] Savigny : *Possession*, traduction Staedtler, p. 61, ssq.

cas d'*usureceptio* auxquels elle s'applique avec les restrictions conformes à ces situations exceptionnelles, mais encore l'usucapion en général. Cela ressort des textes qui en discutent le sens, sans la restreindre à une hypothèse isolée, et qui ne lui trouvant plus d'application utile dans sa portée générale, croient devoir écarter les conséquences fausses qu'on pourrait être tenté d'en tirer [1]. Mais si, au début, la règle avait une utilité générale, il en ressort qu'au début l'usucapion s'accomplissait dans tous les cas sans juste titre et sans bonne foi.

V.

La théorie de l'usucapion et celle de la publicienne ne sont pas les seules qui, dans le droit classique, exigent la bonne foi et le juste titre comme soutien nécessaire et complément vivifiant de la possession : la bonne foi est encore

[1] L. 33, § 1, D. XLI, 3 : « Quod vulgo respondetur ipsum sibi causam possessionis mutare non posse, totiens verum est, quotiens quis sciret se bona fide non possidere et lucri faciendi causa inciperet possidere; idque per hæc probari posse. Si quis emerit fundum sciens ab eo, cujus non erat, possidebit pro possessore : sed si eumdem a domino emerit, incipiet pro emptore possidere, nec videbitur sibi ipse causam possessionis mutasse. Idem que juris erit etiam si a non domino emerit, cum existimaret eum dominum esse. Idem hic si a domino heres institutus fuerit vel bonorum ejus possessionem acceperit, incipiet fundum pro herede possidere. Hoc amplius si justam causam habuerit existimandi se heredem vel bonorum possessorem domino extitisse, fundum pro herede possidebit nec causam possessionis sibi mutare videbitur. Cum hoc igitur recipiantur in ejus persona, qui possessionem habet, quanto magis in colono recipienda sunt, qui nec vivo nec mortuo domino ullam possessionem habet? Et certe si colonus mortuo domino emerit fundum ab eo, qui existimabat se heredem ejus vel bonorum possessorem esse, incipiet pro emptore possidere. » — L. 19, § 1, D. XLI, 2 : « Quod scriptum est apud veteres neminem sibi causam possessionis posse mutare, *credibile est de eo cogitatum*, qui et corpore et animo possessioni incumbens hoc solum statuit ut alia ex causa id possideret, non si quis dimissa possessione prima ejusdem rei denuo ex alia causa possessionem nancisci velit. »

exigée pour que le possesseur de la chose d'autrui en acquière les fruits [1]. Entre cette acquisition des fruits et l'usucapion il y a comme une parenté naturelle, et les jurisconsultes se sont toujours plu à les rapprocher l'une de l'autre. Mais si la loi romaine de tout temps exigea la bonne foi chez le possesseur pour qu'il fît les fruits siens, peut-on concevoir qu'elle ne l'ait pas toujours exigée aussi pour qu'il devînt propriétaire de la chose par l'usucapion? Il y aurait là une contradiction manifeste, et par là même l'hypothèse que j'ai développée jusqu'ici serait fort compromise.

Je crois que sur ce point encore le droit ancien différait du droit classique : je crois que, quant à l'acquisition des fruits, il ne distinguait pas entre les possesseurs de bonne foi et les possesseurs de mauvaise foi, ou que s'il établissait entre eux quelque différence (ce qui me paraît douteux), le principe de la distinction n'était point puisé dans la bonne ou la mauvaise foi considérée en elle-même.

Il est probable que le droit ancien ne s'était pas attaché à déterminer principalement et directement quel était le propriétaire des fruits perçus par un possesseur de la chose d'autrui : cette question était assez peu pratique, car ces fruits étaient destinés à être consommés. La loi avait seulement déterminé dans quelle mesure et dans quels cas le propriétaire aurait une voie de droit pour se faire rendre par le possesseur les fruits perçus ou la valeur de ces fruits. Or, si l'on considère la revendication, telle qu'elle fut organisée sous le système des actions de la loi, on peut voir qu'elle n'assurait jamais au propriétaire que la restitution des fruits perçus depuis la *litis contestatio*, sans distinguer si le possesseur était de bonne ou de mauvaise foi.

---

[1] Il ne semble pas qu'en cette matière les jurisconsultes aient exigé un juste titre aussi sévèrement qu'en matière d'usucapion. L'élément essentiel et véritablement opérant c'était la bonne foi; sans doute un titre putatif était toujours suffisant; le titre n'était exigé que dans la mesure où sans lui la bonne foi n'aurait pu se comprendre. Voyez cependant Accarias : *Précis*, I[3], p. 596, note 3.

Examinons en effet l'action *sacramenti in rem*, et supposons d'abord que le revendiquant qui triomphe avait reçu du préteur les *vindiciæ*, la possession intérimaire. Lorsque son *sacramentum* aura été déclaré *justum*, il ne pourra retirer qu'un seul avantage de sa victoire judiciaire : il restera en possession à titre définitif; lui et ses *prædes* seront déchargés de l'obligation, qu'ils avaient éventuellement contractée, de restituer la chose avec les fruits perçus pendant l'instance. Mais par quelle voie le revendiquant demanderait-il compte à son adversaire des fruits que celui-ci a pu percevoir avant la *litis contestatio?* nous n'en voyons aucune. Un seul texte parle d'une action tendant à la restitution des fruits ou de leur valeur ; c'est un fragment de la loi des XII Tables que nous a transmis un passage mutilé de Festus [1], et justement il suppose expressément l'hypothèse inverse de celle que nous examinons, c'est-à-dire le cas où la possession intérimaire a été attribuée non au plaideur qui triomphe, mais à celui qui succombe : « *Si vindictam falsam tulit.* »

Plaçons-nous maintenant dans cette dernière hypothèse : elle devait être fréquente, car sans doute le plus souvent le préteur donnait les *vindiciæ* à celui qui déjà était en possession. C'est le plaideur dont le *sacramentum* est déclaré *injustum* qui avait reçu la possession intérimaire. Grâce à cette circonstance, qui au premier abord ne lui paraît point favorable, le revendiquant pourra-t-il obtenir une restitution de fruits que, dans l'hypothèse précédente, il ne pouvait poursuivre ? Cela serait bien étrange, et sans doute cela n'était pas. Les auteurs sont fort divisés quand il s'agit de déterminer comment le revendiquant pouvait poursuivre l'exécution, en vertu du *judicatum* rendu en sa faveur. Devait-il se mettre en possession de son autorité privée et par ses propres forces, ou obtenait-il à cet

---

[1] V° *Vindiciæ* (édit. Müller) : « In XII : Si vindiciam falsam tulit, si velit is... tor arbitros tres dato, eorum arbitrio... fructus duplione decidito. »

effet l'assistance de l'autorité et de la force publiques ?
L'exécution *in ipsam rem* était-elle inconnue, et alors le
gagnant devait-il faire transformer son droit de propriété
en un droit pécuniaire au moyen d'un *arbitrium liti æsti_
mandæ,* puis agir contre son adversaire par la *manus injectio,* ou bien la seule voie de contrainte qui lui fût
ouverte était-elle une action contre les *prædes litis et vindiciarum ?* Toutes ces solutions ont leurs partisans. Mais
au milieu de ces obscurités et de ces doutes, un point
paraît certain, c'est que l'obligation des *prædes* avait pour
mesure les restitutions dont pouvait être tenu le possesseur évincé. L'objet de ces restitutions est double : d'une
part c'est la *lis,* l'objet principal sur lequel porte le procès ; d'un autre côté ce sont les *vindiciæ,* c'est-à-dire les
fruits. Mais les seuls fruits qui soient compris dans ce
mot *vindiciæ,* sont ceux qui ont été perçus pendant l'instance, pendant la possession intérimaire : c'est d'ailleurs
ces fruits intérimaires seulement que l'on prend en considération dans la procédure des interdits, qui offre des
analogies frappantes avec l'*action sacramenti in rem*[1]. Ici
encore la revendication néglige les fruits perçus *ante litis
contestationem.*

Il est vrai que nous possédons un texte qui paraît ajou-
ter un détail important sur la restitution des fruits dans
cette hypothèse : c'est le passage mutilé de Festus que
j'ai cité plus haut. Quelles que soient les lacunes qu'il
présente, on peut tenir pour certain qu'il y est question
d'une condamnation au double prononcée contre le possesseur qui succombe à raison des fruits qu'il a perçus
pendant sa possession intérimaire. Et l'on pourrait voir là
une de ces solutions arbitraires mais simples, si chères
à l'ancien droit. Si la loi, pourrait-on dire, afin d'éviter

---

[1] Gaius, IV, 167 : « Qui fructus licitatione vicit, si non probat ad se pertinere
possessionem..... possessionem restituere jubetur ; et hoc amplius fructus, *quos
interea percepit,* reddit. » — La *licitatio fructuum* dans la procédure des interdits
est le pendant de l'attribution des *vindiciæ.*

toute complication ne demandait compte dans aucun cas des fruits perçus avant la *litis contestatio*, par contre, et par une sorte de compensation, elle condamnait le possesseur qui succombait à restituer au double les fruits perçus pendant l'instance. C'était là un traitement analogue à celui que subira plus tard le possesseur de mauvaise foi : seulement, fidèle à son génie, la vieille loi frappe non pas le dol mais l'insuccès ; le plaideur malheureux est nécessairement pour elle un plaideur coupable.

Mais cette explication est à mes yeux absolument fausse. Si cette condamnation au double avait pour but d'indemniser le revendiquant de ce qu'on ne lui accorde rien à raison des fruits perçus avant la *litis contestatio*, elle aurait pour pendant une condamnation au simple au profit du revendiquant, dans le cas où c'est lui qui a obtenu les *vindiciæ* : celui-ci, tout en gardant alors les fruits perçus pendant sa possession intérimaire devrait en outre pouvoir faire condamner son adversaire à lui en payer la valeur. Or il n'y a pas trace d'un droit semblable.

S'il était prouvé que cette condamnation au double était toujours prononcée contre le possesseur qui succombait, je l'expliquerais plutôt autrement : elle serait une peine prononcée contre lui à raison de ce que, par sa résistance et par l'obtention des *vindiciæ*, il a injustement privé son adversaire de la possession durant l'instance ; c'est le rôle que joue dans la procédure des interdits le prix de *licitatio fructuum*[1]. Mais M. Lenel me paraît avoir démontré que cette condamnation intervenait seulement dans le cas où le possesseur vaincu s'était mis dans l'impossibilité de restituer les fruits intérimaires, soit parce qu'il ne les avait plus, soit parce qu'il avait négligé de les percevoir ;

---

[1] Gaius, IV, 167 : « Summa enim fructus licitationis non pretium est fructuum sed pœnæ nomine solvitur, quod quis alienam possessionem per hoc tempus reinere et facultatem fruendi nancisci conatus est. »

elle n'était que le succédané d'une restitution en nature devenue impossible par sa faute[1].

Ainsi de quelque côté que nous nous tournions, la même solution se présente à nous. On a remarqué bien souvent que dans la revendication du droit classique, le possesseur de bonne foi et le possesseur de mauvaise foi sont comptables des fruits dans la même mesure et suivant les mêmes règles à partir de la *litis contestatio* : l'ancien droit pour la période antérieure maintenait aussi l'égalité entre eux, mais en sens inverse, ni l'un ni l'autre ne rendaient compte au revendiquant des fruits perçus avant la *litis contestatio*. Ainsi le voulait d'ailleurs la nature même de la revendication selon les anciens principes : le plus souvent, ces fruits antérieurement perçus auront été consommés, n'existeront plus en nature lors de la *litis contestatio;* en comprendre la valeur dans la revendication, ce serait introduire dans l'action réelle une question d'obligation ; ce serait contraire à cette ancienne simplicité des actes juridiques que M. d'Ihering a si bien mise en lumière[2].

Lorsque, à côté de l'action *sacramenti in rem,* s'introduisit la revendication *per sponsionem,* rien ne fut changé à cet état de choses; et la *cautio pro præde litis et vindiciarum,* ainsi que son nom l'indique, se modela exactement sur l'obligation des *prædes,* telle qu'elle avait été déterminée jusque-là. Mais lorsqu'on eut imaginé la *formula*

---

[1] Lenel : *Das Edictum perpetuum*, p. 411. Pour le droit classique cette portée de la condamnation au double est démontrée par les textes suivants : Paul : *Sent.,* I, 13b, 8 ; v, 9, 1 ; L. 12, D. ii, 8 ; L. 9, § 6, D. x, 4. — Cf. Accarias : *Précis,* n° 807, tom. II², p. 980.

[2] Aussi M. d'Ihering arrive-t-il sur cette question des fruits dans la revendication à la même conclusion que nous. *Esprit du droit romain,* trad. de Meulenaere, tome IV, p. 28 : « C'est d'après moi un principe nouveau, que la *rei vindicatio* pouvait aussi porter sur les fruits perçus dans le passé. » P. 183 : « Le droit nouveau, il est vrai, a complètement altéré le caractère primitif de la *rei vindicatio.* La revendication moderne est pleine de côtés obligatoires. On peut même dire qu'elle n'est plus qu'une action personnelle passivement déterminée par la possession. »

petitoria, le juge dans cette nouvelle revendication, grâce au pouvoir que lui conférait la clause arbitraire, et en vertu de son *officium* élargi, put sans doute statuer sur certaines obligations, accessoires et complément de la restitution principale. C'est ainsi qu'il fut amené à statuer sur les fruits perçus avant la *litis contestatio* et qu'il put contraindre le possesseur de mauvaise foi à les restituer[1]. Mais si la revendication arriva ainsi à comprendre cette restitution, il avait fallu d'abord que celle-ci s'établît indépendamment.

On peut affirmer, je crois, que ce fut d'abord par une *condictio* que le propriétaire réclama au possesseur de mauvaise foi les fruits perçus avant la *litis contestatio* : cela me paraît résulter d'un certain nombre de textes[2]. Mais quelle était cette *condictio?* On songe naturellement à la *condictio furtiva* : la jurisprudence aurait considéré comme un *furtum* le fait de percevoir *invito domino* les fruits de la chose d'autrui, ce qui aurait permis au propriétaire d'intenter contre le possesseur de mauvaise foi non-seulement la *condictio*, mais encore l'action *furti*. M. d'Ihering admet qu'il en fut ainsi, même dans les temps antiques, et si l'on souscrivait à son opinion, on serait amené à constater que pour l'acquisition des fruits comme pour la pos-

---

[1] J'adopte l'opinion dominante en France, d'après laquelle, dans le droit de l'époque classique, le possesseur de bonne foi n'aurait jamais eu à restituer les fruits perçus avant la *litis contestatio*, même *exstantes*. V. Accarias : *Précis*, I[3], n° 250.

[2] L. 55, *in fine*, D. xii, 6 : « Dici solet prædoni fructus posse condici. » — L. 15, D. xxii, 1 : « Respondi neque eorum fructuum, qui post litem contestatam officio judicis restituendi sunt, usuras præstari, *neque eorum qui prius percepti quasi malæ fidei possessori condicuntur.* » — L. 78 (*Labeo*), D. vi, 1 : « Si ejus fundi quem alienum possideres fructum non coegisti, nihil ejus fundi fructuum nomine te *dare oportet.* » — L. 4, § 2, D. x, 1 : « Ante judicium percepti (fructus) non omnimodo hoc in judicium venient : aut enim bona fide percepit, et lucrari eum oportet, *si eos consumpsit*, aut mala fide et *condici oportet.* » — Ce dernier texte parle, il est vrai, non de la revendication, mais de l'action *finium regundorum;* mais, sans doute, pour cette question des fruits, on prenait là, pour modèle, ce qui était admis dans la revendication. Les mots *si eos consumpsit* me paraissent interpolés.

session, c'était anciennement la notion du *furtum* qui contenait dans de justes limites les privilèges attachés à la possession ; il en résulterait aussi qu'anciennement le propriétaire aurait eu, en dehors de la revendication, une action fort avantageuse contre le possesseur de mauvaise foi à raison des fruits perçus avant la *litis contestatio*. Mais cette opinion[1] ne me paraît pas devoir être admise. La notion du *furtum* fut à l'origine non pas très large, comme le suppose M. d'Ihering, mais au contraire fort étroite[2] : lorsqu'on ne regardait point comme un vol le fait de prendre de mauvaise foi possession d'un immeuble appartenant à autrui, il n'est pas probable qu'on vit un *furtum* dans les perceptions de fruits qui n'étaient que la conséquence naturelle, la continuation, pour ainsi dire de cette prise de possession. On peut remarquer en outre que les textes qui déclarent qu'on peut *condicere fructus prædoni,* ne parlent jamais d'une action *furti* pouvant être intentée cumulativement avec la *condictio ;* il était pourtant naturel de l'indiquer si elle eût existé. Enfin nous trouvons, il est vrai, au Digeste, des fragments qui considèrent comme un *furtum* la cueillette et l'enlèvement furtif des fruits produits par un immeuble ; mais il s'agit de faits principaux et isolés : ce n'est point alors un possesseur du fonds qui opère la récolte, c'est une personne du dehors qui cueille les fruits et les emporte[3].

---

[1] *Esprit du droit romain,* trad. de Meulenaere, IV, p. 28 : « En présence d'un possesseur de mauvaise foi, de la part duquel la perception des fruits comportait un *furtum nec manifestum,* le revendiquant aurait commis une faute grossière en l'actionnant par l'action principale en paiement du montant simple, alors qu'il pouvait le faire condamner au double au moyen d'une action spéciale pour délit, mais l'eût-il même voulu, il n'en avait pas le droit, vis-à-vis du possesseur de mauvaise foi, ni vis-à-vis du possesseur de bonne foi. »

[2] Voy. Girard : *Études historiques sur la formation du système de la garantie d'éviction,* p. 38.

[3] L. 25, § 2, D. xlvii, 2 : « Eorum quæ de fundo tolluntur ut puta arborum vel lapidum vel arenæ vel fructuum, quos quis furandi animo decerpsit, furti agi posse nulla dubitatio est. » Cf. L. 58 (al. 57), *ibid.* — L. 68 (al. 67), § 5, D. xlvii, 2 : « Si colonus post lustrum condictionis anno amplius fructus invito

Je croirais plutôt que la *condictio* donnée à raison des
fruits perçus *ante litis contestationem* contre le possesseur
de mauvaise foi, fut une *condictio sine causa,* fondée sur
l'idée d'enrichissement injuste[1] : il avait injustement distrait à son profit un élément du patrimoine d'autrui. L'introduction de cette action nous reporterait alors à une époque où la *condictio incerti* était déjà née et où la théorie des
condictiones sine causa avait reçu son développement[2].

En ce même temps sans doute la jurisprudence résolut la
question de savoir à qui appartenaient les fruits recueillis
par le possesseur d'une *res aliena* avant la *litis contestatio.*
Si le possesseur était de bonne foi, on l'en déclara propriétaire; on refusa de ce chef toute action contre lui au *dominus* de la chose frugifère. C'était maintenir à son profit l'ancien état de choses et d'autre part on n'aurait pas compris
ici une *condictio sine causa :* il n'y avait pas d'enrichissement injuste; la loi elle-même attribuant la propriété des
fruits au possesseur de bonne foi, elle ne pouvait lui reprendre d'une main ce qu'elle venait de lui donner de
l'autre. Quant aux fruits perçus par le possesseur de mauvaise foi, celui-ci ne pouvait invoquer par rapport à eux
aucune cause d'acquisition; ils étaient donc restés la propriété du *dominus* de la chose[3]. Mais par là même, celui-ci

---

domino perceperit, videndum ne messis et vindemiæ furti cum eo agi possit. Et
mihi dubium non videtur quin fur, et si consumpserit rem subreptam repeti ea
ab eo possit. » Ce dernier texte paraît moins facile à expliquer dans notre opinion :
mais on remarquera qu'il s'agit là d'un fermier expulsé à fin de bail, qui revient
néanmoins faire la récolte; dans tous les cas ce fermier n'est pas un possesseur.
Cf. L. 14, D. xix, 2.

[1] L. 4, § 1, D. xii, 1 : « Res·pignori data, pecunia soluta, condici potest, et
fructus *ex injusta causa percepti condicendi sunt.* Nam et si colonus post lustrum
completum fructus perceperit, condici eos constat; ita demum si non voluntate
domini percepti sunt; nam si ex voluntate, procul dubio cessat condictio. »

[2] Appliquée aux *fructus exstantes,* cette action serait une *condictio possessionis.*
L. 25, § 1, D. xlvii, 2.

[3] Cette théorie sur l'acquisition des fruits ne s'établit point d'ailleurs sans
conteste. Elle eut à triompher d'une autre théorie, qui distinguait non point entre
les divers possesseurs mais entre les différentes sortes de fruits. Cette seconde
théorie attribuait toujours au possesseur, qu'il fût de bonne ou de mauvaise foi,

pouvait les comprendre dans sa revendication s'ils étaient *exstantes;* l'on tendit, ce qui était logique, à ne donner la *condictio* contre le possesseur qu'à raison des fruits déjà consommés, les *fructus exstantes* étant revendiqués avec la chose principale [1].

Enfin cette évolution se termina par deux dernières modifications. D'un côté l'on admit que le possesseur de bonne foi lui-même devrait restituer les fruits qu'il n'aurait pas consommés; d'autre part, on reconnut au juge de la revendication le droit de régler et d'ordonner en vertu de son *officium,* non-seulement la restitution des *fructus exstantes,* mais encore celle des *fructus consumpti* ou plutôt de leur valeur [2]. Mais je n'ai point à entrer dans l'examen de ces points : je voulais seulement montrer que les différences entre le possesseur de bonne foi et le possesseur de mauvaise, quant à l'acquisition et à la restitution des fruits, n'appartiennent pas au fonds de l'ancien droit. Revenons maintenant à l'usucapion.

---

ceux des fruits perçus par lui qui avaient été produits par son travail et par ses soins, et ne lui attribuait jamais que ceux-là ; elle a laissé des traces dans certains textes, en particulier dans le passage des Institutes qui attribue les fruits au possesseur de bonne foi, *pro cultura et cura;* un fragment de Pomponius (l. 45, D. xxii, 1) en fait une application très nette, et Paul croit encore utile de l'écarter, l. 48, pr., D. xxii, 1. Dans ce sens : Accarias : *Précis,* tom. I[3], p. 597, note 1.

[1] L. 22, § 2 (Ulp.), D. xiii, 7. L. 4, C. ix, 32. Fructus autem rerum quas mala fide tenuit suos non facit, sed exstantes quidem vindicari, consumtos vero condici posse, procul dubio est. » — L. 3, C. iv, 9 : « Mala fide possidens, de proprietate victus, exstantibus fructibus vindicatione, consumptis vero condictione conventus, eorum restitutioni parere compellitur. »

[2] Inst., IV, 17, 2 (*De officio judicis*).

§ II.

La justa causa *et la* bona fides.

I.

Comment en arriva-t-on à exiger dans l'usucapion la
bona fides et la *justa causa?* Cette exigence nouvelle
répondait sans doute à un besoin; à mesure que le monde
romain s'élargissait, il était utile de rendre plus difficile
l'usucapion dont le délai était si bref. Mais rien ne nous
indique que cela ait fait l'objet d'une réforme législative :
il faut donc rechercher comment la jurisprudence accomplit cette transformation.

Pour MM. Stinzing[1] et Voigt[2], la solution de cette
difficulté serait aisée. La double condition de la *justa causa*
et de la *bona fides* aurait d'abord apparu dans la publicienne et c'est de là qu'elle aurait passé dans l'usucapion :
mais cette hypothèse séduisante soulève de graves objections. L'action publicienne repose sur la fiction d'une
usucapion accomplie (Gaius, IV, 36); elle a donc dû refléter
l'image de l'usucapion au lieu de lui servir de modèle. On
peut dire, il est vrai, que le préteur, en créant cette action
pour les possesseurs de bonne foi, en devançant à leur profit l'époque où l'usucapion serait accomplie, a pu exiger
des justifications nouvelles que ne requérait point encore
la théorie de l'usucapion : puis de l'usucapion feinte la
double condition, jugée fort raisonnable, aurait passé dans
l'usucapion réelle, et la fiction aurait après coup modelé la

---

[1] *Op. cit.*, p. 46, ssv.
[2] *Die XII Tafeln*, tom. II, p. 234; *Jus naturale*, Beiläge, xxi, p. 493.

réalité à son image. Mais ce n'est là encore qu'une simple supposition; nous ne trouvons dans les textes aucune indication qui vienne l'appuyer.

Pour moi la théorie du juste titre et de la bonne foi s'est formée autrement : elle s'est lentement élaborée, et a passé par divers états qui me semblent avoir laissé des traces dans la doctrine définitive[1]. Elle eut pour point de départ la théorie de la clandestinité : c'est en analysant plus finement les cas dans lesquels le possesseur échapperait à tout reproche de clandestinité, qu'on arriva à exiger de l'*usucapiens* la bonne foi et le juste titre, qui sans doute au début ne se distinguèrent pas nettement l'un de l'autre.

Pour décider si une prise de possession était clandestine, fallait-il seulement et surtout se demander si le propriétaire de la chose l'avait connue, ou avait pu la connaître? Peut-être le jugea-t-on d'abord ainsi, mais c'était là un bien mauvais critérium. Comment accuser d'usurpation clandestine celui qui prenait possession au grand jour, recevant la chose d'une personne qu'il croyait capable d'en disposer? Partant de cette idée, les jurisconsultes romains considérèrent la fraude comme un élément essentiel de la clandestinité, et déclarèrent que jamais une prise de possession ne pourrait être considérée comme clandestine lorsqu'elle se produirait de bonne foi, le possesseur justifiant son entrée par de sérieux motifs[2]. Par là même, toute prise de possession qui n'était pas ainsi justifiée devenait suspecte et l'on était ainsi amené à exiger que pour

---

[1] Par là s'expliquent les conceptions diverses de la *justa causa* que contiennent les textes et dont M. Voigt a bien montré la divergence. *Die condictiones ob causam*, p. 201, ssv.

[2] L. 6, pr., D. xLɪ, 2 : « Clam possidere eum dicimus qui furtive ingressus est possessionem ignorante eo, quem sibi controversiam facturum suspicabatur et ne faceret timebat... *nec quemquam clam possidere incipere, qui* sciente aut volente eo ad quem ea res pertinet aut *aliqua ratione bonæ fidei possessionem nanciscitur.* » Cf., l. 4, pr., D. xLɪ, 10. — Sur le caractère de la possession clandestine, voyez Randa : *Der Besitz*, p. 216, 217.

conduire à l'usucapion, la possession s'appuyât sur la bonne foi et sur un titre.

Cela explique parfaitement pourquoi le droit romain exigeait seulement que la bonne foi existât au moment de la prise de possession ; *mala fides superveniens non impedit usucapionem.* C'était au début de la possession qu'il fallait se reporter pour dire si elle était clandestine ou non, et le caractère qu'elle avait alors ne pouvait changer par la suite [1]. Sans doute, c'était là une règle heureuse et qui a passé dans notre droit : elle se justifie donc par des motifs rationnels ; mais il est fort à croire que le raisonnement seul ne l'a point inventée [2].

D'ailleurs, il est à croire que l'introduction de la bonne foi dans la théorie de l'usucapion, comme une condition nécessaire, remonte haut dans le temps [3]. La notion du *juste titre* paraît s'être dégagée plus difficilement.

Il semble qu'avant d'exiger la *justa causa,* la jurisprudence se soit contentée pour ouvrir l'*usucapio* d'une autre condition, qui se rapprochait de celle-là, mais qui ne se confondait point avec elle, et qui s'appelait la *justa possessio.* C'est la seule qui soit mentionnée dans cette dé-finition sans doute ancienne que nous a conservée Isidore de Séville : « Usucapio est adeptio dominii per continua-tionem *justæ possessionis* vel bienii vel alicujus temporis [4].

La *justa possessio* c'est la possession acquise par une tra-dition régulière, *recte tradita* [5], par opposition à celle qui s'acquiert par voie d'occupation. En exigeant cette qualité

---

[1] L. 6, pr., D. xli, 2 : « Is autem qui, cum possideret non clam, se celavit, in ea causa est ut non videatur clam possidere ; non enim ratio obtinendæ pos-sessionis sed origo nanciscendæ exquirenda est. »

[2] On sait que le droit canonique admet la règle contraire.

[3] La loi 12, § 8 (D. xlix, 15), parle du « *jus bonæ fidei emptoris vetustissimum.* » — D'ailleurs, la conception de la bonne foi paraît avoir été d'abord assez large et un peu vague ; on se demandait sans doute si le possesseur avait *loyalement* acquis la possession. V. l. 8, D. xli, 4.

[4] *Orig.,* V, 25, 30.

[5] L. 33, D. xli, 2 : Toute possession acquise par tradition est dite *justa,* même celle qui n'implique pas l'*animus domini,* comme celle du créancier gagiste ou du

de la *possessio ad usucapiendum* on n'excluait point tout
possesseur dépourvu de titre, mais celui-là seulement qui
s'était lui-même mis en possession. Cette règle subsistera
d'ailleurs dans la théorie définitive. Celui qui peut se faire
livrer une chose en vertu d'une *justa causa* ne doit point
se mettre en possession de ses propres mains ; s'il le fait,
il est en faute malgré son titre, et en principe il ne pourra
pas usucaper[1]. Mais l'exigence cumulée de la tradition et
de la *justa causa* semble faire double emploi, au moins
dans bien des cas ; on est autorisé à croire que la première
n'eût pas été imposée comme une condition distincte si la
seconde eût toujours été exigée.

Cette théorie de la *justa possessio* suffisante explique
l'usucapion admise au profit de ceux que le préteur envoie
en possession de la chose d'autrui pour la tenir *suo nomine*[2]. La possession ainsi acquise ne saurait être dite *injusta*, « juste possidet qui prætore auctore possidet ; »
mais il serait impossible de trouver dans cette hypothèse
une *justa causa usucapiendi*, au sens du droit classique[3].

---

précariste, l. 13, § 1, D. vii, 2 : « Namque pigneraticiæ et precariæ possessio-
nes justæ sunt. » Cf. l. 7, § 4, D. x, 3.

[1] L. 5 (Paul), D. xli, 2 : « Si ex stipulatione tibi Stichum debeam et non tradam eum, tu autem nanctus fueris possessionem, *prædo es :* æque si vendidero
nec tradidero rem, si non voluntate mea nactus sis possessionem non pro emptore
possides, sed *prædo es.* » — L. 33 (Pomp.), D. xli, 2 : « Fundi venditor etiamsi
mandaverit alicui ut emptorem in vacuam possessionem induceret, priusquam id
fieret non recte emptor per se in possessionem veniet. » — Cependant Papinien
admet l'usucapion dans un cas analogue, l. 8, D. xli, 8 : « Si non traditam possessionem ingrediatur sine vitio legatarius legatæ rei usucapio competit. » Mais
sans doute cette décision vient de ce que dans l'espèce, il s'agissait d'un legs
sinendi modo, lequel, selon certains prudents, obligeait seulement l'héritier à
laisser le légataire s'emparer de la chose léguée. Accarias : *Précis,* I[3], p. 555,
note 2. Voyez encore ce fragment d'Ulpien (l. 1, § 5, D. xxi, 3) : « Si quis rem
emerit, non autem fuerit ei tradita, sed possessionem sine vitio fuerit nactus,
habet exceptionem (rei venditæ et traditæ) contra venditorem, nisi forte venditor
justam causam habeat cur rem vindicet. » Mais le jurisconsulte, qui accorde ici
à l'acheteur l'exception *rei venditæ et traditæ* aurait-il fait courir l'usucapion à son
profit ? — Sur la question : Pernice : *Labeo,* II, p. 118, ssv.

[2] L. 28, D. ix, 4 ; l. 5, pr., D. xxxix, 2.

[3] Africain (l. 28, D. ix, 4) dit seulement qu'il y a alors *justa causa possidendi.*
Le jurisconsulte remarque aussi que certainement là aussi la *bona fides* fait défaut.

Pour des motifs de justice et d'utilité faciles à saisir, ces hypothèses étaient restées sous l'empire d'une ancienne règle : comme l'*usucapio pro herede* et les *usureceptiones,* elles n'avaient point été emportées par le mouvement général qui transforma l'usucapion, bien qu'elles l'eussent suivi jusqu'à une étape plus avancée.

II.

La notion de la *justa possessio* contenait en germe la *justa causa usucapiendi*. Dorénavant pour usucaper il fallait tenir la possession d'autrui, mais il fallait de plus l'avoir reçue *animo domini* et être de bonne foi. Cela supposait nécessairement un rapport de droit antérieur : ou l'*accipiens* croyait être déjà devenu propriétaire, et c'était à ce titre qu'il recevait maintenant la délivrance de la chose, ou bien la tradition représentait elle-même un acte d'aliénation que lui consentait le *tradens* en vertu d'une convention préexistante. Il était impossible d'analyser autrement l'opération.

Cette aliénation ou cette convention antérieure qu'il fallait nécessairement supposer, c'est précisément la *justa causa usucapiendi* du droit classique.

Mais si telle fut la marche des idées, la *justa causa* ne se présenta d'abord que comme un qualificatif de la tradition, comme un soutien de la bonne foi. Par là même la croyance de l'*accipiens* en une *justa causa* purement imaginaire devait suffire à l'origine, et le titre putatif devait conduire à l'usucapion tout aussi bien que le titre réel. Je croirais volontiers que telle fut en effet la doctrine ancienne. Le jurisconsulte Celsus prend soin d'écarter cette idée dans un texte célèbre[1], ce qui s'expliquerait

---

[1] L. 27, D. xli, 3 : « Celsus libro trigesimo quarto errare eos ait qui existi-

mal si elle n'avait joui d'aucun crédit, et d'autre part elle paraît servir de fondement à une décision de Proculus[1].

Mais cette doctrine, si elle fut quelque temps admise, n'est point celle qui triompha. On s'habitua à voir dans l'usucapion le complément, la consolidation d'une aliénation manquée, mais acceptée de bonne foi : en conséquence, pour qu'elle opérât il fallut et il suffit qu'il fût intervenu au profit de l'*usucapiens* un acte d'aliénation régulier dans la forme et uniquement inefficace parce que la qualité de propriétaire manquait chez l'aliénateur[2]. Cette conception dans laquelle je me suis refusé à voir l'idée première de l'usucapion, me paraît être celle du droit classique; elle seule rend compte de l'importance que prit le juste titre et des règles qui le régissent[3]. Il en résulta que tantôt le titre putatif fut jugé suffisant et tantôt insuffisant en principe; cela s'explique si l'on songe que l'acte juridique qui constitue la *justa causa* n'a pas tou-

---

marent, cujus rei quisque bona fide adeptus sit possessionem pro suo usucapere eum posse, nihil referre emerit necne, donatum sit necne, si modo emptum vel donatum sibi existimaverit, quia neque pro legato neque pro donato, neque pro dote usucapio valeat, si nulla donatio, nulla dos nullum legatum sit. »

[1] L. 67, D. xxiii, 3. — M. Voigt (*Condictiones ob causam*, p. 204) soutient au contraire que dans la doctrine ancienne le titre putatif n'était jamais suffisant pour usucaper. Il cite un texte qui paraît montrer que telle était déjà l'opinion de Trebatius; c'est la loi 2, § 7, D. xli, 4 : « *Ejus bona emisti* apud quem mancipia deposita essent : Trebatius ait usu te non capturum quia empta non sint. » Mais M. Ubbelohde (*Die Usucapio pro mancipato*, p. 18, n° 23) a très justement fait observer qu'il s'agit dans ce texte d'un *bonorum emptor*, successeur universel assimilé à l'héritier et qui par suite ne pouvait usucaper les esclaves que le débiteur *decoctus* possédait à titre de dépôt. D'autres textes cités par M. Voigt (l. 1, § 4, D. xli, 9; l. 2, § 6, D. xli, 4) montrent cependant que déjà Cassius et Javolenus repoussaient le titre putatif.

[2] Pour l'aliénation des *res mancipi*, l'usucapion pouvait servir doublement de remède. Le transfert pouvait être fautif ou parce que le *dominus* avait simplement employé la tradition, ou parce que l'aliénateur n'était pas *dominus;* il pouvait même être à la fois infecté de ces deux vices, l'usucapion les effaçait l'un et l'autre.

[3] Voyez cependant : Accarias : *Précis,* I[3], p. 555. Notre savant maître reconnaît que cette idée a inspiré un certain nombre de décisions, parmi celles qui nous ont été transmises; mais il nie que les jurisconsultes romains l'aient généralisée.

jours la même nature et que la tradition qui le suit n'a pas toujours la même portée.

Tantôt la *justa causa* consiste dans un contrat qui ne saurait par lui-même transférer la propriété, mais qui implique chez l'une des parties l'obligation de la transférer : alors l'acte d'aliénation nécessaire pour fonder l'usucapion sera distinct de la *justa causa;* il consistera dans la tradition faite en exécution du contrat[1]. Mais dans la théorie romaine, malgré l'opinion contraire d'Ulpien, la tradition transfère la propriété dès que les parties ont l'intention, l'une d'acquérir et l'autre d'aliéner, alors même qu'elle repose sur une fausse cause ou sur une cause purement imaginaire. Si l'on arrive à concevoir l'usucapion comme je l'ai dit plus haut, il devait suffire d'un contrat purement imaginaire, auquel croiraient à la fois l'*accipiens* et le *tradens* pour que la tradition faite à titre de paiement mît le premier *in causa usucapiendi,* comme elle aurait suffi pour le rendre propriétaire si l'objet avait réellement appartenu au *tradens.* C'est ce que décident unanimement les textes suivants :

L. 3, D. 41, 10 (Pomponius) : « Hominem, quem ex stipulatione te mihi debere falso existimabas, tradidisti mihi : si scissem mihi nihil debere, usu eum non capiam : quod si nescio, verius est ut usucapiam, quia ipsa traditio ex causa quam veram esse existimo sufficit ad efficiendum ut id quod mihi traditum est pro meo possideam. Et ita Neratius scripsit, idque verum puto. »

L. 48, D. 41, 3 (Paul) : « Si existimans debere tibi tradam ita demum usucapio sequitur, si et tu putes debitum esse. »

L. 2, pr., D. 41, 4 (Paul) : « Si tamen existimans me debere tibi ignoranti tradam usucapies. »

L. 46, D. 41, 3 (Hermogénien) : « Pro soluto usucapit, qui rem debiti causa recipit; et non tantum quod debetur,

---

[1] Ou dans la *mancipatio*, l'*in jure cessio* suivies de tradition.

sed et quodlibet pro debito solutum hoc titulo usucapi potest. »

Ici on le voit, le titre putatif est reconnu comme suffisant non par exception, en vertu d'une erreur très excusable, mais en principe et dans tous les cas. En réalité, on n'exige pas d'autre titre que la tradition translative de propriété, la *datio* faite *solutionis nomine;* aussi Pomponius dit-il que l'*accipiens* usucape *pro suo*. Paul et Hermogénien déclarent qu'il usucape *pro soluto*.

Mais le juste titre invoqué pouvait consister aussi dans un fait juridique, qui, par lui-même était translatif de propriété, la tradition qui le suivait étant simplement ce que nous appelons aujourd'hui une délivrance. Dans ce cas, si l'idée que j'ai produite est vraie, on ne devait point se contenter d'un titre putatif; il fallait un titre réel. Alors en effet l'acte d'aliénation manquerait complètement, si le titre qui le représente n'existait que dans l'imagination des parties; car la tradition, d'après leur intention même, a été une simple remise de possession, non un transfert de propriété. C'est ainsi que j'entends ce que les jurisconsultes nous disent du titre *pro legato*.

L. 1, D. 41, 8 (Ulpien) : « Legatorum nomine is videtur possidere cui legatum est : pro legato enim possessio et usucapio nulli alii, quam cui legatum est competit. »

L. 2, *ibid.* (Paul) : « Si possideam aliquam rem quam putabam mihi legatam cum non esset, pro legato non usucapiam. »

Dans ces textes en effet, il s'agit uniquement, je le crois, du legs de propriété, du *legatum per vindicationem*[1]. Ils ne sauraient s'appliquer au legs de créance, au *legatum per damnationem,* pas plus qu'aucun de ceux qui sont compris dans le titre du Digeste *pro legato*[2]. Si le titre invoqué était

---

[1] Voyez Bernhöft : *Der Besitztitel im römischen Recht.*, p. 33.

[2] Cela me semble bien exprimé dans ce fragment de Javolenus, l. 7, *h. t.* : « Nemo potest legatorum nomine usucapere nisi is, cum quo testamenti factio est, *quia ea possessio ex jure testamenti proficiscitur.* »

un *legs per damnationem* et que l'héritier, se croyant obligé
de *dare* en vertu d'un tel legs, eût fait tradition de la
chose à un *accipiens* de bonne foi, on décidait sans doute
que l'usucapion au contraire était possible : il y avait là,
comme dans le cas d'une stipulation imaginaire, usucapion
pro soluto ou *pro suo*. C'est cette dernière hypothèse que
me paraît viser Pomponius dans le texte suivant qui par là
même ne contredit point les précédents :

L. 4, § 2, D. 41, 10 : « Quod legatum non sit, ab herede
tamen perperam traditum sit, placet a legatario usucapi
quia *pro suo* possidet[1]. »

Le legs *per vindicationem* n'est pas le seul exemple d'une
justa causa consistant dans un acte translatif de propriété :
on peut citer encore, outre l'*adjudicatio*[2], la *datio* faite *do-
nandi causa* et la *dotis datio,* et dans ces hypothèses on devait suivre les mêmes règles quant au titre putatif. Il est
vrai que dans le droit de Justinien, les *dationes* s'accom-
plissant toujours par tradition, la remise de la possession
et l'acte d'aliénation se confondent alors, de telle sorte
qu'à ce propos on ne saurait guère concevoir un titre purement imaginaire. On peut seulement songer à un titre nul
et sans valeur, lorsque, par exemple, la loi prohibe la
donation et la déclare non avenue. Mais, dans le droit classique, il en était tout autrement : la *datio* pouvait se faire
par *mancipatio* ou par *in jure cessio,* et la tradition qui la
suivait, constituant une simple délivrance, ne pouvait représenter l'acte translatif de propriété.

Aussi, lorsque le jurisconsulte Paul déclare formellement que pour pouvoir usucaper une chose *pro donato* il
ne suffit point de croire à une donation qui n'a jamais
existé, selon moi, et pour les motifs déjà développés, il ne

---

[1] Comparez ce texte avec la loi 3, D. xli, 10, du même Pomponius, où il voit
également une usucapion *pro suo*.

[2] L. 17, D. xli, 3 : « Si per errorem de alienis fundis, quasi de communibus,
judicio communi dividundo accepto ex adjudicatione possidere cœperim, longo
tempore capere possum. »

peut songer à une donation par voie de *promissio*[1]. Il songe sans doute à une donation supposée faite par mancipation. Remarquons, en effet, que lorsque la donation était faite par voie de *datio*, les Romains ne décomposaient point l'acte en deux parties distinctes : d'abord une convention de donner, puis une *datio* qui servait d'exécution à ce pacte. À leurs yeux, c'était alors la *datio* seule qui faisait la donation ; jusqu'à ce que celle-ci fût accomplie, il n'y avait qu'une intention de libéralité, la *donatio* était *non cœpta*[2]. D'autre part, lorsqu'il s'agissait d'un *res mancipi*, la *datio donationis causa* était faite généralement par *mancipatio*[3], la tradition de l'objet donné n'étant point toujours concomitante et n'intervenant souvent qu'à une date postérieure. Dès lors, celui qui recevait la possession, croyant à une *datio donationis causa*, qui, en réalité, n'était jamais intervenue, celui-là ne pouvait point usucaper : l'acte translatif de propriété faisait absolument défaut dans cette hypothèse.

Les mêmes observations et les mêmes distinctions doivent être faites sur le titre *pro dote*. Sous ce nom, je crois encore que les jurisconsultes ne visent aucunement la *dotis*

---

[1] L. 1, D. xLI, 6 : « Pro donato is usucapit, cui donationis causa res tradita est ; nec sufficit opinari, sed et donatum esse oportet. »

[2] *Vat. frag.*, 266ª : « Professio donationis apud acta facta, cum neque mancipationem neque traditionem subsecutum esse dicas, *destinationem potius liberalitatis quam affectum rei actæ continet.* » — *Ibid.*, 293 : « In donatione rei tributariæ circa exceptam et non exceptam personam legis Cinciæ nulla differentia est, cum et vacuæ possessionis inductione celebrata in utriusque persona perficiatur et, si hanc secutam post hujusmodi placitum non constet, *manifeste nec cœpta videatur.* » — *Ibid.*, 297 : « Cum matrem tuam donationis instrumenta in neptem suam fecisse nec ea tradidisse dicas, in dubium non venit liberalitatem, *quoniam adsignatis instrumentis minime cœpta est, invalidam esse.* »

[3] Les deux formes les plus usitées pour faire une donation étaient la *mancipatio* et la *promissio. Vat. frag.*, 310 : « Perficitur donatio in exceptis personis sola mancipatione vel promissione. » Voyez les *Mancipationes donationis causa* dans Bruns : *Fontes juris romani antiqui ;* c'étaient des *mancipationes nummo uno.* Cf. L. 37, C. *De donat.* (vIII, 54). « Verba superflua quæ in donationibus poni solebant, scilicet sestertii nummi unius assium quatuor, penitus esse rejicienda censemus. »

dictio ou *dotis promissio*, mais seulement la *datio dotis*[1].
De plus, ce titre a quelque chose de particulier. Le plus
souvent, la *datio* faite *dotis causa* sera non pas pure et
simple, mais conditionnelle : son effet sera subordonné à
la réalisation et à la validité du mariage; et, comme il y
a là une *condictio juris*, elle affectera aussi bien la *datio*
faite par mancipation ou *in jure cessio*, que celle accomplie
par tradition. Ici donc, pour que l'usucapion soit possible,
il faudra non-seulement qu'il y ait eu réellement *datio*,
mais aussi qu'il y ait un mariage valable, et c'est, en effet,
ce que décident les textes[2]. Cependant, il était possible
que la *datio*, faite *ante matrimonium*, eût été pleinement
ferme et non point conditionnelle, le constituant ayant la
volonté de transférer *hic et nunc* la propriété au fiancé,
sauf à intenter une *condictio* contre lui si le mariage ne
se réalisait pas[3]. Dans ce cas, l'acte translatif désiré se
rencontrait, et, par suite, le fiancé était dès lors *in causa
usucapiendi;* il usucapait *pro suo* sans qu'on eût à se demander si le mariage suivait et s'il était valable[4].

La conception dont nous venons de suivre les diverses
manifestations explique enfin comment les jurisconsultes
romains purent voir une *justa causa usucapiendi* dans certaines hypothèses où l'*usucapiens* n'a cependant traité avec

---

[1] Les textes au titre *pro dote* visent explicitement la *dotis datio*. L. 1, § 1,
D. xli, 9 : « Et nihil refert singulæ res an pariter universæ in dotem *darentur*. »
L. 3, *ibid.* : « Duæ filiæ intestato patri heredes exstiterunt et mancipia communia
singulæ *in dotem dederunt*. » C'est aussi d'une *dotis datio* que s'occupe le texte
unique qui compose le titre du Code *De usucapione pro dote* (vii, 28) : « Res mo-
biles *in dotem datæ* quamvis alienæ, si sine vitio tamen fuerint, a bona fide
accipiente pro dote usucapiuntur. »

[2] L. 1, § 3, 4, D. xli, 9 : « Ceterum si cesset matrimonium Cassius ait cessare
usucapionem, quia et dos nulla sit. Idem scribit et si putavit maritus esse sibi
matrimonium cum non esset, usucapere eum non posse, quia nulla dos sit, quæ
sententia habet rationem. » — L. 29, D. xli, 3 : « Quia neque pro legato, neque
pro donato, neque pro dote usucapio valeat, si nulla donatio, nulla dos, nullum
legatum sit. »

[3] L. 7, § 3; L. 8, D. xxiii, 3. Les Romains paraissent même avoir dans le
doute interprété dans ce sens l'intention du constituant.

[4] L. 1, § 2, D. xli, 9.

personne à raison de la chose qu'il possède : c'est ce qui se présente pour le titre *pro derelicto* et parfois pour le titre *pro suo*.

Lorsqu'une personne abandonne absolument, *derelinquit,* un objet qu'elle possédait, mais dont elle n'était pas propriétaire, celui qui appréhende cet objet de bonne foi et *animo domini* peut l'usucaper. Cependant, dans ce cas, où est le juste titre, tel qu'on l'entend généralement? Les jurisconsultes romains ont bien pu voir dans la *derelictio* une *traditio incertæ personæ* faite par le *derelinquens,* quoique cette manière d'expliquer la chose soit quelque peu factice[1] ; mais il est impossible de découvrir une convention antérieure dont cette tradition soit l'exécution. Seulement, si le *derelinquens* avait été propriétaire, il y eût eu acquisition de la propriété au profit du premier occupant : il y aura donc un juste titre pour celui-ci, le titre *pro derelicto.* Ce titre suit les règles que j'ai dégagées, il ne suffira pas qu'il soit putatif; il faudra qu'il y ait eu une *derelictio* dans la réalité, et non pas seulement dans l'opinion de celui qui prend possession de la chose[2]. C'est pour cela que celui qui trouve un objet perdu ne peut l'usucaper quelle que soit sa bonne foi[3].

Pour que quelqu'un puisse invoquer le titre *pro suo,* il suffit qu'il soit intervenu en sa faveur un acte acquisitif de propriété[4], et ce titre par là même résume toute la théorie que je viens d'exposer. Nous avons vu déjà quel-

---

[1] Dans l'appréhension qui suit la *derelictio,* certains jurisconsultes voyaient une acquisition par occupation. L. 1, D. xli, 7 : « Si res pro derelicto habita sit, statim nostra esse desinit et *occupantis* statim fit, quia isdem modis res desinunt esse nostræ, quibus adquiruntur. »

[2] L. 6, D. xli, 7 : « Nemo potest pro derelicto usucapere qui falso existimaverit rem pro derelicto habitam esse. »

[3] L. 21, § 1, D. xli, 2 : « Quod ex naufragio expulsum est usucapi non potest, *quoniam non est in derelicto sed in deperdito.* » Cf. L. 7, D. xli, 7.

[4] L. 1, pr., D. xli, 10 : « Cum dominium nobis adquiri putamus *et ex ea causa possidemus ex qua adquiritur, et præterea pro suo.* »

ques-unes de ses applications utiles, mais en voici une
autre des plus curieuses. La personne qui a acquis une
chose *a non domino* usucape *pro suo* les produits de cette
chose qui ne rentrent pas dans la classe des fruits[1]. Dans
certains cas, alors que le possesseur ne pourrait pas usucaper la chose principale parce qu'elle est infectée d'un
vice qui en rend l'usucapion impossible, il pourra usucaper
néanmoins les produits, envisagés comme choses distinctes
et nouvelles[2]. Mais par là même ceux-ci ne peuvent être
considérés comme ayant été compris dans le marché sur
la chose principale, et, quant à eux, il semble que le possesseur manque de titre. Les jurisconsultes ont raisonné
autrement. Si l'acquisition de la chose principale avait pu
s'opérer, le possesseur serait devenu propriétaire de tout ce
que cette chose aurait produit; cela suffit pour fonder le
titre *pro suo*[3].

Dans cette harmonie logique éclate cependant une note
discordante. Sûrement, la vente du droit classique est un
simple contrat; elle est productrice d'obligations et non
translative de propriété : c'est la tradition faite en vertu
de la vente qui, seule, rendra l'acheteur propriétaire. Il
devrait résulter de là, selon la théorie exposée, que la
personne qui reçoit tradition d'une chose, en vertu d'une
vente imaginaire à laquelle elle croit, sera *in causa usucapiendi* : pour usucaper *pro emptore,* le titre putatif devrait toujours suffire. Or, c'est justement le contraire qui

---

[1] L. 2, D. xli, 10 : « Quæ ex rebus alieno nomine possessis nata possidemus,
veluti partum hereditariæ aut emptæ ancillæ, pro nostro possidemus. »

[2] Voyez sur l'usucapion des produits d'une *res furtiva* : Beer, *Ueber die Er-
sitzbarkeit von Erzeugnissen gestohlener Sachen nach römischem Recht,* Leipzig,
1884.

[3] De tout cela, il paraît résulter que les Romains sont arrivés, en définitive,
à voir dans la *justa causa usucapiendi* ce que nous-mêmes y voyons aujourd'hui,
c'est-à-dire un acte translatif de propriété émané d'un *non dominus.* Seulement, la
théorie française est beaucoup plus claire et a plus d'unité que la théorie romaine, parce que dans notre droit les contrats transfèrent par eux-mêmes la propriété, et que, d'autre part, les conventions qui manquent de cause sont radicalement nulles et inopérantes.

est affirmé par les textes. Cela ne détruit-il pas tout ce que j'ai avancé plus haut? Non, car les jurisconsultes eux-mêmes font observer que c'est là une véritable anomalie. Paul le constate par deux fois dans les termes les plus formels[1]; il déclare expressément qu'à ce point de vue la vente n'est point traitée comme les autres contrats. Mais quelle est la raison de ce traitement différent? Paul explique cette règle par une autre particularité du titre *pro emptore*. On sait que lorsque l'usucapion se fonde sur une vente, il ne suffit pas, comme d'ordinaire, que la bonne foi existe chez l'acheteur au moment où il reçoit la tradition; il faut encore qu'elle existe chez lui au moment de la vente. Voilà pourquoi, d'après Paul, le titre putatif ne saurait fonder l'usucapion *pro emptore*. Son raisonnement, qu'il n'indique pas nettement, est sans doute le suivant : du moment que la bonne foi dans ce cas est exigée au moment de la vente, il faut nécessairement qu'il y ait eu vente, et par cela même la croyance en une vente imaginaire ne suffit pas.

Cette explication, très simple en apparence, a le tort de résoudre une difficulté par une autre ; car il n'est pas aisé de dire pourquoi la bonne foi de l'acheteur au moment de la tradition n'était pas réputée suffisante d'après la règle

---

[1] L. 48, D. xli, 3 : « Si existimans debere tibi tradam, ita demum usucapio sequitur, si et tu putes debitum esse. Aliud si putem me ex vendito teneri et ideo tradam : hic enim nisi emptio præcedat, pro emptore usucapio locum non habet. Diversitatis causa in illo est quod in ceteris causis solutionis tempus inspicitur neque interest, cum stipulor, sciam alienum esse necne; sufficit enim me putare tuum esse cum solvis : in emptione autem et contractus tempus inspicitur et quo solvitur; nec potest pro emptore usucapere qui non emit, nec pro soluto sicut in ceteris contractibus. » — L. 2, pr., D. xli, 4 : « Pro emptore possidet, qui re vera emit, nec sufficit tantum in ea opinione esse eum, ut putet se pro emptore possidere, sed debet etiam subesse causa emptionis. Si tamen existimans me debere tibi ignoranti tradam, usucapies. Quare ergo et si putem me vendidisse et tradam, non capies usu? Scilicet quia in ceteris contractibus sufficit traditionis tempus, sic denique si sciens stipuler rem alienam, usucapiam, si, cum traditur mihi, existimem illius esse; at in emptione et illud tempus inspicitur quo contrahitur : igitur et bona fide emisse debet, et possessionem bona fide adeptus esse. »

générale. Sans doute, il est possible que ces deux particularités du titre *pro emptore* aient entre elles un lien commun ; mais comment découvrir laquelle est la première en date, laquelle est le principe et laquelle est la conséquence? Il ne faut donc pas s'étonner que l'interprète, à côté de l'explication de Paul, en cherche une autre plus satisfaisante pour l'esprit.

En repoussant dans l'*usucapio pro emptore* le titre putatif, le droit romain a séparé la vente des autres contrats, et l'a rapprochée des *causæ usucapiendi* qui consistent dans un acte translatif de propriété. Cela peut s'expliquer naturellement par ce fait, que dans les temps anciens la vente s'était toujours montrée sous la forme de la vente au comptant. Soit qu'elle s'opérât par la mancipation, soit qu'elle intervînt sans cette formalité, elle était exécutée en même temps que conclue : l'accord définitif des volontés, le transfert de la propriété et le paiement du prix étaient trois faits contemporains. Sans doute, dans la suite, cette unité fut rompue, en ce sens que ces trois faits purent s'espacer, mettant un certain intervalle entre eux ; mais par la force de l'ancienne habitude ils ne furent point considérés comme des faits isolés ; le lien originaire, quoique plus lâche, les unit encore. Le droit romain ne considère point la tradition faite en vertu de la vente comme un paiement proprement dit : il regarde la vente et la tradition subséquente qui l'exécute, comme un même acte juridique qui se prolonge et se parfait, et dont les éléments sont inséparables l'un de l'autre[1]. La tradition faite *ex vendito* puise dans la vente qui la précède, et non dans une volonté nouvelle des parties, l'énergie qui la rend translative de propriété ; s'il n'y a pas en réalité de vente précédente, elle perd cette énergie, elle cesse d'être un acte translatif de

---

[1] Cette idée me paraît percer dans un texte de Paul, l. 46, D. xix, 1 : « Si quis rem alienam vendiderit et medio tempore heres domino rei exstiterit cogetur *implere venditionem*. »

propriété, et ne peut plus être par là même une *justa causa usucapiendi*[1].

Quand on accepte cette explication on est amené à se demander si l'on n'a pas trouvé en même temps pourquoi dans le titre *pro emptore* la bonne foi est requise et au moment de la vente, et au moment de la tradition[2]. En effet, lorsque la notion du juste titre se fut précisée dans le sens que j'ai dit, lorsqu'on vit dans l'usucapion la consolidation d'une aliénation reçue de bonne foi mais *a non domino*, il est clair que l'instant où cette aliénation s'était produite devint pour l'usucapion le moment décisif : c'est à ce moment qu'on dut exiger l'existence de la bonne foi. Cela expliquerait comment dans la vente, où l'aliénation s'opérait pour ainsi dire en deux temps, la *bona fides* fut requise à deux moments distincts. Mais il en résulterait aussi que, dans les cas où la *justa causa* se présente comme un acte juridique par lui-même translatif de propriété, c'est au moment où cet acte intervient et peut-être à ce moment seulement que la bonne foi serait nécessaire. Par exemple, dans le titre *pro legato*, il fraudrait et il suffirait que la bonne foi existât dans l'instant où le légataire accepte le legs *per vindicationem;* dans le titre *pro adjudicato* il faudrait et il suffirait qu'elle existât lorsqu'est rendue la sentence d'adjucation. Tout cela est admis, en effet, par certains interprètes[3]; mais je doute fort pour ma part que cette logique ait été suivie par les jurisconsultes romains.

La règle générale, fixée à une époque où la théorie définitive de la *justa causa* ne s'était pas encore affirmée, c'est qu'il faut et qu'il suffit pour usucaper que la bonne

---

[1] Bechmann : *Der Kauf*, I, p. 583, 585; Huschke : *Das Recht der Publicianischen Klage*, p. 61, 62.

[2] Je considère ce point comme hors de doute, malgré quelques textes connus, contraires en apparence. Cependant voyez Ubbelohde : *Die Usucapio pro mancipato*, p. 11, ssv.

[3] Huschke : *Publician. Klage*, p. 66. — Cf. Ubbelohde : *Usucapio pro mancipato*, p. 8.

foi existe au moment de la tradition. Le titre *pro emptore*
fait exception à cette règle, qu'il subit aussi en partie ;
mais c'est la seule exception que signalent les textes et je
crois, avec mon savant maître M. Accarias, qu'il s'explique
par un fait tout extérieur et accidentel[1]. Ce fut le résultat
d'une réaction de la Publicienne sur l'usucapion. L'Édit
publicien, voulant signaler l'acquéreur de bonne foi auquel il ouvrait une action, avait pris pour type l'acheteur
en train d'usucaper et il l'avait désigné par ces mots :
« *Is qui bona fide emit.* » On en conclut que pour intenter
la Publicienne, et par suite pour usucaper, l'acheteur
devrait être de bonne foi au moment même de la vente.
Mais par cette disposition spéciale de l'Édit était-il soustrait aux principes généraux de l'usucapion qui exigeaient
la bonne foi au moment de la tradition? Ce dernier point
fut controversé; on finit par le trancher en ce sens que
l'acheteur serait soumis à la fois à la règle générale et à
la règle spéciale contenue dans l'Édit[2].

Dans tous les cas où les jurisconsultes excluaient en
principe le titre simplement putatif, ils l'admettaient cependant exceptionnellement comme pouvant conduire à
l'usucapion, lorsque l'erreur de l'*usucapiens* était très
excusable[3]. Tous sans doute n'étaient point d'accord pour
déterminer jusqu'où il fallait étendre cette faveur : c'est
là le siège d'une controverse que je n'ai point l'intention
d'examiner. Il paraît cependant certain qu'on était plus
disposé à se contenter du titre putatif, dans les hypothèses
où il était bien intervenu un acte juridique précédant la
tradition, mais où cet acte était nul en droit : lorsqu'une
vente par exemple avait été consentie par un *furiosus* dont
on ignorait l'état[4], ou par un pupille qui paraissait pu-

---

[1] *Précis,* I[3], p. 563, note 3.
[2] L. 10, pr., D. xli, 3; L. 7, § 17, D. vi, 2.
[3] L. 11, D. xli, 4; L. 5, § 1, D. xli, 10.
[4] L. 7, § 2, D. vi, 2; L. 2, § 16, D. xli, 4.

bère[1], lorsqu'un legs avait été révoqué par un testament dont l'existence était inconnue[2].

III.

Si l'usucapion s'était peu à peu compliquée de conditions et hérissée de difficultés qu'elle ne connaissait pas à l'origine, cela ne s'explique point seulement par ce fait que les esprits, plus affinés, avaient démêlé dans la suite des notions confuses à l'origine. Ce qui avait sans doute conduit la jurisprudence à cette sévérité, c'était le danger réel que faisaient courir aux propriétaires les délais si courts de l'usucapion. Si dans l'*ager romanus* des temps anciens il suffisait largement de donner au propriétaire un ou deux ans pour intenter sa réclamation contre un tiers possesseur, combien ce temps devenait insuffisant à mesure que les Romains se répandaient par toute l'Italie et bientôt dans le monde entier. Mais ces délais avaient été fixés par la loi des XII Tables, et personne sans doute ne songeait à porter la main sur ce texte vénérable. Il ne restait qu'un remède : plus la durée de l'usucapion était courte, plus il fallait en rendre l'admission difficile et les conditions rigoureuses.

Lorsque la *præscriptio longi temporis* s'établit dans l'édit des gouverneurs de province, tout naturellement on lui assigna des délais plus longs, conformes aux besoins de l'époque qui la voyait apparaître. Mais en même temps, comme elle n'était qu'un succédané de l'usucapion, on lui imposa les mêmes conditions qu'à cette dernière.

Cependant avec le temps on devait revenir, en faveur des possesseurs, à une prescription qui, comme l'usucapion primitive, se passerait du juste titre et même de la

---

[1] L. 2, § 15, 4; D. xli, L. 13, § 2, D. vi, 2.
[2] L. 4, D. xli, 8.

bonne foi. Était-ce là un retour en arrière? Non, car cette prescription, qui ne s'accomplira que par trente ou quarante années de possession, laisse toute sécurité au propriétaire. Nous avons là un phénomène qui se reproduit souvent dans l'histoire. Souvent une institution arrivée à son dernier période reprend, modifiés et amplifiés, les traits qui avaient caractérisé son enfance. La raison d'être de cette nouvelle *præscriptio* peut aisément se découvrir. Le droit romain, dans ses derniers jours, céda au même besoin qui avait guidé la coutume primitive, un besoin de simplicité et de sécurité. Ces conditions de l'usucapion et de la *præscriptio longi temporis,* la bonne foi et le juste titre, si équitables cependant, étaient par un autre côté la source de bien des difficultés, le nœud de bien des litiges. Lorsqu'une possession avait vieilli dans les mêmes mains, n'était-il pas nécessaire de mettre le possesseur à l'abri de toutes les poursuites sans qu'il eût d'autre preuve à fournir que cette antique et paisible possession? C'est ce qu'on admit, sans qu'il soit possible de dire au juste comment et à quelle époque s'accomplit cette dernière réforme.

En l'année 349, les empereurs Constance et Constans reconnaissent une prescription de quarante ans en faveur de tout possesseur [1], et il paraît résulter d'un autre texte qu'elle avait été sinon introduite au moins confirmée par leur père Constantin [2].

D'autre part, Symmaque, qui vivait sous Théodose le

---

[1] L. 2, C. Th. IV, 13, *De longi temporis præscriptione* : « Annorum XL præscriptio quam vetustatem leges ac jura nuncupare voluerunt, admittenda non est cum actio personalis intenditur. » Il est vrai que Cujas a proposé de lire *XX annorum præscriptio,* ce qui cadrerait bien avec la rubrique du titre, mais il n'y a pas de bonne raison pour faire cette correction. Voy. Gothofred. *ad hanc leg.*

[2] L. 2, C. J. VII, 39 (Valentinianus et Valens) : « Male agitur cum dominis prædiorum, si tanta precario possidentibus prærogativa defertur, ut eos post quadraginta annorum spatia quolibet ratione decursa inquietare non liceat, quum *lex Constantiniana* jubeat ab his possessionis initium non requiri qui sibi potius quam alteri possederunt. »

Grand, connaît la possession de trente ans [1] et Procope
rapporte que, sous l'empereur Honorius, la loi romaine
admettait la prescription au profit de celui qui avait possédé
pendant trente années même sans titre et de mauvaise foi [2].
A partir de Théodose le Jeune, cette prescription réglementée, étendue aux actions personnelles, devient une
institution bien connue.

Faut-il conclure de ces textes qu'on admit une prescription d'abord quarantenaire, puis seulement trentenaire?
Ces prescriptions furent-elles créées par une loi positive,
ou, introduites d'abord par la coutume, furent-elles seulement réglementées dans la suite par le législateur? On ne
peut former sur ces divers points que de vagues conjectures [3]. Mais ce qu'il importe de remarquer c'est que la *præscriptio longissimi temporis* fournissait simplement un moyen
de défense aux possesseurs, et sans doute à ceux-là seulement chez qui l'*initium possessionis* n'était entaché d'aucun
vice. Plus tard, Justinien décida que, si le possesseur, sans
pouvoir alléguer un titre, avait été de bonne foi au début,
la possession trentenaire lui fournirait non-seulement une
défense, mais encore une action [4]; dès lors, l'usucapion
fondée sur un juste titre, même avec ses délais nouveaux
et prolongés ne présenta plus qu'une sorte de prescription
privilégiée; dès lors aussi se trouvaient réunies presque
toutes les pièces dont se compose le système de notre droit
moderne sur la prescription acquisitive.

---

[1] *Epistolæ*, lib. V, 52 : « Triginta annorum diebus incanuit ætas possessionis. »
Plus loin (V, 64) parlant de la même affaire il dit : « Ætas prope secularis in-
temptata possessio est. »

[2] *De bello vandalico*, I, 3 : « Νόμου δὲ ὄντος Ῥωμαίοις, ἥν τινες οὐχ ὑπὸ ταῖς
οἰκείαις χερσὶ τὰ σφέτερα αὐτῶν ἔχοιεν καὶ τρίβοιτο χρόνος εἰς τριάκοντα ἐνιαυτοὺς
ἥκων, τούτοις δὲ οὐκέτι εἶναι κυρίοις ἐπὶ τοὺς βιασαμένους ἰέναι, ἀλλ᾽ἐς παραγραφὴν
αὐτοῖς ἀποκεκρίσθαι τὴν ἐς τὸ δικαστήριον εἴσοδον, νόμον ἔγραψεν (Ὀνώριος) ὅπως
ὁ τῶν Βανδίλων χρόνος, ὅν ἔν γε τῇ Ῥωμαίων ἀρχῇ διατρίβοιεν, ἐς ταύτην δὴ τὴν
τριακοντοῦτιν παραγραφὴν ἥκιστα φέροιτο. »

[3] Voyez Unterholzner : *Ausführliche Entwickelung der gesammten Verjährungs-
lehre, zweite Auflage von Th. Schirmer*, tom. I, p. 51, ssv.

[4] L. 8, C. vii, 39.

LES

BAUX DE CINQ ANS

DU DROIT ROMAIN.

——•❦❦❧◦——

I.

C'est un fait remarquable, et il n'a point échappé aux
commentateurs, que dans le droit classique la durée normale des baux était de cinq années, *quinquiennium aut
lustrum*. Des textes nombreux en font foi[1], et même l'expression « *locare in plures annos*, » était d'un usage courant
pour désigner une location dépassant cinq années[2]?

Comment expliquer ce fait? Une idée se présente naturellement à l'esprit : il doit exister un rapport entre cette
durée normale des baux et le lustre, ou période de cinq

---

[1] Voyez par exemple : ll. 9, § 1; 13, § 11; 24, § 2 et 4, D. xix, 2; l. 4, § 1,
D. xii, 1; l. 49, pr., D. xix, 1; l. 25, § 4, D. xxiv, 3; l. 18, § 3, D. xlv, 3;
l. 89, D. xlv, 1; l. 67 (69), § 5, D. xlvii, 2. — Pline : *Epist.,* ix, 37. — Brisson :
De formulis, édit. Paris, 1583, p. 575.

[2] Voyez : l. 32; l. 60, pr.; l. 24, § 5, D. xix, 2. Voici ce que dit Cujas sur la
dernière de ces lois (ed. Neap., tom. V, c. 528) : « Ponit § ultimus hujus legis
locatorem fundi locasse in plures annos, id est in plures quam quinque : nam
privati solebant prædia sua locare in quinquiennium, in lustra, et sunt hujus rei
innumera exempla in his libris...; in plures igitur annos hoc loco est ut et lege
32, l. 60, pr., *h. t.*, id est in plures quam quinque, et ut hoc loco Siculi Flacci
de limitibus agrorum : alii, inquit, per singula lustra locare solent, alii in
plures annos. » — Cf. Tom. V, c. 563. Voyez aussi M. Accarias : *Précis de
droit romain*, II², p. 495.

années qui s'écoulait entre deux censures. Mais quel était ce rapport?

Lorsqu'il s'agissait de baux portant non sur les biens des particuliers, mais sur les biens ou les revenus de l'État, l'on sait qu'en principe la location était toujours faite pour cinq années, et là il est aisé de comprendre pourquoi il en était ainsi. Ces baux étaient en effet consentis par les censeurs au nom de l'État, et ceux-ci ne pouvaient engager l'État que jusqu'à la prochaine censure; lorsque, après le lustre écoulé, un nouveau censeur entrait en charge, il devait trouver la situation entière, afin de poser, à nouveau et pour cinq ans, les bases du budget des recettes[1]; cela est si vrai que l'on se demande par quel procédé on arriva d'assez bonne heure à consentir sur les biens de l'État, à côté des baux de cinq ans, des baux à longue durée, des baux de cent ans ou même héréditaires[2].

Pour les terres et revenus des cités, les baux de cinq ans étaient également la règle, car ces locations se faisaient aussi à chaque *census*, et là encore le *census* revenait périodiquement au bout de chaque lustre[3]. D'après la *Lex Ursonitana*, il semble même qu'un bail plus long soit impossible[4].

De ces faits on est autorisé à conclure que les particuliers, en donnant à leurs baux une durée normale de cinq

---

[1] Mommsen : *Römisches Staatsrecht*, II, 1, p. 316, 432.

[2] Mommsen : *Staatsrecht*, II, 1, p. 433-45 ; I[2], p. 230.

[3] L. 5, pr. (3, § 1), D. L, 8; l. 30, § 1, D. xxxii.

[4] C. lxxxii : « Qui agri, quæque silvæ, quæque ædificia colonis coloniæ Genetivæ Juliæ, quibus publice utantur, datá, adtributa erunt, ne quis eos agros, neve eas silvas, vendito, neque locato longius quam in quinquiennium neve ad decuriones referto, neve decurionum consultum facito quo ei agri, eæve silvæ veneant aliter ve locentur. » Il semble résulter de ce passage qu'un bail plus long eût été possible moyennant un *decretum* du sénat si la loi ne l'eût pas formellement prohibé. D'ailleurs, on ne peut distinguer si la prohibition contenue dans ce texte était une règle générale du régime municipal à l'époque de César, ou si c'était une mesure de précaution propre à la *lex* de la *Colonia Genetiva Julia*. Au second siècle de l'ère chrétienne, les terres des cités sont le plus souvent données à bail perpétuel. Cf. Ch. Giraud : *Les nouveaux bronzes d'Osuna*, 2e édit., p. 60, 61.

années, imitèrent les locations des terres publiques et municipales ; c'est ce que disait déjà Cujas[1]. Mais par là, notre question n'est point encore résolue, il faut découvrir ce qui justifia ou imposa cette imitation.

Une hypothèse tranche cette difficulté d'une manière pleinement satisfaisante, du moins pour les temps anciens. Elle consiste à supposer que la *locatio-conductio* exista dans le droit public avant d'être admise par le droit privé, qu'elle fut légalement pratiquée au profit de l'État et des cités avant de l'être par les particuliers.

Cette hypothèse, M. Degenkolb l'avait déjà indiquée, mais sans s'y arrêter[2]. Aujourd'hui M. Mommsen l'a de nouveau produite avec sa haute autorité : pour l'illustre savant, c'est même là une théorie ferme, un point de droit certain[3]. Il ne doute point que le louage et la vente consensuelle n'aient été d'abord chez les Romains des institutions propres au droit public. Il explique par là le caractère non formaliste de ces contrats, car l'État tout-puissant n'a besoin d'aucun formalisme pour obliger envers lui les particuliers. Il y voit aussi le motif pour lequel le prix ou la *merces* consistent toujours en argent : pour prendre

---

[1] Sur la loi 24, *locati* (tom. V, c. 528) : « Id faciebant exemplo censorum et consulum qui etiam publica locabant in quinquiennium. »

[2] *Platzrecht und Miethe,* Berlin, 1867, p. 149, note 2 : « Woher kommt die Lustralfrist im Privatverkehr ? Es liegt sehr nahe auch aus ihr Schlüsse auf die Geschichte der Miethe, vor allem auf ihre Ableitung aus der öffentlichen Administration zu ziehen. Indessen, abgesehen davon, ob nicht die fünfjährige Frist des Lustrum ihrerseits auf allgemeinere Bedeutung der Fünfzahl zurückgeht, mahnt zu doppelter Vorsicht die Geschichte der römischen Lustrum selbst ; est is anfangs von wechselnder Länge gewesen und die Miethe ist jedenfalls auch las Privatrechtsinstitut älter als die Fixirung der fünfjährigen Lustralperiode. » — Il est probable que pour les Romains le *lustrum* représenta d'abord un laps de quatre années, le *census* revenant *quinto quoque anno*, et que seulement une interprétation postérieure lui donna la durée d'un *quinquiennium*. Voyez dans ce sens Karlowa : *Römische Rechtsgeschichte*, 1, p. 229, 239 ; Cf. Herzog : *Geschichte und System der römischen Staatsverwaltung*, I, p. 759, note 3 ; Mommsen : *Staatsrecht*, II, 1, p. 516, ssv. — D'après cela le bail n'aurait passé dans le droit privé que lorsque la durée du *lustrum* eut été fixée définitivement.

[3] Th. Mommsen : *Die römischen Anfänge von Kauf und Miethe* (Zeitschrift der Savigny-Stiftung, vol. VI, *Rom. abth.*, p. 260).

place dans le budget de l'État et dans les comptes publics,
les recettes comme les dépenses doivent se ramener à une
somme d'argent [1].

En faveur de cette théorie, et en en restreignant l'application au louage, on peut présenter des considérations
qui me paraissent de nature à faire impression sur l'esprit.

On peut remarquer d'abord que la *locatio-conductio*,
en sa qualité de contrat consensuel, ne saurait appartenir
au fonds ancien du droit privé; c'est pour le droit privé
une création relativement récente. Au contraire, il semble
que chez les Romains l'habitude de donner à ferme le
domaine ou les revenus de l'État remonte à une haute antiquité.

D'autre part, aux temps anciens, l'État seul se trouvait
dans une situation qui appelait l'usage du bail; pour lui
seul, c'était une institution très utile, sinon absolument
nécessaire. L'État seul possédait alors des terres considérables ou des revenus étendus qu'il ne pouvait pas par
lui-même exploiter ou mettre en valeur. Les particuliers,
au contraire, dans les premiers siècles de Rome, formaient
une classe de petits propriétaires agriculteurs, et la petite
propriété repousse l'amodiation et appelle la culture directe. Il n'est pas probable, cependant, qu'à aucune époque, les familles composant les *gentes* patriciennes aient
fait valoir elles-mêmes la totalité de leurs propriétés foncières. Mais les parcelles que le *pater* ne cultivait pas
avec ses fils et ses esclaves, il ne les louait pas non plus.
Il les concédait aux clients de la *gens,* non pas en vertu
d'un contrat proprement dit, liant les deux parties, mais
par une concession purement précaire et toujours révocable. C'est ce qui ressort nettement d'un passage célèbre
de Festus [2].

---

[1] *Op. cit.,* p. 267, 268 : « Auch die Herkunftspuren sind nicht völlig verwischt;
zum Beispiel der begrifflich nicht gerechfertigte Satz, dass alle diese Geschäftg
nur bei fester Geldsumme klagbar sind, also zum Beispiel dem Tauschvertrae
die Klagbarkeit mangelt, rührt deutlich aus den publicistichen Usancen her. »

[2] V° Patres : « (Senatores) patres dicti sunt, quia agrorum partes adtribue-

Anciennement donc, dans le droit privé, le précaire jouait le rôle que le bail jouera plus tard, et il n'y avait aucune place pour ce dernier. La décadence de l'un coïncidera avec l'avènement de l'autre. Le bail ne répondit à un besoin des particuliers que lorsque la grande propriété commença à se former, et que la vie agricole cessa d'être en honneur chez les riches. En même temps, l'esprit de spéculation dominait dans le commerce juridique, gouverné primitivement par l'esprit patriarcal : le fermier devait remplacer le client sur les terres du grand propriétaire. Alors les particuliers empruntèrent l'usage de la *locatio-conductio* aux pratiques du droit public qui l'employait depuis longtemps déjà ; et c'est ainsi qu'elle passa dans le droit privé.

Naturellement le bail du droit privé reproduisit les traits qu'une longue existence avait imprimés au bail du droit public ; la copie devait ressembler au modèle. L'un de ces traits distinctifs, c'était la durée de cinq ans, le terme d'un *lustrum ;* les baux des particuliers, furent donc faits pour cinq années ; et ce type introduit par l'imitation première, se conservera dans la suite par la force de l'habitude.

Cette hypothèse permet aussi de comprendre une autre règle de la *locatio-conductio,* qu'il est peut-être difficile de justifier rationnellement, je veux parler de la tacite reconduction. On sait que lorsqu'un bail a pris fin par l'arrivée du terme convenu, si le preneur reste en possession de la chose louée sans résistance ni réclamation de la part du bailleur, un nouveau bail commence aux mêmes conditions que l'ancien[1]. Cependant, ce nouveau bail diffère de l'ancien sur un point important, il n'a point la même durée. Il n'est fait que pour un an, quand il s'agit de biens ruraux, et si à l'expiration de cette année le preneur reste encore et est laissé en possession, il se

---

runt tenuioribus perinde ac liberis propriis. » Cf. d'Ihering : *Esprit du droit romain,* trad. de Meulenaere, t. I, p. 239, 240.

[1] L. 14 ; l. 13, § 11, D. xix, 2.

formera par le consentement tacite des parties un nouveau bail d'un an et ainsi de suite[1]. La tacite reconduction ne produit jamais que des baux d'une année[2] : C'est encore là un trait que le bail du droit privé me paraît avoir emprunté au bail du droit public.

Ce dernier étant consenti pour un *lustrum* seulement aurait toujôurs dû prendre fin à l'expiration de la cinquième année; mais cela présentait en fait d'assez graves inconvénients. Le *census* en réalité n'avait point une périodicité absolument régulière; il arrivait assez souvent qu'il fût retardé, même de plusieurs années, les événements survenus n'ayant point permis d'y procéder en temps voulu. Allait-il résulter de là que, les baux consentis par les derniers censeurs étant expirés, les terres et les revenus de l'État resteraient sans fermiers jusqu'à ce que de nouveaux censeurs pussent les affermer à nouveau? Cela eût été absurde, préjudiciable, à l'intérêt public, contraire au désir des fermiers eux-mêmes[3]? On décida sans aucun doute que le bail serait prolongé de plein droit, renouvelé en quelque sorte tacitement; mais cette prorogation ne valait que pour une année, sauf à admettre s'il y avait lieu

---

[1] L. 13, § 11, D. xix, 2.

[2] On admet généralement que pour les immeubles urbains, les règles étaient autres que pour les *prædia rustica*. C'est du moins ce que semble décider la loi 13, § 11, D. xix, 2. Ce texte, après avoir indiqué le système de la tacite reconduction pour les immeubles ruraux, ajoute cette phrase : « In urbanis autem prædiis alio jure utimur, ut prout quisque habitaverit ita et obligetur, *nisi in scriptis certum tempus comprehensum est.* » Le sens de ces derniers mots est d'ailleurs douteux et controversé. Je croirais volontiers que la phrase tout entière a un sens autre que celui qu'on lui donne habituellement. Le jurisconsulte indiquerait que dans les usages romains on ne faisait point de bail à *terme fixe* pour la location des maisons, chacune des parties restant libre de mettre fin au bail quand il lui plaisait. Mais si par exception on avait loué pour un nombre d'années déterminé, et qu'à l'expiration du bail la jouissance continuât sans opposition, la tacite reconduction devait alors s'appliquer dans les mêmes conditions que pour les immeubles ruraux.

[3] Selon M. Mommsen, l'une des causes qui firent étendre la durée primitive du *lustrum* fut l'intérêt des fermiers du fisc qui cherchaient à se procurer des baux plus longs. *Staatsrecht,* II, 1, p. 316.

une nouvelle prorogation[1]. On voulait ne point engager l'avenir : si le *census* n'avait pas pu avoir lieu l'année voulue, il fallait espérer qu'on pourrait y procéder l'année suivante. Cette règle passa dans le droit privé lorsque celui-ci emprunta le contrat de bail au droit administratif, ici encore il y eut une imitation.

II.

L'hypothèse développée jusqu'ici explique bien pourquoi l'on donna d'abord au bail du droit privé une durée de cinq années : peut-être ne suffit-elle pas pour expliquer comment cette habitude s'enracina si profondément, qu'elle se perpétua jusqu'au temps des grands jurisconsultes. En effet, la *locatio-conductio,* lorsqu'elle passa dans le droit privé, dut bientôt oublier son origine première, pour se plier aux besoins du milieu nouveau dans lequel elle était transportée. Si sa durée normale resta fixée à un *lustrum* comme celle des baux de l'État, c'est peut-être parce que cette commune mesure présenta pendant longtemps un avantage pour les particuliers; et cette utilité probable, on est tenté de la chercher dans le régime de l'impôt.

Le *census* comprenait, on le sait, le relevé des fortunes individuelles, en vue du *tributum* que la République levait sur les citoyens en cas de besoin. C'était sur les

---

[1] Karlowa : *Röm. Rechtsgeschichte,* p. 230, 231. Cet auteur admet à l'inverse, que si le *census* avait lieu de nouveau avant l'expiration du *lustrum,* comme le fait se présenta plus d'une fois, le renouvellement des locations par les nouveaux censeurs entraînait de plein droit la rescision des locations anciennes pour le temps qui restait à courir. Il établit aussi que la durée des *locationes censoriæ* ne coïncidait point absolument avec la durée du *lustrum* proprement dit : ces locations commençaient, selon un ancien usage, aux ides de mars, et devaient par conséquent finir cinq ans plus tard à la même date, empiétant ainsi quelque peu sur le nouveau *lustrum.*

estimations et les déclarations acceptées par les censeurs que se faisait l'imposition sur chaque citoyen pendant toute la durée du *lustrum*. Supposons donc que le *tributum* à raison de l'immeuble loué fût dû à l'État, non par le propriétaire, mais par le fermier, on comprendra que ce dernier eût intérêt à ne pas conclure un bail trop long, et que l'habitude des baux de cinq ans fût favorable au fermage. En concluant le bail de cinq ans un peu avant l'expiration d'un *lustrum* censorial, on en voyait arriver le terme avant la fin du *lustrum* suivant, sauf l'application des règles sur la tacite reconduction; et à la veille du nouveau *census,* le fermier reprenait toute sa liberté, étant dégagé, non-seulement à l'égard du locateur, mais aussi à l'égard de l'État, créancier éventuel du *tributum.*

Cette nouvelle hypothèse paraît, il est vrai, peu en harmonie avec la nature même du *tributum,* qui représentait un impôt général sur le capital de chaque citoyen[1]; cependant voyons s'il n'est pas impossible de produire quelques considérations qui lui soient favorables.

Si l'on examine attentivement le *census* provincial et le *tributum* des provinces, on doit reconnaître que là, l'impôt afférent aux immeubles loués était mis par la loi fiscale à la charge du fermier. Bien que l'opinion commune soit en sens contraire[2], ce point me paraît établi par deux textes probants[3].

Dans un passage des Verrines, Cicéron discute l'application d'un édit de Verrès, d'après lequel les Siciliens étaient tenus de déclarer le nombre d'arpents de terre sur lesquels ils devaient payer le *tributum,* et il met en scène

---

[1] Il est vrai que dans le cours du temps, le *tributum* se rapprocha de plus en plus d'un impôt sur le revenu. Mommsen : *Römisches Staatsrecht,* II, 1², p. 379.

[2] Huschke : *Ueber den Census und die Steuerverfassung der frühern Römischen Kaiserzeit,* p. 141; — B. Matthiass : *Die römische Grundsteuer,* p. 61. — Ces auteurs admettent que ceux-là seuls sont tenus du *tributum* qui jouissent de la chose en vertu d'un droit réel.

[3] Cela ressort aussi des textes qui, d'une manière générale, mettent le *tributum* à la charge de celui qui recueille les fruits. L. 13, D. xxv, 1; L. 2, C. x, 16.

un certain Xénon que Verrès a poursuivi comme ayant contrevenu à l'édit. Or, voici la défense que Xénon présentait et que l'orateur nous donne comme valable : il disait que le fonds dont il s'agissait, et qui d'ailleurs appartenait non à lui-même, mais à sa femme, avait été affermé[1]. Il ressort de là que le fermier, non le propriétaire, était, en Sicile, tenu du *tributum*[2].

L'autre texte est inséré au Digeste. C'est un fragment du Traité d'Ulpien, *De censibus,* ainsi conçu : « Si quis inquilinum vel colonum non fuerit professus vinculis fiscalibus tenetur[3]. » Le sens de cette phrase ne me paraît point douteux et elle doit être traduite ainsi : « Le propriétaire qui a un locataire ou un fermier et qui n'en fait point mention dans sa déclaration au *census,* reste tenu de l'impôt[4]. » Il en résulte que si le propriétaire avait déclaré son fermier, il était par là même déchargé person-

---

[1] *Verr.,* III, 22 : « Xenonis Menœni, nobilissimi hominis, uxoris fundus erat colono locatus; colonus quod decumanorum injurias ferre non poterat ex agro profugerat. Verres in Xenonem judicium dabat illud suum damnatorium de jugerum professione. *Xeno ad se pertinere negabat : fundum elocatum esse dicebat...* Dicebat ille non modo se non arasse id quòd satum erat sed nec dominum ejus esse fundi nec locatorem; uxòris esse ; eam ipsam suum negotium gerere, ipsam locavisse. »

[2] Dans ce sens, Pernice : *Parerga, Zeitschrift der Savigny-Stiftung,* tom. V, roman. *Abth.,* p. 126. — M. Pernice admet d'ailleurs que si le fermier est tenu directement de l'impôt, il a pour se faire rembourser un recours contre le propriétaire. — Huschke, *op. cit.,* p. 141, note 295, pense que, dans le passage cité, Cicéron reproche à tort à Verrès d'avoir donné l'action contre le propriétaire et non contre le fermier.

[3] L. 4, § 8, D. L, 15.

[4] M. Huschke entend tout autrement ce texte, *op. cit.,* p. 156, note 334. Il voit dans l'*inquilinus* ou le *colonus* dont il est ici question un colon attaché à la glèbe. Le propriétaire devait le déclarer, comme tout objet soumis à son droit, et s'il a négligé de faire cette déclaration, il est tenu des peines qu'entraîne une *professio* fausse ou incomplète. Cette interprétation, qui m'avait d'abord séduit, ne me paraît pas admissible après un nouvel examen. Je crois bien que dès l'époque d'Ulpien il existait des colons, au moins des esclaves attachés à la terre à perpétuelle demeure, mais ce n'est pas eux que vise le texte cité. Le texte ne dit point que le propriétaire soit tenu, sous une peine, de déclarer son *colonus;* seulement, s'il ne le déclare pas, il sera porté comme contribuable quant au fonds affermé : *Vincula censualia* me paraît tout à fait synonyme de *censualia munera.*

nellement de l'impôt afférent à l'immeuble; c'est donc
que le fermier en était tenu. Maintenant, pour que le
propriétaire pût ainsi se décharger de la dette fiscale en
présentant son fermier à sa place, fallait-il qu'un accord
particulier fût intervenu entre eux d'après lequel le fermier acceptait la charge de l'impôt[1]? Ou bien était-ce le
droit fiscal qui, d'autorité, imposait cette charge au fermier, sauf à celui-ci à établir en conséquence les conditions du bail? Le texte d'Ulpien, par les termes généraux
dans lesquels il est conçu, me paraît décider la question
dans ce dernier sens.

Il me semble donc démontré que pour le census des provinces, le tributum afférent aux immeubles loués était mis
à la charge des fermiers, et, d'autre part, on peut croire
que là, comme à Rome et dans les municipes, le census
eut d'abord une périodicité quinquennale[2]. Mais bien que
les citoyens romains prissent souvent à terme de vastes
étendues du sol provincial[3], ce n'est point en province que
la locatio-conductio du droit privé dut surtout se développer
et recevoir ses traits définitifs. Or, pour le census de Rome
et pour le tributum des citoyens sous la République, le
fermier était-il traité de la même manière? Cela est pos-

---

[1] C'est ainsi que paraît l'entendre M. Fustel de Coulanges : *Recherches sur
quelques problèmes d'histoire*, p. 74 : « On peut même penser, dit-il, d'après
le texte d'Ulpien, que c'était le fermier qui payait d'ordinaire l'impôt pour la par-
celle de terre qu'il occupait. Personne n'ignore que cette pratique est de tous les
temps et de tous les peuples. Il peut toujours entrer dans les contrats de fermage
que ce soit le fermier qui paie les contributions. Ainsi Ulpien nous donne à entendre que le propriétaire avait le choix : s'il faisait inscrire son fermier sur les
registres du cens, c'était le fermier qui payait; s'il ne l'y faisait pas inscrire, il
payait lui-même. Il en est ainsi de nos jours encore, en France. » Ces derniers
mots ne sont point parfaitement exacts. D'après la loi française, le seul débiteur
de l'impôt foncier, c'est le propriétaire, le fermier ou locataire n'en est pas directement tenu; les conventions particulières qui pourraient intervenir entre le propriétaire et le fermier ne modifient en rien ce droit, pour ce qui concerne le
fisc; alors même que le fermier s'engage envers le propriétaire à payer l'impôt
foncier, le propriétaire n'en reste pas moins le débiteur de l'État. Voyez M. Du-
crocq : *Cours de droit administratif*, nᵒˢ 927 et 960.

[2] Huschke : *Ueber den Census und die Steuerverfassung*, p. 57.

[3] Cic. : *Verrines*, III, c. 5 et 21.

sible, mais fort douteux. Pour l'assimilation, on peut dire seulement que le *census* des provinces semble avoir de bonne heure imité et reproduit les principales règles que suivaient à Rome les censeurs[1]. Selon certains auteurs, il en fut ainsi tout au moins lorsque Caracalla eut conféré le droit de cité à tous les habitants libres de l'Empire[2]. Mais ce sont là d'assez faibles indices, et, en réalité, les textes nous manquent pour résoudre la question.

[1] Huschke, *op. cit.*, p. 40, 41.

[2] Bernhard Matthias : *Die römische Grundsteeur*, p. 9, 10. On a même supposé que les traités de Paul et d'Ulpien, *De censibus*, n'auraient été que des remaniements ou des adaptations d'ouvrages anciens sur le *Census* romain, en vue du *tributum* des provinces.

II.

LE DROIT ROMAIN

ET LES COUTUMES PRIMITIVES.

LA POURSUITE DU VOL

ET LE

SERMENT PURGATOIRE.

Depuis que l'attention et l'étude se portent vers les institutions primitives, bien des fois on a décrit la poursuite
du vol telle qu'elle apparaît aux premiers temps. Les
antiques coutumes nous montrent la victime et ses parents
suivant à la piste le voleur ou l'animal volé, et pratiquant,
en des formes solennelles, des visites domiciliaires ; des
arbitres statuant sur la contestation et prononçant une
peine, généralement pécuniaire, si la poursuite a abouti,
conduite dans la forme voulue. Les législations anciennes
des peuples indo-européens retracent ce procès primitif en
traits à peu près identiques[1], mais cette institution ne leur
appartient pas en propre. Elle distingue non une race déterminée mais un certain degré de civilisation. D'ailleurs,
elle n'est que la transformation de procédés plus rudes,
où chaque incident est un acte de violence, à moins que
ce ne soit un traité de paix. En conduisant les parties de
la guerre privée à l'arbitrage, la coutume adoucie reflète
encore les premières pratiques, mais pacifiées pour ainsi
dire : du fait brutal on passe à la procédure.

---

[1] Voyez les textes rapprochés dans Bernhöft : *Staat und Recht der römischen
Konigszeit*, p. 247, 248. — R. Dareste : *Mémoire sur les anciennes lois suédoises*,
Journal des savants, sept.-oct. 1880 ; tirage à part, p. 15 et suiv.

Je voudrais signaler deux textes qui, à ma connaissance,
n'ont pas été utilisés jusqu'ici, et qui peuvent jeter quelque lumière sur ces questions. Ils appartiennent à deux
mondes bien divers, à deux époques bien éloignées l'une
de l'autre, mais ils présentent pourtant comme une sy-
métrie curieuse dans les faits qu'ils décrivent.

I.

L'un de ces textes est un récit de la Genèse. C'est le
passage, bien connu d'ailleurs, qui nous montre Jacob
quittant brusquement et en secret son beau-père Laban.
Jacob n'emporte que ce qu'il regarde comme son bien ; il
emmène avec lui ses femmes, ses esclaves et ses troupeaux. Mais, à l'insu de son mari, Rachel a volé les dieux
domestiques de Laban, les idoles de son foyer : par là
elle croit sans doute enlever toute force à son père, dont
elle redoute le courroux. Dès qu'il découvre le vol, Laban
se lance avec les siens à la poursuite des fugitifs et il les
atteint bientôt. C'est cette poursuite, avec toutes ses conséquences, qui pour nous a de l'intérêt. Voici d'ailleurs le
récit tout entier, d'après le texte de la Vulgate :

« Surrexit itaque Jacob, et impositis liberis ac conju-
gibus suis super camelos, abiit. Tulit que omnem substantiam suam et greges et quicquid in Mesopotamia ad-
quisierat, pergens ad Isaac patrem suum in terram Cha-
naan.

« Eo tempore ierat Laban ad tondendas oves *et Rachel
furata est idola patris sui.* Noluitque Jacob confiteri socero
suo quod fugeret.

« Cumque abiisset tam ipse quam omnia quæ juris sui
erant et amne transmisso pergeret contra montem Galaad,
nuntiatum est Laban tertio die quod fugeret Jacob : qui,

assumptis fratribus suis, persecutus est eum diebus septem et comprehendit eum in monte Galaad. Vidit.que in somnis dicentem sibi Deum : Cave ne quidquam aspere loquaris contra Jacob.

« Jamque Jacob extenderat in monte tabernaculum; cumque ille consecutus fuisset eum cum fratribus suis, in eodem monte Galaad fixit tentorium. Et dixit ad Jacob : « Quare ita egisti, ut clam me abigeres filias meas quasi captivas gladio? Cur ignorante me fugere voluisti, nec indicare mihi ut prosequerer te cum gaudio et canticis et tympanis et citaris? Non es passus ut oscularer filios meos et filias : stulte operatus es et nunc quidem *valet manus mea reddere tibi malum.* Sed Deus patris vestri heri dixit mihi : Cave ne loquaris contra Jacob quidquam durius. Esto ad tuos ire cupiebas et desiderio erat tibi domus patris tui : *Cur furatus es deos meos.* » — Respondit Jacob : « Quod inscio te profectus sum, timui ne violenter auferres filias tuas. *Quod autem furti me arguis*, apud quemcumque inveneris deos tuos, necetur coram fratribus nostris; scrutare quidquid tuorum apud me inveneris et aufer. » Hæc dicens ignorabat quod Rachel furata esset idola.

« Ingressus itaque Laban tabernaculum Jacob et Liæ et utriusque famulæ non invenit. Cumque intrasset tentorium Rachelis, illa festinans abscondit idola subter stramenta cameli et sedit desuper. Scrutantique omne tentorium et nihil invenienti aït : « Ne irascatur dominus meus, quod coram te assurgere nequeo : quia juxtà consuetudinem feminarum nunc accidit mihi. » Sic delusa sollicitudo quærentis.

« Tumensque Jacob cum jurgio aït : « Quam ob culpam meam, et ob quod peccatum meum sic exarsuisti post me, et scrutatus es omnem supellectilem meam? quid invenisti de substantia domus tuæ? Pone hic coram fratribus meis et fratribus tuis et judicent inter te et me[1]? »

---

[1] Genèse (Vulg.), ch. XXXI, vers. 17 à 37.

Incontestablement nous avons là un tableau de mœurs très anciennes. Ce vieux récit nous reporte vers une époque où, à vrai dire, la loi n'était pas encore née pas plus que la société dont elle est l'organe nécessaire. À ces âges reculés on ne trouve que des groupes d'hommes, de forme patriarcale, isolés et indépendants. Chacun d'eux reconnaît l'autorité absolue et sacrée de son chef héréditaire, mais il n'existe au-dessus d'eux aucune autorité commune et supérieure. Les relations que ces divers groupes ont entre eux, en dehors de l'état de guerre ouverte, ne sont réglées que par une sorte de droit des gens rudimentaire : cependant nous saisissons là en voie de formation une coutume, qui deviendra impérative lorsque ces grandes familles seront entrées, sans se confondre, dans une organisation plus complexe, et formeront une nation.

Deux nomades, Jacob et Laban, se sont associés pendant un certain temps et des mariages ont cimenté cette alliance. Puis, brusquement et clandestinement, Jacob rompt cette union et l'un des siens commet un vol au préjudice de Laban. Ce dernier poursuit et rejoint les fugitifs ; et, lorsqu'il les a atteints, à quoi songe-t-il tout d'abord? A des représailles violentes : « *Valet manus mea reddere tibi malum.* » Il s'en abstient pourtant; mais il cède en cela non à une règle légale, mais à une influence morale ou plutôt religieuse : un dieu lui a défendu dans un songe de maltraiter Jacob. Renonçant spontanément à l'emploi de la force, il formule alors l'accusation de vol : « *Cur furatus es deos meos?* » Cela le conduit à une perquisition solennelle, comme celle qu'organisera plus tard la coutume. Mais ici cette perquisition n'intervient que sur l'offre de l'accusé. Rien ne forçait Jacob de souffrir cette visite : c'est lui qui, sûr de son innocence, propose ce moyen de justification, auquel, en pareil cas, durent naturellement avoir recours les faibles et les pacifiques. Laban, d'ailleurs, cherche sans trouver; mais il échoue, remarquons-le, devant une ruse de fait, un stratagème tout matériel que raconte naïvement le vieux texte : on est encore dans le domaine du fait, non sur le terrain du droit. Enfin lorsque Jacob, justifié, en appelle à un arbitrage, prenant pour juges les hommes des deux camps : « *Pone hic coram fratribus meis et fratribus tuis et judicent inter te et me!* » on sent bien qu'il y a là encore un acte tout volontaire, et non l'accomplissement d'une obligation légale. Cependant nous avons là tous les traits de la poursuite du vol telle que l'organisent les coutumes primitives; que dans l'esprit des hommes ces concessions volontaires et ces procédés pacifiques apparaissent comme obligatoires, et la loi sera née, quoique bien imparfaite encore.

Nous voyons clairement comment s'établit sur ce point le droit le plus ancien et la plus vieille procédure.

II.

L'autre texte que je veux étudier est le conte suivant d'une plaisanterie un peu grosse, qui se trouve dans les *Saturnales* de Macrobe.

Saturn., l. I, ch. VI, *in fine* : « Tremellius vero Scropha cognominatus est eventu tali. Is Tremellius cum familia atque liberis in villa erat. Servi ejus, cum de vicino scropha erraret, surreptam conficiunt. Vicinus advocatis custodibus omnia circumvenit, ne qua efferri possit, isque ad dominum appellat restitui sibi pecudem. Tremellius, qui ex villico rem comperisset, scrophæ cadaver sub centonibus collocat, super quos uxor cubabat. Quæstionem vicino permittit. Cum ventum est ad cubiculum verba conjurationis concipit nullam esse in villa sua scropham, nisi istam, inquit, quæ in centonibus jacet. Ea facetissima juratio Tremellio Scrophæ cognomentum dedit. »

Ici nous avons une véritable procédure, et il n'est pas nécessaire d'être un savant romaniste pour la reconnaître du premier coup d'œil; c'est la *quæstio furti per licium et lancem* dont parle Gaius, au commentaire III[1]. Mais le récit de Macrobe nous fournit sur elle des renseignements qu'on ne trouve point ailleurs; elle apparaît ici vivante, pour ainsi dire, et le conte, qui doit remonter loin, transmis de bouche en bouche, lui rend son caractère ancien et son sens véritable, que ne comprenait plus Gaius.

Dans Macrobe, le particulier qui agit de son autorité privée, guidé, il est vrai, et protégé par la loi, a un rôle vraiment actif, et se fait réellement justice lui-même. Le voisin qui cherche sa truie est arrivé sans doute à la maison de Tremellius en suivant la trace des pas, comme le *vestigium minans* de la loi salique. Dans tous les cas, il n'est point seul; il a avec lui d'autres voisins, qui lui font escorte. De ces assistants, dont le rôle est fort important, il est fait une simple mention dans Gaius. Théophile, dans son commentaire sur les *Institutes* de Justinien, indique également que la perquisition doit avoir lieu en présence de témoins[2], et en effet, c'est un trait distinctif des actes formalistes de l'ancien droit d'exiger la présence de témoins convoqués tout exprès[3], *advocati*. Ici, le texte le dit, les hommes qu'amène le voisin sont bien des *advocati*, mais ils sont plus que des témoins. Ce ne sont pas de simples spectateurs; sans doute, au besoin, ils

---

[1] §§ 191 et suiv. M. Voigt a utilisé le texte de Macrobe, en se plaçant d'ailleurs à un point de vue différent du nôtre, dans un livre publié depuis que ces lignes sont écrites. Selon lui, la *quæstio furti* avait lieu *sine licio et lance*, toutes les fois que le maître de la maison n'exigeait pas expressément ces formalités : l'anecdote de Macrobe fournirait un exemple de cette tolérance. Voigt : *Die XII Tafeln*, II, p. 567, 568.

[2] Theop. Inst., IV, 1, § 4, édit. Reitz : *Conceptum furtum* λέγεται, ἡνίκα παρά τινι, μαρτύρων παρόντων, τὸ κλαπέν μου πρᾶγμα ζητηθὲν εὑρεθῇ. »

[3] Von Ihering : *L'Esprit du droit romain*, trad. de Meulenaere, t. I, p. 142 et suiv.

prêteraient main-forte; en tout cas, ce sont des gardes, *custodes;* ils cernent la maison, occupant toutes les issues par où on pourrait faire sortir l'animal volé.

Ces précautions étant prises, le poursuivant s'adresse au maître de la maison, et requiert, sans doute par une formule solennelle, la restitution de sa bête (*appellat ad dominum restitui sibi pecudem*) ou le libre accès pour procéder à la perquisition. Tremellius laisse alors, comme il le doit, celle-ci s'accomplir (*quæstionem vicino permittit*), mais il la fait échouer par un stratagème. Comme dans le récit de la Genèse, l'objet volé est caché sous la couche où repose une femme, mais ce qui assure le succès de Tremellius, c'est une ruse bien curieuse de la primitive procédure. Arrivé au seuil du *cubiculum*, le voisin s'arrête dans sa recherche ; sans doute, la loi lui interdit de pénétrer plus avant : mais le maître de la maison est obligé de jurer dans une formule solennelle (*verba conjurationis concipit*), que l'objet cherché ne se trouve pas là. Tremellius met d'accord sa conscience et son intérêt en prononçant une formule ambiguë qui, pour les poursuivants, contient sa justification accompagnée d'une grossière plaisanterie, mais qui pour lui exprime l'exacte vérité. Montrant les couvertures sur lesquelles on voit sa femme étendue, mais sous lesquelles gît le corps de la truie qu'on ne voit pas : « Je jure, » dit-il, « qu'il n'y a pas ici d'autre truie que celle-ci. » Etudions un instant ce dernier trait, le plus curieux de tous.

Les peuples anciens, Ariens ou Sémites, même dans leur âge le plus rude, ont montré un respect réel de la pudeur féminine. Un tel sentiment ne devait-il pas soustraire à la perquisition privée la chambre ou tout au moins la couche des femmes, et par là même rendre souvent la recherche vaine? C'est cette réserve qui la fait échouer dans nos deux récits. Mais si, dans la Genèse, Laban s'arrête devant la couche de Rachel, c'est volontairement, sur la prière de sa fille. Il ressort au contraire du récit de

Macrobe que chez les anciens Romains la loi imposait déjà
ce respect de la femme et cela s'accorde bien avec d'autres
indications plus vagues que nous trouvons ailleurs [1]. C'était
la loi qui arrêtait le poursuivant au seuil de la chambre
des femmes; mais elle remplaçait par une autre garantie,
par un autre mode de preuve, cette perquisition dernière
qu'elle prohibait. Le maître de la maison devait jurer dans
une formule consacrée que l'objet cherché ne se trouvait
pas chez lui. Voilà une application bien nette du serment
purgatoire dans la poursuite des *delicta privata;* elle est
d'autant plus notable que c'est, à notre connaissance, le
seul exemple qu'on en trouve chez les Romains [2].

---

[1] Paul Diacre. V. *Lance* : « Lance et licio dicebatur apud antiquos, quia qui
furtum ibat quærere in domo aliena, licio cinctus intrabat, lancemque ante oculos
tenebat propter matrum familiæ et virginum præsentiam. » — Cf. Plutarque,
Rom., 20. Bien entendu du texte de Paul Diacre je ne retiens qu'une chose, la
préoccupation qu'il indique de respecter la pudeur des femmes; mais le plateau
ou *lanx* ne saurait avoir eu l'emploi qu'on lui assigne ici. On a bien souvent
cherché le rôle véritable que jouait cet accessoire théâtral. M. Leist me paraît
avoir trouvé le mot de l'énigme : *Græco-italische Rechtsgeschichte,* p. 246, ssv. Il
remarque que la visite domiciliaire autorisée par les anciennes coutumes était une
atteinte grave à la sainteté et à l'inviolabilité du foyer domestique. Pour en atté-
nuer la portée, non-seulement on exigeait que le poursuivant pénétrât sans armes,
licio cinctus, afin qu'aucun acte de violence ne fût à craindre de sa part, mais il
fallait aussi qu'il apaisât les dieux protecteurs du foyer. Chez les Grecs il prenait
à témoins ces dieux qu'il avait le ferme espoir de trouver l'objet volé, Platon,
Leges, 12, 7 : « γυμνὸς ἢ χιτωνίσκον εχων ἄξωστος, προομόσας τοὺς νομίμους θεούς ἢ
μὴν ἐλπίζειν εὑρήσειν ὕτω φωρᾶν. » Chez les les Romains il faisait doute aux
dieux du foyer une libation propitiatoire, et c'était à cela que servait le vase ou
plat qu'il tenait élevé. Sans doute le rituel avait exigé que ce vase fût en argile,
comme le dit la glose des Institutes de Turin, mais au temps de Gaius, le caractère religieux de l'acte n'étant plus compris, on décidait que peu importait la
matière : « Certe non dubitatur, cujuscumque materiæ sit ea lanx, satis legi fieri. »
[2] La loi de Gortyne, récemment découverte, et que nous avons citée plus
haut, p. 81, nous a révélé chez les Grecs l'institution des *cojurantes.* D'autre
part, il ne serait peut-être pas impossible de retrouver dans l'antiquité classique
le souvenir du duel judiciaire, par exemple dans ce passage de Festus, vᵒ *Retia-*
rio : « Hoc genus pugnæ institutum videtur a Pittaco uno ex septem sapientibus,
qui adversus Phrynonem dimicaturus propter controversiam finium quæ erant
inter Atticos et Mytilenæos, rete occulto lato impedivit Phrynonem. » Ainsi peu
à peu se dégage le caractère de généralité des institutions primitives qui, avec
des variantes nécessaires, paraissent appartenir en propre non à certaines races
déterminées, mais à certains degrés de civilisation ou de barbarie.

Tous ces détails sur un passé lointain, quoiqu'ils soient fournis par un auteur d'époque récente, doivent être tenus pour authentiques : ils concordent bien avec ce que nous savons en général des institutions primitives. Ils ont été conservés intacts par la tradition populaire, enchâssés dans la vieille anecdote. D'ailleurs l'esprit antique éclate dans le trait final que n'aurait pu imaginer un Romain instruit du Bas-Empire. Le serment de Tremellius n'est au fond qu'un parjure destiné à couvrir un vol, une action doublement mauvaise ; mais le conte nous le donne comme un bon tour. Cela nous reporte à un temps où le vol, comme le pillage et la maraude en temps de guerre, n'avait en lui-même rien de honteux et où les idées sur la force obligatoire du serment étaient bien différentes de ce qu'elles furent plus tard. Certes, pour ces hommes rien n'était plus saint que le serment, et il n'était pas de plus grand crime que le parjure[1] : mais, aux yeux des anciens, ce qui importe, dans le serment, c'est la formule seule, non la sincérité de celui qui la prononce. Si l'on peut la construire de telle sorte que, tout en présentant un mensonge dans son sens apparent, elle traduise la vérité pour celui qui parle, grâce à un sous-entendu, il n'y a point de parjure : l'homme, feignant de se lier lui-même, a su combiner un nœud qui n'est fermé qu'en apparence. Le conteur que suit Macrobe s'inspirait du même esprit que le chantre de l'*Odyssée,* lorsqu'il décerne à Autolycos, l'aïeul maternel d'Ulysse, ce singulier éloge : « Il surpassait tous les hommes pour la rapine et les serments. C'était un don qu'il tenait du dieu Mercure[2]. » Aux yeux des anciens Grecs et

---

[1] Qu'on se rappelle le récit saisissant qu'Hérodote a placé dans la bouche de Leutychidès (l. VI, c. 86). Glaucos, fils d'Epikydès, pour avoir eu seulement la pensée de nier un dépôt par un faux serment, est frappé par les dieux du châtiment le plus terrible pour un ancien : sa race s'éteint après lui, et son foyer devient désert : « Γλαύκου νῦν οὔτε τι ἀπόγονόν ἐστι οὐδὲν οὔτ' ἱστίη οὐδεμία νομιζομένη εἶναι Γλαύκου, ἐκτέτριπται τε πρόρριζος ἐκ Σπάρτης. »

[2] *Odyss.,* XIX, v. 394 et suiv. : « Ἀυτόλυκον... μητρὸς ἑῆς πατέρ' ἐσθλὸν, ὃς ἀνθρώπους ἐκέκαστο — κλεπτοσύνῃ θ' ὅρκῳ τε · θεὸς δὲ οἱ αὐτὸς ἔδωκεν-Ἑρμείας. »

des anciens Romains, Autolycos et Tremellius agissaient en gens habiles et en adroits procéduriers[1].

Ce ne sont pas seulement leurs semblables que les hommes primitifs cherchent à tromper par ces sous-entendus subtils et naïfs à la fois : ils emploient le même procédé dans leur commerce avec les dieux. Au lieu de l'objet dû au dieu selon les rites, ils lui offrent en sacrifice soit une figurine ou un dessin, qui en est la représentation, soit un objet tout autre, et d'une moindre valeur, mais que, dans la langue, le même mot désigne pris dans un autre sens. On a relevé chez les peuplades sauvages de nombreux exemples de ces substitutions[2] : mais on en trouve aussi dans l'antiquité classique. Sans chercher plus loin, Macrobe nous en fournit quelques-uns. Rappelant la disparition des sacrifices humains, il raconte que dans un cas où l'on devait au dieu un certain nombre de têtes, au lieu de têtes d'hommes on lui donna des têtes d'ail et de pavot[3]. Ailleurs au lieu des victimes humaines on offre au dieu des flam-

---

[1] Cf. Sumner Maine : *Ancient law*, 4e édit., p. 312. Selon Aulu-Gelle (*N. A.*, VII, 18), ces idées n'auraient plus été admises par les Romains à l'époque de la seconde guerre punique. Il raconte, dans ce curieux passage, comment Annibal envoya à Rome un certain nombre de captifs romains pour proposer l'échange des prisonniers, et voici alors ce qui arriva : « Hos, priusquam proficiscerentur, jurejurando adegit redituros eos in castra punica, si Romani captivos non permutarent. Veniunt Romam decem captivi... Permutatio Senatui non placita. Tum octo ex iis... ut jurati erant, ad Hannibalem profecti sunt. Duo reliqui Romæ manserunt; solutosque esse sese liberatosque religione dicebant; quoniam, cum egressi castra hostium fuissent, commentitio consilio regressi eodem die, tanquam si ab aliquam fortuitam causam issent, atque ita jurejurando satisfacto, rursum injurati abissent. Hæc eorum fraudulenta calliditas tam esse turpis existimata est, ut contempti vulgo discerptique sint; censoresque eos postea omnium notarum et damnis et ignominiis affecerunt; quoniam, quod se facturos dictitaverant, non fecissent. »

[2] Voy. Tylor : *La civilisation primitive*, trad. Barbier, t. II, p. 513 et suiv.

[3] *Saturn.*, l. I, ch. 7 : « Ludi per Urbem in compitis agitabantur, restituti scilicet a Tarquinio Superbo Laribus ac Maniæ ex responso Apollinis : quo præceptum est ut pro capitibus capitibus supplicaretur, idque aliquandiu observatum est ut pro familiarium sospitate pueri mactarentur Maniæ deæ matri Larum. Quod sacrificii genus Junius Brutus consul Tarquinio pulso aliter constituit celebrandum : nam capitibus alii et papaveris supplicari jussit, ut responso Apollinis satisfieret de nomine capitum remoto scilicet scelere infaustæ sacrificationis. »

beaux allumés; il s'agissait d'obéir à un oracle rédigé en grec et l'on jouait sur le double sens du mot φῶτα, signifiant à la fois un homme et une lumière [1].

Ces conceptions d'ailleurs persistent souvent très tard dans les masses populaires, qui conservent intactes tant de traditions et d'idées primitives. Au quatorzième siècle, le *Registre criminel de Saint-Martin-des-Champs* nous fournit en France le pendant du conte de Macrobe. Voici ce curieux passage :

« 18 février 1338. Merquedi avant les Cendres. — Jehan de S. Brice, Guillaume Grossin, crieurs de vins, renduz à Ansel Labbé, maire de St. Martin, par P. de Chievreville, maire de Montmartre, qui les tenoit en prison [2] des religieuses de Montmartre, chargiez de ce que ledit Jehan de St. Brice dit audit Guillaume, presens les sergens de Montmartre, *que ledit Guillaume estoit coustumier de soy parjurer et mettoit en sa manche une pièce de sarement de vigne, quant il se parjuroit, et juroit lors par son sarement* [3]. — Delivrez par le maire [4]. »

---

[1] *Saturn.*, l. I, chap. 7 : « Cumque diu humanis capitibus Ditem et virorum victimis Saturnum placare se crederent propter oraculum in quo erat :

Καὶ κεφαλὰς ῍Αδῃ καὶ τῷ πατρὶ πέμπετε φῶτα,

Herculem ferunt postea, cum Geryonis pecore per Italiam revertentem, suasisse illorum posteris ut faustis sacrificiis infausta mutarent, inferentes Diti non hominum capita sed oscilla ad humanam effigiem arte simulata; et aras Saturnias non mactando viros, sed accensis luminibus excolentes : quia non solum hominem sed et lumina φῶτα significat. »

[2] Il est à remarquer que l'accusateur, comme l'accusé, est en état de détention préventive. C'est là une règle de notre ancienne procédure. Voy. notre *Histoire de la procédure criminelle en France depuis le XIIIe siècle*, p. 57 et suiv.

[3] Ce texte montre qu'à Paris, au quatorzième siècle, le mot *serment* se prononçait *sarment*, prononciation qui s'est conservée dans un certain nombre de patois.

[4] *Registre criminel de Saint-Martin-des-Champs*, publié par M. Tanon. Paris, 1877, p. 122, 123.

Guillaume Grossin, pour faire un faux serment sans se parjurer employait exactement le même procédé que Tremellius. D'ailleurs le procès intenté contre lui n'aboutit pas, sans que le *Registre* dise pourquoi : peut-être trouva-t-on que le corps du délit manquait complètement.

DÉBITEURS PRIVÉS DE SÉPULTURE.

Il est intéressant d'étudier en les comparant les moyens de contrainte, souvent fort extraordinaires, que les coutumes primitives accordent aux créanciers pour arracher un paiement qui leur est refusé. C'est une histoire qui vient d'être présentée dans son ensemble à propos du Shylock de Shakespeare[1] et je n'ai point l'intention de la reprendre. Mais je voudrais étudier de plus près une voie de contrainte d'un caractère particulièrement tragique, dont on trouve la trace à diverses époques et dans des systèmes juridiques fort différents; il s'agit de l'arrêt mis par le créancier sur le cadavre de son débiteur, auquel il refuse ainsi le repos de la tombe jusqu'à ce que les proches ou les amis du défunt se décident à acquitter la dette.

I.

Il est parlé de cette ancienne procédure en des récits dont pendant longtemps l'unique emploi fut de distraire les hommes ou d'amuser les enfants, mais dont aujourd'hui la critique historique sait faire son profit. Un certain nombre de contes populaires, appartenant à des pays divers, mettent en scènes des créanciers qui refusent la

---

[1] Voyez le livre ingénieux et profond de M. J. Kohler : *Shakespeare vor dem Forum der Jurisprudenz*, Wurzburg, 1883, p. 7, s.

sépulture à leurs débiteurs défunts[1]; alors intervient un
particulier charitable qui paie la dette et rend le mort à la
paix du tombeau[2]; parfois c'est un prince généreux qui
désintéresse les créanciers et délivre le cadavre persécuté[3].
Ces contes se retrouvent, avec un parallélisme souvent
frappant, en Orient et en Occident. On les expliquerait
mal en y voyant une simple fantaisie de l'imagination qui
cherche le tragique; il est plus naturel de croire qu'ils
contiennent un souvenir lointain des origines, conservé
par la tradition populaire. Ils nous reportent à un âge de
l'humanité où ces pratiques étaient de droit commun, et
cette action ouverte aux créanciers n'est pas d'ailleurs plus
extraordinaire que bien d'autres dont nous avons la preuve
certaine.

M. Simrock rattache ces refus de sépulture à la coutume ancienne et si répandue qui réduisait en servitude
le débiteur insolvable ou récalcitrant. « La servitude pour
dettes, dit-il, ne donnait pas seulement au créancier le
droit de vie et de mort sur le débiteur; après la mort de
celui-ci, il pouvait encore disposer de son cadavre[4]. » Je
ne crois pas que cette association d'idées doive être admise.
Lorsque le débiteur mourait en servitude, sans doute les
anciennes coutumes permettaient au créancier de refuser
son cadavre aux amis qui voulaient lui rendre les derniers
devoirs : mais si l'asservissement déjà consommé n'avait

---

[1] Benfey : *Pantschatantra*, I, p. 52, 249; Simrock : *der Gute Gerhard und die
dankbaren Todten;* Simrock : *Quellen des Shakespeare*, 2ᵉ édit., I, p. 235, s.; Kohler,
op. cit., p. 19.

[2] Simrock : *Der gute Gerhard.*

[3] Voyez par ex. : *Contes populaires de la Grande Bretagne*, par Louis Brueyre,
Paris, 1875, p. 18 : « Après quelques jours de voyage, le prince arriva à une
ville où il vit une grande foule entourant un convoi funèbre. S'en étant appro-
ché, on lui dit que le défunt ayant laissé de grosses dettes, ses créanciers s'opposaient à ce qu'on l'enterrât; le prince répondit que c'était pitié que des créanciers fussent si cruels, et leur dit : « Qu'on enterre ce mort, je paierai ce qu'il
doit. » Il vint un tel nombre de créanciers qu'avant la nuit le prince eut vidé sa
bourse. »

[4] *Quellen des Shakespeare*, p. 237.

pas amené le paiement de la dette, cette dernière rigueur probablement devait rester aussi sans effet[1].

Je donnerais plutôt à l'arrêt du cadavre une autre portée. Il devait intervenir lorsque le débiteur mourait avant d'avoir été poursuivi par le créancier : il évitait alors à celui-ci les difficultés et les retards d'un règlement de succession. Peut-être cela nous reporte à une époque où les dettes mouraient avec le débiteur et ne passaient point encore sur la tête de ses héritiers. On a remarqué dans plus d'une ancienne législation le caractère étroitement personnel des obligations, en ce sens surtout que le débiteur oblige sa personne plutôt que son patrimoine[2] : peut-être est-il permis de supposer que l'obligation était au début tellement personnelle qu'elle s'éteignait avec la personne même de l'obligé. Mais s'il fut un temps où les héritiers du défunt n'étaient pas tenus de ses dettes, ils étaient incontestablement obligés religieusement et moralement de lui donner la sépulture : l'opposition du créancier arrêtant le cadavre au bord de la tombe, les obligeait indirectement à payer la dette du défunt, quand même en droit ils n'en auraient pas été tenus.

Mais laissons là ces hypothèses fragiles et ces documents d'un caractère douteux ; nous pouvons poursuivre nos recherches sur un terrain plus solide. Des textes du droit romain constatent les mêmes pratiques de la part des créanciers ; et, chose, remarquable, ils nous reportent non pas à l'enfance, mais à la vieillesse du droit romain ;

---

[1] Qu'on n'oublie pas que, selon le droit antique, lorsque le débiteur était adjugé comme esclave au créancier, tous ceux qu'il avait sous sa puissance, femme et enfants, passaient sous la puissance du créancier. C'est du moins ce qu'admettait l'ancien droit romain : Liv. II, 24, 6 ; Dionys. Hal., vi, 26, 29. C'est ce que rapporte encore un passage des Evangiles. S. Matth., xviii, 24.

[2] C'est l'observation que présente pour le droit romain notre maître M. Gérardin : « L'obligation, dit-il, c'est pour les Romains, *personæ obligatio,* un acte par lequel je dispose de ma personne plus que de mon patrimoine; les voies d'exécution forcée portaient originairement sur la personne du débiteur. » *Nouvelle revue historique de droit français et étranger,* 1884, p. 242. — Peut-être aurai-je l'occasion de développer quelque jour l'hypothèse que je produis ici.

ce sont en effet des lois des empereurs Justin et Justinien[1].

« C'est un horrible abus et une honte pour notre temps, dit l'empereur Justin, que ces attentats commis sur les restes des morts par des gens qui s'opposent à leur sépulture, se prétendant créanciers du défunt et exigeant leur paiement. Pour qu'à l'avenir le même abus ne se reproduise pas et que ceux qui sont tenus de rendre au défunt les derniers devoirs, ne soient pas forcés de sacrifier leur bon droit, nous ordonnons de rescinder et d'annuler tout ce qui sera fait au moment où le mort est conduit au tombeau, soit qu'une reconnaissance de la dette ou des fidéjusseurs aient été exigés, soit que des gages aient été saisis. On fera restituer les gages, et rendre l'argent qui aurait été payé, les fidéjusseurs seront dégagés, et d'une manière générale on remettra toutes choses en leur premier état, sans aucune modification; ensuite on statuera sur la cause principale, les choses restant entières. Pour celui qui sera convaincu d'un pareil crime, il sera condamné à une amende de cinquante livres d'or, ou s'il n'est pas en état de les payer, le juge compétent le condamnera à une peine corporelle[2]. »

Cette loi de Justin est de l'année 520; en 537 Justinien est obligé de renouveler la prohibition en en renforçant la sanction. Il s'était en effet produit un nouveau scandale que rapporte l'empereur. « Un homme se prétendait le créancier d'un autre. Apprenant que ce dernier était à son lit de mort, il rassembla des hommes armés[3], des esclaves et

---

[1] Dans l'ancien droit romain on peut relever quelques cas où, en livrant un cadavre au créancier, une personne se libère d'une obligation personnelle. Il semble bien, d'après un passage mutilé de Gaius (*Studemund*, IV, 81) que l'abandon noxal pouvait porter sur le corps de l'esclave mort pendant l'instance. D'autre part on voit parfois le peuple romain, dans ses relations internationales, recevoir ou livrer le cadavre d'un personnage dont la *deditio* était exigée par le droit fécial, voy. par ex. Liv. VIII, 39. Mais ce sont là des applications d'une autre idée que celle que nous étudions : il s'agit alors d'un obligé qui se libère en livrant une autre personne, et qui livre celle-ci morte ou vive.

[2] L. 6, C. J., IX, 19.

[3] Le texte porte στρατιώτας. De quels soldats est-il ici question? Il est

d'autres personnes, autant qu'il en put trouver, et envahit la maison du moribond. Celui-ci ne cessa de protester et de crier au secours jusqu'à ce qu'il rendît l'âme, sous le coup de ces violences. Le créancier, ou soi disant tel, mit les scellés sur tout ce qui se trouvait dans la maison, sans qu'aucune autorité publique fût présente, sans observer en rien l'ordre légal et régulier. Ce ne fut pas tout : il ne craignit pas d'outrager le cadavre et s'opposa d'abord à ce qu'on lui donnât la sépulture. Puis quand on eut obtenu de lui à grand peine qu'on pût sortir le mort de la maison, d'autorité et publiquement il arrêta le convoi et saisit le brancard, déclarant qu'il ne le laisserait point aller si on ne lui payait son dû : enfin il accepta un fidéjusseur et permit de remettre le corps à la terre[1]. »

Après avoir exposé ces faits, Justinien légifère pour en prévenir le retour. Il prévoit d'abord le cas où le créancier envahit la maison du débiteur mourant, menace lui et les siens et pose des scellés de sa propre autorité. Nous savons par ailleurs qu'à cette époque la mort prochaine du débiteur donnait ordinairement le signal des poursuites contre lui[2]; on voulait éviter les difficultés que présenteraient la liquidation de la succession, la renonciation possible des héritiers. Lorsque ces poursuites se faisaient régulièrement, quelque cruelle que fût leur coïncidence, elles étaient parfaitement légitimes[3], mais plus d'un créancier, nous le voyons, ne s'attardait point aux lenteurs de la procédure légale et opérait de ses propres mains. Justinien

difficile de le dire. Si c'étaient des soldats de l'armée ou des agents de la force publique, ils n'agissaient point dans l'accomplissement de leurs devoirs; ils prêtaient main-forte à un particulier agissant de son autorité privée.

[1] Novelle LX, *proœmium*, edit. Kriegel.

[2] Sidoine Apollinaire, Lettres, IV, 15, édition Baret; *alias*, IV, 20. « Quum, pater tuus morti propinquæ, morbo incumbente, succumberet, atque ob hoc ipsum publica auctoritas male valentem patremfamilias violentius ad reformandum debitum arctaret.»

[3] C'est ce qui a eu lieu dans le cas cité par Sidoine Apollinaire; c'est l'autorité publique qui agit. Voyez plus loin l'étude, *sur quelques lettres de Sidoine Apollinaire*.

décide qu'alors le créancier, à tout événement, perdra sa
créance et sera déchu de son droit, s'il était bien fondé : de
plus il devra payer aux héritiers de la victime une somme
égale à celle qu'il réclamait, « enfin il subira la confiscation du tiers de ses biens et sera noté d'infamie, comme il
est porté dans les lois de l'empereur Marc-Aurèle[1]. »

Quant à l'arrêt du cadavre, Justinien rappelle la loi de
Justin, mais il la trouve insuffisante ; il déclare donc que
cette seconde hypothèse sera réglée comme la première ; le
coupable sera puni des mêmes peines que celui qui exerce
des violences sur son débiteur mourant[2].

Voilà des textes curieux et bien précis ; mais comment
expliquer dans l'Empire d'Orient, au VIe siècle, ces pratiques qui nous paraissaient caractériser les premiers âges
de l'humanité ? Il y a là, je crois un phénomène remarquable *de renaissance*, qui s'est produit plus d'une fois, en
particulier dans la décadence romaine.

Le souvenir vague des usages antiques se conserve indéfiniment, pour ainsi dire, dans les classes populaires, chez
qui l'instruction accumulée n'a pas pénétré et n'a pas pu
détruire le fond primitif maintenu intact par la tradition :

---

[1] Nov. LX (LXI), c. 1, pr.— Pour les lois de Marc Aurèle dont il est question,
voyez les fragments 7 et 8 au Digeste, L. XLVIII, tit. 7. Le premier rapporte en
son entier la sentence par laquelle « Divus Marcus decrevit, creditores, si in rem
debitoris sui intraverint id nullo concedente, jus crediti eos non habere. » Le
fr. 8 du jurisconsulte Modestin, déclare que le créancier est de plus frappé des
peines portées par la loi *Julia de vi privata* : « Tertia parte bonorum multatur et
infamis fit. » Cela ne ressortait point directement du *decretum* de Marc Aurèle,
mais cela y était contenu implicitement. En effet, voici comment se présente la
défense de l'accusé et la réplique de l'empereur : « Cum Marcianus diceret :
« vim nullam feci : » Cæsar dixit : « Tu vim putas esse solum si homines vulne-
rentur ? Vis est et tunc, quotiens quis id, quod deberi sibi putat, non per judicem reposcit. »

[2] Nov. LX (LXI), c. 1, § 4. — Justinien, dans sa novelle CXV (CXV), c. 1, a
complété cette réglementation par une mesure d'un tout autre caractère. A raison
des affaires concernant un défunt il a défendu d'exercer aucune poursuite, aucune
action contre les héritiers, les proches, les fidéjusseurs, pendant les neuf jours
qui suivent le décès, et qui étaient plus particulièrement consacrés au deuil ;
pendant le même laps de temps il suspend la prescription de ces actions.

c'est pour cela que les contes du foyer réflètent tant de vieilles choses et de vieilles idées. Tant que la société reste bien ordonnée sous un gouvernement protecteur et régulier, la tradition des antiques coutumes demeure dans le peuple, engourdie à l'état de légende : mais, que la société se désorganise dans l'anarchie, tout cela se réveille et rentre en activité. Les usages anciens sortent de la légende pour rentrer dans la vie réelle; ils ont trouvé pour leur renaissance un milieu favorable, car ils répondent exactement aux besoins de la société qui retourne à la barbarie. Lorsque l'organisme administratif et le gouvernement ne peuvent plus efficacement assurer à chacun le respect de son droit par une justice pacifique et facile, les hommes se font justice à eux-mêmes, comme au temps où l'État n'existait pas encore, et la brutalité domine comme autrefois les relations juridiques. C'est ce qui se produisait au vi° siècle, non-seulement en Occident où l'Empire romain était tombé sous les coups des barbares, mais même en Orient, où la société byzantine devait longtemps encore étaler à la fois ses raffinements et sa barbarie. La réapparition de la coutume barbare, que condamnent Justin et Justinien, est l'un des accidents de ce mouvement général.

Certains textes, il est vrai, pourraient porter à croire que l'opposition des créanciers aux funérailles de leur débiteur se pratiquait dans la société romaine avant le Bas-Empire, et que de bonne heure la législation lutta contre cette coutume. Voici en effet ce que nous dit Ulpien : « Ne corpora aut ossa mortuorum detinerentur aut vexarentur neve prohiberentur quominus via publica transferrentur aut quominus sepelirentur, præsidis provinciæ officium[1]. » D'autre part le jurisconsulte Macer nous a conservé un chef de la loi *Julia de vi publica*, « qua de eo cavetur *qui fecerit quid quo minus aliquis funeretur*

---

[1] L. 38, D. xi, 7.

sepeliaturve[1]. » Mais je ne crois pas que ces lois visent les pratiques que j'étudie. Le texte d'Ulpien se réfère, à n'en pas douter, à un rescrit de Septime Sévère qu'Ulpien lui-même cite ailleurs et qui réglait la translation des corps d'un lieu de sépulture à un autre[2] : il enjoignait aux présidents des provinces de veiller soigneusement à ce que rien ne troublât ces funèbres voyages. D'un autre côté, il est fort probable que le chef de la loi *Julia de vi publica,* plus haut cité avait seulement en vue les mouvements populaires qui pourraient troubler ou entraver les funérailles des hommes politiques. Cela résulte d'abord de ce que cette disposition se trouvait non pas dans la loi *Julia de vi privata,* mais dans la loi *de vi publica;* de plus, si elle avait pu s'appliquer aux créanciers qui s'opposaient à la sépulture de leur débiteur défunt, Justinien s'y serait référé sans doute, comme il se réfère au *Decretum* de Marc Aurèle qui punissait les créanciers envahissant sans autorité de justice les biens de leurs obligés[3].

---

[1] L. 8, D. xlvii, 12.

[2] L. 3, § 4, D. xxvii, 12 : « Non perpetuæ sepulturæ tradita corpora posse transferri edicto D. Severi continetur, *quo mandatur ne corpora detinerentur, aut vexarentur aut prohiberentur per territoria oppidorum transferri.* »

[3] Un fait pourrait cependant faire croire que les lois romaines, antérieurement à Justin et à Justinien, avaient déjà prohibé et puni l'arrêt mis sur le cadavre du débiteur; c'est que le paragraphe 75 de l'*Edictum Theodorici* contient une semblable prohibition ainsi conçue : « Si quis autem sepeliri mortuum, quasi debitorem suum adserens, prohibuerit, honestiores bonorum suorum partem tertiam perdant et in quinquennale exilium dirigantur : humiliores cæsi fustibus perpetui exilii damna sustineant. » On peut se demander en effet si l'édit de Théodoric ne se rattache pas à une disposition plus ancienne contenue dans le droit romain, et les peines qu'il prononce contre les contrevenants rappellent celles dont était frappée la *vis privata* sous l'Empire (Voy. Paul, *Sent.,* V, 26, 3). Mais si l'on admet que le droit ancien contenait des dispositions sur ce point, il faut admettre aussi qu'elles étaient tombées en désuétude puisque presque en même temps Théodoric en Italie et Justin en Orient éprouvent le besoin de légiférer à nouveau sur ce sujet, et dans cette hypothèse, on peut trouver surprenant que la Loi de Justin et le C. 75 de l'Édit de Théodoric contiennent pour le même fait des pénalités si différentes. N'est-il pas plus naturel de croire que les mêmes besoins, c'est-à-dire l'habitude des mêmes excès, ont provoqué, indépendamment l'une de l'autre, la loi de Théodoric et celle de Justin ? De cette manière, on s'explique aisément qu'elles punissent différemment le même fait; elles ne procéderaient point

II.

Les divers textes du droit romain que j'ai étudiés considèrent tous l'action des créanciers comme un fait illicite et punissable : il n'en est pas de même d'un document important qui appartient à la seconde moitié du iv° siècle. Celui-ci en effet voit dans l'arrêt du cadavre une voie cruelle mais légitime, non pas un abus mais un droit rigoureux. C'est un passage du traité de saint Ambroise *De Tobia;* on l'a souvent cité[1], mais à mon sens on n'en a pas cherché une explication entièrement satisfaisante. Voici ce curieux morceau ; il est presque intraduisible à raison des antithèses forcées et des jeux de mots dont il est plein.

« Quoties vidi a fœneratoribus teneri defunctos pro pignore et negari tumulum dum fœnus reposcitur? Quibus ego acquievi libenter, ut suum constringerent debitorem, ut, electo eo, fidejussor evaderet; hæc sunt enim fœneratoris leges. Dixi itaque : tenete reum vestrum, et, ne vobis possit elabi, domum ducite[2], claudite in cubiculo

d'une source commune, pas plus que l'une n'aurait servi de modèle à l'autre : l'Édit de Théodoric aurait rattaché l'arrêt du cadavre à la théorie de la *vis privata*, comme Justinien le fera un peu plus tard en Occident, par une association d'idées toute naturelle. Avant de quitter l'Édit de Théodoric, je ferai remarquer que M. Auguste Gaudenzi, dans son beau travail intitulé *Gli editti di Teodorico e di Atalarico*, p. 18, donne au C. 75 une interprétation qui me paraît fort contestable. Il entend les mots « quasi debitorem suum adserens, » en ce sens que Théodoric aurait permis l'arrêt du cadavre lorsque la personne qui l'opère était vraiment le créancier du défunt, il ne l'aurait puni que lorsqu'il était pratiqué par une personne qui se prétendait créancière du défunt sans avoir vraiment cette qualité. La loi de Théodoric me paraît contenir au contraire une réaction absolue contre cette pratique barbare ; cela semble certain lorsqu'on la rapproche de la loi de Justin.

[1] Voyez Kohler, *op. cit.,* p. 20.
[2] Dans tout ce passage saint Ambroise établit une comparaison constante entre

vestro, carnificibus duriores, quoniam quem vos tenetis
carcer non suscipit, exactor absolvit[1]. Peccatorum reos
post mortem carcer emittit, vos clauditis : legum severitate
defunctus absolvitur, vobis tenetur. Certe hic sortem suam
jam memoratur implesse[2] ; non invideo tamen, pignus
vestrum reservate. Nihil interest inter funus et fœnus,
nihil inter mortem distat et sortem[3] : personat, personat
funebrem ululatum fœnoris usura. Nunc vero capite mi-
nutus est quem convenitis[4]; vehementioribus tamen nexi-
bus alligate, ne vincula vestra non sentiat[5] : durus et
rigidus est debitor, et qui jam non noverit erubescere.
Unum est quod non timere possitis, quia poscere non novit
alimenta[6].

« Jussi igitur levari corpus, et ad fœneratoris domum
exequiarum ordinem duci : sed etiam inde clausorum mu-

l'acte du créancier qui arrête le cadavre, et l'exécution sur la personne du débiteur vivant, permise et réglée par la loi romaine. Les diverses expressions
techniques qui désignaient les différentes phases de cette exécution vont tour à
tour passer sous nos yeux. — Gaius, IV, 21 : « Qui vindicem non dabat, *domum ducebatur* ab actore. »

[1] Ces termes paraissent désigner les accusés détenus préventivement et les
contribuables poursuivis par les agents du fisc.

[2] Jeu de mots sur le double sens du mot *sors*, qui signifie à la fois la destinée et le capital prêté.

[3] Même jeu de mots.

[4] La *capitis minutio* était, on le sait une sorte de mort civile; elle atteignait
dans l'ancien droit romain, le débiteur insolvable qui, après une longue procédure, était adjugé, *addictus*, au créancier et vendu comme esclave par celui-ci;
Aulu-Gelle, *N. A.*, XX, 1, 4 : « Tertiis autem nundinis capite pœnas dabant, au
trans Tiberim peregre venum ibant. » Ce détail, qui donne à saint Ambroise
l'occasion d'un nouveau jeu de mots, est emprunté par lui à une législation abrogée depuis des siècles.

[5] Le créancier, qui détenait le débiteur *domum ductus*, pouvait l'enchaîner.
La loi des XII Tables contenait à cet égard des prescriptions minutieuses; Aulu-
Gelle, *N. A.*, XX, 1, 45. Voyez encore la *Lex coloniæ Genetivæ Juliæ*, C. LXI :
« Jure civili vinctum habeto. »

[6] Le créancier qui tenait son débiteur emprisonné chez lui pouvait être contraint de le nourrir. La loi des XII Tables fixait la ration quotidienne qu'il
était tenu de fournir. Aulu-Gelle, *N. A.*, XX, 1, 45 : « Si volet, suo vivito. Ni
suo vivit, qui em vinctum habebit, libras farris endo dies dato. Si volet, plus
dato. »

gitu talia personabant[1]. Ibi quoque funus esse crederes,
ibi mortuos plangi putares : nec fallebat sententia, nisi
quod plures constabat illic esse morituros. Victus reli-
gionis consuetudine fœnerator (nam alibi suscipi pignora
etiam ista dicuntur) rogat ut ad tumuli locum reliquiæ
deferantur : tunc tantum vidi humanos fœneratores gravari
me ; tamen ego eorum humanitatem memorabam pros-
picere ne postea se quererentur defraudatos esse, donec
feretro colla subjecti, ipsi defunctum ad sepulcra dedu-
cerent, graviori mœrore deflentes pecuniæ suæ funus[2]. »

Sous son enflure et sa déclamation, ce passage recouvre
sûrement des faits précis et positifs. Nous avons affaire à
un témoin oculaire : « quoties vidi. » Et non-seulement
saint Ambroise déclare avoir fréquemment assisté à des
scènes de ce genre, mais il y jouait un rôle important
que je tâcherai de déterminer. Dans ce récit, dont les
traits essentiels sont sûrement conformes à la réalité[3], le
créancier apparaît comme agissant dans la plénitude de
son droit. Il est si bien dans son droit que saint Ambroise nous dit avoir acquiescé volontiers à cette barbare
exécution, afin que les fidéjusseurs, qui garantissaient
la dette fussent libérés par là même. La législation romaine, on le sait, n'admettait pas de plein droit le créancier, qui avait à la fois un débiteur principal et un fidéjusseur, à poursuivre successivement l'un et l'autre : il
pouvait librement choisir celui des deux qu'il entendait
actionner, mais par cette poursuite même il déliait de son
obligation celui qu'il n'avait pas choisi[4]. Ce fut seule-

---

[1] Ces cris sont ceux d'autres débiteurs qui ont été *domum ducti* et subissent
l'emprisonnement pour dettes chez le créancier.

[2] *De Tobia*, c. X.

[3] Voyez cependant Fevret : *Traité de l'abus*, édit. Lausanne, 1778, tom. I,
p. 410 : « Saint Ambroise, cap. 10, *ib. De Tobia*, exagère la cruauté des usu-
riers, *qui cadavera defunctorum oppignerari sibi curabant*, et remarque que cette
coutume était suivie en d'autres lieux. »

[4] Voyez sur cette règle, M. Gérardin, *Nouvelle revue historique de droit*,
1884, p. 253.

ment Justinien qui modifia sur ce point les anciens principes. L'évêque de Milan considère donc la mainmise sur le cadavre du débiteur comme une poursuite, comme une *litiscontestatio* faite avec le débiteur vivant, comme un acte juridique produisant les mêmes effets que celle-ci. C'est pour cela, dit-il, qu'il accédait à la demande du créancier et ordonnait de porter le corps non au cimetière, mais à la maison du *fœnerator*, où d'autres débiteurs emprisonnés gémissaient en attendant la mort.

Cependant la rigueur n'était point poussée jusqu'au bout. Les funérailles en définitive pouvaient s'accomplir. Mais ce qui forçait la main au créancier ce n'était pas la loi, c'était seulement le sentiment religieux. Le *fœnerator* lui-même demandait qu'on conduisît le corps au cimetière. Mais l'évêque ajoute qu'il ne faisait point droit immédiatement à cette demande : il voulait bien faire constater que le créancier renonçait spontanément à son droit rigoureux; il l'avertissait soigneusement, afin qu'il n'eût point dans la suite à se repentir de son humanité. Pour constater cette libre renonciation il forçait le *fœnerator* à charger sur ses épaules le funèbre brancard et à porter le cadavre au tombeau.

Tout cela est bien net et se déroule dans un enchaînement logique; mais comment cela peut-il s'expliquer? La loi romaine du vi^e siècle ne constate ces agissements que pour les condamner et les proscrire, est-il possible que la loi du ive siècle les ait tolérés? Cela me paraît tout à fait inadmissible. Mais alors à quel point de vue se place saint Ambroise lorsqu'il déclare ces actes réguliers et les reconnaît légitimes?

Pour répondre à cette question, il faut chercher d'abord à quel titre saint Ambroise intervenait dans ces scènes funèbres, pour donner des ordres décisifs et statuer sur la demande des créanciers. Sans aucun doute il figurait là en qualité d'évêque : mais ce n'était pas seulement comme pasteur, c'était aussi comme juge qu'il statuait. De bonne heure, on le sait, les communautés chrétiennes cherchèrent à substituer leurs chefs aux juges de l'État pour le règlement des différends entre les fidèles. Sous Constantin les évêques paraissent avoir reçu en matière civile la qualité de juges, la volonté d'une seule des parties suffisant pour imposer à l'autre leur compétence[1]. S'ils ne gardèrent pas longtemps ces attributions importantes en matière judiciaire[2], ils conservèrent au moins la qualité d'arbitres privilégiés que Constantin leur avait conférée tout d'abord. On peut croire que, dans cette juridiction arbitrale de l'*episcopalis audientia*, les évêques, faisant en quelque sorte le droit qu'ils appliquaient, sanctionnèrent des usages que la loi n'autorisait point, mais que favorisait déjà le sentiment populaire. La coutume que nous étudions serait du nombre. Quelque dure que fût la contrainte permise ainsi au créancier, elle présentait pour la juridiction de l'évêque un certain avantage. Les évêques n'avaient point l'autorité de faire exécuter eux-mêmes leurs sentences arbitrales. Pour les ramener à exécution il fallait s'adresser aux magistrats civils dépositaires de l'autorité publique, et il faut croire que ceux-ci ne prêtaient point toujours un concours empressé, car, au commencement du ve siècle, les empereurs leur font des injonctions à cet égard[3]. L'*episcopalis audientia* avait donc intérêt à admettre des voies d'exécution qui lui fussent propres, et dont elle pût disposer à son gré. La nôtre d'ailleurs, par son caractère tragique, permettait à l'évêque d'intervenir utilement pour fléchir le cœur des créan-

---

[1] Voyez la première des constitutions dites de Sirmond, dans Hænel, Code Théodosien. Mais voyez sur l'authenticité de cette constitution Godefroy : *Extravagans de episcopali judicio*, Code Théodosien, édit. Ritter, VI, 338. Cf. Beauchet, *Nouvelle revue historique de droit*, 1883, p. 404, s.

[2] L. 8, C. J., I, 4, constitution des empereurs Honorius, Arcadius et Théodose, qui exige le consentement des deux parties pour donner compétence à l'évêque.

[3] L. 8, C. J., I, 4 (a. 408) : « Per judicum quoque officia, ne sit cassa episcopalis cognitio, definitioni executio tribuatur. »

ciers, comme on le voit dans le récit de saint Ambroise[1].

Cette explication paraîtra peut-être forcée; cependant je n'en vois point d'autre. Elle gagnera quelque vraisemblance, si l'on observe que, d'après la jurisprudence des tribunaux ecclésiastiques au moyen-âge, le débiteur récalcitrant pouvait aussi être privé de la sépulture religieuse. Il est vrai qu'ici le refus de sépulture n'intervenait point directement, mais seulement à la suite et comme conséquence d'une excommunication prononcée. Je voudrais en terminant étudier ce nouvel aspect de la question, et pour cela je me placerai dans la France du moyen-âge[2].

III.

Les cours d'Église avaient au moyen-âge une large compétence en matière de dettes. Non-seulement elles connaissaient de toutes les actions personnelles et mobilières dirigées contre les clercs[3] et contre certaines personnes, au premier rang desquelles étaient les veuves et les croisés[4], mais encore elles pouvaient connaître sous certaines con-

---

[1] L'esprit de l'Église réprouvait certainement le prêt à intérêt; mais elle en admettait alors pleinement la légitimité, n'employant contre lui que son influence morale. Au commencement du VIe siècle les conciles interdisent seulement le prêt à intérêt aux diacres, aux prêtres et aux évêques. *Concilium Aurelian. III*, anno 508, c. 27 (Labbe, tom. V, p. 302).

[2] Dans cette courte étude je ne parle point à dessein de l'habitude qu'avaient les Égyptiens de donner en gage les momies de leurs proches, usage attesté par Diodore (I, 92, 93) et par Lucien (*De luctu*, 21). Cela se rapporte à un tout autre ordre d'idées que celui que je poursuis : là en effet il s'agit de dettes contractées non par le défunt mais par ses héritiers.

[3] Beaumanoir, *Coutumes de Beauvoisis*, édit. Beugnot, XI, 7 : « Li quars cas de quoi la juriditions apartient à sainte Église si est des clers, c'est à savoir de tous les contens qui poent mouvoir entre clers de muebles, de catix et d'actions personeles. »

[4] Beaumanoir, XI, 8, 9.

ditions et connaissaient fréquemment des questions de dettes entre personnes laïques.

D'abord, de quelque manière que la dette eût été contractée, les deux parties pouvaient d'un commun accord soumettre leur différend à la juridiction ecclésiastique [1] : l'ancienne tradition s'était conservée sur ce point. Ensuite les parties en contractant pouvaient venir reconnaître leur contrat devant une cour d'Église (ou plus tard devant un notaire ecclésiastique) et se soumettre par là à la juridiction ecclésiastique, pour toutes les difficultés auxquelles pourrait donner lieu la convention [2]. Il est certain que la juridiction ecclésiastique, plus savante et plus raisonnable que les cours féodales dans sa procédure et ses modes de preuve, était fort recherchée par les laïques. Les prélats, qui parlèrent au nom de l'Église à l'assemblée de Vincennes sous Philippe de Valois, purent justement affirmer que les officialités n'avaient en ces matières compétence sur les laïques que grâce à la faveur populaire et par le libre choix des justiciables [3].

Mais de quels moyens disposaient les cours d'Église pour forcer les parties à exécuter les sentences qu'elles rendaient? Elles ne pouvaient ni emprisonner le débiteur

[1] Beaumanoir, XI, 32 : « Voirs est que en tel cas de convenences et d'obligations se les parties s'assaullent à pledier en le cort de Sainte Eglise de lor bone volonté, et il se metent en plet tant qu'il soit entamés, le court de Sainte Eglise a le connoissance du plédoié et le pot mener dusqu'à sentence définitive. »

[2] *Registre de l'officialité de l'abbaye de Cerisy,* édité par M. Gustave Dupont sur une copie communiquée par M. Léopold Delisle, nᵒˢ 122, 158. Le registre de Cerisy va de l'année 1314 à l'année 1457. — *Libellus domini Bertrandi cardinalis Sancti Clementis* (an. 1329), dans Durand de Maillane, *Les libertés de l'Église gallicane,* t. III, p. 486.

[3] *Libellus domini Bertrandi adversus Magistrum Petrum de Cugneriis,* dans Durand de Maillane, *op. cit.,* III, p. 470 : « Cum ecclesia Gallicana consueverit inter laicos cognoscere in actionibus personalibus... consuetudo videtur introducta magis ex voluntate et electione populi, recurrentis ad judicium ecclesiasticum potius quam ad judicium seculare et in favorem eorum. » — *Ibid.,* p. 486 : « Respons. ad VII : Et hoc est pro communi utilitate, quia multi magis eligunt vinculum ecclesiæ quam vinculum temporale, et ante dimitterent contractus facere sine quibus vivere non possunt quam se supponerent curiæ temporali. »

ni saisir ses biens; elles n'avaient qu'une voie de contrainte à leur usage, l'excommunication lancée contre les
récalcitrants[1]. La justice ecclésiastique prononçait donc
l'excommunication soit contre celui qui refusait de comparaître devant elle lorsqu'il y était obligé, *pro contumacia*, soit contre la partie condamnée qui refusait d'exécuter le jugement, *pro judicato*. Même on avait inventé
une procédure plus expéditive résultant d'une façon particulière de s'obliger : le débiteur, reconnaissant sa dette
devant la cour d'Église, consentait à être excommunié sur
un seul avertissement, s'il ne payait pas au terme fixé :
cela évitait d'avoir à prendre un jugement contre lui.
Cette façon de s'obliger s'appelait *obligatio cum clausula
de nisi, obligatio de nisi,* et le registre de Cerisy nous en
a conservé la formule, qui justifiait ce nom[2]. La justice
ecclésiastique faisait donc un grand usage de l'excommunication et le registre de l'officialité de Cerisy, dans la
seconde moitié du XIVe siècle et la première moitié du XVe,
nous donne de longues listes de personnes excommuniées
sur la demande de leurs créanciers, *pro contumacia, pro
judicato, pro judicato de nisi*[3].

L'excommunication était d'ailleurs un moyen de contrainte puissant et redouté. A la fin du XVe siècle un livre
de pratique la met sur la même ligne que la contrainte

---

[1] Beaumanoir, XI, 32 : « Et quant l'une des parties est condapnée, ele en pot
contraindre le condapné à fere paier le jugié par force d'escommuniement, et en
autre maniere non, car le laie justice selon nostre coustume n'est pas tenue a
fere paier ce qu'est jugié en le cort de Sainte Eglise en tel cas. »

[2] *Registre de Cerisy,* n° 431[a] : « Anno domini MCCCLXX die sabbati ante
festum Epiphanie ejusdem, in nostra præsentia personaliter constitutus Robertus
le Quoc, clericus, qui voluit et concessit, nisi satisfecerit tali de contento in isto
judicato cui presentes littere sunt annexe infra diem... proximo venturam, quod
a nobis excommunicetur pro judicato de nisi ad instanciam dicti tali, prius a
nobis sufficienter monitus viva voce una monitione pro omnibus, et quod a nobis
vinculo excommunicationis innodetur, modo et monitione premissis. » — Le n° 431[b]
contient l'injonction adressée par l'official au curé du débiteur excommunié, lui
ordonnant de publier à l'église cette excommunication.

[3] *Registre de Cerisy,* passim; spécialement n°s 85[a], 100[a], 116[a], 191[a], 211[a],
219[a].

par corps, l'emprisonnement exercé contre le débiteur[1]. Bien plus, après avoir frappé le débiteur pendant sa vie, elle pouvait l'atteindre après sa mort, jusque dans son cadavre : nous voilà par là ramenés au sujet principal de cette étude.

Supposons en effet que le débiteur excommunié fût mort avant d'avoir payé, par suite avant d'avoir pu se faire absoudre, l'Église devait refuser la sépulture religieuse à son cadavre. Le registre de Cerisy montre que les officialités tenaient la main à ce que les excommuniés ne fussent point inhumés au cimetière[2], et sans aucun doute le créancier pouvait se prévaloir de cette règle et former opposition à l'enterrement de son débiteur excommunié. Bien plus, si l'enterrement avait eu lieu par erreur ou par fraude, le créancier pouvait agir devant le juge ecclésiastique et obtenir une sentence ordonnant que le corps fût déterré et rejeté hors de la terre consacrée. Durandi, dans son *Speculum juris*, nous a conservé la formule par laquelle on intentait cette étrange demande, et voici ce curieux document :

« Propono contra P. rectorem ecclesiæ de Podiomissione, quod olim Laurentius de Podomissione, dum viveret, fuit ad meam instantiam propter ejus contumaciam per talem judicem excommunicationis vinculo innodatus,

---

[1] *Doctrinale florum artis notarie, seu formularium instrumentorum,...* Lugduni impressum per Gilbertum de Villiers MCXXI, f⁰ 19, v⁰ : « Cessionis bonorum beneficium appellatur miserabile refugium... et fit principaliter ne incarceretur vel excommunicetur quia excommunicatus æquiparatur incarcerato. » — Ce livre est de la fin du xv⁰ siècle; au f⁰ 25 v⁰ *l'instrumentum venditionis* est daté : « Anno Incarnationis millesimo quadringentesimo sexagesimo octavo... serenissimo principe domino Ludovico Dei gratia rex Francorum regnante. »

[2] N⁰ 9ᵍ : « Johannes l'Escleuquier, clericus custos ecclesie de Listreyo, gagiavit emendam pro eo quod cum Laurentius Thorel fuisset a nobis excommunicatus et idem custos litteram excommunicationis sigillasset, postmodum ipse fecit aut permisit eumdem inhumari in cimiterio de Listreyo, asserens presbitero quod hoc... orabat, qui hoc alias non fecisset. Suspensimus ab officio custodis usque ad nostrum beneplacitum et taxamus emendam ad X libras. » Cf. N⁰ 52ᵇ. — Au contraire l'accusé mort en prison était « traditus ecclesie sepulture. » N⁰ 62.

de qua contumacia, morte præventus, nec satisfecit, nec absolutionis beneficium obtinuit, sic que funus ipsius excommunicati fuit imprudenter in cœmiterio ejusdem loci per præfatum sacerdotem sepultum : quare ipsum corpus per dictum presbyterum exhumari et eum exhumandum fore decerni et dictum presbyterum ad id sententialiter condemnari; peto etiam per vos ipsum pro tanto excessu canonice puniri [1]. »

Cette formule, comme on le voit, suppose seulement une excommunication prononcée *pro contumacia;* mais ce n'est là qu'un exemple. L'excommunication prononcée *pro judicato, pro judicato de nisi* produisait évidemment les mêmes effets. Cela ressort d'ailleurs d'une autre formule semblable, contenue dans le *Liber practicus de consuetudine Remensi,* de la fin du xiii⁰ siècle. Voici ce texte :

CXXII. « *Supplicatio ut corpus excommunicati exhumetur ab ecclesiastica sepultura.* Cum Ticius, cum vivebat, et tempore quo decessit, esset et adhuc sit excommunicatus auctoritate curie Remensis, pro defectu solutionis debiti *talis* in quo tenebatur Seio, et adhuc tenetur ex certis et sufficientibus causis, sicut hec apparent per autentica et legitima documenta; cumque dicti excommunicati corpus sit in cimiterio ecclesiastico tumulatum, et sacris canonibus institutum sit, ut quibus non communicavimus vivis non communicemus defunctis....., et si contingat talium excommunicatorum corpora in cimiterio ecclesiastico tumulari, si ab aliis corporibus discerni poterunt, exhumari debent, et procul ab ecclesiastica sepultura jactari ; supplicat vobis, domini officiales Remenses, et instanter a vobis petit dictus Seyus, quatenus dicti excommunicati corpus in cimiterio ecclesiastico tumulatum in loco juridictionis vestre, injuste et in prejudicium dicti Seyi, cum non sit eidem de dicto debito satisfactum, quod quidem corpus ab aliis corpori-

---

[1] Durandi : *Speculum juris,* lib. IV, partic. 3, *De sepulturis,* n⁰ 8, édit. Francfort, 1592, p. 391.

bus potest discerni, faciatis et mandetis a dicto cimiterio exhumari, et procul ab ecclesiastica sepultura jactari, maxime cum ipsius Seyi intersit pecuniariter et formidabiliter hoc fieri, et hec fieri debeant de jure, usu, stilo, consuetudine, et communi observancia curie Remensis, non obstante absolucione pro parte dicti excommunicati de facto, non de jure, a dicta curia impetrata, cujus copia facta est dicto Seyo; nam illa ex falsa causa, et falsitate suggesta, extitit impetrata. Falso enim suggessit et dedit intelligere curie Remensi, seu ministris ejusdem impetrator ipsius absolutionis, quod dictus Thicius satisfecerat Seyo de dictis debitis; quod tamen non erat verum, etc...; ex quibus apparet dictam absolutionem deberi reputari pro nulla, dictumque Thicium adhuc esse excommunicatum, et dictam supplicationem debere admitti; quod petit sibi fieri, et super hiis, etc.[1] »

Comme cela ressort de ce texte, les héritiers du défunt, ses proches, ses amis pouvaient, en payant la dette pour laquelle il avait été excommunié, faire lever l'excommunication et obtenir pour le corps la sépulture religieuse. Mais par là la juridiction ecclésiastique exerçait une action indirecte sur les héritiers, qui le plus souvent échappaient à sa compétence[2].

Mais cette exécution sur le cadavre devait blesser la conscience publique. Les canonistes en tempérèrent la rigueur en décidant que, si le débiteur était vraiment et sans sa faute hors d'état de payer, l'excommunication ne serait pas valablement lancée contre lui, et, que, s'il venait à mourir en cet état, la sépulture chrétienne lui serait accordée[3]. Le *Liber practicus* de Reims indique un

---

[1] Pierre Varin : *Archives législatives de la ville de Reims*, première partie, Coutumes, I, p. 125.

[2] Masuer : *Pratica forensis* XXXI, 1, édit. Lyon, 1577, p. 268 : « Similiter (arrestum corporis) cessat in persona heredis *sicut et coercitio de nisi;* quia ambæ sunt personales, et extinguitur cum persona. »

[3] *Tractatus de sepulturis*, authore Floriano Dulpho, Bononiæ, 1681, p. 56 : « Et est advertendum quod sententia excommunicationis contra debitorem obli-

moyen fort curieux par lequel le débiteur insolvable pouvait assurer à son corps la sépulture religieuse : c'était de faire cession et abandon de tous ses biens à l'Église pour que celle-ci les distribuât aux créanciers. Voici la pièce qui établit ce point de droit.

CCCLXXXI. « *Supplicatio pro defuncto, ut absolvatur et tradatur ecclesiastice sepulture.* Supplicat vobis Maria filia Johannis, ut cum idem J. laborans in extremis cesserit omnibus bonis suis, et omnia bona sua ad opus suorum creditorum in manibus S. matris ecclesie posuerit, et dimiserit, et se devestierit, et suum parrochialem presbiterum investierit de eisdem, et omnia sacramenta sua ecclesiastica, nec non sue absolucionis beneficium ab omnibus sentenciis excommunicationis et aggravacionibus in eum latis, tanquam bonus catholicus, humiliter pecierit, ut vos eumdem J. licet deffunctum, ab omnibus sententiis excommunicacionis et aggravacionibus in eum latis, de mandato et auctoritate curie Remensis, premissis mediantibus, absolvatis, et cadaver ipsius tradi faciatis ecclesiastice sepulture, parata vos de premissis, prout justum fuerit, informare ; quod petit sibi fieri, et super hiis, quod justum fuerit, per vos statuti et decerni[1]. »

Il était réservé au pouvoir civil d'extirper cet abus en en supprimant la cause, c'est-à-dire l'excommunication employée comme moyen de contrainte au profit des créanciers. Les obligations *de nisi* disparurent les premières. Elles avaient été déjà vivement attaquées à la dispute de Vincennes[2] ; au XVI° siècle elles furent prohibées et leur

---

gatum in forma Cameræ Apostolicæ impotentem solvere non ligat, quantumvis præcesserit pactum ut debitor possit excommunicari, *Innocentius num. primo, Hostiensis in* 2ª *colum., in c. P. et G., Extra de off. et potest. judicis delegati;* et ibi Ancharus *num.* 1, concludit sententiam prædictam non valere, quando quis non potest solvere si tamen sua culpa non sit factus non solvendo. »

[1] Varin, *Archives législatives de Reims* , loc. cit., p. 292.

[2] Durand de Maillane, *op. cit.,* III, p. 447 : « Art. XI : Idem, de loquendo super obligationibus *de nisi,* per quas aliquis excommunicatur in continenti, cum certa die non solvit, licet solvere nequeat die illa. » — P. 487 : *Responsio,*

nullité poursuivie par l'appel comme d'abus[1]. Puis d'une manière générale défense fut faite aux officialités de procéder par voie d'excommunication contre les débiteurs laïques[2] ou même ecclésiastiques[3]. D'ailleurs peu à peu et spontanément les laïques et même les clercs[4] désertaient les cours d'Église, pour réserver la connaissance de leurs contrats aux seuls tribunaux civils : ceux-ci suivaient désormais une procédure qui valait bien la procédure canonique et pour faire exécuter leurs jugements ils avaient des moyens efficaces et bien appropriés au but, tandis que dès le xvi° siècle le *vinculum excommunicationis*, l'emploi n'en eût-il pas été prohibé, avait perdu son efficacité première[5].

En dehors de la jurisprudence ecclésiastique le moyen-âge a-t-il connu l'opposition des créanciers à l'enterrement du débiteur? M. Kohler cite une coutume allemande du xiv° siècle qui la prohibe[6]; d'autre part, dans une addition de Carpentier au Glossaire de Du Cange nous trouvons citées des lettres de rémission de 1386, desquelles il résulte que « Jehan Gentil avoit destourné et empeschié à enterrer

---

ad XI art., qui loquitur de obligationibus de nisi dixit : quod hoc est secundum formam juris et pro communi utilitate statutum, nec sequitur ex hoc inconveniens : maxime quia in talibus numquam fertur nec debet ferri sentatia, nisi post sufficientem terminum ad hoc de consensu contrahencium assignatum. »

[1] Pithou : *Libertés de l'Eglise gallicane*, art. 35; — Fevret : *Traité de l'abus*, tom. II, p. 171. — D'Argentré : *Cout. de Bretagne*, art. 6, n[te] 3 : « Quare usurpatæ pridem obligationes de nisi antiquatæ. »

[2] D'Argentré : *Coutume de Bretagne*, art. 6.

[3] Fevret : *Traité de l'abus*, II, p. 171. Brodeau sur Louet, lettre C, n° 31.

[4] Fleury : *Institution au droit ecclésiastique*, troisième partie, ch. 5 : « En matière pure personnelle un clerc poursuivant un clerc du même ressort va d'ordinaire devant le juge laïque, parce que la justice y est plus prompte, et que les jugements ont exécution parée. »

[5] *Glose de la Pragmatique*, édit. Paris, 1546, f° 287, col. 1 (addition de Philippus Probus) : « Censuræ ecclesiasticæ non timentur, propter quod infinita mala et scandala oriuntur, quæ longa essent in deductione, ideo optarem ut super hoc per concilium Tridentinum nunc congregatum provideretur. »

[6] *Op. cit.*, p. 20 : « Burgdorfer Handfeste, v. 1316, § 80 : Nullus burgensem pro aliquo debito impediat sepeliri, et si ab eo petere quod voluerit, ab heredibus id petatur. »

le corps de Eulart du Pire, pour cause que ledit Gentil disoit que icellui Eulart lui estoit tenu en la somme de cinq franz d'or ou environ [1]. » Mais il serait bien difficile de déterminer la portée exacte de ces textes isolés [2].

Quoi qu'il en soit, partout où l'on constatera l'usage de ce moyen de contrainte, on pourra, je crois, trouver en cherchant bien, qu'il coïncide avec une lacune dans le droit des obligations ou un vice dans l'administration de la justice. Là où elle sera usitée, le droit du créancier si fortement armé sera trop faible sur certains points ou bien le juge sera impuissant à assurer l'exécution de ses sentences. Il en est ainsi de toutes les voies d'exécution extraordinaires et exagérées que les anciennes coutumes permettent aux créanciers : en cette matière, le droit n'accorde le superflu que lorsqu'il refuse le nécessaire.

---

[1] Du Cange, v° *Sepultura*.

[2] Mon cher collègue, M. H. Monnier, m'a signalé un certain nombre de textes importants, qui constatent l'usage de l'arrêt du cadavre, et qui, d'après lui, se rapportent au *droit coutumier* et non à la pratique des juridictions ecclésiastiques. Zoesius (*in Codicem*, IX, 12), affirme au début du XVIIe siècle qu'il existe encore en Belgique des lieux où la sépulture est refusée *ob debitum civile*. Voet fait encore la même observation, *Comm. ad Pandectas*, XLVII, 12, n° 4. Perezius (*in Codicem*, IX, 12) parle d'une constitution de Charles-Quint qui abolit le droit d'arrêt sur le cadavre. Dans Voet, ajoute M. Monnier, il ne s'agit certainement pas du droit ecclésiastique, car Van Espen, son contemporain, déclare sans hésiter dans son *Jus ecclesiasticum* (II, 142), qu'on ne peut pas arrêter le cadavre *sub pretextu debiti*.

III.

ÉPIGRAPHIE

ET CRITIQUE JURIDIQUES.

UN FRAGMENT DE LOI

SUR LA

JURIDICTION DES MAGISTRATS MUNICIPAUX.

I.

Au mois de juin 1880, on a découvert près de la ville d'Este en Italie, trois fragments d'une table de bronze qui se complétaient l'un l'autre et qui portaient gravée l'inscription suivante [1] :

MANDATI • AVT • TVTELAE • SVO • NOMINE • AVT • QVOD • IPSE • EARVM • RERVM •

QVID • GESSISSE • DICETVR • ADDICETVR • AVT • QVOD • FVRTI • QVOD • AD HO

MINEM • LIBERVM • LIBERAMVE • PERTINERE • DEICATVR • AVT • INIVRI

ARVM • AGATVR • SEI • IS • A QVO • PETETVR • QVOMVE • QVO • AGETVR • D

E • R • IN EO • MVNICIPIO • COLONIA • PRAEFECTVRA • IVDICIO • CERTA

---

[1] La première copie de cette inscription fut prise par M. S. Gatti, et M. le professeur Alibrandi fit imprimer le texte pour l'étudier à son cours à l'Académie des Conférences historico-juridiques de Rome (*Academia di Conferenze storico-giuridiche*). Un exemplaire fut transmis à M. Ch. Giraud, qui voulut bien me le communiquer, et l'un des premiers je pus commenter ce texte important dans un article qui parut au *Journal des savants* (février 1881). M. Alibrandi de son côté publia les résultats de son étude dans les *Documenti di Storia e diritto*, anno II, 1881, p. 1, ssv. Enfin le maître de l'épigraphie romaine, M. Mommsen, reproduisit et commenta l'inscription dans un article de l'*Hermès*, intitulé : « *Ein zweites Bruchstück des rubrischen Gesetzes vom Iahre* 705 *Roms.* » Tome XVI, p. 24, ssv.

Je reprends ici l'étude de ce document, en tenant compte des travaux que je viens de citer et après avoir soumis la question à un nouvel et sérieux examen.

RE • ET • SI • EA • RES • ⚍ • CCIƆƆ • MINORISVE • ERIT • QVOMINVS • IBEI • D • E • R

IVDICIVM • ITA • FEIAT • VTEI • DE • IEIS • REBVS • QVIBVS • EX • H • L • IVDICIA

DATA • ERVNT • IVDICIVM • FIEREI • EXERCERI • OPORTEBIT • EX • H • L • N • R·

QVOIVS • REI • IN • QVEMQVE • MVNICIPIO • COLONIA • PRAEFECTVRA

10   QVOIVSQVE • II • VIR • EIVSVE • QVI • IBEI • LEGE • FOEDERE • PL • VE • SE • S·

VE • C • INSTITVTOVE • IVRE • DICVNDO • PRAEFVIT • ANTE • LEGEM • SEI

VE • ILLVD • PL • SC • EST • QVOD • L • ROSCIVS • A • D • V • EID • MART POPVLVM

PLEBEMVE • ROGAVIT • QVOD • PRIVATIM • AMBIGETVR • IVRISDICT

O • IVDICIS • ARBITRI • RECVPERATORVM • DATIO • ADDICTIOV......

15   QVANTAEQVE • REI • PEQVNIAEVE • FVIT • EIVS • REI • PEQVNI....

QVO • MAGIS • PRIVATO • ROMAE • REVOCATIO • SIT • QVO...........

NVS • QVEI • IBEI • I • D • P • D • E • R • IVS • DICAT • IVDICE.............

VTEI • ANTE • LEGEM • SIVE ILLVD PL • SC • EST................

V EIDVS • MART • POPVLVM • PLEBE....................

20 CI   IV.........................

*Mandati aut tutelæ suo nomine aut quod ipse earum rerum | quid
gessisse dicetur addicetur*[1] *aut quod furti quod ad ho | minem liberum
liberamve pertinere deicatur aut quod injuri | arum agatur, sei is a
quo petetur quomve quo agetur d(e) | e(a) r(e) in eo municipio, colonia,
præfectura judicio certa | re (volet)*[2], *et si ea res HS 10,000 minorisve
erit, quominus ibei d(e) e(a) r(e) | judex arbiterve addicatur detur,
quove minus ibei d(e) e(a) r(e) | judicium ita feiat, utei de ieis rebus
quibus ex h(ac) l(ege) judicia | data erunt judicium fierei exerceri opor-
tebit, ex h(ac) l(ege) n(ihil) r(ogatur). | Quojus rei in quoquomque*[3] *mu-
nicipio, colonia, præfectura | quojusque II viri ejus ve qui ibei lege,
fœdere, pl(ebei) ve sc(ito), s(enatus) | ve c(onsulto), institutove jure di-
cundo præfuit, ante legem sei | ve illud pl(ebei) sc(itum) est quod L.
Roscius a(nte) d(iem) V eidus Martias populum | plebemve rogavit, quod
privatim ambigetur jurisdict(i) | o, judicis, arbitri, recuperatorum datio*

---

[1] *Dicetur, addicetur;* il semble qu'il n'y a là qu'une simple redondance. Ce sens
du verbe *addicere* paraît nouveau. Cf. Dirksen : *Manuale latinitatis,* vᵒ *Addicere.*

[2] Ligne 6, le mot *volet* a été certainement omis, comme le remarque M. Alibrandi : « V. 5-6, post CERTARE omissum VOLET. »

[3] Correction de M. Alibrandi : « V. 10, IN QUOQUOMQUE corrigendum suadent
« similia et cœva monumenta. »

addictiov(e fuit), | *quantæque rei pequniæve fuit, ejus rei pequni(æve)* | *quo magis privato Romæ revocatio sit quo (ve mi-)* | *-nus quei ibei j(ure)* *d(icundo) p(ræerit) d(e) e(a) r(e) jus dicat judice(m) (arbitrumve det)* | *utei ante legem sive illud pl(ebei) sc(itum) est (quod L. Roscius ante diem)* | *V eidus Martias populum plebe(mve) (rogavit)..... ci ju.....*

Il est aisé de discerner à première vue que nous avons là un chapitre de loi et d'en donner le sens général. Le texte comprend deux parties. La première a pour but de fixer la compétence des magistrats municipaux quant aux actions de droit privé, dans lesquelles la condamnation entraîne l'infamie ; la seconde contient une disposition transitoire, dont il est moins facile de préciser la portée. Pour étudier ce texte il faut rechercher quelle est la loi dont nous avons ici un fragment, et commenter ensuite les deux chefs qui nous ont été conservés ; mais auparavant et pour diriger nos recherches, rappelons en peu de mots ce que nous connaissons jusqu'ici quant à la compétence judiciaire des magistrats municipaux en Italie.

II.

On sait comment les Italiens devinrent en masse citoyens romains. Les lois Julia en 664 (U. C.), Plautia-Papiria en 665, accordèrent le droit de cité à tous ceux qui étaient restés fidèles pendant la guerre sociale, ou qui avaient posé les armes[1]. Des sénatus-consultes, probablement rendus en vertu de la loi Papiria, complétèrent l'œuvre[2]. Mais

---

[1] Cic. : *Pro Balbo,* 8 ; *Pro Archia,* 4 ; Appian. *B. C.* I, 49 ; Vell. Pater, II, 16. Voy. Ch. Giraud : *Les bronzes d'Osuna;* Paris, 1874, p. 91, sv.; Bethmann-Hollweg : *Der römische Civilprozess,* II, § 58, p. 19, sv. Savigny : *Verm. Schriften,* III, p. 299, sv.

[2] *Liv. epitome,* 80 : « Ialicis populi a senatu civitas data. »

il fallait maintenant régler la condition nouvelle des cités; cela fut fait sans doute par des commissaires que nomma le sénat[1]. Enfin les principes généraux de ce nouveau droit administratif furent fixés en 709 (U. C.) par la *Lex Julia municipalis*, dont nous possédons un fragment important, commenté magistralement par M. de Savigny.

Un point surtout était à régler : l'administration de la justice. Pour les cités qui depuis longtemps possédaient le *jus civitatis*, cela avait été fait déjà. Les préfectures avaient un *præfectus jure dicundo* envoyé par Rome; les colonies leurs *duumviri jure dicundo*[2], dont les pouvoirs avaient dû être déterminés par la *Lex Coloniæ*. Mais dans les municipes, liés à Rome par un *fœdus*[3], la justice avait été rendue jusque-là par les magistrats nationaux selon la coutume nationale; qu'allait-on décider maintenant qu'ils étaient soumis à la loi romaine? On décida sans doute que là, comme partout, les magistrats nommés selon les anciennes formes conserveraient l'administration de la justice[4], c'était une solution presque forcée. Mais, d'autre part, les habitants des municipes, en leur qualité de citoyens romains, étaient les justiciables des magistrats de Rome : *Roma communis nostra patria est,* dira plus tard en leur nom Modestin[5]. Ils pouvaient donc, s'ils le voulaient, porter leurs procès à Rome[6]. Il y avait là une double compétence, qui ne pouvait qu'être une cause de trouble; un départ devait être fait, on devait restreindre la compétence

---

[1] *Lex Julia municipalis*, lin. 159, sv.

[2] Siculus Flaccus (édit. Lachmann), p. 160.

[3] Ch. Giraud, *op. cit.*, p. 86, sv.

[4] On leur conserva même souvent jusqu'à leurs anciens noms. *Lex Julia municipalis*, lin. 84. Voyez Orelli, 3785, sv.

[5] L. 33, *Dig.* L, 1. (Modestinus, *Libro singulari de manumissionibus*.) Le jurisconsulte veut sans doute expliquer comment toute personne, quel que soit son domicile, peut faire à Rome un affranchissement.

[6] Cic., *Verr.*, V, 13 : « Unum illud quod ita fuit illustre notumque omnibus ut « nemo tam rusticanus homo L. Lucullo et M. Cotta consulibus (a. 680, U. C.) « Romam ex ullo municipio vadimonii causa venerit, quin sciret jura omnia « prætoris urbani metu atque arbitrio Chelidonis meretriculæ gubernari. »

des magistrats municipaux, mais en même temps, dans la mesure où elle était maintenue, supprimer la compétence des magistrats de Rome. Quand et comment cela fut-il fait?

Nous savons que, pour une région particulière, la Gaule cisalpine, ces règles furent posées dans une loi spéciale, qui est parvenue en partie jusqu'à nous, la *Lex Rubria de Gallia Cisalpina*. À la différence des autres parties de l'Italie, la Gaule cisalpine avait été une *provincia*, et elle resta telle alors même que toutes ses villes eurent été dotées de la cité romaine, ce qui se produisit d'ailleurs assez tard, en 705. La justice y était rendue sous la direction des consuls venus de Rome, et il en fut ainsi jusqu'en l'année 712 ou 713 (U. C.)[1], époque à laquelle la Gaule cisalpine fut juridiquement comprise dans l'Italie et perdit la *forma provinciæ*. Voilà sans doute pourquoi il fut nécessaire d'y organiser la juridiction municipale par une loi spéciale qui fut la loi *Rubria*[2]. La compétence des magistrats municipaux et celle du préteur y est nettement déterminée; à ce dernier sont réservées la *missio in possessionem* et la connaissance de certaines actions lorsque la valeur en litige dépasse 15,000 sesterces[3]. Jusqu'à ce taux, la concurrence des deux juridictions aurait existé en droit selon M. Mommsen[4]; mais il est plutôt croyable que la *jurisdictio* du préteur ne commençait que là où finissait celle du *duumvir*[5].

---

[1] Mommsen, *C. I. L.*, t. I, p. 118.

[2] Savigny, *op. cit.*, p. 309, sv.; Bethmann-Hollweg, *op. cit.*, p. 30. Mommsen (*C. I. L.*, t. I, p. 118) plaçait la loi Rubria entre les années 705 et 712, c'est-à-dire entre le moment où toutes les villes ont le droit de cité (car on n'y trouve aucune trace des colonies latines), et celui où la *forma provinciæ* disparaît (car, dit-il, le titre de la loi, *de Gallia Cisalpina,* ne peut plus convenir dès lors; aujourd'hui il donne à la loi *Rubria* la date de 705; voyez l'article de l'Hermès, plus haut cité.

[3] Mommsen : *Ueber den Inhalt des Rubrischen Gesetzes. Bekker's Jarhbuch,* II, 319, sv.

[4] *Op. cit.,* p. 333.

[5] Bethmann-Holweg, *op. cit.,* p. 30 : « Ganz neu ist jedoch, sei es als Ueber-

Pour le reste de l'Italie, comment la chose fut-elle réglée? L'opinion dominante admet que, sous la République, la juridiction au civil appartenait, sans restriction aucune, aux magistrats municipaux [1]; on s'appuie surtout sur la *Lex Julia municipalis*, qui leur reconnaît le droit d'ordonner la *missio in possessionem* [2]. Ce serait seulement plus tard, sous l'Empire, sous Hadrien [3] selon quelques-uns, qu'on aurait limité la compétence de ces magistrats à un taux dont le chiffre nous est inconnu. Cette mesure aurait été prise par imitation de ce que la loi Rubria avait fait pour la Gaule cisalpine [4]. D'ailleurs, les parties purent, par un libre accord de volontés, proroger la compétence des magistrats municipaux : *inter convenientes et de re majori apud magistratus municipales agetur* [5].

Cependant tout le monde ne présente pas ainsi les choses. Pour M. Keller ces règles restrictives apparaissent vers la fin de la République [6]. M. Rudorff, de son côté, affirme qu'elles sont très anciennes [7]; il en donne cette preuve

« gang aus dem früheren Zustande, sei es als Vorspiel der Monarchie, die
« Theilung der Gerichtsverwaltung zwischen den Municipalmagistraten und dem
« Prætor Urbanus, so dass es nicht wie im übrigen Italien ganz von der
« Willkühr der Partheien abhing, ob sie die Sache in ihrer Heimath oder durch
« Vadimonium in Rom anbringen wolten. »

[1] Voy. Bethmann-Hollweg, *op cit.*, pag. 23.

[2] Lin. 115, sv. : *Quojusve bona ex edicto ejus, quei jure deicundo præfuit, præfuerit. . . possessa proscriptave sunt, erunt.* Mais ces mots ne se réfèrent-ils pas à une décision du préteur? Les *duumvirs* avaient-ils un *édit?*

[3] Vering : *Geschichte und Institutionen des römischen Privatrechts*, 3e édit., p. 175 : « Seit dieser Zeit (Hadrian) datirte wohl die Beschränkung der *juris-* « *dictio* der Municipalmagistraten auf eine bestimmte Summe. »

[4] Bethmann-Hollweg, p. 68 : cf. Accarias : *Précis de droit romain*, t. II (2e édit., p. 814). Pour le taux, voy. Paul, *Sent.* v, 5a, 1. L. 4, 11, 13, § 1, 19, § 1, 20. *Dig.*, ii, 1. L. 26, 28, *Dig.*, l, 1. Les duumvirs n'ont plus la *missio in bona* mais seulement la *pignoris capio*, l. 29, § 7, *Dig.*, ix, 2. Pour leur compétence au criminel, voy. Bethmann-Hollweg, *op. cit.*, p. 23; Geib : *Geschichte des römischen Criminalprozesses*, p. 239.

[5] L. 28 *Dig.*, l, 1.

[6] *Römische Civilprozess*, § 2, n. 23.

[7] *Römische Rechtsgeschichte*, t. II, § 4, p. 20 et n. 54 : « Das Edict *berücksich-* « *tigte* die Gemeindeordenungen im Allgemeinen. Man darf also die Beschrän-

qu'un certain nombre de textes, qui traitent la question du taux, sont empruntés aux commentaires sur l'édit; celui-ci de bonne heure avait donc contenu des règles générales sur ce point [1]. Nous pouvons remarquer en particulier que la loi 11 au Digeste *de jurisdictione* (2, 1) agite plusieurs questions sur le calcul de ce taux, et qu'on y rapporte l'opinion non-seulement de Sabinus et de Proculus mais encore d'Ofilius, l'ami de César [2].

Rudorff était allé plus loin. Analysant avec une grande sagacité certains textes, dont la formule, un peu vague en apparence, prend un sens précis quand on la rapporte à cette question de compétence, il énumère toute une série de causes dont la connaissance était, d'après lui, enlevée aux magistrats municipaux, quelle que fût l'importance pécuniaire du litige. Ce sont : 1° les actions qui ne sont accordées qu'après une *causæ cognitio* [3]; 2° les *causæ liberales* [4]; 3° les *actiones famosæ,* c'est-à-dire les actions de droit privé dans lesquelles la condamnation entraîne l'infamie. Les textes qu'il cite sur ce dernier point ne démontrent pas absolument que cette classe d'actions fût soustraite aux tribunaux municipaux [5]; mais, comme ils sont tirés du livre II du commentaire d'Ulpien sur l'Édit, où étaient étudiées les questions de compétence, on peut au moins en conclure qu'à ce point de vue les *actiones famosæ* n'étaient point traitées comme les autres. Cela se

---

« kungen nicht mit Puchta erst von Lex Rubria oder von Adrian datiren; sie « reichen bis auf die älteren Stadtrechte, z. B. von Bantia. »

[1] Voy. spécialement l. 26 *Dig.,* L, 1 (*Paulus ad Edictum*)*;* l. 28, *ibid.;* l. 12 *Dig.,* II, 1 (*Ulpianus ad Edictum*).

[2] Cf. l. 2, § 44 *Dig.,* I, 2.

[3] L. 105 *Dig.,* L, 17 (*Paulus ad Edictum*) : *Ubicumque causæ cognitio est prætor desideratur.*

[4] L. 106 *Dig.,* L, 17 (*Paulus ad Edictum*) : *Libertas inestimabilis res est.* Cela veut dire : tout procès où est engagée une question de liberté dépasse le taux jusqu'auquel les magistrats municipaux sont compétents. Conf. Cicéron : *Pro Cluentio,* xv, 43, 44. — Voyez, sur ces divers points, Willems : *Droit public romain* (édit. 1874, p. 397).

[5] L. 106 *Dig.,* L, 17; l. 32 *Dig.,* xvii, 2; l. 36 *Dig.,* xLIV, 7. Voyez cependant Isidore de Séville, *Origin.,* xv, 2, 10.

conçoit d'ailleurs; elles mettaient en jeu plus qu'un simple intérêt pécuniaire.

Aujourd'hui nous avons sur ce dernier point un document précieux, c'est l'inscription même que nous avons transcrite plus haut; elle éclaire en même temps, selon nous, toute cette histoire des juridictions municipales. Mais il faut avant tout en déterminer l'âge et le caractère.

II.

Quelle est la loi dont nous avons là un fragment?

Pour M. Mommsen c'est la *lex Rubria de Gallia Cisalpina,* dont le texte, conservé en partie sur la Table de Velleia, recevrait ainsi un complément important. En effet, dit l'illustre savant, notre loi avait pour objet de limiter et de déterminer la compétence judiciaire des magistrats municipaux et d'autre part elle était en vigueur dans la Gaule Cisalpine, puisqu'elle a été trouvée près d'une ville située au delà du Pô. Mais ce sont là précisément les caractères qui distinguent la loi Rubria, et il est invraisemblable qu'à un court intervalle deux lois aient été successivement rendues pour ce même pays et pour le même objet[1]. Dans tous les cas M. Mommsen n'admet pas que la loi ait pu être faite pour un autre pays que la région transpadane, dans laquelle l'inscription a été découverte[2], et alors elle ne saurait être plus ancienne que l'an 705, car elle suppose évidemment un pays doté du droit de cité romaine, et c'est seulement en 705 que la cité fut accordée aux Transpadans[3].

[1] *Hermès,* tom. XVI, p. 27 et 28.
[2] *Op. cit.,* p. 27, en note.
[3] Dio Cassius, XLI, 36

Par là même M. Mommsen est amené à déterminer la date et la portée de la loi de L. Roscius, qui est visée dans l'inscription. Cette loi est, pour lui, celle-là même qui, en l'année 705, accorda aux Transpadans le droit de cité au lieu du droit de latinité que leur avait conféré en 665 une loi de Pompée. Son auteur, ou du moins le magistrat qui lui donna son nom, serait L. Roscius Fabatus, préteur en 705 : il l'aurait proposée sur l'ordre ou par l'inspiration de César[1]. La loi Rubria n'aurait été qu'une conséquence et un correctif de loi de Roscius, et elle-même est de l'année 705 : cela résulte de ce que notre inscription donne la date de la *lex Roscia,* mais en indiquant seulement le mois et le jour et sans indiquer l'année.

Cette explication a été généralement adoptée en Allemagne[2] et dans la dernière édition des *Fontes juris romani* de Bruns, préparée par les soins de M. Mommsen, notre inscription est donnée sous ce titre : *Legis Rubriæ fragmentum atestinum.*

Malgré ces autorités et ces arguments il me paraît bien difficile de voir dans notre inscription un fragment de la loi Rubria ou même d'une loi spéciale à la Gaule Cisalpine : j'ai déjà émis l'idée[3] que ce texte législatif était général et applicable à toute l'Italie; tel a été également l'avis émis par M. Alibrandi[4], et après mûre réflexion, je persiste dans cette appréciation. Ce qui montre surtout que nous avons affaire à une loi générale, c'est qu'elle emploie, pour désigner les municipalités, la formule compréhensive, *in quocumque municipio, colonia, præfectura,* sans addition ni restriction aucune. Tout autre est la

---

[1] *Op. et loc. cit.*, p. 33. — Sur L. Roscius Fabatus, voyez : César, *B. G.* I, 3, 8, 16; Cic. : *Ad atticum,* VIII, 12, 2.

[2] Herzog : *Geschichte und System der römischen Staatsverfassung*, p. 567. — V. Schrutka-Rechtenstamm : *Ueber den Schlussatz in cap.* XXI *legis Rubriæ de Gallia Cisalpina,* p. 9.

[3] *Journal des savants,* février 1881.

[4] *Loc. cit.,* p. 9.

formule employée par la loi Rubria; non-seulement cette
dernière donne une énumération différente, plus détaillée,
mais surtout elle a bien soin de déclarer qu'elle s'applique
seulement aux municipalités ou localités de la Gaule Cisalpine : « *In eorum quo o(ppido) m(unicipio) c(olonia) p(ræ-
fectura) f(oro) v(eico) c(onciabulo) c(astello, t(erritorio)ve
quæ sunt erunt in Gallia Cisalpina* [1]. » Cet argument est
confirmé par l'énumération que donne notre texte des
différentes sources, auxquelles ont puisé leur autorité
judiciaire les magistrats municipaux dont il s'occupe, lig.
11-12 : « *Quojusque II viri ejus ve qui ibei lege, fœdere
pl(ebei) vei sc(ito) s(enatus) ve c(onsulto) instituto ve* [2] *jure
dicundo præfuit.* » Cette formule comprend tous les actes
qui dans l'Italie entière créèrent ou confirmèrent l'autorité des magistrats municipaux, et d'autre part elle nous
ramène à une époque où l'entrée dans la cité romaine
était encore chose récente pour beaucoup de villes italiques, puisqu'elle rappelle les titres fort divers par
lesquels le peuple romain avait reconnu les municipalités.
Dans tous les cas, cette énumération ne saurait convenir
à la loi Rubria, où l'on ne trouve aucune formule analogue : en effet, lorsque la cité romaine fut accordée aux
Transpadans, ils avaient été antérieurement dotés du droit
de latinité [3], et à cette première époque, c'est-à-dire en

---

[1] *Lex Rubria*, c. 21, 22, 23, cf. c. 20 : « Qua de re quisque et a quo *in Gallia
cisalpina* damnei infectei, etc. » — On ne peut point dire que cette clause ayant
été insérée antérieurement n'avait pas besoin d'être répétée dans ce passage, car
la seconde partie de l'inscription (lignes 10 à 20) contient une disposition
nouvelle, et le texte de la loi Rubria nous montre qu'à chaque nouvelle
disposition la clause était répétée : cette répétition est d'ailleurs tout à fait
conforme au style des lois romaines.

[2] *Institutove*. Il est assez difficile de déterminer au juste ce que signifie ici le
mot *institutum*. La loi énumère les divers actes qui ont créé ou confirmé
et maintenu les juridictions municipales et ce terme clôt la liste. Il ne désigne
ni une loi, ni un traité, ni un plébiscite, ni un sénatus-consulte; nous ne pouvons
y voir que le règlement fait par les commissaires auxquels le peuple ou le sénat
donnait le pouvoir d'organiser les divers municipes. Voyez *Lex Julia municipalis*,
lin. 159, sv.

[3] Herzog : *Geschichte und System der römischen Staatsverfassung*, p. 497, 498.

l'an 665, la condition des villes transpadanes avait dû faire l'objet d'un règlement général et avait sans doute été organisée d'une manière uniforme.

D'autre part, il existe des différences assez sensibles entre l'orthographe de l'inscription d'Este et celle de la table de Velleia; M. Mommsen lui-même a fait remarquer que dans la seconde, plus fréquemment que dans la première, on trouve le C à la place de l'ancien QV; mais il explique cette divergence par ce fait que d'une part nos inscriptions nous placent à une époque de transition où l'on emploie simultanément plusieurs orthographes, l'ancienne et la nouvelle, et que d'autre part deux copies différentes peuvent très bien ne pas concorder à ce point de vue [1].

Enfin on doit remarquer que le taux qui limite la compétence du magistrat municipal n'est pas le même ici que dans la loi Rubria; dans celle-ci il est de 15,000 sersterces [2], et ici de 10,000 : il est vrai que de part et d'autre il ne s'agit point des mêmes actions.

Voyant dans la loi d'Este, non un fragment de la loi Rubria, mais une loi générale applicable à toute l'Italie, j'ai dû en rechercher la date et déterminer la portée de la *lex Roscia* qui y est mentionnée. C'est cette loi Roscia qui me sert de point de repère, puisque les deux lois sont sûrement séparées par un intervalle de temps fort court, et probablement sont de la même année [3].

Or la loi de Roscius était un plébiscite, comme le texte

---

[1] *Op. et loc. cit.*, p. 28.

[2] *Lex Rubria*, c. 21 et 22.

[3] Cela résulte de ce que l'inscription, comme je l'ai dit plus haut, donne la date de la loi Roscia en indiquant seulement le mois et le jour et sans indiquer l'année; cela résulte aussi de ce que notre loi réglant une question transitoire, maintient en vigueur pour certaines causes le droit applicable antérieurement à la loi de Roscius. — On pourrait même se demander si notre inscription ne contient pas la loi de Roscius elle-même : qu'une loi se désignât elle-même dans ces termes ce ne serait point chose impossible ; la loi Rubria inscrit plus d'une fois dans son texte son propre nom.

l'indique clairement, lig. 12-14 : « *Legem seive illud pl(ebei)*
sc(itum) est quod L. Roscius a(nte) d(iem) V eid(us) Mart(ias)
populum plebemve rogavit [1]. » Il est donc tout naturel,
sinon nécessaire, de lui chercher pour auteur un tribun
de la plèbe. Justement nous trouvons un L. Roscius,
qui fut tribun du peuple en l'an 687 (U. C.), et fit, à ce
titre, œuvre de législateur. Ce L. Roscius Othon, qui
paraît plusieurs fois dans la correspondance de Cicéron [2],
et qui fut un ardent adversaire de Pompée [3], est surtout
resté célèbre pour avoir fait voter une loi qui réservait au
théâtre des places marquées aux chevaliers romains [4]. La
loi dont parle notre inscription fut aussi l'œuvre du même
auteur, et date par conséquent de l'an 687 ; elle fut suivie
de près par celle dont nous avons un chapitre sous les yeux.
Cette année-là il y eut, d'ailleurs, au témoignage de Dion
Cassius, une grande activité législative de la part des tribuns : on se préoccupa spécialement de fixer les règles
de la juridiction, puisque cette année même fut votée
la loi *Cornelia* sur l'Édit [5].

Quant à l'objet de la loi Roscia il est indiqué, ce me
semble, par le texte lui-même, lig. 12-14 : « *Legem seive*
plebeiscitum quod L. Roscius... rogavit quod privatim
ambigetur jurisdictio [6]. » En effet, je traduis ainsi ce membre de phrase : « La loi ou plébiscite que L. Roscius a pro-

---

[1] *Legem sive illud plebeiscitum est;* cette formule déjà connue n'est, on le sait,
qu'une tournure pour indiquer que le plébiscite a force de loi. Voyez Savigny :
Verm. Schriften, III, p. 345. — Cf. *Lex Rubria*, 1, 29 : *ex lege Rubria seive id*
plebeive scitum est; ibid., 1, 39; et *Lex Agraria*, a. 643, *passim.*

[2] *Ad. Att.*, XIII, xxix, 2; XII, xxxvii, 2; XII, xxxviii, 4; XII, xlii, 1.

[3] Dio Cassius, lib. XXXVI (édit. Sturzius, Lipsiæ, 1834, p. 216, 217).

[4] *Liv. epit.*, 99 : « L. Roscius tribunus plebis legem tulit ut equitibus romanis
« in theatro quattuordecim gradus proximi assignarentur. » Asconius *In Corne-*
lian. (Orelli, V, ii, p. 789 : cf. Orelli, *Index legum*, v° *Lex Roscia*). — Dio Cassius, *loc. cit.*, p. 246. — Ce Roscius était-il le même que celui dont le nom figure
dans le titre de la loi *Mamilia, Roscia, Peducæa, Alliena, Fabia ?* Sur cette loi,
voyez Mommsen : *Ueber die Lex Mamilia (Die Schriften der römischen Feldmesser;*
II, p. 222, ssv.).

[5] Dio Cassius, *op. cit.*, p. 243.

[6] M. Mommsen ne paraît pas avoir tenu compte de ces derniers mots.

posée, parce que la *jurisdictio* donne lieu à des contestations entre particuliers [1]. » Et voici quels durent être et les faits qui motivèrent cette proposition de loi et la proposition elle-même.

Lorsque le droit de cité eut été concédé à toute l'Italie, sauf la région Transpadane, dans beaucoup de cités, jusque-là indépendantes et alliées du peuple romain, l'administration de la justice dut donner lieu à de nombreuses difficultés. Les magistrats locaux étaient-ils compétents comme jadis, l'étaient-ils absolument et pour toutes les causes, qu'elles qu'en fussent la nature et l'importance? Sans doute les lois générales sur la concession du droit de cité n'avaient point tout d'abord réglé ces détails. Peut-être les sénatus-consultes rendus en vertu de la loi *Plautia Papiria* les avaient-ils précisés pour certaines cités; ou encore les commissaires nommés pas le sénat avaient prévu ces divers points dans les règlements municipaux qu'ils étaient chargés de faire. Mais ce travail n'était pas terminé à notre époque, comme le montre le dernier chapitre de la *Lex Julia municipalis*. Pour beaucoup de cités, la question devait paraître très douteuse, d'autant plus douteuse qu'elle avait peut-être été tranchée pour des villes voisines, où des règlements avaient sans doute posé des limites à la compétence des magistrats municipaux.

Cet état de choses était peu satisfaisant et ne pouvait durer. Ce fut sans doute pour y mettre un terme que L. Roscius présenta son plébiscite. Il devait déterminer d'une façon précise la compétence des magistrats municipaux et défendre tout recours à Rome pour les points tranchés par eux. Fixait-il un taux au delà duquel cessait cette compétence? Cela est probable; mais alors comment expliquer qu'il ait été suivi si promptement d'une autre loi sur le même sujet, celle contenue dans notre inscription?

---

[1] Le mot *quod* est pris ici dans le même sens que dans la formule qui précède les sénatus-consultes : « *Quod verba facta sunt.* »

Voici ce qu'on peut supposer. La loi de Roscius aurait déterminé un taux maximum pour la compétence des magistrats municipaux, mais elle aurait négligé de fixer certains points de détail; on s'aperçut bien vite de cette lacune et une loi nouvelle fut nécessaire pour la combler. Ainsi Roscius n'avait rien proposé de spécial aux *actiones famosæ*, et pourtant on trouva bientôt qu'il était juste de les traiter autrement que les autres; de là le chapitre de loi que nous avons reproduit. On pourrait concevoir les choses autrement. Le plébiscite de Roscius aurait posé seulement un principe général, applicable à toutes les cités, à savoir la compétence indiscutable des magistrats municipaux; puis notre loi serait ve_ nue apporter, dans certains cas, des limites à cette compétence et préciser, comme le fait la loi Rubria, les détails de la juridiction : mais cela cadrerait mal avec la disposition transitoire que contient notre loi et que nous expliquerons plus loin [1].

Voilà mon hypothèse et les raisons qui la soutiennent; elle soulève, il faut le dire, une grave objection. L'inscription selon moi contenait une loi générale rédigée pour l'Italie entière, moins la Gaule Cisalpine, peu après la concession du droit de cité aux peuples italiques; mais s'il en est ainsi, comment se fait-il que cette inscription ait été découverte dans la Gaule Cisalpine, au delà du Pô, c'est-à-dire dans un pays auquel notre loi ne s'appliquait pas, et qui reçut plus tard sa législation particulière dans la loi Rubria? Il y a là une énigme, il faut le reconnaître; mais ce n'est pas une raison suffisante pour faire rejeter l'hypothèse qui seule me paraît se concilier avec le texte. Nous ne savons quels sont les hommes qui ont porté ce bronze dans le lieu où il a été découvert. Depuis la fin de la République romaine jusqu'à nos jours, com-

---

[1] Ces difficultés disparaîtraient si l'on admettait que notre loi est la loi Roscia elle-même.

bien d'accidents et d'aventures peuvent avoir passé sur cet
objet! La table a-t-elle été exposée jadis dans la ville
d'Ateste pour y publier la loi qui y était applicable, ou
n'a-t-elle été transportée en ce lieu qu'à titre d'objet rare
ou curieux[1]? En admettant même, et cela est vraisemblable,
que l'inscription ait été exposée dans la Gaule Cisalpine
comme un texte officiel et impératif, cela peut encore se
concilier avec mon hypothèse. On peut supposer que la loi
Rubria ne réglait pas tous les points que notre loi abordait,
et il serait naturel que, même dans la Cisalpine, on se fût,
pour les points non prévus par la loi Rubria, reporté à notre
loi, qui représentait le droit commun de l'Italie, dotée du
droit de cité. On peut encore faire une autre hypothèse qui
ne manque pas d'une certaine vraisemblance.

Lorsque la Gaule Cisalpine, en l'an 712 ou 713, fut
retirée du nombre des provinces pour vivre dorénavant
sous le même régime administratif que le reste de l'Italie,
il semble qu'elle dut, par là même, rentrer dans le droit
commun aussi bien pour la compétence des juridictions
municipales que sur les autres points. La *lex Rubria de
Gallia Cisalpina* n'était en réalité qu'une *lex provinciæ* :
la *provincia* disparaissant ne devait-elle pas disparaître
aussi pour faire place aux lois générales de l'Italie romaine[2]? On comprendrait alors aisément qu'on ait trouvé
dans la Gaule Cisalpine et la loi Rubria, qui avait été la
première en vigueur, et notre loi qui, bien que plus
ancienne par sa date, représentait pourtant dans ce pays le
droit postérieur. Ce sont là des conjectures, mais elles

---

[1] Alibrandi, *op. cit.*, p. 18 : « Tale obbezione non puo aver valore per chi re-
flette alle vincende che ha subito l'Italia ed alle molte esportazioni avvenute di
oggetti di qualche volore dalle lore sedi primitive. » M. Alibrandi donne à notre
loi la date de 688, *Cesare et Bibulo cc., loc. cit.*, p. 15.

[2] Cela concorderait parfaitement avec le langage des auteurs anciens, lorsqu'ils
parlent de l'acte qui fit sortir la Gaule Cisalpine de la catégorie des provinces.
Dio Cassius, xLviii, 12 : « Ἐκ τῆς Γαλατίας τῆς τογάτης (ἣ καί ἐς τόν τῆς Ἰταλίας
ἤδη νομόν, ὥστε μηδένα ἄλλον προφάσει τῆς ἐνταῦθα ἀρχῆς στρατιώτας ἐντός τῶν
Ἀλπέων τρέφειν, ἐσεγέγραπτο) καὶ χρήματα καὶ στρατιῶται ἦλθον. »

suffisent pour montrer que notre jugement sur l'inscription d'Este n'est pas inconciliable avec sa découverte dans la région Transpadane.

De ce que nous venons d'exposer, il se dégage un résultat important : c'est que les restrictions apportées à la juridiction des *duumvirs* datent de la République et ont été introduites par la loi de Roscius ou par la nôtre.

III.

On a pu voir, du premier coup d'œil, que notre inscription contient un chapitre d'une loi sur la juridiction municipale. La première partie de ce chapitre, prise dans son ensemble (nous laissons de côté, pour le moment, les points de détail), est très claire. Le texte, aujourd'hui mutilé, donnait d'abord une liste complète des *actiones famosæ;* puis il décide que, si l'on intente quelqu'une de ces actions dans un municipe, une colonie ou une préfecture, le magistrat qui a la *jurisdictio* dans ce lieu, pourra délivrer une formule et donner un juge ou un arbitre, mais cela à deux conditions : il faudra que le défendeur y consente, et de plus, que l'intérêt en jeu ne dépasse pas dix mille sesterces. Si ces deux conditions ne sont pas remplies, le texte ne le dit pas expressément, mais cela va de soi, l'instance est portée à Rome devant le préteur : « *Sei is a quo petetur quomve quo agetur de ea re in eo municipio, colonia, præfectura certare volet, et si ea res* HS *ccIɔɔ minorisve erit, quominus ibei de ea re judex arbiterve addicatur detur, quove minus ibei de ea re judicium ita feiat, utei de ieis rebus quibus ex hac lege judicia data erunt judicium fieri exerceri oportebit, ex hac lege nihil rogatur.* »

On le voit, si la conjecture de Rudorff était fondée en

partie, en partie aussi elle était fausse. Les *actiones famosæ*
sont bien traitées autrement que les autres, mais elles ne
sont point complètement soustraites aux juridictions municipales. Un taux est fixé, différent sans doute de celui qui
fut arrêté pour les autres matières. Au-dessus de ce taux,
il est absolument interdit au *duumvir* d'en connaître : la
volonté des parties ne peut point ici, comme en droit
commun, proroger la compétence; au-dessous de ce taux,
le *duumvir* n'est compétent qu'avec le consentement du
défendeur.

La seconde partie du texte contient une disposition transitoire qui me paraît devoir être ainsi restituée :

« *Quojus rei in quoquomque municipio, colonia, præfec-*
tura, quojusque II *viri ejus ve qui ibei lege, fœdere, plebeive*
scito, senatusve consulto, institutove jure dicundo præfuit
ante legem seive illud plebeiscitum est quod L. Roscius ante
diem V *eidus Martias populum plebemve rogavit, quod pri-*
vatim ambigetur jurisdictio, judicis, arbitri, recuperatorum
datio addictiove (fuit), quantæque rei pequniæve fuit, ejus rei
pequniæve quo magis privato Romæ revocatio sit, quo(ve mi)
nus qui ibei jure dicundo præerit de ea re jus dicat judice(m
arbitrumve det), utei ante legem sive illud plebiscitum est
(quod L. Roscius ante diem) V *eidus Martias populum plebem*
(ve rogavit, ab eo qui ibei jure dicundo præfuit de ea re jus)
dici ju(dicem arbitrum ve dari oportuit, ex hac lege nihil
rogatur). » Voici comment je traduirais ce passage :
« Quant aux causes pour lesquelles dans un municipe, une
colonie ou une préfecture, le *duumvir* ou le magistrat qui
y rend la justice en vertu d'une loi, d'un traité, d'un plébiscite, d'un sénatus-consulte ou d'un règlement, était investi de la *jurisdictio* et aurait pu nommer un juge, un
arbitre ou des récupérateurs, avant la loi ou plébiscite que
L. Roscius a proposé au peuple ou à la plèbe, le cinquième
jour avant les Ides de Mars, concernant les contestations
qui s'élèvent entre particuliers au sujet de la *jurisdictio;*
pour ces causes, quels que soient l'objet et le taux de la

demande, la présente loi n'en ordonne point la *revocatio*
à Rome; elle n'empêche point que pour elles, celui qui
rend ici la justice ne dise le droit, ne nomme un juge ou
un arbitre comme il devait le faire, avant la loi ou plébiscite que L. Roscius a proposé au peuple ou à la plèbe, le
cinquième jour avant les Ides de Mars. »

Ainsi entendue cette disposition a simplement pour but
de décider que ni la loi de Roscius ni la présente loi n'ont
d'effet rétroactif : pour les droits nés antérieurement elle
maintient l'ancienne compétence non restreinte des magistrats municipaux. Cette explication, qui est celle de M.
Mommsen, paraît pleinement satisfaisante[1], cependant,
elle exige quelques éclaircissements.

Dans la théorie de la rétroactivité des lois, telle que
l'établissent les jurisconsultes modernes, il est générale-
lement admis que les lois sur la compétence sont pleinement rétroactives, au moins pour tous les procès qui n'ont
pas été entamés sous l'empire de la loi ancienne. D'après
notre texte, les Romains en auraient jugé autrement : à
leurs yeux il aurait suffi que le droit fût ouvert, que l'action fût née avant la loi nouvelle, pour que l'ancienne
compétence fût maintenue au profit des plaideurs, en
admettant, bien entendu, que le juge qu'ils auraient pu
saisir avant la nouvelle loi n'eût point été supprimé par
elle mais seulement restreint dans sa compétence.

En second lieu, la traduction que j'ai donnée plus haut,
ne fait-elle pas sur un point violence au texte. Le texte
porte, en effet : « *Quo magis privato* Romæ *revocatio sit...
hac lege nihil rogatur.* » Pour entendre ce passage, comme
nous le faisons, du renvoi des causes à Rome lorsqu'elles
dépassent le taux fixé à la compétence municipale, ne fau-
drait-il pas qu'il y eût *Romam* et non *Romæ ?* Au Digeste,
pour indiquer qu'une cause ne sera pas jugée à Rome,
mais sera renvoyée au domicile du défendeur, on trouve

---

[1] *Op. cit.*, p. 35.

toujours l'expression *domum revocare*[1]. Cela est vrai, mais M. Mommsen lève l'objection en faisant remarquer qu'ici le locatif est employé à la place de l'accusatif pour désigner le lieu où l'on va, comme il y en a d'autres exemples[2]. Cette observation est parfaitement juste, mais c'est un motif de plus pour nous refuser à voir dans l'inscription d'Este un fragment de la loi Rubria, car celle-ci, en pareil cas, emploie non le locatif mais l'accusatif *Romam*[3].

IV.

Avant de quitter notre inscription, il est utile de relever quelques points de détail.

Le texte contenait une liste complète des *actiones famosæ*, et il serait intéressant de la comparer à celles que

---

[1] Voy. L. 2, §§ 3, 4, 6; D. v, 1. — Frappé de la tournure *Romæ revocatio* et pour lui conserver une correction complète, j'avais d'abord proposé une autre explication du passage. Je supposais qu'il y était question d'une *revocatio in duplum* intentée à Rome et voici comment je concevais la chose. La *jurisdictio* des magistrats municipaux donnant lieu à des contestations avant la loi de Roscius, comme l'apprend notre inscription, le citoyen actionné et condamné dans un municipe devait souvent contester la validité de la sentence en contestant la *jurisdictio* du magistrat qui avait ordonné l'instance. Il avait été forcé d'accepter le *judicium*, mais il lui restait une ressource, la *revocatio in duplum*, qu'il pouvait intenter, s'il le voulait, non dans le municipe mais à Rome, patrie commune de tous les citoyens romains. En entendant dans l'inscription *quo magis* avec le sens de *quo minus*, sens fréquent dans les textes, je comprenais que notre loi pour les procès entamés avant la loi de Roscius maintenait cette *revocatio in duplum* intentée à Rome, tandis qu'elle la supprimait, au contraire, à l'avenir dans tous les cas où elle déclarait compétent le magistrat municipal. Cette interprétation, quelque peu forcée, doit céder la place à celle que j'expose plus haut.

[2] M. Alibrandi fait remarquer en particulier que dans la formule de l'*actio sacramenti in rem* (Cic. : *Pro Murena*, 12), il y a : « *Unde tu me ex jure manum consertum vocasti inde ibi ego te revoco;* » et non pas « *illuc te revoco.* »

[3] *Lex Rubria*, c. 21 *in fine : « Quominus in eum, qui vadimonium* Romam.... *non promeisserit*, etc. »

nous donnent la *Lex Julia municipalis*[1], Gaius[2], les textes
du Digeste[3] et les *Institutes* de Justinien[4]; car, si nos
recherches ne se sont pas égarées, elle serait la plus ancienne de toutes. Malheureusement l'inscription est mutilée. Les premiers mots qu'elle contient : *mandati aut
tutelæ suo nomine*, devaient terminer l'énumération des
actions infamantes nées *ex contractu* ou *quasi ex contractu*, et étaient sans doute précédés de deux autres noms :
fiduciæ, pro socio. L'action *depositi* ne devait pas figurer
ici, pas plus qu'elle ne figure sur la table d'Héraclée,
n'étant pas née à cette époque[5]. Quel était le début de
la phrase? M. Alibrandi l'a ainsi restituée : *Sei a II viro
eove quei in quoquomque municipio colonia præfectura j.
d. p. judicium ei qui volet agere fiduciæ, pro socio mandati
aut tutelæ suo nomine, etc.* D'après cela, *suo nomine* se
rapporterait au demandeur. Cela nous paraît impossible.
La loi s'occupe de ces actions, parce que la condamnation
à laquelle elles donnent lieu entraîne l'infamie, c'est donc
au défendeur qu'elle se réfère. De même Julien a soin de
déclarer *notatus* celui-là seul qui a été *condemnatus suo
nomine*[6]; n'est pas infâme celui qui a figuré dans l'instance
alieno nomine. Il en résultait que le défendeur, en constituant un *procurator*, rendait en réalité l'action non infamante[7]. On admettait sans doute qu'en acceptant le débat
dans ces conditions, le demandeur renonçait à la sanction
énergique dont la loi avait muni sa créance. La clause « *suo
nomine* » avait surtout de l'importance dans le cas où un

---

[1] Lin., 110, sq.

[2] IV, 182.

[3] L. 1 pr., Dig., iii, 2.

[4] IV, xvi, § 2.

[5] Voyez Ubbelohde : *Zur Geschichte der benannten Realcontracte auf Rückgabe
derselben Species*, p. 33, note 11.

[6] L. 1 pr., Dig., iii, 2.

[7] L. 6, § 2, Dig., iii, 2 : « Si quis alieno nomine condemnatus fuerit non labo-
« rat infamia, et ideo nec procurator meus, vel defensor, vel tutor, vel heres,
« furti vel ex alia simili specie condemnatus infamia notabuntur, *nec ego si ab
« initio per procuratorem causa agitata est*. » Voyez Savigny, *System*, § 77.

héritier était poursuivi du chef du défunt; alors il était certainement juste que la condamnation ne fût pas infamante, les peines devant être personnelles[1]. La *Lex Julia municipalis* ne contient pas cette restriction quant aux actions *fiduciæ, pro socio, mandati* et *tutelæ*[2], mais elle y doit être sous-entendue, s'il est vrai que notre loi soit la plus ancienne des deux.

Après les mots *mandati aut tutelæ suo nomine*, l'inscription ajoute : *quod ve ipse earum quid gessisse dicetur, addicetur.* Que signifie ce membre de phrase? On ne peut y voir une simple redondance, quelque prolixe que soit parfois le style des lois romaines. Ces mots se réfèrent certainement aux actions déjà énumérées et pourtant ils ajoutent quelque chose à cette énumération. M. Mommsen pense qu'ils visent certains cas où le *judicium contrarium* entraînait l'infamie[3] et nous en avons en effet un exemple dans la loi 6, § 5, D. 3, 2. Mais c'était là une exception fort rare, le principe étant que la condamnation sur l'*actio contraria* ne faisait point un infâme[4], et les expressions dont se sert notre texte sont fort générales. On pourrait y voir, désignées en termes vagues, certaines extensions des actions *mandati* et *tutela*, qui en formaient comme un appendice naturel. Telle est l'hypothèse où l'héritier du mandataire aurait continué la gestion confiée au défunt[5]; telle est encore l'action *protutelæ* que donne l'Édit contre

---

[1] L. 6, § 6, Dig. III, 2. Voyez Ch. Poisnel : *Recherches sur les sociétés universelles chez les Romains*, p. 48 et note 2.

[2] Lin. 111.

[3] *Op. cit.*, p. 39 : « Die Worte *quod ve ipse earum quid gessisse dicetur*, mussen, da sie durch *ve* angeknüpft sind, auf dieselben Fälle bezogen werden. Doch greifen sie weiter als das vorhergehende *suo nomine* und umfassen auch gewisse Fälle des in dem Gesetz nicht ausdrücklich erwähnten *contrarium judicium* (Dig., III, 2, 6, 5). »

[4] L. 6, § 7, D. III, 2.

[5] L. 6, § 5, D. III, 2 : « Illud plane addendum est quod interdum et heres suo nomine damnatur et infamis fit, si in deposito vel in mandato male versatus sit, non tamen in tutela vel pro socio heres suo nomine damnari potest quia heres neque in tutela neque in societate succedit, sed tantum in æs alienum defuncti. »

celui qui a géré une tutelle sans être légalement tuteur [1]. Mais pour cette dernière action il n'est point certain qu'elle ait entraîné l'infamie [2], et peut être ne fut-elle créée que sous l'Empire [3]. Ces diverses explications ont d'ailleurs un défaut commun : elles supposent que le membre de phrase à interpréter désigne d'autres causes que celles qui sont ordinairement comprises dans les actions précédemment énumérées, tandis que le texte semble seulement indiquer une autre action plus générale par laquelle on pouvait faire valoir les mêmes droits. Ces mots ainsi entendus me paraissent recevoir leur signification vraie quand on les rapproche de la théorie développée par M. Wlassak sur l'histoire de la *negotiorum gestio;* et cette théorie trouve par là même dans notre inscription une confirmation éclatante.

M. Wlassak [4] a établi que l'*actio negotiorum gestorum,* comme l'indiquent les termes mêmes de l'Édit [5], eut à l'origine un domaine considérable. Elle s'appliquait dans tous les cas où quelqu'un avait géré les affaires d'autrui, avec ou sans mandat, volontairement ou obligatoirement. Elle sanctionnait par suite non-seulement ce qui devint plus tard la *negotiorum gestio* proprement dite, mais encore le mandat, la tutelle, la curatelle. Plus tard cette action unique se décomposa en un certain nombre d'actions distinctes : pour le mandat se forma l'*actio mandati,* pour la tutelle l'*actio tutelæ,* qui s'individualisèrent et notèrent d'infamie la personne condamnée [6]. Peu à peu l'*actio negotio-*

---

[1] L. 1 pr., D. xxvii, 5. *De eo qui pro tutore prove curatore negotia gessit* : « Protutelæ actionem necessario prætor proposuit, nam quia plerumque incertum est utrum quis tutor an vero quasi tutor pro tutore administraverit tutelam, idcirco in utrumque casum actionem scripsit, ut sive tutor est sive non, qui gessit actione tamen teneatur. »

[2] M. Wlassak le nie ; *Zur Geschichte der negotiorum gestio,* p. 126.

[3] Dans ce sens, Wlassak, *op. cit.,* p. 131.

[4] *Zur Geschichte der negotiorum gestio,* Iena, 1879.

[5] L. 3 pr., D. iii, 5.

[6] Au contraire l'action donnée contre le curateur, semble être encore dans le droit classique l'*actio negotiorum gestorum.* Wlassak, *op. cit.,* § 7, p. 85, ssv.

rum gestorum se trouva réduite aux cas qu'on considère habituellement comme son seul domaine : mais il n'est point déraisonnable de croire que, même quand les actions *mandati* et *tutelæ* eurent été créées, on put encore à leur place intenter, comme jadis, l'*actio negotiorum gestorum.* Néanmoins il n'était pas admissible qu'en changeant d'action, on changeât les conséquences de la condamnation. Celui qui, à raison d'une tutelle ou d'un mandat, était actionné par l'*actio negotiorum gestorum* et subissait une condamnation était noté d'infamie comme s'il avait été *mandati* ou *tutelæ damnatus;* par suite ces applications spéciales de l'*actio negotiorum gestorum* durent être traitées comme l'action *mandati* ou *tutelæ* et entourées des mêmes garanties. C'est cette pratique ancienne, abrogée par le droit classique, que notre texte me semble constater. Après les actions *mandati* et *tutelæ,* par ces mots : *quod ve ipse carum quid gessisse dicetur,* il indique l'action *negotiorum gestorum* intentée à leur place à raison d'un mandat ou d'une tutelle, comme cela pouvait encore se faire à cette époque. Par là se trouve encore confirmé l'âge relativement ancien que nous attribuons à l'inscription.

Après les *actiones famosæ* nées *ex contractu* ou *quasi ex contractu,* l'inscription énumère celles qui naissent d'un *delictum privatum,* les actions *furti* et *injuriarum.* Il est intéressant de remarquer comment est désignée l'*actio furti* : *Quod furti quod ad hominem liberum liberamve pertinere deicatur... agatur.* Cette définition a pour but d'écarter le cas où le vol est imputé à un esclave ; le maître est alors poursuivi *noxaliter,* et non pas *suo nomine,* et, condamné, il n'encourt point l'infamie ; la compétence ordinaire du duumvir est alors maintenue. La *Lex Julia municipalis* introduit en d'autres termes la même distinction : *Quei furtei quod ipse fecit, fecerit, condemnatus pactusve est, erit*[1], et Julien la reproduit dans cette formule

---

[1] Lin. 110.

plus laconique : *Qui furti... suo nomine damnatus, pactus erit*[1].

S'il est vrai que notre loi énumérait d'abord les actions infamantes nées *ex contractu* ou *quasi ex contractu*, puis celles nées *ex delicto*, comme nous avons avec la seconde énumération la fin de la première, nous pouvons remarquer qu'il manque deux actions pénales, mentionnées un peu plus tard par la table d'Héraclée : ce sont l'action de la loi *Plætoria* et l'action de dol[2]. Pour ce qui est de la loi *Plætoria*, on conçoit qu'elle ne figure pas ici. On sait qu'elle ouvrait un *judicium publicum*[3] qui, sans doute, avait lieu à Rome ; et d'ailleurs notre chapitre de loi ne s'occupe que du droit privé. Mais l'action de dol, pourquoi ne la trouvons-nous pas ici ? Si nos conclusions sur l'âge de notre loi sont exactes, l'action *de dolo* ne pouvait pas y figurer, car elle ne fut créée qu'en l'an 688, U. C. par le préteur Aq. Gallus, le collègue de Cicéron[4]. Il est vrai que jamais peut-être l'action de dol ne put être soumise aux magistrats municipaux, étant précédée d'une *causæ cognitio*[5].

[1] L. 1, *Dig.*, III, 2.
[2] Table d'Héraclée, lin. III, 112.
[3] Cic. : *De nat. deor.*, III, XXX, 74 : *Judicium publicum rei privatæ lege Platoria.*
[4] Cic. : *De officiis*, III, XIV, 60.
[5] L. 105, *Dig.*, L, 17.

LES

COLONS DU SALTUS BURUNITANUS[1].

I.

A Souk-el-Khmis, sur la route de Carthage à *Bulla
Regia,* entre Sidi-Ali-Djibin et Henchir-el-Karia, a été
découverte récemment, gravée sur la pierre, une importante inscription. Le docteur Dumartin, médecin-adjoint
de la ligne de Tunis à la frontière algérienne, s'empressa
d'en envoyer un estampage à M. Ch. Tissot, qui le trans-
mit à M. E. Desjardins, en l'accompagnant d'une lettre
que le savant épigraphiste communiquait à l'Académie des
inscriptions, dans la séance du 2 avril 1880. Le bulletin
de janvier-février-mars des comptes-rendus de cette Académie contenait cette lettre imprimée; et avec elle un fac-

---

[1] Mommsen : Decret des Commodus für den Saltus Burunitanus (*Hermès*, t.
XV, p. 385-411, 478-480); — Lettre de M. Ch. Tissot à M. E. Desjardins : Académie des inscriptions et belles-lettres. (Comptes rendus des séances de l'année
1880; Bulletin de janvier-février-mars, p. 80-85.) Depuis que ce travail a paru
dans le *Journal des savants* (novembre 1880), l'inscription de Souk-el-Khmis a
donné lieu à deux études importantes. L'une est due à M. Fustel de Coulanges,
Recherches sur quelques problèmes d'histoire, 1885, p. 25, ssv.; l'autre a pour auteurs MM. R. Cagnat et E. Fernique, elle a paru dans la *Revue archéologique* (février 1881, p. 94; mars 1881, p. 137). MM. Cagnat et Ferniqne ont eu l'avantage
de revoir le texte de l'inscription sur la pierre même, qui a été transportée à
Paris; c'est d'après leur édition que nous en reproduisons ici le texte. L'inscription a été publiée dans le *Corpus inscriptionum latinarum* de Berlin, VIII, 2,
n° 10570.

similé de l'inscription. Depuis, M. Mommsen, s'aidant, en outre, d'une copie (*Abschrift*) prise directement sur la pierre par M. Delattre, a publié dans l'*Hermès* un texte plus complet, qu'il a fait suivre d'un savant commentaire. Postérieurement, par les soins du consul général d'Allemagne à Tunis, M. Mommsen a reçu un double estampage de l'inscription, provisoirement gardée dans le monastère de Saint-Louis. Ce nouveau document lui a permis de compléter la lecture et de la préciser sur bien des points où elle était douteuse. Il a publié ces derniers résultats dans un *Nachtrag* que contient l'*Hermès*[1].

« L'inscription est gravée sur une table de calcaire, « mesurant 70 centimètres sur 90 centimètres. La largeur « primitive devait être de près de 1m,20. Une cassure a « malheureusement emporté le quart de la pierre, du côté « gauche. L'extrémité inférieure a été également brisée. « Le texte se composait de quatre colonnes d'une trentaine « de lignes. La première colonne a presque entièrement « disparu par suite de la brisure latérale. La seconde co- « lonne compte encore trente-deux lignes : les dix pre- « mières seules sont entières, les autres sont plus ou moins « entamées, ou, pour mieux dire, de plus en plus en- « tamées par la cassure oblique, qui a emporté tout le « côté gauche de la pierre. La troisième colonne se com- « pose de trente lignes. La quatrième en compte vingt- « huit, mais, de la quinzième à la vingt-deuxième ligne, « elle présente une lacune occasionnée par un accident « qui a emporté la surface de la pierre[2]. »

Nous reproduisons le texte, en le faisant suivre de quelques observations, et en regrettant qu'un des maîtres de la science française n'ait pu, en prenant les devants, enlever à ce travail la primeur d'une si intéressante élucidation[3].

---

[1] P. 478-480.

[2] Lettre de M. Charles Tissot, *Bulletin,* p. 80-81.

[3] Nous donnons en italiques, sans autre signe, tout ce qui, manquant au *fac-*

COL. I.

. . . . TIUS

. . . . S

. . . . RM

. . . .

5   . . . . *T*

COL. II.

[*INTELLIGIS PRÆVARICATIONEM*]
QUAM NON MOD[*o*] CUM¹ ALL*IO* MAX*I*MO AD[*VER*]
SARIO NOSTRO, SED CUM OMNIBUS FE*RE* [*CON*]-
DUCTORIB(US) CONTRA FAS ATQ(UE) IN PERNI*CIE*[*M*]
RATIONUM TUARUM² SINE MODO EXERCUIT,

5   UT NON SOLUM COGNOSCERE PER TOT RETRO
ANNOS, INSTANTIBUS AC SUPLICANTIBU(S)
VESTRAMQ(UE) DIVINAM SU*B*SCRIPTIONEM
ADLEGANTIBUS NOBIS SUPERSEDERIT *VE*-
RUM ETIAM HOC EJUSDEM ALLI MAXIMI

10   *C*ONDUCTORIS ARTIBUS GRATIOSISSIMI
*U*LTIMO IN*D*ULSERIT, UT MISSIS MILITIB(US)
[*IN E*U*N*]DEM SALTUM BURUNITANUM ALI-
[*OS N*O*S*]TRUM ADPREHENDI ET VEXARI, AL*I*-
[*OS VI*N*C*]IRI, NONULLOS CIVES ETIAM RO-

15   [*MANOS*] VIRGIS ET FUSTIBUS EFFLIGI JUSSE-

---

simile publié dans le Bulletin de l'Académie, a été rétabli à l'aide des estampages ou par l'examen de la pierre elle-même. Les lettres qui comblent les lacunes résultant des abréviations sont en caractères ordinaires, mais entre parenthèses (); enfin les conjectures et restitutions, dues le plus souvent à M. Mommsen, sont imprimées en italiques et mises entre crochets [].

¹ La pierre porte, au lieu de *modo cum*, le mot *modicum;* mais c'est sans doute une faute du graveur. Mommsen : *Nachtrag*, p. 478.

² Cf. *Dig.*, I, 19 : « De officio procuratoris Cæsaris vel *rationalis*.

[*RIT SCILIC*]ET EO SOLO MERITO NOSTRO QU-
[*OD VENIENTES*] IN TAM GRAVI PRO MODULO ME-
[*DIOCRITATI*]S NOSTRÆ TAMQ(UE) MANIFESTA
[*INJURIA IM*]PLORATUM MAJESTATEM TU-
20 [*AM ACERBA E*]PISTULA USI FUISSEMUS. CU-
[*JUS NOSTRÆ IN*]JURIÆ EVIDENTIA, CÆ(SAR),
[*INDE UT*]IQ(UE) POTEST ÆSTIMARI, QU-
[*OD*. . . . .]QUIDEM, QUEM MAJESTA-
[. . . . . *EX*]ISTIMAMUS *VEL* PRO-
25 . . . . OMNINO COGNOS
. . . . PLANE GRATIFICATI
. . . . *M*UM INVENERIT
. . . . *N*]OSTRIS, QUIBUS
. . . . BAMUS COGNI-
30 . . . . BERET IN TE
. . . . [*PRÆS*]TARE OPERAS
. . . .*RET ITA TOT R*[*E*] [1]
[*TRO*]. . . . . *ET*

COL. III.

[*ITA RES CO*]MPULIT NOS *MISERRIMOS* HOMI-
[*NES*] *R*URSUM DIVINÆ PROVIDENTIÆ
[*TUÆ SUPLI*]CARE. ET IDEO ROGAMUS, SA-
*CRATI*SSIME IMP(ERATOR,) SUBVENIAS. UT KAPITE LE-
5 GIS HADRIANE, QUOD SUPRA SCRIPTUM EST, AD-
EMPTUM EST, ADEMPTUM SIT JUS ETIAM PROC(URATORIBUS),
NEDUM CONDUCTORI, ADVERSUS COLONOS AM-
PLIANDI PARTES AGRARIAS AUT OPERA(RUM) PRÆ-
BITIONEM JUGORUM VE : ET UT SE HABENT LITTERE
10 PROC(URATORUM), QUÆ SUNT IN T[*AB*]ULARIO TUO TRACTUS KAR-

---

[1] D'après MM. Cagnat et Fernique.

THAG(INIENSIS) , NON AMPLIUS ANNUAS QUAM BINAS

ARATORIAS , BINAS SARTORIAS , BINAS MESSO-

RIAS OPERAS DEBEA*MUS* IT*QUE* SINE ULLA CONTRO-

VERSIA SIT, UTPOTE CUM IN ÆRE INCIS[*O*] *ET* AB

15 OMNI(BUS) OMNINO *UNDIQUE* VERSUM *VICINIS NOS*(*TRIS*) [1]

PERPETUA IN HODIERNUM FORMA PRA[*E*]ST[*IT*]U

TUM ET PROC(URATORUM) LITTERIS *QUAS* SUPRA *SCRIPSIMUS*

ITA *CONFIRMATUM SUBVENIAS* ET *CUM HOMI-*

NES RUSTICI TENUES MANUM NOSTRA*RUM* OPE-

20 RIS VICT*UM TOLERANTES CONDUCTO*RI *PROFUSIS*

LARGITIONIB(US) *GRATIOSIS*[*SI*]MO IMPARES APUT

PROC(URATORES) TUOS SIMU[*S*] , Q*U*IB(US) *PER* VICES SUCCESSI-

ON(IS) PER CONDICIONEM CONDUCTIONIS NOTUS EST,

MIS*ERE*[*ARI*]S [2] AC SACRO *RESCRIPTO TUO* [*NON*] AMPLI-

25 US PRÆSTARE NOS, QUAM EX LEGE HADRIANA *ET*

EX LITTERAS PROC(URATORUM) TUOR(UM) DEBEMUS, ID EST *TER*

BINAS OPERAS, PRÆCIPERE DIGNERIS, UT BENE-

FICIO MAJESTATIS TUÆ RUSTICI TUI VERNULÆ

ET ALUMNI SALTUM TUORUM N(ON) *ULTRA* A CONDUC-

30 TORIB(US) AGROR(UM) FISCALIUM IN QUIETE MA[*NE*]RE

N[*ULLA NOSTRA* CULPA *PROHIBEAMUR*]

COL. IV.

[*IMP. CA*]ES M. AURELIUS COMMODUS AN-

[*TONI*]NUS AUG(USTUS) SARMAT(ICUS) GERMANICUS

MAXIMUS LURIO LUCULLO ET NOMINE A-

LIORUM. PROC(URATORES) CONTEMPLATIONE DIS-

5 CIPULINÆ ET INSTITUTI MEI NE PLUS

---

[1] M. Mommsen (*Nachtrag*, p. 478) admet que quelques mots ont été ici sautés par le graveur, et il restitue ainsi *Viso legis capite ita sit.*

[2] Le texte porte *miserinus.*

QUAM   TER   BINAS   OPERAS   CURABUNT,
NE   QUIT   PER   INJURIAM   CONTRA   PERPE-
TUAM   FORMAM   A   VOBIS   EXIGATUR.
ET   ALIA   MANU.   SCRIPSI.   RECOGNOVI.
10   EXEMPLUM EPISTULÆ PROC(URATORIS) E(GREGII) V(IRI).
TUSSANIUS   ARISTO   ET   *CHRYSANTHUS*
ANDRONICO   SUO   SALUTEM.   SECUNDUM
SACRAM   SUBSCRIPTIONEM   DOMINI   N(OSTRI)
SANCTISSIMI   IMP(ERATORIS),   QUAM   AD   LIBELLUM
15   SUUM   *DATAM*   LURIUS   *LUCULLUS*

(Manquent 6 lignes.)

. . . . [*ET ALI-*]
22   A   MANU :   [*OPT*]AMUS   TE   FELI-
CISSIMUM   BE[*NE   VIVE*]RE   VALE.   DAT(A)
PR(IDIE)   IDUS   SEPT.   KARTHAGINE.
25   FELICITER
· CONSUMMATA ET DEDICATA
IDIBUS MAIS AURELIANO ET CORNE-
LIANO COS. CURA[*M*] [1] AGENTE
C. JULIO [*PEL*]*OPE* SALAPUTI MAG(ISTRO).

Le sens général de l'inscription n'est pas douteux. Elle contient d'abord une supplique, adressée à l'empereur Commode par les colons d'un domaine impérial en butte aux vexations des *procuratores Cæsaris* et d'un *condutor;* elle relate, en second lieu, le rescrit de Commode, qui fait droit à ces plaintes. Elle soulève et résout en partie de très importantes questions. Pour tout ce qui en ressort, quant à l'administration romaine, on peut considérer que le dernier mot a été dit par M. Mommsen, et nous ne

---

[1] Mommsen : *Nachtrag,* p. 480 : « Der Stein hat deutlich COS CVRA nicht « COSS CVRA, wie die Pariser gelesen haben. »

pourrons que reproduire ses principales observations. Mais, sur d'autres point, en particulier sur ce que l'inscription apporte de nouveau à l'histoire du colonat, l'illustre épigraphiste allemand n'a émis qu'un avis fort bref et qui nous paraît contestable. On nous pardonnera notre témérité, quand on saura que nous ne nous sommes engagé dans cette voie qu'appuyé sur de hautes autorités, au premier rang desquelles figure M. Charles Giraud, dont les vues, exposées en 1846 dans son *Esssai sur l'histoire du droit français au moyen-âge* méritent d'être rapprochées de la présente inscription.

II.

Il est aisé de démêler la suite des faits que relate l'inscription.

Nous sommes dans le *saltus Burunitanus*[1], domaine impérial compris dans la circonscription domaniale du *tractus Kartaginiensis* (III, 10, 11). Le mot *saltus*, dans le sens où il est ici employé, désignait de vastes domaines appartenant à des particuliers et situés en dehors du territoire des cités. Leur nom leur venait sans doute de ce que pendant longtemps ils étaient restés incultes[2]; mais avec le temps ils avaient été peuplés et défrichés. Ils contenaient souvent une population considérable de cultivateurs qui s'y étaient fixés, et qui formaient des agglomérations rurales, villages ou bourgs, rayonnant autour de la *villa* du grand propriétaire. C'étaient en réalité de petits Etats de fait. Tout cela est décrit fort nettement dans ce passage de *l'agrimensor* Frontin : « De jure territorii controversia non

---

[1] M. Mommsen (p. 391) signale dans Victor Vitensis : *Pers. Vand.*, I, 38, un *Faustus Buronitanus episcopus.*

[2] Fustel de Coulanges, *Recherches sur quelques problèmes d'histoire*, p. 26.

« tantum inter res publicas sed et inter rem publicam et
« privatos exercetur... Inter res publicas et privatos non
« facile tales in Italia controversiæ moventur, sed frequen-
« ter in provinciis, præcipue in Africa, ubi saltus non
« minores habent privati quam res publicæ territoria;
« quin imo multi saltus longe majores sunt territoriis :
« habent autem in saltibus privati non exiguum populum
« plebeium et vicos circa villam in modum munitionum [1]. »
Par là nous nous expliquons aussi un texte du Digeste dans
lequel nous voyons un particulier léguer à une cité des
bourgs qui ont leurs frontières propres [2]. Ces immenses
domaines existaient surtout en Afrique, et bientôt beaucoup d'entre eux passèrent aux mains de l'empereur. C'est
ce que constate Pline dans une phrase justement célèbre :
« Verum confitentibus latifundia perdidere Italiam : jam
« vero et provincias. Sex domini semissem Africæ posside-
« bant, cum interfecit eos Nero princeps [3]. » D'autre part,
nous lisons dans Frontin au sujet des litiges qui s'élèvent
entre les cités et les propriétaires des *saltus* pour la
délimitation de leurs territoires respectifs : « Ejus modi
« lites (res publicæ) non tantum cum privatis hominibus
« habent, sed et plerumque cum Cæsare, qui in provincia
« non exiguum possidet [4]. » Il ne faut donc point s'étonner
si le *saltus Burunitanus* est situé en Afrique et s'il appartient à l'empereur.

---

[1] *Die Schriften der römischen Feldmesser.* Edit. Lachmann, p. 51, 53. Dans ce
texte *in fine,* M. Mommsen lit, ce semble avec raison, *municipiorum* au lieu de
munitionum; voyez cependant M. Fustel de Coulanges, *op. cit.,* p. 26, note 5. La
loi 47, Dig. xiii, 17, vise l'un de ces immenses domaines... «puta, *saltum grandem*
« pignori datum ab homine, qui vix luere potest, nedum excolere, tu acceptum
« pignori excoluisti sic, ut magni pretii faceres. » Voyez Rudorff : *Gromatische
Institutionen, Die Schriften der römischen Feldmesser,* II, p. 454-455.

[2] L. 77, § 33, D. xxxi : « Vicos civitati relictos qui proprios fines habebant,
ex causa fideicommissi non ideo minus deberi placuit, quod testator fines eorum
significaturum et certaminis formam, quam celebrari singulis annis voluit, alia
scriptura se declaraturum promisit ac postera morte præventus non fecit. »

[3] *H. N.,* xviii, 7.

[4] Edit. Lachmann, 53, 13-15. Cf. *ibid.,* 25, 8-10.

Ce *saltus* était administré sous la direction d'un *procurator Cæsaris*, comme les autres biens de l'empereur[1]. M. Mommsen a pu reconstituer la hiérarchie des fonctionnaires qui intervenaient dans cette administration ; il lui a suffi pour cela de relever, dans l'ordre que leur assigne l'inscription, les divers fonctionnaires entre les mains desquels passe le rescrit de Commode avant de parvenir aux colons.

C'est d'abord Lurius Lucullus qui remet au prince le *libellus* et à qui la réponse, *subscriptio*, est adressée en son nom et au nom des autres (IV, 3, 14-15). En second lieu paraît Tussanius Aristo. C'est lui qui reçoit le rescrit en Afrique et le transmet aux agents locaux. Il est qualifié *procurator, vir egregius* (IV, 11), et sa lettre est datée de Carthage (IV, 24), où sans doute il réside. A Tussanius se joint, dans l'envoi de la lettre, un certain Chrysanthus. (IV, 11), qui ne peut être qu'un subalterne, et que son nom désigne comme un esclave ou un affranchi de l'empereur[2]. L'agent local, auquel est adressée l'*epistula* de Tussanius, s'appelle Andronicus (IV, 12) ; c'est aussi, d'après son nom, un affranchi impérial.

La réclamation des colons avait sans doute suivi la marche inverse. La première décision dut être rendue par Andronicus, *procurator*, résidant sur le domaine même[3]. Une plainte fut adressée au fonctionnaire supérieur, Tussanius Aristo, qui régissait la circonscription domaniale du *tractus Karthaginiensis* (III, 10, 11)[4]. Enfin une pétition avait été adressée, pour être remise à l'empereur, à Lurius Lucullus, qui joue ici le rôle d'une sorte de maître des requêtes.

---

[1] Mommsen, *op. cit.*, p. 395 et ssv. Voyez Hirschfeld : *Untersuchungen auf dem Gebiete der römischen Verwaltungsgeschichte*, I, p. 41-49. Marquardt : *Romische Staatsverwaltung*, II, p. 249-250.

[2] Cf. Hirschfeld, *op. cit.*, I, p. 41.

[3] Mommsen, *op. et loc. cit.*, p. 401.

[4] C'est à Carthage que dans un *tabularium* sont conservées les *litteræ* des *procuratores*.

Sur le *saltus Burunitanus* vivent d'un côté des colons,
et d'autre part un fermier, *conductor,* qui, pour le moment, est un certain Allius Maximus (II, 1, 9, 10). Les
conductores dont il s'agit ici sont des fermiers non des
impôts, mais du fonds même; ils sont appelés *conductores
agrorum fiscalium* (III, 29, 30). Les colons exploitent les
parcelles qui leur sont assignées; le reste du domaine est
loué au *conductor.* La grande et la petite culture sont
ainsi pratiquées côte à côte [1].

Mais entre le fermier et les colons existent des rapports
très importants. Ce n'est pas cependant qu'Allius Maximus
dût recevoir la redevance ou canon payé par les colons,
si l'on en croit M. Mommsen : « Cette supposition, dit-il,
« ne s'accorde point avec notre document. Que les *coloni...*
« eussent à payer un cens, cela va de soi. Mais, selon toute
« apparence, le recouvrement en était opéré plutôt par le
« *procurator* local que par le *conductor;* du moins notre
« document ne contient aucune trace d'une perception du
« canon par ce dernier [2]. » Il ne nous paraît point prouvé
que l'inscription ne parle pas de redevance. Il y est question de *partes agrariæ* à côté d'autres prestations dont nous
parlerons dans un instant : *partes agrarias aut operarum
præbitionem jugorum ve* (III, 8, 9). Ne serait-ce point là
une redevance en nature? S'il en est ainsi, elle devait
être acquittée entre les mains du *conductor,* à qui étaient
dues les *operæ.*

Il est certain, en effet, que les colons devaient au *conductor* des corvées, des journées d'hommes et de chevaux,
comme on dirait aujourd'hui : *operarum præbitionem jugorum ve* (III, 8, 9). Le nombre en était fixé à six par an,

[1] Mommsen, *op. cit.*, p. 402-407.

[2] Mommsen, *op. cit.*, p. 403-404 : « Aber diese Annahme verträgt mit unserer
« Urkunde sich nicht. Dass deren *Coloni...* ein Pachtzins zu leisten hatten, vers-
« teht sich von selbst. Aber allem Anschein nach ist die Einziehung derselben
« vielmehr durch den örtlichen *procurator* beschafft worden als durch den *con-
« ductor;* wenigstens führt in unserem Document keine Spur darauf dass dem
« letzteren die Erhebung des Kanons der Colonen zustand. »

savoir : deux pour le labour, deux pour le sarclage, deux pour la moisson, *non amplius annuas quam binas aratorias, binas sartorias, binas messorias* (III, 11-13; cf. IV, 6). C'était là un règlement permanent, *perpetua forma,* dont une loi d'Hadrien (III, 4, 5) défendait de se départir, et les colons attestent qu'il était affiché sur le domaine même, gravé sur une table d'airain (III, 14, 15). Il était d'ailleurs visé dans les arrêtés, *epistulæ,* des *procuratores,* conservés dans le *tabularium* de Carthage : *Ut se habent litteræ procuratorum, quæ sunt in tabulario tractus Karthaginiensis... itque sine ulla controversia sit, utpote cum in ære inciso et ab omnibus omnino undique versum vicinis nostris perpetua in hodiernum forma præstitutum sit et procuratorum litteris quas supra scripsimus ita confirmatum* (III, 9, 10, 13-17).

Cependant, malgré ces règlements et ces autorités, des exactions avaient été commises. Le *conductor,* d'accord avec les *procuratores,* s'était permis d'aggraver les charges; il s'était arrogé *jus adversus colonos ampliandi partes agrarias vel operarum præbitionem jugorumve* (III, 6-9). De là le débat, l'instance administrative suivie entre les colons d'une part, représentés sans doute par celui qui, dans l'inscription, porte le nom de C. Julius Pelops Salaputis et le titre de *magister* (IV, 28, 29[1]), et d'autre part l'administration. L'adversaire actuel des colons est Allius Maximus (II, 1, 2), mais le texte indique que d'autres *conductores* ont antérieurement commis les mêmes excès.

Les colons réclamèrent en vain auprès des agents provinciaux. Ils se représentent comme étant des misérables, *miserrimos homines* (III, 1, 2): et ils déclarent que la par-

---

[1] Mommsen, *op. cit.,* p. 393, 394 : « Sie (die Colonen) in Ermangelung der « politischen Organisation eine religiöse Gemeinde bildeten mit *magistri* und *sa-* « *cer dotes;* wie denn diese Sacralgemeinschaft als Surrogat der politischen ube- « rall wiederkehrt, wo die Commune thatsächlich vorhanden ist, aber der rech- « tlichen Gemeindeorganisation entbehrt. » Ce *magister* fait vaguement songer au maire des serfs du moyen-âge.

tie n'est pas égale entre eux pauvres paysans, qui vivent péniblement du travail de leurs bras, et un fermier habile[1] et riche, qui comble de présents les *procuratores : cum homines rustici tenues manuum nostrarum operis victum tolerantes conductori profusis largitionibus gratiosissimo impares aput procuratores tuos simus* (lll, 18, 22). Allius Maximus est d'ailleurs une vieille connaissance pour les *procuratores;* plusieurs fois il a pris la même ferme[2].

L'instance dura longtemps. Les colons trouvèrent d'abord la mauvaise volonté la plus certaine chez l'un des *procuratores,* qui était désigné par son nom dans les premières lignes de la seconde colonne, aujourd'hui perdues, et dont les prévarications sont surtout signalées : *Prævaricationem quam non modo cum Allio Maximo adversario nostro, sed cum omnibus fere conductoribus contra fas atque in perniciem rationum tuarum sine modo exercuit* (II, 1-4). Pendant de longues années il refusa de faire droit aux plaintes : *Ut non solum cognoscere per tot retro annos instantibus ac supplicantibus vestramque divinam subscriptionem adlegantibus nobis supersederit* (II, 5-8). Les colons adressèrent alors une supplique, *epistula,* à l'empereur; mais mal leur en prit. Le *conductor* obtint du *procurator* l'envoi sur les lieux d'agents armés, qui saisirent quelques-uns des colons, les mirent à la torture et les battirent de verges, bien que plusieurs d'entre eux pussent revendiquer la qualité de citoyens romains : *Verum etiam hoc ejusdem Alli Maximi conductoris artibus gratiosissimi ultimo indulserit, ut missis militibus*[3] *in eundem saltum Burunitanum alios nostrum adprehendi et vexa-*

---

[1] *Alli Maximi conductoris artibus gratiosissimi* (II, 9, 10).

[2] *Quibus per vices successionis per conditionem conductionis notus est* (III, 22-24).

[3] Les *milites* dont il s'agit ici étaient probablement, non des soldats faisant partie de l'armée, mais des *apparitores.* Voy. Edmond le Blant : *Recherches sur les bourreaux du Christ,* spécialement p. 8 et 18.

ri[1], *alios vinciri, nonullos cives etiam Romanos virgis et fustibus effligi jusserit, scilicet eo solo merito nostro quod venientes in tam gravi pro modulo mediocritatis nostræ tamque manifesta injuria imploratum majestatem tuam acerba epistula usi fuissemus* (II, 8-20).

Le tableau est pittoresque et la situation des colons était misérable. On comprend bien la plainte douloureuse qu'ils élèvent vers l'empereur : *Miserearis ac sacro rescripto tuo non amplius præstare nos, quam ex lege Hadriana et per litteras procuratorum tuorum debemus, id est ter binas operas, præcipere digneris, ut beneficio majestatis tuæ rustici tui vernulæ et alumni saltuum tuorum non ultra a conductoribus agrorum fiscalium in quiete manere nulla nostra culpa prohibeamur* (III, 24-31). Enfin ils obtinrent justice, et voici le rescrit qui fut rendu en leur faveur : *Procuratores contemplatione discipulinæ et instituti mei ne plus quam ter binas operas curabunt, ne quit per injuriam contra perpetuam formam a vobis exigatur* (IV, 4-8).

En reconnaissance de ce bienfait et pour mieux assurer leurs droits, les colons firent graver, probablement sur un autel[2], l'inscription que nous avons aujourd'hui, en partie mutilée; ils y relataient leur supplique à l'empereur, en la faisant précéder des textes qui leur avaient servi de titres, et en la faisant suivre du rescrit qu'ils avaient obtenu.

Nous avons indiqué en commençant que l'inscription apporte un élément nouveau dans le difficile problème des origines du colonat. « Le texte que vient de nous « livrer la province d'Afrique, dit M. Tissot, offre un plus « grand intérêt en ce sens qu'il se rattache à une des « questions les plus discutées, je veux parler des origines « du colonat et de la condition des colons. Nous ne con- « naissons l'institution du colonat que par les textes lé-

---

[1] Le mot *vexare*, avait judiciairement le sens technique de *torquere*, mettre à la torture. Voyez Edmond Le Blant, les *Actes des martyrs*, § 59, p. 165.

[2] Mommsen, p. 391.

« gislatifs de la basse époque. A part un fragment bien
« connu de Marcien, qui semble d'ailleurs s'appliquer à
« certains *inquilini* plutôt qu'à des *coloni* proprement dits,
« nous ne possédions aucun document antérieur. La dé-
« couverte d'un texte épigraphique de la fin du II° siècle
« est par conséquent une véritable bonne fortune[1]. » Pour
M. Mommsen, au contraire, l'inscription, si importante
à d'autres égards, n'offre que peu d'intérêt à ce point de
vue, et, dans le savant commentaire qu'il lui a consacré,
il laisse presque cette question de côté[2]. Malgré cette imposante
posante autorité, nous allons essayer de montrer que le
texte jette une vive lumière sur le problème, sans cependant
dant dissiper toutes les obscurités.

III.

Il est peu de questions qui aient fait naître autant
d'opinions diverses que celle de l'origine du colonat. Les
uns ont cherché cette origine dans un asservissement
volontaire causé par la misère et le désespoir du petit propriétaire; les autres l'on trouvée dans un affranchissement
restreint, par lequel une demi-liberté aurait été donnée
à l'affranchi, qui dorénavant n'est plus que l'esclave de
la terre[3]. Beaucoup donnent au colonat pour origine uni-

---

[1] Lettre de M. Ch. Tissot à M. E. Desjardins (*Comptes rendus de l'Académie
des inscriptions et belles-lettres, loc. cit.*, p. 83-84).

[2] P. 408 : « Bei der Erörterung dieser Urkunde die über die sogenannte Ent-
« stehung des Colonats jetzt geführte Controverse nicht berücksichtigt worden
« ist. »

[3] On objecte contre cette idée divers textes, entre autres une constitution de
Dioclétien (l. 12, C. vi, 4), où il est dit expressément que l'affranchi est toujours
libre d'aller demeurer où bon lui semble. Mais, outre que d'autres textes
sont moins formels (voy. l. 71, Dig. xxxv, 1; l. 2 pr. Dig. xxxviii, 1), il est clair
que, dans cette opinion, on a en vue non un affranchissement *de droit*, mais une

que les nombreux établissements de barbares domptés, répartis sur les domaines déserts à titre de colons, établissements qui remontent jusqu'à Auguste et deviennent surtout fréquents à partir de Marc-Aurèle [1]. D'autres enfin, et c'est une opinion très accréditée, voient dans l'institution du colonat une mesure fiscale. L'homme libre est rivé à la terre afin d'assurer le paiement des impôts ; l'impôt foncier sera aisément payé, la culture étant suffisante, et la *capitatio humana,* due par le colon, est avancée par le propriétaire [2]. Nous n'avons indiqué que les principales théories. La vérité, telle que l'enregistrent les maîtres les plus autorisés de la science française, c'est que toutes ces causes et d'autres encore concoururent à créer le colonat ; il y eut là comme autant d'éléments créateurs [3]. Quant à l'époque où le colonat se fit sa place au grand jour, comme une institution reconnue et réglementée, les divergences ne sont pas moins grandes. Pour les uns, le colonat a toujours existé ; pour les autres, c'est sous Dioclétien ou même seulement sous Constantin qu'il se fait reconnaître. Entre ces opinions extrêmes, d'autres s'échelonnent selon l'ordre des temps.

Il nous semble que l'on peut, dans la constitution du colonat, reconnaître une double influence, celle de la cou-

sorte d'état de fait, une condition analogue à celle de l'ancien *servus in libertate,* consolidée par le temps et par la coutume.

[1] Cette opinion est donnée dans un ouvrage récent, publié en Allemagne, comme une vérité reconnue. Voy. Marquardt : *Römische Staatsverwaltung,* II, p. 233 : « Ueber den Ursprung dieses Verhälniss, dessen rechtliche Constituirung « der Kaiserzeit angehört, ist man nach mehrfachen Irrthümern zu folgender, jetzt « anerkannter und als sicher zu betrachtender Ansicht. »

[2] Cette idée se trouve à côté de la précédente dans Huschke : *Ueber den Census und die Steuerverfassung der früheren römischen Kaiserzeit.* Berlin, 1847, p. 147-148. Voy. Heisterbergk : *Die Entstehung des Colonats,* 1876, p. 73, 78. — Terrat : *Thèse pour le doctorat,* 1872, p. 10 et suiv. Mais ces divers auteurs ne sont point d'accord quant à la date de cette mesure fiscale.

[3] Voy. Charles Giraud : *Essai sur l'histoire du droit français au moyen-âge,* p. 148 et suiv. — Fustel de Coulanges : *Histoire des institutions politiques de l'ancienne France,* I, p. 215 et suiv. (première édition). — Accarias, *Précis de droit romain,* n° 44 (t. I, 3e édition, p. 103 et suiv.).

tume et celle de la loi. La loi 5 au Code (11, 47) parle
de la *consuetudo prædii*, et la loi unique au Code (11, 50)
donne comme titre constitutif du colonat une *lex a majoribus constituta*. Il n'est peut-être pas impossible de faire la
part de ces deux influences.

Lorsque disparut la petite propriété, la classe des cultivateurs libres ne disparut point. L'ancien propriétaire
devint *colonus* sur les *latifundia*, M. Mommsen vient de
décrire à grands traits, mais avec une netteté singulière,
cette transformation de la classe agricole [1]. Sans doute le
travail servile était fort prisé; mais il n'était pas rare de
voir reconnaître la valeur plus grande du travail libre [2].
D'ailleurs, si les *latifundia* étaient souvent envahis par
les pâturages en Italie, il ne devait pas en être de même
dans les provinces, où les terres payaient l'impôt, et là les
services des colons durent être particulièrement appréciés [3].
Ces colons, le plus souvent sans doute, comme les mé-
tayers de la France moderne, se succédaient de père en
fils sur le sol qu'ils cultivaient, sans contrat de location
formel, protégés par la coutume, cela ressort de cette
phrase de Columelle : *Ipse nostra memoria veterem consu-
larem virumque opulentissimum L. Volusium asseverantem
audivi patrisfamilias felicissimun fundum esse qui colonos
indigenas haberet et tanquam in paterna possessione natos
jam inde a cunabulis longa familiaritate retineret. Ita certe
mea fert opinio rem malam esse frequentem locationem
fundi. . . . . propter quod operam dandam esse ut rusticos
et eosdem assiduos colonos retineamus* [4]. Mais le colon dont
il s'agit ici n'était bien certainement qu'un fermier libre;
et ce n'est que par la persuasion et les bons offices que
Columelle conseille de le retenir.

---

[1] *Op. cit.*, p. 408-410.

[2] Ch. Giraud, *op. cit.*, p. 155.

[3] Cette observation, dont M. Heisterbergk a exagéré l'importance, en en faisant
comme le pivot de sa théorie, paraît vraie au fond.

[4] Columelle, *De re rustica*, III, VII.

Cependant, sur certains domaines, cette situation dut tendre à se modifier, nous voulons parler de ces *saltus* dont nous avons dit un mot au début de ce travail. Ceux-ci, en effet, n'étaient compris ordinairement dans le territoire d'aucune cité ; par là même ils formaient comme des îlots relativement indépendants, ne subissant point l'action du rouage plus actif de l'administration romaine. Sans doute, pour la perception de l'impôt ils étaient rattachés à la cité la plus voisine[1], mais à tous les autres points de vue l'autorité des magistrats et des sénats municipaux ne s'étendait point sur eux. Nous savons par l'*agrimensor* Frontin que les controverses entre les cités et les propriétaires de *saltus* s'élevaient précisément au sujet des réquisitions que les magistrats municipaux voulaient exercer sur ces territoires[2]. On peut affirmer également que la juridiction municipale ne s'étendait point au delà du territoire de la cité[3]. C'est ainsi encore que

---

[1] L. 3, C. v, 37 : « Quod si cui non ex urbe, sed vico *vel possessione qualibet* oriundo naturales liberi contigerint, eos que velit sub definitione prædicta curiæ splendore honestare et hereditatis opibus adjuvare ejus civitatis adscribendi sunt ordini, *sub qua vicus ille vel possessio censeatur.* » — Cependant d'après un texte du Digeste il semble que l'impôt des *saltus* ait été parfois affermé séparément, l. 52 (53) pr., D. xix, 1 : « Creditor fundum sibi obligatum, cujus chirographa tributorum a debitore retro solutorum apud se deposita habebat, vendidit Mævio ea lege, ut si quid tributorum nomine debitum esset, emptor solveret : idem fundus ob causam eorum tributorum, quæ jam soluta erant, *a conductore saltus in quo idem fundus est* venit eumque idem Mævius emit et pretium solvit. » Il ressort aussi de ce texte que parfois les *saltus* se divisaient entre plusieurs propriétaires.

[2] Édit. Lachmann, p. 53 : « Tum res publicæ controversias de jure territorii solent movere, quod aut indicere munera dicant oportere in, ea parte soli, aut legere tironem ex vico aut vecturas aut copias devehendas indicere eis locis quæ loca-respublicæ adserere conantur. »

[3] Siculus Flaccus, *De conditione agrorum,* édit. Lachmann, p. 164 : « Aliquibus vero auctores divisionis reliquerunt aliquid agri eis quibus abstulerunt, quatinus haberent jurisdictionem..... nam et compluribus locis certos dederunt fines, intra quos jurisdictionem habere deberent..... cum non potuerit universus ager in assignationem cadere propter aut asperitatem locorum aut prærupta montium, quamvis excederent fines lege datos, tamen, quoniam vacabant, concessi sunt his quorum finibus sumpti erant nec tamen jurisdictio concessa est. » — Pour être cité légalement devant le magistrat municipal il faut être *municeps* ou *incola;*

nous voyons les *saltus* servir de lieu d'asile aux esclaves
fugitifs[1]. Le législateur fut même obligé d'intervenir ici
et de menacer d'une peine les propriétaires qui se prêtaient à ces recels de personnes. Il organisa, en outre,
pour les maîtres des esclaves fugitifs une procédure particulière de perquisition. L'autorité supérieure leur donnait des lettres qui leur permettaient de requérir le concours des magistrats municipaux les plus proches[2].

Par là même les propriétaires de ces vastes domaines
durent acquérir sur les cultivateurs qui les habitaient
une autorité particulière : ils remplaçaient presque nécessairement à leur égard l'autorité publique absente ou
trop éloignée. La juridiction municipale ne leur étant
point ouverte, et le tribunal du gouverneur de la province devant être d'un accès difficile pour ces petites gens,
le *dominus* devait le plus souvent trancher lui-même leurs
différends et devenir en fait leur juge ordinaire.

Cette situation des grands propriétaires provinciaux n'a
peut-être pas été suffisamment observée; elle pourrait

Voyez Lenel : *Beiträge zur Kunde des Edicts* (Zeitschrift der Savigny Stiftung,
tom. II, *rom. Abth.*, p. 38). Un seul texte pourrait faire naître un doute sur ce
point, c'est la loi 30 D. L, 1, ainsi conçue : « Qui ex vico ortus est eam patriam
habere intelligitur, cui reipublicæ vicus ille respondet. » Ce texte s'occupe certainement d'une question de compétence territoriale, mais il est tiré du livre où
Ulpien commentait les dispositions de l'Édit sur la *missio in possessionem* et sur
la *venditio bonorum*, c'est-à-dire sur des procédures qui dépasseraient la compétence des juridictions municipales. Voyez Lenel : *Edictum perpetuum*, p. 340.

[1] L. 1, § 1, D. xi, 4 : « Senatus censuit ne fugitivi *admittantur in saltus* neque
protegantur a vilicis vel procuratoribus possessorum et multam statuit, his autem,
qui intra viginta dies fugitivos vel dominis réddidissent vel apud magistratus
exhibuissent veniam in ante actum dedit. »

[2] L. 1, § 2, D. xi, 4 : « Hoc autem Senatus-consultum aditum etiam dedit
militi vel pagano ad investigandum fugitivum in prædia |senatorum vel pagano-
rum... ut fugitivos inquirere volentibus litteræ ad magistratus dentur, multa
etiam centum solidorum in magistratus statuta, si litteris acceptis inquirentes non
adjuvent. Sed et in eum qui quæri apud se prohibuit eadem pœna statuta. » —
L. 3, *ibid.* « Divus Pius rescripsit eum, qui fugitivum vult requirere in prædiis
alienis, posse adire præsidem litteras ei daturum, et, si res ita exegerit, appa-
ritorem quoque, ut ei permittatur, ingredi et inquirere... sed et Divus Marcus...
facultatem dedit ingrediendi tam Cæsaris, quam senatorum et paganorum prædia. »

expliquer en partie l'origine des juridictions privées qui
apparaissent en Gaule dès le vi° siècle[1]. Dans tous les cas
elle dut être un facteur important dans la constitution
du colonat : les cultivateurs que ces grands propriétaires
avaient sur leurs domaines étaient en réalité à leur discrétion ; ils pouvaient à volonté leur imposer en fait des
prestations ou des corvées. Les termes dont se servent les
auteurs pour désigner les rapports du maître et de ses
paysans sont fort expressifs à ce point de vue. Rappelons-
nous le passage de Frontin plus haut cité : *Habent autem
in saltibus privati non exiguum populum plebeium et vicos
circa villam in modum municipiorum.* Ce *populus plebeius*,
dont il est parlé ailleurs en des termes semblables[2], était
sûrement une population libre, mais qui devait être attachée au maître et au sol par des liens fort étroits[3]. Un autre texte est aussi intéressant. Columelle parle des grands
propriétaires, « qui possident fines gentium quos ne cir-
« cumire equis quidem valent, sed proculcandos et pecu-
« dibus vastandos ac populandos feris derelinquunt, aut
« occupatos *nexu civium* et ergastulis tenent[4]. » Ces *cives
nexi* ne peuvent être que des colons[5].

Ce qui pourrait encore indiquer que les *saltus* furent

---

[1] Voyez, par exemple, une lettre de Symmaque, I, 74, dans laquelle les cultivateurs sont déjà appelés *les hommes* du propriétaire, comme ils le seront plus
tard : « Sibi ab hominibus tuis nescio quid agrorum ereptum deflet. »

[2] Julius Capitolinus. *Gord.* 7 : « Apud plebem in agro suo concionabundus est
« locutus. »

[3] Heisterbergk, *op. cit.*, p. 117, 118 : « Bezeugen die Worte Frontin's an
« zwei Stellen auf das bestimmteste den freien Stand der ländlichen Bevölkerung
« der Provinz, *populum plebeium*, ... endlich aber ist anderseits sowohl aus den
« Angaben Frontin's als aus dem Berichte Herodians eine neben dem freien
« Stande der Landbevölkerung thatsächlich bestehendes entschiedenes Abhän-
« gigkeitsverhältniss derselben gegenüber dem Grossgrundbesitzer ersichtlich. »

[4] *De re rustica*, 1, iii.

[5] Voy. Huschke, *op. cit.*, p. 159, note 342 : « Hier wird man bei *nexu civium*
« nicht an die alten längst abgekommen Schuldknechte denken wollen ; als dann
« bleibt aber nur das Colonatsverhältnis ubrig, welches auch später mit dem Aus-
« druck *nexus* bezeichnet und den Sclaven, woraus *ergastula* geht, passend ent-
« gegengesetzt wird » (L. unic., C. xi, 51 ; l. unic., C. xi, 52).

le lieu de naissance du colonat, c'est que les textes de
l'époque postérieure le montrent surtout établi dans les
provinces où les *saltus* étaient communs[1]. Notons aussi
que les colons de l'empereur formèrent de bonne heure
une classe importante, spécialement en Afrique, où, nous
le savons, les *saltus* avaient été en grande partie annexés
au patrimoine de l'empereur[2]. D'ailleurs, dans plusieurs
provinces, les anciennes institutions comportaient déjà le
servage de la glèbe. En Égypte, où de bonne heure les
colons apparaissent[3], peut-être les anciens cultivateurs
étaient-ils dans une situation semblable à celle du fellah
moderne; et peut-être aussi en Afrique, les Carthaginois,
ces agriculteurs modèles, avaient-ils attaché au sol la population indigène.

Quoi qu'il en soit, la classe des colons apparaît dans
les textes de l'époque classique. La démonstration, à cet
égard, a été fournie, en France et en Allemagne, par
deux maîtres, MM. Ch. Giraud[4] et Huschke[5]. Nous voyons
dans ces textes les colons désignés par les termes techniques
employés plus tard dans les constitutions de Constantin et
de ses successeurs; et ils ont tous les caractères qui incontestablement les distingueront dans la suite. Une constitution d'Alexandre Sévère de l'an 225 sépare nettement
l'*adscriptitia* de l'*ancilla*[6]. On constate d'une façon formelle que l'*inquilinus* adhère à la terre : *Si quis inqui-
linos, sine prædiis quibus adhærent, legaverit, inutile est*

---

[1] L. unic. C. xi, 50.

[2] Mommsen, *op. cit.*, p. 394 : « Von diesen *coloni* der *fundi patrimoniales* ist
« auch in den Verordnungen der spateren Kaiserzeit mehrfach und zwar, wie es
« scheint, ebenfalls inbesondere in Beziehung auf Africa de Rede. »

[3] Voy. *Edictum Tiber Alex.*, v. 32 : ἄδικον γάρ ἐστι τοὺς ὠνησάμενους, κτήματα
καὶ τιμὰς αὐτῶν ἀποδόντας ὡς δημοσιοὺς γεωργοὺς ἐκφόρια ἀπαιτεῖσθαι τῶν ἰδίων
ἐδαφῶν.

[4] *Essai sur l'histoire du droit français au moyen-âge*, 1846, t. I, p. 163 et suiv.

[5] *Ueber den Census und die Steuerverfassung der früheren römischen Kaiserzeit*,
1847, p. 156 et suiv.

[6] L. 1, C. viii, 52 : « Si invito vel ignorante te partus *ancillæ vel adscriptitiæ*
tuæ expositus sit, repetere eum non prohiberis. »

legatum [1]. Sans doute, dans ce dernier texte l'*inquilinus*
est un véritable esclave, attaché à la glèbe ; mais, au fond,
cela importe peu. Du jour où l'on déclarait que l'esclave,
attaché à la culture à perpétuelle demeure, restait rivé
au sol malgré la volonté changeante du propriétaire, on
ne devait pas hésiter longtemps à y fixer le colon libre.
D'un côté on fait violence à la liberté du propriétaire, de
l'autre à celle du cultivateur [2].

Mais ce sont surtout les colons des *fundi patrimoniales*
de l'empereur qui sont clairement désignés dans les textes
de l'époque classique. Nous avons au Digeste un titre très
court, qui porte la rubrique *De officio procuratoris Cæsaris
vel rationalis* [3], et l'une des lois, précisant les droits de

---

[1] L. 112 pr., Dig. xxx. Le legs dont il s'agit dans ce texte n'est pas nul en
lui-même, seulement il ne peut s'exécuter en nature, c'est pour cela que la valeur des esclaves légués pourra être due au légataire : « An æstimatio debeatur
ex voluntate defuncti statuendum esse divi Marcus et Commodus rescripserunt. »
— M. Fustel de Coulanges a contesté récemment la portée de ce texte, *op. cit.*,
p. 65, note 1. Il voit dans les *inquilini* dont il est ici question, des fermiers libres,
et le legs portant alors sur un homme libre devrait être radicalement nul : mais
« comme on peut supposer que le testateur avait dans l'esprit de léguer non la
personne de l'*inquilinus* mais le revenu qu'il paie, le juge verra si l'on ne doit
pas tenir compte de cette intention, et alors on assignera au légataire l'équivalent, *æstimatio*, du loyer ou de la redevance de l'*inquilinus* légué. » Cette interprétation du texte de Marcien, qui transforme le legs de l'*inquilinus* en un *legatum nominis* nous paraît inadmissible : elle donne au mot *æstimatio* un sens forcé
et différent de celui qu'il prend dans les textes juridiques ; de plus on ne voit pas
au juste sur quoi porterait ce legs de créance présumée : porterait-il sur les loyers
arriérés dus par l'*inquilinus*, ou sur le loyer ou redevance de l'année courante,
ou sur tous les loyers à venir ? Ce serait une question fort délicate à trancher et
le jurisconsulte n'en dit rien. En voyant dans l'*inquilinus* de notre loi un esclave
rural, tout devient simple au contraire : le mot *æstimatio* reprend son sens naturel et désigne la valeur pécuniaire de l'objet substituée à l'objet en nature. Ajoutons que le § 1 de la loi 112 traite sûrement d'un legs d'esclave, et que c'est une
raison de plus pour qu'il soit question d'un legs semblable dans le *principium*.
Enfin l'expression *prædio adhærere* ne peut s'appliquer à un locataire ; elle serait
singulièrement impropre : elle est technique au contraire dans les textes du Bas-
Empire pour désigner le lien qui attache le colon à la terre. L. 15, C. xi, 47
« (colonos) glebis inhærere præcipimus. »

[2] Huschke, *op. cit.*, p. 170. Voyez encore l. 21, § 1 ; l. 27, § 1, Dig. xxi, 1 ;
l. 32, Dig. xx, 1.

[3] Dig. i, 19 ; il ne comprend que trois lois.

police et de répression qui appartiennent au *procurator,*
parle expressément de la surveillance des colons : *Procu-*
ratores Cæsaris jus deportandi non habent, quia hujus
pœnæ constituendæ jus non habent; si tamen quasi tumul-
tuosum vel injuriosum adversus colonos Cæsaris prohibue-
rint in prædia Cæsaris accedere, abstinere debet, idque
Divus Pius Julio rescripsit [1]. Si le *procurator* pouvait fermer l'entrée du *prædium,* ne pouvait-il pas en fermer la
sortie? D'autres textes se rapportent au cas où le domaine
de l'empereur n'est pas un *saltus,* mais est compris dans
le territoire d'une cité; on se demande alors si les colons
doivent les *munera.* Une loi résout la question négativement : *Coloni quoque Cæsaris a muneribus (municipalibus)*
liberantur ut idoneiores prædiis fiscalibus habeantur [2]. Une
autre loi apporte seulement quelques restrictions à cette
charge : *Item rescripserunt (impp. Antonius et Verus)*
colonos prædiorum fisci muneribus fungi sine damno fisci
oportere idque excutere præsidem adhibito procuratore Cæ-
saris [3]. Ce qu'il y a de très remarquable, c'est que des
constitutions bien plus récentes donnent, quant aux colons
du fisc ou de la *res privata,* les mêmes décisions presque
dans les mêmes termes [4].

Notre inscription forme un commentaire lumineux de
ces textes; elle montre appliqué le droit qu'ils exposent.
Nous y voyons d'abord le droit de surveillance et de police
du *procurator* sur les colons impériaux. La loi 3 au Digeste (1, 19) explique comment le *procurator* a pu envoyer

---

[1] L. 3 pr., § 1, Dig. i, 19.
[2] L. 5, § 11, Dig. l, 6.
[3] L. 38, § 1, Dig. l, 1.
[4] Voy. l. 8, C. iii, 26 (Constantin, ann. 335). Elle indique en particulier cette
sorte de procédure conjointe entre le *procurator Cæsaris* et le *præses provinciæ* :
« Cum aliquid colonus aut servus rei privatæ nostræ contra disciplinam publicam
« adseratur perpetrare ad judicium rectoris provinciæ venire cogendus est; sic
« videlicet ut præsente rationali vel procuratore domus nostræ inter eum et accu-
« satorem causa tractetur, et si facinus fuerit approbatum, juris severitas exer-
« ceatur. » (Cf. l. 1, C. xi, 67.)

des *milites* pour appréhender et battre les colons du *saltus Burunitanus;* il a, d'après ce texte, un certain pouvoir de répression, et, par suite, il devait avoir auprès de lui une cohorte et des agents d'exécution.

Mais les *coloni* de l'inscription sont-ils bien des colons au sens propre du mot? M. Mommsen ne le croit pas : « Les habitants de ce domaine, dit-il, sont, au moins pour « la plupart, des colons impériaux, *coloni.* Des colons-serfs « (*Leibeigenencolonat*) des temps postérieurs, on ne peut « trouver aucune trace dans notre document, comme on « devait s'y attendre d'après l'époque et le lieu. Les fer- « miers, les « locataires et pupilles » de l'empereur (*Haus-* « *und-Pflegleute*), comme ils se nomment eux-mêmes (III, « 28, 29, *rustici tui vernulæ et alumni*), petites gens vivant « du travail de leurs mains (III, 18, 19), sont évidemment « de condition entièrement libre, et leur *magister* s'appelle « C. Julius P. f.[1]. Salaputis; ils sont même en partie en « possession du droit de cité romaine (II, 14)[2]. »

Cette interprétation nous paraît inadmissible. Elle est en contradiction non-seulement avec les textes plus haut cités, mais aussi avec les termes mêmes de l'inscription. Remarquons d'abord les expressions que les colons em-ploient pour se désigner eux-mêmes. Elles semblent choi-sies à dessein pour indiquer des gens qui approchent de l'esclavage sans y toucher cependant : *Vernulæ et alumni tui;* de simples fermiers parleraient-ils ainsi? Et puis quel contraste entre ces malheureux et le fermier véritable, le *conductor* Allius Maximus, alors que, dans l'opinion de M. Mommsen, il ne devrait, au point de vue du droit, existe entre eux que des différences insignifiantes. Voici comment l'illustre savant comprend la chose : « Que, « dans cette hypothèse, il n'existe point de différence juri- « dique entre les *coloni* et les *conductores,* en tant qu'ils

---

[1] La dernière lecture de M. Mommsen porte ici, nous l'avons vu : *Pelops.*
[2] *Op. cit.,* p. 392-393; cf. p. 394.

« sont également fermiers du sol, cela est certain; et l'on
« ne peut même introduire une différence en considérant
« l'un des rapports comme un bail héréditaire, et l'autre
« comme un bail temporaire [1]. Mais l'opposition est plus
« nette au point de vue des faits et au point de vue des
« termes : au point de vue des faits, en ce que les terres
« des colons (*Bauernland*) étaient une fois pour toutes des-
« tinées à la location; la terre réservée, au contraire
« (*Hoflland*), au moins d'après l'organisation primitive,
« était plutôt destinée à l'exploitation directe; au point
« de vue des termes, en ce que *colonus,* d'après l'étymo-
« logie, comme d'après l'usage, désigne le cultivateur
« (*Bauer*), et, lorsque la terre réservée (*Hofland*) était louée
« pour la grande culture, les cultivateurs (*Bauern*) et les
« fermiers (*Pächter*) pouvaient être opposés les uns aux
« autres, comme on le fait aujourd'hui chez nous dans de
« pareilles situations [2]. » Mais ce n'est point assez dire.
La *conductio* est temporaire, et, selon les usages de l'administration romaine, le fermier doit changer à l'expiration du bail : nous savons qu'Allius Maximus « per vices
« successionis per condicionem conductionis notus est [3]. »
Au contraire, les colons paraissent exploiter la terre, non
en vertu d'un bail proprement dit, même perpétuel, mais
par suite d'un lien différent, dont l'origine n'est point le
mutuel consentement. Un premier signe révélateur c'est
la corvée, qui partout et toujours est imposée par l'autorité
publique ou associée au servage. Un second trait, c'est qu'il

---

[1] En note : « L'hérédité doit toutefois s'être introduite plus vite dans le colonat
« que dans la *conductio;* vraisemblablement, l'évolution intime du colonat a com-
« mencé par le changement du fermage temporaire en fermage héréditaire au
« profit des propriétaires fonciers. Mais le passage au bail héréditaire eut lieu
« aussi pour la *conductio,* comme le montre la constitution précitée de l'an 365
« (C. Th., V, xiv, 4; C. Just., XI, lxvi [lxv], 2); la contrainte exercée contre
« l'héritier, qui vient s'y joindre, est un trait commun et dominant dans les or-
« donnances de cette époque. »

[2] P. 405, 406.

[3] Mommsen, *op. cit.,* p. 402, note 1.

semble que jadis les *procuratores* aient pu augmenter les
redevances et les corvées, et qu'il fallut une loi d'Hadrien
pour leur enlever ce droit (III, 4-6); cela exclut l'idée de
louage.• Ce n'est pas tout : non-seulement la coutume détermine la condition du colon quant à l'exploitation du
sol, mais elle l'y attache à perpétuelle demeure. En effet,
comment aucun de ces colons, opprimés et maltraités, n'a-
t-il pas, pendant tant d'années, *per tot retro annos,* songé
à fuir ce lieu maudit? Non, ils n'ont qu'une ressource,
invoquer la clémence du prince. C'est que le départ, la
fuite, leur sont interdits. Enfin, nous venons de rappeler
qu'une loi d'Hadrien détermine leur condition. Croit-on
qu'une loi fut intervenue pour régler seulement les conditions des baux parcellaires sur les domaines de César?

Contre ce que nous venons de dire, on ne saurait tirer
une objection de ce que, parmi les colons, plusieurs sont
citoyens romains (II, 14-15). Bientôt tous les habitants
libres de l'empire vont devenir citoyens, et pourtant le
colonat en revendiquera un grand nombre : les colons de
l'époque postérieure auraient pu parvenir aux honneurs
municipaux si la loi ne les en eût empêchés[1].

Les prestations dont nous avons parlé plus haut, ces
journées d'hommes et de bœufs, étaient-elles un trait commun à tous les colons, ou spécial aux colons du fisc? Il
est assez difficile de le dire; M. Mommsen signale seulement un autre texte, où il est probablement question de
ces corvées, dues par les colons aux fermiers des domaines
de la *res privata : Hi quos commoditas rei privatæ prædiorum ad ea postulanda sollicitat... certum habeant quod
unaquæque villa cum eo onere vel forma, cui nunc habetur
obnoxia, ad novi domini jura migrabit*[2].

---

[1] L. 1, C. xi, 67 (Constantin) : « Nullus omnino originalis colonus rei privatæ
« nostræ ad aliquos honores vel quælibet alia civitatis munera devocetur. Non
« enim civitatum ordinibus et cæteris, ex quibus pro multitudine fieri nomina-
« tiones oportet, per omnia florentibus ad hæc suprema præsidia injuriosa nomi-
« natione descendendum est. »

[2] L. 2, C. xi, 65. C'est le mot *forma* qui est significatif pour M. Mommsen.

Nous avons laissé pour la fin la question la plus délicate, et celle en même temps sur laquelle notre inscription jette peut-être la lumière la plus vive. Nous avons dit plus haut que le colonat dut être réglé par la loi. Mais quelle fut cette loi réglementaire et à quelle époque intervint-elle? Nous n'en savions jusqu'ici qu'une chose, c'est que les empereurs Valentinien, Théodose et Arcadius l'appellent *lex a majoribus constituta*[1], ce qui paraît la reporter en arrière, bien loin du temps où vivaient ces princes. M. Huschke, dans le savant travail que nous avons plusieurs fois cité, la fait remonter jusqu'à Auguste : il pense que la consécration officielle et générale du colonat coïncida avec le cens général établi sous Auguste. Cette mesure aurait eu pour but d'assurer la bonne culture des terres, en donnant des bras à l'agriculture, et par là d'amener un rendement satisfaisant et un paiement facile des impôts. Avec le fonds on porte au cens tout ce qui sert à l'exploitation, les animaux, les esclaves et les colons; la *lex a majoribus constituta* n'aurait été qu'un chef de la *forma censualis* introduite par Auguste[2]. Quelque ingénieuse que soit cette conjecture, ce n'est qu'une hypothèse qui ne s'appuie sur aucun texte et que rien n'est venu confirmer.

Antérieurement, M. Ch. Giraud, dans son *Essai sur l'histoire du droit français au moyen-âge,* réunissant des indices épars, avait émis une autre idée, dont l'inscription que nous étudions nous paraît fournir la confirmation directe. « Le colonat, écrivait-il, se produit à nos yeux dans « la période qui précède Dioclétien comme une condition « personnelle dont l'existence ne saurait être douteuse. « Son organisation législative est encore incertaine, parce

---

[1] L. unic., C. xi, 50.

[2] P. 169 : « Und so wäre denn die *Lex a majoribus constituta,* worauf man « später den Colonat zurückführte, ein Theil der Augustischer *forma censualis.* » Voy. aussi dans le même sens : Marquardt : *Römische Staatsverwaltung,* II, p. 235, 236.

« que cette classe d'hommes n'a d'autre loi que des con-
« ventions ou des coutumes ou des règlements spéciaux.
« Elle est soumise à quelques règles générales fixées par
« l'usage, et c'est le préteur qui est l'arbitre de leur exé-
« cution. Mais quant aux questions particulières, elles
« tombent dans l'application des *leges colonicæ,* des actes
« d'affranchissement, des lois municipales ou des rescrits
« impériaux, et voilà pourquoi, à l'époque où l'on a voulu
« organiser cette matière, on a maintenu tant de variétés
« dans la condition des colons; on a statué sur des cas
« particuliers avant de fixer des principes généraux[1]. » Un
peu plus haut, le savant auteur avait écrit : « S'il était
« question des colons dans l'*Édit perpétuel* rédigé par S.
« Julien, sous Adrien; on l'ignore, mais je le présume[2]. »

Notre inscription nous offre des exemples de ces règlements locaux dont parle M. Ch. Giraud : tels sont les *epistulæ* des *procuratores* conservées dans le *tabularium* du
tractus Karthaginiensis (III, 10, 11), la *forma perpetua*
constatée par une inscription sur une plaque d'airain (III,
14, 16), enfin le rescrit de Commode, relaté dans son entier
(IV, 1, 9). Mais les colons invoquent aussi une loi, la loi
d'Hadrien, *lex Hadriana.* Cette indication est très précieuse, mais elle ouvre encore un vaste champ aux conjectures. Quelle était cette loi? M. Mommsen y voit l'une de
ces ordonnances que rendit Hadrien pour tracer leurs devoirs aux fonctionnaires de l'empire[3]. On sait en effet que
ce prince réforma l'administration, celle des provinces en
particulier, et lui donna une forme qu'elle devait garder
longtemps[4]. Si l'on admettait cette hypothèse, il faudrait
en tirer cette conséquence que la *lex Hadriana,* dont il est

---

[1] *Op. cit.,* p. 168.
[2] *Essai sur l'hist.,* etc., p. 166.
[3] Mommsen, *op. cit.,* p. 407.
[4] *Vita Hadriani,* c. XI, XIII, XX. — *Victor. epit.,* XIV, 11 : « Officia publica et
« palatina nec non militiæ in eam formam statuit, quæ paucis per Constantinum
« immutatis hodie perseverat. » (Voy. Hirschfeld, *op. cit.,* p. 290-291.)

ici question, ne visait que les colons du *fisc* ou de la *res privata*. Mais cette conjecture nous paraît peu vraisemblable. Le document législatif dont il s'agit était une œuvre étendue et systématiquement rédigée, car il était divisé en chapitres, *kapite legis Hadrianæ* (III, 4, 5); d'autre part, les réformes administratives d'Hadrien ne doivent point s'être produites sous la forme d'un règlement général, sorte de codification, dont il nous serait sûrement parvenu quelques traces certaines.

On songe alors tout naturellement à l'*Edictum perpetuum* rédigé par Salvius Julianus, œuvre systématique et compréhensive, confirmée par un sénatus-consulte[1]. L'expression *lex Hadriana* employée pour le désigner ne devrait point nous surprendre; il s'agit bien d'une loi véritable. Ces termes, insérés dans une inscription, montreraient que l'œuvre de Julien avait frappé les contemporains comme on devait s'y attendre, et plus que ne le révélaient les documents connus jusqu'ici; on y associait le nom de l'empereur qui avait commandé ce travail au jurisconsulte, et qui lui-même l'aurait présenté au Sénat[2].

---

[1] L. 2, § 18, C. 1, 17. Voy. M. Ch. Giraud. Compte rendu de l'*Edictum* de Rudorff: *Revue de législation*, 1870-1871, p. 193 et suiv. — M. Accarias : *Précis de droit romain*, n° 20 (3e édit., I, p. 52 et suiv.).

[2] Ch. Giraud : *Revue de législation*, *op. cit.*, p. 200. L'hypothèse que nous hasardons soulève, il faut le reconnaître, de graves objections. En effet, nous sommes en province, en Afrique : comment l'Edit de Julien y trouvait-il son application? Pour ceux qui admettent que la rédaction de Julien comprit l'*Edictum provinciale*, cette première difficulté est écartée par là même, mais cette opinion, bien qu'elle compte des partisans, paraît devoir être rejetée (Voyez en divers sens, Lange : *Römische alterthümer*, I³, p. 776 ; Accarias, *op. cit.*, I³, p. 53, note 2 ; Glasson : *Étude sur Gaius*, 2e édit., p. 305, ssv.) Mais en admettant que la rédaction de Julien ait seulement compris l'Édit des préteurs de Rome, il ne dut pas moins s'appliquer en province dans la mesure où il contenait des règles du *jus gentium* ou lorsqu'il s'agissait de causes entre citoyens romains ; voyez Glasson, *op. cit.*, p. 311, 312. Ce qui est plus douteux, c'est que par sa nature même, l'Édit ait pu contenir des dispositions sur le colonat ; cependant cela ne semble pas impossible. M. Fustel de Coulanges (*op. cit.*, p. 39, note 1), nous fait une autre objection : « On ne comprendrait pas, dit-il, pourquoi ce vaste ouvrage (l'Édit de Julien) aurait été affiché sur notre *saltus*. » Il y a là une confusion ; ce qui était affiché sur le *saltus Burunitanus* ce n'était point la *lex Hadriana*, c'était

Quoi qu'il en soit de cette grave question que contenait sur le colonat la *lex Hadriana?* Évidemment elle ne renfermait que de brèves indications; il n'est pas croyable qu'elle eût réglementé les détails de cette institution. Voici, en effet, comment raisonnent les colons du *saltus Burunitanus :* ils n'invoquent point à l'appui de leurs réclamations la seule loi d'Hadrien ; ils en rapprochent soigneusement les *litteræ* des *procuratores* et le règlement traditionnel affiché sur le domaine même. Ce qu'ils attribuent à la loi d'Hadrien, c'est ceci : « Ut kapite legis Hadrianæ, quod « supra scriptum est, ademptum est, ademptum sit jus etiam « procuratoribus, nedum conductori, adversus colonos « ampliandi partes agrarias » (III, 4-8). L'une des règles générales contenues dans l'édit ou dans la *lex Hadriana* devait donc être celle-ci, que nous retrouvons dans le droit postérieur[1] : le colon sera protégé en ce sens que les redevances auxquelles il est soumis par les règlements ou par la coutume, seront fixes désormais et ne pourront être augmentées.

Si cette interprétation est exacte, on voit quelle lumière jette notre inscription sur la question du colonat. Sans doute bien des points restent obscurs, mais nous avons dorénavant un point d'appui solide, et, du texte que nous venons d'étudier, de plus habiles que nous sauront tirer sans doute d'autres éclaircissements.

---

seulement une *forma perpetua,* indiquant les redevances et corvées imposées aux colons (III, 14-16); les colons, comme nous le montrons, fondent leur droit sur le rapprochement de la *forma perpetua* et de la *lex Hadriana,* combinées.

[1] L. 1, C. xi, 49.

LA TABLE DE BANTIA[1].

C'est en 1790 que fut découverte la Table dite *de Bantia,*
et elle fournit encore aujourd'hui un sujet d'étude toujours nouveau. Elle porte, on le sait, un fragment d'inscription sur chacune de ses faces : d'un côté, une loi en
langue latine; d'autre part, une loi en langue osque. On
n'a pas encore déterminé d'une façon certaine s'il existe
un rapport entre les deux textes, car les fragments conservés de part et d'autre ne se correspondent pas; mais
on a pu les étudier séparément. La loi latine a fourni peu
de renseignements intéressants ; ce que nous en possédons
contient seulement les dispositions finales; il y est question
de sanctions générales et des serments que doivent prêter
les magistrats. Mais l'inscription osque promettait d'importantes révélations. Elle devait contenir le droit municipal de Bantia, c'est-à-dire d'une ville libre alliée des
Romains. On s'accorde en effet généralement pour reporter la loi latine à l'époque des Gracques, et la loi osque
ne saurait être moins ancienne; or, à cette époque, Bantia
était une cité libre.

Avant tout il fallait déchiffrer ce texte écrit dans une
langue inconnue, et cette restitution ne pouvait se faire
qu'avec le temps, par les efforts répétés des philologues.

---

[1] Traduction par M. Bücheler, dans les *Fontes juris romani antiqui* de Bruns.
— Traduction et commentaire, par M. Michel Bréal, dans les *Mémoires de la
Société de linguistique,* 1881.

Les tentatives ont succédé aux tentatives. Dernièrement M. Michel Bréal a publié, dans les *Mémoires de la Société de linguistique*, une traduction nouvelle de la loi osque, en la faisant suivre d'un ingénieux et savant commentaire. En général, il a confirmé de sa haute autorité la version de M. Bücheler que Bruns a publiée dans ses *Fontes juris romani antiqui;* mais il l'a complétée et rectifiée sur bien des points.

Je voudrais essayer de montrer la portée véritable de certaines parties de la loi. Je me place au point de vue de l'histoire du droit et ne prétends point faire œuvre de philologue : je serai amené cependant à proposer, pour un mot important, une interprétation qui, si elle n'est pas complètement nouvelle, a été repoussée par les derniers traducteurs; mais j'y serai conduit par des considérations toutes juridiques.

Le principe qui me guide est des plus simples : c'est l'analogie qui devait exister entre les institutions de Bantia et les institutions romaines. Entre les lois de Rome et celles des autres cités italiques, il exista dès l'origine une proche parenté, et, comme l'a dit un de nos maîtres regrettés, M. Charles Giraud : « L'assimilation de plus en « plus complète fut la tendance de tous les peuples ita- « liques. Chacun, à un jour donné, modifia ses institu- « tions primitives, pour se mouler sur la constitution « romaine[1]. » M. Bréal applique cette idée à la Table même de Bantia : « Bantia, dit-il, est une république « indépendante, un municipe, mais elle reçoit ses lois « de Rome, peut-être sur sa propre demande. Les écri- « vains rapportent en maints endroits que tel personnage « éminent de Rome a donné des lois à telle ville d'Italie... « La Table viendrait donc d'un *præfucus* romain chargé « de réviser la constitution du municipe de Bantia. Si nous « avions de Tite-Live quelques livres de plus, nous sau-

---

[1] *Les bronzes d'Osuna*, nouvelles remarques, 1874, p. 90.

« rions peut-être le nom du personnage romain dont l'œu-
« vre traduite en osque est venue jusqu'à nous [1]. »

Ce sont les paragraphes 2, 3 et 4 du texte donné par
M. Bréal que je veux interpréter. Selon moi, ils se réfèrent à un seul et même ordre d'idées, énonçant diverses
règles d'une même procédure. Je commence par le paragraphe 3, qui est le point central de mes observations ; en
voici d'abord la traduction : « Si quis pro magistratu alteri
« *fundi* aut pecuniæ diem dixerit, is comitia ne habeat nisi
« quum apud populum quater oraverit sciens sine dolo
« malo, et definitum diem populus acceperit quater, neve
« magis quinquies. »

Tout d'abord il est aisé de voir qu'il est question des
causes jugées par le peuple assemblé en comices, des *judicia populi*. Mais, si l'on s'attache aux premiers mots, il
s'agirait de tous les procès concernant un fonds de terre
ou une somme d'argent, c'est-à-dire des procès civils; c'est
bien là ce qu'admet M. Bréal : « Le sens du paragraphe 3,
« dit-il, est que, dans tout procès relatif à un bien fonds
« ou à de l'argent, le magistrat ne doit tenir l'assemblée
« qui rendra le jugement qu'après avoir annoncé quatre
« fois l'affaire devant le peuple. » Cela me paraît difficile
à admettre, et voici pour quels motifs.

Sans doute, dans l'histoire des législations primitives,
il n'est pas sans exemple que les procès civils soient jugés
par tous les hommes libres de la nation, si celle-ci est petite, ou du canton; si elle est trop grande. C'est le système
que présentent les vieilles coutumes germaniques, et sous
les Mérovingiens tous les hommes libres du *pagus* se réu-
nissent encore au *mallus* où se rend la justice, et accla-
ment les sentences civiles ou criminelles que proposent les
rachimbourgs. Mais, à Rome, il n'en fut jamais ainsi en

---

[1] *Mémoires de linguistique*, t. IV, p. 399 et 400. Pour ceux qui, comme M.
Mommsen, ne voient dans la loi osque que la traduction d'une loi romaine, la
force de mes raisonnements sera plus grande encore.

matière civile. Toujours au civil la justice fut rendue par
le magistrat qui avait la *jurisdictio* : il tranchait lui-même
la cause ou renvoyait les parties soit devant un collège
de juges permanents (les *decemvirs* ou les *centumvirs*), soit
devant un ou plusieurs jurés (*judex*, *arbiter*, *recupe-
ratores*).

Mais si à Rome l'assemblée du peuple ne participa jamais à la juridiction civile, pendant longtemps elle fut,
au criminel, le juge ordinaire des citoyens romains. C'est
bien une procédure criminelle que décrit le paragraphe 3
de la Table de Bantia. Il est aisé d'identifier cette procédure, car, dans notre texte, elle est désignée par les mêmes
expressions techniques, elle apparaît avec les mêmes
traits caractéristiques qui la distinguent chez les Romains. C'est l'accusation intentée par un magistrat contre
un particulier devant l'assemblée du peuple : le magistrat
détermine la peine dont il demande l'application et la propose au peuple, qui la confirme ou la repousse. Cette forme
de procès a été souvent étudiée en France et à l'étranger[1].
M. Bréal a cité lui-même le texte capital en cette matière,
le passage où Cicéron en traite *ex professo*[2].

Le procès débutait par une dénonciation solennelle, dans
laquelle le magistrat déclarait au particulier qu'il voulait
tel jour l'accuser devant le peuple. Cela s'appelait *diem
dicere alicui*[3]; et les mêmes mots se retrouvent dans notre
texte : « Si quis pro magistratu..... diem dixerit. » Le
magistrat accusateur n'est point ici spécifié; le texte emploie l'expression large : « Si quis pro magistratu.... diem
dixerit. — Si quelqu'un, en qualité de magistrat, cite une

---

[1] Voy. M. Laboulaye : *Essai sur les lois criminelles des Romains*, p. 137 et suiv.;
Geib : *Geschichte des römischen Criminalprozesses*, p. 114-152; Zumpt : *Das Criminalrecht der römischen Republik*, t. I et II, p. 262 et suiv.; Huschke : *Die Multa
und das Sacramentum*, p. 214-246; Voigt : *Die XII Tafeln*, §§ 67-70.

[2] *Pro domo*, xvii, 45.

[3] Liv. II, 35, 52; III, 11, 56; IV, 21; VI, 20; X, 23; XXV, 4; XLIII, 8; Cic.,
Pro Milone, xiv, 31; *De harusp. resp.*, IV, 7; Valer. Max., VI, i, §§ 7, 8, 11; VI,
5, §§ 2, 3.

personne [1]. » On a pris sans doute cette formule compréhensive parce que l'accusation pouvait être intentée par divers magistrats. Puis, au jour dit, le magistrat, devant le peuple assemblé et l'accusé présent, exposait l'affaire, développait l'accusation, indiquait ses preuves, faisait connaître la peine qu'il voulait demander; cela se disait *anquirere* (*anquisitio*).

L'accusé, de son côté, entouré de ses amis et de ses clients, pouvait parler ou faire parler pour lui. Il y avait donc un débat contradictoire, et pour le désigner on emploie souvent l'expression *certare*[2]. Dans notre paragraphe 3, nous trouvons l'expression *orare* pour désigner l'accusation, l'action du magistrat; c'est un vieux sens du mot *orare,* qui se retrouve dans la loi des Douze-Tables[3]; au paragraphe 4, le débat contradictoire engagé avec l'accusé est indiqué par ces mots : « Cum reo agito... quum postre-« mum cum reo oraverit. »

Cette accusation devait d'ailleurs être renouvelée trois fois avant qu'on arrivât au jour du jugement : « Ter ante « magistratus accuset intermissa die quam multam irroget « aut judicet[4]. » Les motifs de ces remises successives sont très clairs, quoique parfois on les ait cherchés bien loin[5]. On voulait, d'un côté, laisser un certain temps à l'accusé pour préparer sa défense ; d'autre part, « en reculant ainsi « le jour du jugement, on voulait donner au peuple le « temps de se former une opinion sur la nature du crime « et sur la punition[6]. » Enfin l'accusation était produite une quatrième fois, *quarta accusatio.* Cette fois le débat

---

[1] Cf. l. 3 Dig., XLVIII, 4. « Eadem lege (Julia Majestatis) tenetur... quive privatus pro potestate magistratuve quid sciens dolo malo gesserit. »

[2] Cic., *De legibus,* III, 3 : « Quum magistratus judicassit irrogassitve per popu-« lum multæ pœnæve certatio esto. » Cf. Liv., I, XXXVI; XV, III, IV; XXXVII, LVIII.

[3] Festus, *verbis* Adorare, Orare, Nec.

[4] Cic., *Pro domo, loc. cit.*

[5] Huschke, *op. cit.,* p. 221 et suiv.

[6] Laboulaye, *op. cit.,* p. 139.

décisif s'engageait, les témoins étaient entendus ; chaque partie usait de tous ses moyens : on allait passer au jugement. L'assemblée devait alors prendre un caractère différent de celui qu'elle avait eu lors des trois premières accusations ; celles-ci avaient eu lieu dans une simple *contio*[1] ; maintenant il fallait une réunion des comices avec l'observation de toutes les règles traditionnelles. Tout cela est rappelé dans la table de Bantia. « Si quis pro magistratu « alteri... diem dixerit, is comitia ne habeat, nisi cum « apud populum quater oraverit. » Jusqu'ici la concordance est parfaite avec la loi romaine ; il est vrai que notre texte continue par ces mots : « Et definitum diem populus « acceperit quater, neve magis quinquies. » Il semble résulter de là qu'à Bantia il pouvait y avoir quatre remises de l'affaire, alors que les textes romains en mentionnent seulement trois, le terme final étant la *quarta accusatio*. M. Bréal a cherché à rétablir la concordance : « Si l'on « compte, dit-il, à partir du commencement, c'est-à-dire si « l'on considère comme une citation régulière l'acte énoncé « par les mots *diei dictio*, on arrive à un total de quatre « citations, et la *quarta accusatio* est en réalité une *quinta*. « Il y a donc accord entre la loi de Bantia et la loi ro- « maine[2]. » En faveur de cette opinion, on pourrait faire observer que, selon toute vraisemblance, la *diei dictio* avait lieu elle-même devant le peuple assemblé, le magistrat faisant comparaître, et au besoin traîner devant lui, celui qu'il comptait accuser[3]. Cependant, jamais les textes romains ne comptent la *diei dictio* parmi les accusations successives, et ce sont bien celles-ci qu'entend désigner la loi de Bantia. Nous donnerions au passage en question une autre portée. Si le jugement ne pouvait être rendu qu'a-

---

[1] Sur les *contiones*, voyez Mommsen, *Staatsrecht*, I, p. 193.

[2] *Op. cit.*, p. 394.

[3] On peut, dans ce sens, invoquer Tite-Live, XLIII, viii : « Ii (tribuni) non « in senatu modo eum lacerarunt, sed *in concionem etiam pertracto* multis objectis « probris diem dixerunt. » Cf. Huschke, *op. cit.*, p. 218.

près la *quarta accusatio*, il ne paraît pas qu'une nouvelle remise fût chose impossible et que le magistrat qui présidait l'assemblée ne pût la proroger à un autre jour, *diem prodicere*[1]. Cette faculté constituait un abus : par là, le magistrat pouvait retarder ou même empêcher un acquittement prévu. La loi de Bantia, copiant peut-être une loi romaine, met un terme à ces pratiques en déclarant que la cinquième assemblée convoquée pour une accusation verra nécessairement la fin du procès.

Il est, je crois, suffisamment démontré que le paragraphe 3 de la Table règle l'accusation devant le peuple ou *anquisitio*, telle que la pratiquaient les Romains. S'il en est ainsi, l'objet de ce procès, l'objet de la *diei dictio*, c'est la peine proposée par le magistrat, et les deux génitifs que sépare la conjonction *aut* et que régit *diem dixerit* doivent nécessairement désigner chacun une peine, qui peut être alternativement proposée à la décision populaire. L'un de ces génitifs, le second, qui est en osque *eituas*, est traduit par *pecuniæ*. Cela concorde très bien avec ce que nous savons par ailleurs ; très souvent la peine proposée au peuple était une amende, *multa*, qui s'élevait parfois à un chiffre énorme. A la poursuite de ces peines pécuniaires se rapportent les expressions : *pecuniæ diem dicere*, *pecuniæ anquirere*, *pecuniæ judicare*[2], que nous offrent souvent les textes latins.

Le second génitif, que régit *diem dixerit* et qui doit désigner une nouvelle sorte de peine, est en osque *castrous*, et M. Bréal, comme ses devanciers, traduit ce mot par *fundi*. Quel rapport peut-il y avoir entre un fonds de terre et une peine? Faut-il voir ici une amende consistant à livrer un fonds de terre au lieu de payer une somme d'argent? Cela paraît impossible, et ce serait une conception sans précé-

---

[1] Liv., VI, xx; — Plutarque, *Camil.*, xxxvi : πολλάκις ἀναϐάλλεσθαι τὴν δίκην; — Dionys., X, v-viii. Voy. Huschke, *op. cit.*, p. 235. Voy. encore Liv., XXV, iii; XXVII, lviii.

[2] Cic., *Pro Milone*, xiv, 36; Liv., XXVI, iii; II, lii.

dent ; toute amende doit consister en une valeur fixe et
bien connue d'avance. Sans doute, les Romains n'ont pas
toujours exprimé en argent leurs *multæ* : elles consistaient
à l'origine en un certain nombre de bœufs ou de brebis[1] ;
mais cela nous reporte à une époque où la monnaie mé-
tallique n'existait pas encore, et où les troupeaux, la ri-
chesse des peuples primitifs, fournissaient l'instrument
d'échange ; dans la suite, on saisit le moment où le vieux
tarif en bétail est ramené à des estimations pécuniaires[2].
Dans ces vieux usages, communs sans aucun doute à tous
les peuples italiques, on n'aurait pu songer à estimer une
amende en biens-fonds ; car ils nous reportent aussi à une
époque où la propriété foncière, mal individualisée, apparaît comme la dotation de la famille ou de la tribu, difficilement aliénable par l'individu.

La législation romaine, il est vrai, connut la confiscation des biens ; mais, sauf de rares exceptions, elle n'apparaît point comme *peine principale*. La confiscation des
biens est la conséquence des *peines capitales,* c'est-à-dire
de celles qui retranchent un citoyen de l'État : il y avait
désormais un citoyen de moins et un patrimoine de moins
dans la cité. Cela se produisait lorsque l'*aquæ et ignis
interdictio* était prononcée contre un accusé[3], ou quand,
avant le jour du jugement, le citoyen poursuivi s'exilait
de lui-même, *exilii causa solum vertebat*[4]. Le paragraphe 5 de la Table de Bantia contient encore une application de la même idée, lorsqu'il déclare, conformément
à la vieille loi romaine, que le citoyen qui se dérobe au
cens est vendu comme esclave et que ses biens sont acquis

---

[1] Pline : *Hist. nat.*, XVIII, III, 11 ; — Varron : *De re rustica,* II, I, 9 ; — Gell.,
XI, I, §§ 2, 3 ; — Cic. : *De Rép.,* II, 9 ; — Festus, *verbis* Ovibus duabus, Pecu-
latus.

[2] Festus, *verbo* Ovibus duabus.

[3] Liv., XXV, IV : « Si M. Postumius eo die non respondisset, neque excusatus
« esset, videri eum in exilio esse, bonaque ejus venire, ipsi aqua et igni placere
« interdici. »

[4] Liv., III, LVIII ; XXVI, III.

à l'État : « At si quis in censum non venerit dolo malo
« et in eo convincitur, ipse in comitio vendatur prætoris
« magistratu populo præsente sine dolo malo; et veneat
« cætera familia et is simul, quæ ejus fuerit, quæ incensa
« fuerit, publica esto. » Enfin parfois à Rome, bien que
très rarement, on voit le magistrat accusateur proposer
aux comices, comme une peine à prononcer contre un
accusé, la confiscation de ses biens[1]. Mais toujours la confiscation apparaît comme l'attribution à l'État d'un *patrimoine entier* et non d'un objet isolé, compris dans ce
patrimoine, d'un fonds de terre par exemple.

Il résulte de ces observations que le mot osque dont
le génitif est *castrous* (ligne 14) et l'ablatif *castrid* (ligne 8)
ne peut signifier *fundus;* mais alors que signifie-t-il ? Le
parallélisme des sources romaines va nous fournir la réponse.

Toujours, lorsque l'*anquisitio* ne porte pas sur une
peine pécuniaire, elle porte sur une peine capitale, et
nous trouvons alors les expressions : *capitis diem dicere*[2],
rei capitalis diem dicere[3], *capitis anquirere, judicare*[4].
Peine capitale ou peine pécuniaire, voilà l'alternative que
la loi impose au magistrat, et qui limite son choix. On
ne peut cumuler ces deux peines, et l'on se demandait
si, au cours des accusations successives, le magistrat pouvait passer de l'une à l'autre, sans recommencer toute la
procédure[5]. Voici les principaux textes qui établissent ce
point :

---

[1] Liv., IV, xxi; X, xxiii; XLIII, xvi.

[2] Liv., IV, xi : « Verginius..... Cæsoni capitis diem dicit. »

[3] Liv., XXV, iv.

[4] Liv., XXVI, iii. Parfois on trouve *perduellionis diem dicere, judicare;* on désigne alors le crime capital *perduellio*, au lieu de la peine capitale. Voy. Val.
Max., VI, i, § 11; Liv., XXVI, iii.

[5] Parfois à Rome il fallait même que l'accusateur, s'il voulait changer la peine
d'abord proposée par lui, portât l'accusation devant d'autres comices. Depuis
la loi des XII Tables qui réservait au *comitiatus maximus*, c'est-à-dire aux comices
par centuries, la connaissance des causes capitales (Cic.: *De leg.*, III, 4, 11; III,

Cicéron, *Pro domo*, xvii, 45 : « Cum tam moderata ju-
« dicia populi sint a majoribus constituta ut ne pœna
« capitis cum pecunia conjungatur. »

Tite-Live, XXVI, iii : « Bis est accusatus pecuniaque
« anquisitum : tertio testibus datis..... tanta ira accensa
« est ut capite anquirendum contio succlamaret. De eo
« quoque novum certamen ortum : nam cum bis pecunia
« anquisisset, tertio capitis se anquirere diceret, tribuni
« plebis appellati, collegæ negarunt se in mora esse, quo-
« minus, quod ei more majorum permissum esset, seu
« legibus seu moribus mallet, anquireret, quoad vel ca-
« pitis vel pecuniæ judicasset privato. »

Tite-Live, II, lii : « In multa temperarunt tribuni
quum capitis anquisissent. »

Tite-Live, XXV, iv : « Confestim Carvilii tribuni plebis
« omissa multæ certatione rei capitalis diem Postumio
« dixerunt. »

Il résulte bien de là que les deux termes constamment
réunis dans une alternative, pour indiquer l'objet possible de l'*anquisitio* sont *pecunia* et *caput :* nous sommes
autorisés à conclure que, *eituas* se traduisant par *pecuniæ,*
castrous doit se traduire par *capitis;* de cette façon, la
phrase reprend son sens naturel. Cette interprétation
avait d'ailleurs été proposée dès 1853 par M. Lange [1], qui
avait exposé sommairement quelques-uns des arguments
juridiques invoqués plus haut.

Au point de vue de la philologie, cette traduction peut-
elle se justifier ? M. Lange fait venir *castrous* d'une racine

---

19, 44), les tribuns du peuple ne pouvaient porter devant les comices par tribus
que des accusations tendant à l'application d'une *multa*. Les tribuns, il est vrai,
avaient d'assez bonne heure conquis le droit d'intenter devant les comices par
centuries des accusations capitales; mais s'ils ne se décidaient à *anquirere ca-*
pitis qu'après avoir d'abord poursuivi devant les *comitia tributa,* il leur fallait
laisser tomber l'accusation d'abord intentée, pour la reprendre à un autre point
de vue devant de nouveaux juges. Voyez Voigt : *Die XII Tafeln,* §§ 69, 70.

[1] Lange : *Die oskische Inschrift der Tabula Bantina und die römischen Volksge-*
richte. Göttingen, 1853.

kad, qui serait parfaitement reconnaissable en grec, et qui traduirait l'idée de proéminence[1] : elle aurait donné en osque notre mot et en latin *cacumen* et aussi *castra,* les camps généralement dominant la plaine[2].

On peut, croyons-nous, trouver dans la langue latine des références plus précises que celles invoquées par M. Lange.

Le mot osque dont le génitif est *castrous* et l'ablatif *castrid* ramène au latin *castrum,* c'est ce que tout le monde admet[3]. Or voici la remarque que fait Isidore de Séville sur le sens primitif du mot *castrum* : « *Castrum* antiqui dicebant oppidum loco altissimo situm, quasi casam altam[4]. » Ce témoignage semble bien confirmé par deux vers de Virgile[5]. Il résulte de là qu'à l'origine le mot *castrum* éveillait directement l'idée de cime, et de là à l'idée de tête il n'y a qu'un pas. Souvent dans une langue l'idée de cime est exprimée par un sens dérivé du mot qui, au propre, veut dire « tête. » Serait-il impossible que, dans les idiomes italiques, le mot *castrum* ait d'abord signifié la « tête, » et qu'ayant gardé son sens propre dans certains

---

[1] *Op. cit.,* p. 24 : « Darum leitete ich *castri* lieber von der Wurzel *kad* her, « die im griechischen καίνυμαι erhalten ist. Die Grundbedeutung dieser Wur-« zel... ist, wie aus der Construction des griechischen Verbs hervorgeht (ἐγχείη « δ᾽ ἐκέκασ7ο Πανέλληνας, *Il.,* II, 530) übertreffen oder intransitiv gefasst, her-« vorragen... Der Begriff *Haupt* kann aber kaum passender bezeichnet werden « als durch das Merkmal des Hervorragens. »

[2] *Op. cit.,* p. 25 : « Auf derselben Wurzel *kad,* von der ich in diesem Bedeu-« tungszusammenhange *castri* ableitete, beruht auch wohl skr. *kadund* « vertex « montis » (wozu vielleicht *cacumen* gehört) und griech. χώδεια « caput » (*Il.* « XIV, 499). Ungezwungen kann man dieselbe Bedeutung für lat. *castrum, castra,* « zu Grunde legen. Castelle wie Lager werden an hervorragenden Plätzen ange-« legt : « ut regiones *castris* subjaceant, » wie Hyginus, *De castris,* 56, sagt : « Sie beherrschen die Gegend. »

[3] Mommsen : *Die unteritalische Dialekte,* p. 269; Michel Bréal : *Les Tables Eugubines,* p. 89.

[4] *Origines,* XV, II, § 1 (Lindemann, t. III, p. 469).

[5] *Æn.* VI, 774-775 :

> « Hi Collatinas imponent montibus arces,
> « Pometios, *Castrumque Invi,* Bolamque, Coramque. »

dialectes, il ne se présente plus dans d'autres dialectes qu'avec un sens dérivé ? Les anciens Romains, en appelant *castrum* le bourg bâti sur une cime auraient employé la même figure de langage dont ils s'étaient servis lorsqu'ils appelèrent *Capitolium* la première citadelle de Rome[1]. Peut-être trouverait-on en latin une autre acception du mot *castrum* qui nous reporterait encore au sens primitif de tête ; c'est quand on l'emploie suivi d'un nom de peuple au génitif pour désigner la capitale d'un pays, par exemple : *castrum Boïjorum, castrum Britonum*[2].

Mais pourquoi a-t-on donné au mot *castrous* le sens que nous repoussons ? C'est que, dans le texte ombrien des Tables Eugubines, si lumineusement interprétées par M. Bréal, on trouve un mot proche parent de celui-là, qui signifie « fonds de terre. » Le pluriel de ce mot, *castruo*, ne saurait avoir une autre signification : il figure dans une formule, plusieurs fois répétée, qui énumère les objets sur lesquels on appelle la bénédiction d'un dieu, et il est placé après deux mots (*veiro, pecuo*) qui veulent dire *viros* et *pecudes,* et avant un mot (*fri*) qui signifie *fruges*[3]. Le

---

[1] L'étymologie de Capitolium ne saurait être douteuse : c'est ainsi que Pausanias traduit en grec *Jovis Capitolii* par Διὸς κορυφαίου (liv. II, ch. ιν, § 5) : Ὑπὲρ τὸ θέατρόν ἐστιν ἱερὸν Διὸς Καπετωλίου φωνῇ τῇ Ῥωμαίων · κατά Ἑλλάδα δὲ γλῶσσαν κορυφαῖος ὀνομάζοιτ'ἄν.

[2] Servius, commentant les vers de Virgile plus haut cités (*Æn.,* VI, 774-775), donne au mot *castrum* le sens de *civitas :* « Castrum autem civitas est. Nam castra « numero plurali dicimus, licet legerimus in Plauto, *castrum pœnarum;* quod « etiam deminutio ostendit, nam castellum dicimus. » — Dans la discussion sur le sens du mot *castrous*, on fait souvent intervenir un passage mutilé de Festus, *verbo* Samnitibus : « Samnitibus nomen *factum ab hastis,* propter genus *hastæ,* « *quod* σαυνία appellent *Græci. Alii aiunt* Sabinis vere *sacro voto, hoc genus* « hominum *extra fines ejectum* Comio Castronio *duce occupasse* collem, cui nomen « *Samnio a quo Samnites.* » Il est probable que le chef légendaire dont il est question, Comius Castronius, a un nom parlant. Ceux qui traduisent *castrous* par *fundus* pensent que *castronius* veut dire « celui qui s'occupe des champs, » *der Feldmann* (Mommsen : *Die unterit. Dial.,* p. 269). Pour nous, il signifie « celui qui est à la tête, celui qui commande. » Voy. Lange, *op. cit.,* p. 25. M. Lange rapproche heureusement le nom du héros samnite du nom grec Κάσ]ωρ, le vainqueur ou le chef.

[3] Table VI[a], 30, 32, 40, 52; VI[b], 13.

singulier, *kastru*, désigne aussi un fonds de terre, peut-être une mesure agraire déterminée[1].

Cependant nous croyons avoir démontré que, dans la Table de Bantia, notre traduction est imposée par le contexte. Pour résoudre l'antinomie, on peut supposer qu'il existait dans les dialectes italiques deux homonymes de sens différent : mais serait-il impossible que le même mot ait eu deux sens aussi éloignés, et ait désigné à la fois la tête et une mesure agraire, un fonds de terre d'une certaine étendue? L'invraisemblance de cette hypothèse ne disparaît-elle pas quand on songe au latin *caput*, et aux *capita* de l'impôt foncier ou *capitatio terrena* des Romains, dont la description était contenue au livre du cadastre ou *capitastrum*[2]?

Notre mot se retrouve, nous l'avons indiqué en passant, dans le paragraphe 2 de la Table de Bantia, où il est encore rapproché du mot *eituas*. Ici M. Bréal a éliminé une prétendue épithète *loufrud*, traduite jusqu'ici par l'adjectif *liber*, qui y était accolée[3]. Il a montré qu'au lieu de *loufrud*, il faut lire *loufit*, ce qui répond à la conjonction « ou. » Ce paragraphe 2 se rapporte, lui aussi, à l'*anquisitio*, et, avec la correction que nous avons proposée, voici comment il se traduit :

---

[1] Voy. M. Bréal : *Les Tables Eugubines*, p. 241, 243. M. Lange (*op. cit.*, p. 23) veut donner au mot ombrien le sens de « tête; » mais c'est une traduction inadmissible.

[2] Voy. Gothofred. ad leg. 2 C. *Th.*, XIII, 10 : « Capita dicuntur, nempe præ-« dia ex quibus ut fructus colliguntur seu emolumenta prædii quis consequitur... « ita et functiones tributariæ, annonæ et tributa præstantur, tanquam capitis et « sortis stricturæ. » — Il est vrai que le *caput* de l'impôt foncier n'était point (c'est du moins l'opinion la plus suivie) une mesure agraire invariable; représentant une valeur toujours uniforme pour l'assiette de l'impôt, il comprenait un nombre plus ou moins grand de *jugera* selon le degré de fertilité des terres, divisées, à cet égard, en plusieurs catégories. Voir, sur ce point, comme résumant les travaux antérieurs, Bernhard Matthias : *Die römische Grundsteuer und das Vectigalrecht*, 1882, p. 17 et suiv. Mais cela n'entame point notre raisonnement.

[3] Le mot se retrouve encore, avec la même traduction, dans la réédition des *Fontes* de Bruns que M. Mommsen a publiée en 1881; voy. p. 47.

« Qui quandoque post hac comitia habebit magistratus
« de *capite* vel in pecunias, facito ut populus jurati sen-
« tentiam dicant, se de illis (rebus) id sententiæ quod op-
« timum publicum (censeat[1]?) esse, neve fecerit quo quis
« de illa re minus juret dolo malo[2]. »

Ce texte se réfère au dernier acte du procès criminel,
au moment où les citoyens assemblés vont voter sur la
peine. Il nous donne un détail curieux et important, que
nous n'avions pas d'une manière certaine dans les sources
romaines, et il confirme pleinement une conjecture émise
par M. Huschke. « Le peuple, dit ce savant auteur[3], prê-
« tait-il un serment avant d'aller aux voix, comme cela eut
« lieu dans le procès de Coriolan (Dionys., VII, xxxviii)?
« Cela n'est confirmé, à ma connaissance, par aucun té-
« moignage direct de l'époque postérieure. Mais, pour
« l'affirmative, on peut invoquer l'usage général du ser-
« ment dans les collèges judiciaires qui représentent le
« peuple (en particulier pour les centumvirs, Phædr.,
« III, x, vers 40); et cela concorde bien avec ce fait, que
« chaque citoyen, dans sa tribu, rendait sa sentence la
« tête découverte[4], et avec cet autre fait, que l'accusé
« adjurait le peuple de son innocence au nom des dieux,
« se référant sans doute au serment que les citoyens
« avaient prêté[5]. » Aujourd'hui le doute n'est plus possible : la loi de Bantia dit expressément que « populus
« jurati sententiam dicunt; » elle donne même la formule
du serment. Ainsi le serment que prêteront les jurés des
quæstiones perpetuæ[6] ne fera que continuer la tradition
suivie dans les *judicia populi*.

---

[1] Ce mot se trouve seulement dans les *Fontes* de Bruns, p. 47. M. Bréal laisse
ici un vide dans sa traduction; mais le sens ne paraît pas douteux.

[2] Je néglige les dernières lignes du paragraphe, qui contiennent la sanction
pénale de cette prescription.

[3] *Op. cit.*, p. 234.

[4] Plaute, *Captiv.*, III, ɩ, 15 : « In tribu capite aperto condemnant reos. »

[5] Festus, *verbo* Resecrare.

[6] *Lex Acilia*, lignes 36 et suiv.

Enfin le paragraphe 4 de la Table de Bantia éclaircit encore un autre point de l'*anquisitio*. Il résulte du passage du *Pro domo,* qui est le texte capital en cette matière, que les trois premières accusations devaient être séparées au moins par un jour d'intervalle, et qu'entre la troisième accusation et la quatrième, c'est-à-dire celle qui précède immédiatement le jugement, il devait se placer trois jours de marché : « Ter ante magistratus accuset *intermissa die* « quam multam irroget aut judicet : quarta sit accusatio « trinum nundinum prodicta die, qua |die judicium sit « futurum[1]. » C'était là une faveur accordée à la défense; on voulait aussi que les citoyens de la campagne, qui ne venaient guère à la ville que les jours de marché, pussent aisément prendre connaissance de la cause. Toutes les fois d'ailleurs, dans le vieux temps, que la plèbe était appelée à rendre une décision, on la convoquait pour le troisième jour de marché suivant[2]. Mais cette vieille façon de déterminer le délai dut disparaître dans la suite. « Dans l'an- « cien temps, dit M. Huschke, c'est-à-dire avant la loi « Hortensia, alors que toutes les assemblées de la plèbe « avaient lieu au jour du marché, *trinum nundinum die* « voulait dire « au troisième jour de marché le plus pro- « che. » Mais plus tard, quand tous les *jours de comices* « (*dies comitiales*) devinrent communs au peuple et à la « plèbe, et qu'on ne tint plus d'assemblée au jour du mar- « ché, on entendit cela d'un délai égal au moins à l'inter- « valle compris entre trois jours de marché consécutifs[3]. » Nombre d'auteurs avaient soupçonné que ce délai dut être

---

[1] *Pro domo,* xvii, 45.

[2] Macrobe : *Satur.,* 1, xxvi : « Rutilius scribit Romanos instituisse nundinas « ut octo quidem diebus in agris rustici opus facerent, nono autem die, inter- « misso rure, ad mercatum leges que accipiendas Romam venirent; et ut scita « (plebiscita?) atque consulta frequentiore populo referrentur, quæ trinundino die « proposita a singulis atque universis facile noscebantur. » — Cela indiquerait que l'*anquisitio* eut surtout lieu devant les comices par tribus.

[3] *Op. cit.,* p. 231.

fixé à trente jours[1]. Ces trente jours, *triginta dies justi*, jouent un grand rôle dans les institutions romaines. C'était le délai qui devait s'écouler entre la convocation et le départ de l'armée, et, par suite, entre la convocation et la réunion des comices par centuries[2] ; c'était le délai que la vieille loi civile laissait au débiteur condamné, avant de permettre qu'on exerçât contre lui la *manus injectio*[3]. Cette supposition est pleinement confirmée par le paragraphe 4 de la Table, dont voici la traduction :

« Cum reo agito (magistratus) priusquam judicationem
« dabit, et cum postremum cum reo oraverit, ab illo die
« ad diem xxx proximum comitium ne habeat. »

---

[1] Huschke, *op. cit.*, pag. 232. — Zumpt, *op. cit.*, p. 196, 119 et note 52.
[2] Festus, *verbo* Justi dies ; Macrobe : *Satur.*, I, xvi.
[3] Gell., XV, xiii, § 11.

FRAGMENTS

DU LIVRE IX DES *RESPONSA PAPINIANI*

AVEC LES NOTES DE PAUL ET D'ULPIEN.

———

Au mois d'août 1883, M. R. Dareste a publié dans la
Nouvelle revue historique de droit français et étranger des
textes inédits de droit romain[1]. Il les avait fait suivre d'une
reproduction par la photogravure des lambeaux de parchemins sur lesquels ils sont écrits, et l'on pouvait ap-
précier quelle patience et quelle sagacité il avait fallu au
savant maître pour déchiffrer les vestiges de cette écriture
mutilée, presque anéantie. Ayant ainsi accompli la tâche
la plus méritoire et la plus pénible, M. Dareste a voulu
faire immédiatement profiter le public de son labeur; il
a donné sa lecture en s'abstenant de tout commentaire et
il y a joint seulement un essai de restitution, toujours
circonspecte, mais souvent lumineuse, conviant à l'étude
des nouveaux textes ceux qu'intéresse l'étude du droit romain. L'un des premiers j'ai répondu à cette invitation,
et le numéro suivant de la *Nouvelle revue historique* contenait mes observations[2]. De leur côté, MM. Alibrandi[3]

---

[1] *Nouvelle revue historique*, n° 4, juillet-août 1883, p. 361. M. Dareste a distingué douze fragments de colonnes d'écriture, qu'il a désignés par les lettres
A, B, C, D, E, F, G, H, I, J, K, L. C'est à cette notation originale que se sont
référé tous ceux qui ont essayé de restituer ces textes.

[2] P. 479, ssv.

[3] Alibrandi : *Sopra alcuni frammenti del libro IX dei Responsi di Papiniano con*

et Scialoja[1] publiaient en Italie le résultat de leurs recherches, et sur le point essentiel, c'est-à-dire sur l'attribution de ces textes, nous avions abouti isolément à la
même conclusion. M. Alibrandi faisait faire au déchiffrement un progrès notable en établissant que les fragments B et C se complètent mutuellement, les lignes
mutilées de la première colonne contenue dans le fragment
C fournissant la fin des lignes du fragment B.

Depuis lors, de nouvelles études sur ces textes ont
été publiées dans la *Zeitschrift der Savigny Stiftung*.
M. Huschke a proposé avec sa hardiesse et son ingénio-
sité habituelles la restitution de certains fragments[2] et
M. Krüger avec une patience et une habileté vraiment
surprenantes, a entrepris la lecture de l'écriture reproduite par la photogravure[3]. M. Krüger est parvenu à un
déchiffrement plus complet que celui de M. Dareste; il
a aussi approuvé le rapprochement des fragments B et C
fait par M. Alibrandi[4] et il a montré de plus qu'il fallait
rapprocher également les fragments E-A, 1-G, H-K, de
sorte que, sauf peut-être les fragments F et J, tous les
autres étaient inscrits au recto ou au verso d'une même
feuille double. Je vais exposer rapidement les résultats
acquis par mes recherches propres ou par celles des savants dont je viens d'indiquer les travaux.

---

note di Ulpiano et di Paolo recentemente scoperti; dans les *Studi e documenti di
Storia e diritto*, anno IV, 1883, p. 125-142.

[1] V. Scialoja : *Sui novi frammenti di diritto romano pubblicati de R. Dareste.
Communicazione*, dans la *Cultura*, Roma 1883, anno III, p. 101-103. — Du
même, un article bibliographique dans les *Studi Senesi*, vol. I, 1884, p. 97-101.

[2] *Zeitschrift der Savigny-Stiftung*, Vᵉ vol., 1884, *Roman. Abth.*, p. 184, ssv.

[3] *Ibid., Die Pariser Fragmente aus Papinianus responsa* (Separatabdrück, Weimar, 1884).

[4] La seule objection spécieuse qu'on puisse faire à ce rapprochement, c'est que
les lettres de la première colonne du fragment C ne sont pas de la même gran-
deur que celles du fragment B, elles sont plus petites que ces dernières. Mais on
peut remarquer sur d'autres lambeaux du manuscrit (et en particulier dans les
fragments H et E), que les lettres décroissent à mesure qu'on s'éloigne du commencement de la ligne. Cela paraît avoir été le résultat d'une habitude de main
chez le scribe.

I.

Une question se pose tout d'abord : à quel ouvrage appartiennent ces textes?

La plupart des fragments, les plus importants par leur étendue, présentent d'abord un texte principal, pour lequel aucune rubrique n'indique le nom de l'auteur; puis ils donnent, à la suite, d'autres textes qui paraissent être le commentaire du premier, et que des rubriques attribuent tous aux deux mêmes jurisconsultes, à Paul et à Ulpien[1]. Lorsqu'on a fait cette remarque, on songe immédiatement aux notes célèbres que Paul et Ulpien avaient composées sur les ouvrages de Papinien, « notas Pauli atque Ulpiani in corpus Papiniani factas[2]. » Nous aurions donc là les fragments d'un ouvrage de Papinien avec les notes d'Ulpien et de Paul qui s'y étaient jointes.

Mais on peut aller plus loin et démontrer péremptoirement que cette hypothèse est bien fondée tout en la précisant davantage. J'ai pu, en effet, identifier deux passages de nos fragments avec deux textes insérés au Digeste et tirés l'un et l'autre du livre IX des *Responsa* de Papinien. Ce sont le fragment D, qui de la ligne 9 à la ligne 20, reproduit la loi 35 au Digeste, *De statuliberis* (XL, 7), et le fragment H, qui de la ligne 5 à la ligne 10, reproduit la loi 50 pr. D., *De manumissis testamento* (XL, 4). Il faut en conclure que le *Codex* auquel ont été arrachés ces lambeaux de parchemin et qui, selon M. Dareste, « paraît avoir été considérable, » contenait, probablement

---

[1] Voyez les fragments A, B, E, H, I, deuxième colonne. Le fragment C, deuxième colonne, commence par un texte d'Ulpien; mais celui-ci, débutant par le mot « Exceptis, » a évidemment le caractère d'une annotation.

[2] L. 1, C. Th., *De resp. prud.*, I, 4.

en entier, les Réponses de Papinien, avec les notes de Paul et d'Ulpien qui s'y étaient ajoutées[1].

Comme les deux textes parallèles qui se retrouvent au Digeste, sont attribués l'un et l'autre au même livre des *Responsa* (au livre IX), il est probable que tous nos fragments appartiennent aussi à ce livre[2]. S'il en est ainsi, celui-ci aurait embrassé non-seulement toute la matière des fidéicommis, y compris le fidéicommis de liberté, comme le pensait Cujas[3], mais encore toute la matière des affranchissements[4].

Nos lambeaux faisaient partie d'un lot de papyrus et de parchemins trouvés en Egypte. Or, il y a quelques années, le Musée de Berlin a acquis une double feuille de parchemin, provenant du même pays, faisant sans doute partie du même fonds [5], et dans le texte qu'elle porte, MM. Krü-

---

[1] M. Dareste a bien voulu communiquer le résultat de mes observations à l'Académie des Inscriptions et Belles-Lettres (Séance du 17 août 1883) et à l'Académie des Sciences morales et politiques (Séance du 18 août). On trouvera la mention de cette communication dans la *Bibliothèque de l'Ecole des Chartes* et dans la *Revue critique d'histoire et de littérature*. Comme cette petite découverte a été faite simultanément par plusieurs, on me permettra d'établir ainsi en ma faveur, la priorité quant à sa publication; voyez d'ailleurs sur ce point, Scialoja : *Studi Senesi*, I, p. 98.

[2] Selon M. Dareste, les quatre lambeaux qu'il a déchiffrés, seraient pris au même feuillet du *Codex*.

[3] Cujas : *In libr. IX, Respons. Papiniani;* ad. leg. 31, *De minor.* « Totus hic liber est de fideicommissis, et non de fideicommissis tantum rerum singularum, sed etiam de fideicommissariis hereditatibus et de fideicommissariis libertatibus. »

[4] On peut remarquer cependant que le livre X traitait aussi des affranchissements. Voy., l. 20, D. xl, 1 ; l. 5, D. xl, 14.

[5] Huschke: *Die jüngst aufgefundenen Bruchstücke aus Schriften römischer Juristen.* Leipzig, 1880, p. 3 : « Sie stammen aus Ægypten (aus dem Fajjum) als Theil eines dortigen Fundes zahlreicher Bruchstücke von Papyrusschriften in vielen verschiedenen Sprachen, die, wie es scheint, sämmtlich der Christlichen Zeit angehören. » — Selon M. Maspero, l'éminent directeur des musées d'Egypte, la provenance serait autre. Vers 1876, 1877, on a découvert en Egypte une grande quantité de papyrus , et on a dit qu'ils venaient du Fayoum. En réalité, ils auraient été trouvés non loin du Sérapeum grec, dans les ruines d'une maison de Saqquarah , dépendant probablement d'une église qui avait remplacé le temple de Sérapis , et qui paraît s'être appelée l'église de Saint-Irénée. Les Arabes disent qu'on a trouvé le tout dans un grand coffre.

ger et Huschke ont reconnu des fragments du livre V des *Responsa* de Papinien; l'une des réponses est accompagnée d'une note de Paul [1]. Les lambeaux du Louvre et la feuille de Berlin auraient-ils appartenu au même *Codex?* On serait bien tenté de le croire, mais M. Dareste nie fort nettement qu'il en soit ainsi : « Il suffit, dit-il, pour s'en convaincre, de jeter un coup d'œil sur les reproductions photographiques de l'un et de l'autre manuscrit. » C'est là une question de paléographie sur laquelle je suis incompétent[2].

Les notes de Paul et d'Ulpien sur Papinien ont eu une fortune singulière. Leurs auteurs furent de ceux *quibus permissum erat jura condere;* ils figurent même parmi les cinq jurisconsultes, dont les écrits conservent seuls force de loi après la fameuse constitution de Théodose II et Valentinien III de l'an 426 [3]. Mais cette même constitution, séparant de leurs autres ouvrages leurs notes sur Papinien, enlève à celles-ci toute force légale [4]. Les empereurs ajoutent même que cette réprobation résultait de décisions déjà anciennes (*sicut dudum statutum est*), et l'on tient assez généralement qu'elle remonte à Constantin. Mais s'il est sûr que ce prince condamna en effet ces notes, quant à une hypothèse déterminée qu'il voulait mettre hors de controverse [5], il n'est point certain qu'il ait porté contre elles une sentence générale de condamnation.

Quoi qu'il en soit, n'y a-t-il pas là un point de repère qui permet d'assigner avec quelque vraisemblance une

---

[1] Voy. Huschke, *op. cit.*, p. 26, ssv.

[2] M. Krüger, *op. cit.*, (*Separatabdruck*, p. 5), déclare qu'il reconnaît une identité parfaite entre les deux manuscrits.

[3] L. 1, C. Th., *De resp. prud.*, I, 4.

[4] L. 1, C. Th., I, 4 : « Notas etiam Pauli atque Ulpiani in Papiani corpus factas, sicut dudum statutum est, præcipimus infirmari. »

[5] L. unic., C. Th., *De sententiam passis*, IX, 43 : « In quæstione testamenti quod deportati filius remeante patre fecisset, remotis Ulpiani atque Pauli notis, Papiniani placet valere sententiam, ut in patris sit filius potestate, cui dignitas ac bona restituta sunt, ita tamen ut gesta per filium, cujus consilium legitima ætas firmaverat, rata sint, eodem in potestatem patriam redeunte. » *Anno* 321. Voy. Gothofredus, sur la loi 1, C. Th., I, 4.

date approximative à notre manuscrit? Est-il vraisemblable, en effet, qu'on ait encore pris la peine de copier soigneusement un ouvrage juridique officiellement discrédité, et désormais dépourvu de toute valeur pratique? Si
cette réflexion est probante, il faudrait donner au *Codex*
une date antérieure au moins à l'année 426.

Pourquoi cependant et dans quelle mesure Constantin
et ses successeurs frappèrent-ils de réprobation les notes
d'Ulpien et de Paul? Il est difficile de le dire, et probablement nos textes ne nous l'apprendront pas. Sans doute,
les deux disciples n'avaient pas toujours respecté l'opinion
du maître, et l'avaient parfois vivement critiquée, mais
souvent aussi ils avaient mis heureusement en lumière
les conséquences possibles des décisions rendues par Papinien. Les empereurs ne condamnèrent-ils les notes que
lorsqu'elles contredisaient le texte principal[1]? Ou bien en
les frappant toutes sans distinction, voulurent-ils éviter
aux juges de la décadence des complications pour eux in-
surmontables? Cette dernière hypothèse me paraît plus
vraisemblable; elle cadre mieux avec les termes absolus
de la constitution de Théodose et Valentinien : si cependant on ne l'admet pas, ce que j'ai dit plus haut sur l'âge
probable de notre manuscrit, perd beaucoup de sa force.

Justinien leva l'interdit qu'avaient prononcé ses pré-
décesseurs. Il recommanda à ses compilateurs de prendre
ce qu'ils trouveraient d'utile dans les notes d'Ulpien et de
Paul sur Papinien, et de l'insérer au Digeste[2]. Les com-

---

[1] Gothof. *in leg.* 1, C. Th., I, 4 : « Id præstant notæ illæ ut commoda interpre-
tatione vel rationibus dicta Papiniani utiliter firment, vel ex eodem æquitatis fonte
et ex iisdem juris principiis similes vel contrarios casus decidant, extensionibus
vel exceptionibus appositis... Quanquam, neque a vero abest, sæpe inique et mor-
daci dente nimium iis notis Papinianum perstringi ut exemplo esse potest lex 116
D. *De verb. oblig.* Et forte etiam sensisse potuit hic Valentinianus de hujusmodi
notis, quibus a Papiniano abirent illi, non vero de his quæ iidem subjecere admi-
niculandæ vel sufflaminandæ Papiniani sententiæ. »

[2] L. 1, § 6, C. J., *De vetere jure enucl.* I, 17 : « Sed neque ex multitudine
auctorum, quod melius et æquius est judicatote, quum possit unius forsitan et

missaires usèrent d'ailleurs de cette permission avec une circonspection extrême : car on ne trouve au Digeste qu'un fort petit nombre des notes de Paul et une seule d'Ulpien[1]. Nos fragments indiquent dans leurs rubriques, sept notes d'Ulpien (frag. A, B, C, E, H, I), et quatre de Paul (frag. B, H et I) : peut-être contiennent-ils un plus grand nombre des unes ou des autres

II.

Abordons maintenant les textes eux-mêmes. Je ne les examinerai point tous, mais seulement ceux dont la lecture est suffisante pour donner un sens certain ou suffisamment vraisemblable.

FRAGMENT D.

Le fragment D, je l'ai dit plus haut, reproduit de la ligne 9 à la ligne 20 la loi 35, D. *De statuliberis*.

Le texte du manuscrit comparé avec celui du Digeste ne présenterait qu'une variante insignifiante (à la ligne 4, il donne peut-être *mancipium*, au lieu de *servus*). On

---

deterioris sententia et multas et majores in aliqua parte superare. Et ideo ea quæ in notis Æmilii Papiniani ex Ulpiano et Paulo, nec non Marciano adscripta sunt, quæ antea nullam vim obtinebant propter honorem splendidissimi Papiniani, non statim respuere, sed si quid ex his ad repletionem summi ingenii Papiniani laborum vel interpretationem necessarium esse perspexeritis, et hoc ponere legis vicem obtinens non moremini. »

[1] Gothof. *in leg.* 1, C. Th., I, 4 : « Cujusmodi Pauli ad Papinianum octo notæ referuntur : l. 1, id fin. D. *De officio ejus cui mandat. jurisd.;* l. 16, *De public. in rem actione;* l. 72, *De contrah. empt.;* l. 1, § 2, *De usuris et fruct.,* lex. ult., *De his quæ in testam. del.;* l. 42 pr., *De bonis libert.;* l. 116 pr., *De Verb. oblig.;* l. 8 pr., *De stipulat. præt. :* Ulpiani unica, quod sciam, l. 31, § 2, D. *De neg. gest. »*

ne peut dire si, à la première ligne, il contenait la double
négation que présente la loi 35, D. 40, 7, et qui la rend
fort difficile à expliquer[1] : je croirais volontiers qu'il n'y
avait qu'un seul *non*.

Le fragment D n'est pas épuisé. Il contient encore, dans
ses premières lignes, la fin d'un texte et, dans ses dernières, le commencement d'un autre, sans doute deux
réponses de Papinien.

De la première réponse (lignes 1 à 7), il reste un assez
grand nombre de mots; il en reste assez pour qu'il soit
permis de croire que l'espèce étudiée était à peu près
la même que celle que prévoit Africain dans la loi 15 pr.,
D. *De statulib.* (40, 7). Un esclave est affranchi directement dans le testament de son maître, à condition qu'il
donnera telle somme à l'héritier. Dès qu'il y a eu adition
de l'hérédité, cet esclave est *statuliber*, et lorsqu'il aura
accompli la condition, il sera libre. Mais l'héritier meurt
avant d'avoir reçu la somme : on avait admis que l'esclav
pourrait payer l'argent à l'héritier de l'héritier (L. 20, § 4;
l. 34 pr., D. 40, 7); mais, pour cela, il fallait attendre
que ce nouvel héritier eût fait adition. Cependant si, avant
cet événement, le *statuliber* avait dépensé utilement pour
l'hérédité jacente une somme égale à celle qu'il devait
donner, Africain, dans la loi 15 pr., et sans doute ici Papinien, décidaient qu'il acquérait immédiatement la liberté.
Je mets encore sous les yeux du lecteur, d'un côté, le texte
d'Africain, et d'autre part, la restitution partielle que je
propose et qui diffère très peu de celle donnée par M. Dareste.

---

[1] Voyez Cujas, sur cette loi, dans ses *Réponses* de Papinien.

FRAGMENT D (lignes 1 à 8).
si m*oriatur heres*
tui [1] sint a(ut) ante *aditionem*
cond*itionem* impleverit
familiæ h(eredi)tariæ
ded*erat* quant(um) *dare*
jussus erat, *plerique*
me(cum) *ad* liber*tatem*
*pu*tant venire

L. 15 pr., D. XL, 7.

Africanus libro IX Quæstionum.

Mortuo herede, si statuliber locupletiorem hereditatem tanta pecunia, quantam dare sit jussus, fecerit veluti creditoribus solvendo, cibaria familiæ dando, statim eum ad libertatem esse venturum existimavit.

Quant au *responsum* qui terminait le fragment D il n'en reste que quelques mots. L'un d'eux paraît être le mot *separatim;* cela fait songer à une hypothèse prévue par plusieurs textes. Deux esclaves, comme cela arrivait souvent, ont été affranchis par le testament du maître, *sub conditione rationum reddendarum,* à condition qu'ils rendraient compte de leur gestion à l'héritier. Il n'y a aucune difficulté s'ils ont eu chacun une gestion séparée, *si separatim rationes gesserunt.* S'il y a eu, au contraire, gestion commune, l'affranchissement de l'un dépendra forcément de l'honnêteté ou de la bonne volonté de l'autre (Voy. L. 13, § 2, D. 40, 4; L. 13, § 2, D. 40, 7).

FRAGMENT H-K.

Le fragment H-K contenait tout d'abord deux *Réponses* de Papinien. La première, à laquelle appartenaient les quatre premières lignes, ne pourrait être restituée que d'une façon toute conjecturale. La seconde, au contraire, est encore la reproduction d'un texte inséré au Digeste, la loi 50 pr., *De manumissis testamento,* D. 40, 4.

La constitution, dont parle ici Papinien, est celle qui est rapportée intégralement aux *Institutes,* liv. III, tit. XI (*alias* XII), § 1. Elle suppose qu'un maître a fait un testa-

---

[1] M. Krüger lit au début de cette ligne *ra* et donne sa lecture comme certaine; le manuscrit me paraît porter plutôt *tui* ou *tua.*

ment contenant des affranchissements directs ou des fidéicommis de liberté. Le testateur étant mort, aucun héritier ne fait adition et le testament tombe, *irritum factum est*[1]; mais d'autre part, personne ne réclame la succession *ab intestat*. Les créanciers héréditaires se font alors envoyer en possession, pour faire vendre les biens du défunt. Les esclaves n'ont-ils pas perdu tout espoir de la liberté, les affranchissements étant tombés avec le testament qui les contenait? Marc-Aurèle leur donne une ressource nouvelle : l'un d'entre eux, ou même un étranger, pourra se faire adjuger les biens, en garantissant aux créanciers un paiement intégral ; et les affranchissements procéderont alors, *perinde ac si hereditas adita esset*.

Mais il pouvait arriver que l'*addictio bonorum* fût impossible. Avant la vente, le fisc pouvait réclamer ces biens sans maître, sauf à tenir compte de leur valeur aux créanciers, *bona agnoscere* : alors les affranchissements n'étaient-ils pas frappés d'une caducité irrémédiable? Le rescrit de Marc-Aurèle prévoyait aussi ce cas, et décidait que là encore les esclaves deviendraient libres, comme s'il y avait eu adition d'hérédité[2]. De toute façon l'intérêt des esclaves était sauvegardé[3].

Mais une autre situation pouvait se présenter. Le testateur était mort sans qu'aucun héritier testamentaire ou *ab intestat* eût réclamé la succession : et, d'autre part, aucun créancier héréditaire n'entamait de poursuites. Dans ce cas, les biens étaient absolument vacants, et une loi spéciale, qu'Ulpien appelle la loi *Julia caducaria*[4], attribuait à l'État le patrimoine du défunt. Alors on était hors des termes du rescrit de Marc-Aurèle, et les affranchisse-

---

[1] Bien que le mot propre fût ici *destitutum*, le mot *irritum* s'employait aussi dans ce sens. Ulp., XXIII, 1.

[2] Inst., III, 11 (al. 12), § 1.

[3] Cependant si le défunt était mort insolvable, il n'était point indifférent qu'il y eût *addictio bonorum* ou *agnitio* par le fisc. L. 4, § 19, D. xl, 5.

[4] Ulp., XXVIII, 7.

ments tombaient : c'était là ce que décidait Papinien dans notre texte[1].

Le manuscrit, comparé à la loi 50 pr., D. 40, 5, présente une variante notable : il porte en effet « vacantibus *populo* vindicatis, » tandis qu'au Digeste on lit « vacantibus *fisco* vindicatis. » C'était bien au *populus* que la loi Julia attribuait les biens vacants, cela ressort de deux textes, l'un d'Ulpien et l'autre de Gaius[2]. La leçon du Digeste est donc le résultat d'une interpolation. Faut-il conclure de là qu'à l'époque de Papinien et d'Ulpien, les *bona vacantia* étaient encore attribués à l'*ærarium* et non au fisc, ou bien les jurisconsultes ne faisaient-ils que reproduire les termes, devenus inexacts, de la loi Julia ?

A la suite de cette réponse de Papinien, se trouve dans le fragment H une note d'Ulpien. Je renonce à la restituer à l'aide des quelques mots que M. Dareste a pu lire. Cependant nous avons un assez long commentaire d'Ulpien sur la constitution de Marc-Aurèle, LL. 2 et 4, D. 40, 5. Voici un passage dans lequel il traite la même question que vient de résoudre Papinien : « Eadem constitutio prospexit ut, si fiscus bona admiserit, æque libertates competant ; ergo sive jaceant bona fisco spernente, sive agnoverit,

---

[1] C'est ainsi que Cujas entend la loi 50 pr., D. xl, 5. « Nam si bona venitura non sint a creditoribus, si non urgeant creditores hereditarii, si bona puta solvendo sint, si locuples et luculenta hereditas, atque ideo nemine herede existente ex testamento vel ab intestato, ea bona fiscus vindicet et agnoscat tanquam vacantia ex lege Julia... tum vero cessat Constitutio Divi Marci, id est, libertates servis non competunt neque debentur. Et hoc est quod aït : alioquin vacantibus bonis fisco vindicatis non habere Constitutionem locum ; idque aït aperte caveri ipsa constitutione... Bona vacantia sunt, quod notandum, quæ nec heredes nec creditores ulli persequuntur. » Voyez aussi loi 96, § 1, D. xxx : « Quoties lege Julia bona vacantia ad fiscum pertinent, et legata et fideicommissa præstantur, quæ præstare cogeretur heres, a quo relicta erant. » Je remarque que dans ce texte, les *libertates* ne sont point nommées à côté des *legata* et des *fideicommissa*. Cf. L. 14, D. xlix, 14.

[2] Ulp., XXVIII, 7 : « Et si nemo sit ad quem bonorum possessio pertinere possit, aut sit quidem sed jus suum omiserit, *populo* bona deferuntur ex lege Julia caducaria. » Gaius, II, 150 (Studemund) : « Ea lege bona caduca fiunt, et ad *populum* deferri jubentur si defuncto nemo... »

Constitutio locum habet; ceterum si alia ratione agnoscat[1] apparet debere cessare constitutionem, quare et si *caducis legionis*[2] bona delata sint idem erit dicendum[3]. » La note contenait-elle une phrase semblable à celle-ci? Cela est assez probable. Mais nous savons par ailleurs qu'Ulpien avait certaines idées personnelles sur ce sujet[4].

Il est vraisemblable que dans le fragment H la note d'Ulpien finissait avec la ligne 18; à la ligne 19, qui commence par S majuscule, le texte de Papinien reprenait. Je croirais même que ce texte nouveau correspond au § 1 de la loi 50, D. 40, 4, faisant suite à la réponse plus haut étudiée. Ici, il est vrai, la lecture ne fournit guère de points d'attache. Cependant le *siderantibus* de l'avant-dernière ligne du manuscrit répond bien à *desiderantibus* qui est le mot antepénultième du § 1. J'ajouterai que si l'on considère d'un côté la longueur respective du *principium* et du § 1 de la loi 50, et d'autre part le nombre de lignes qu'auraient respectivement occupées les deux *Réponses* dans le manuscrit, ma supposition se trouve encore renforcée[5].

Une note de Paul suivait ce dernier *Responsum;* il n'en reste que la rubrique.

FRAGMENT C.

Il présente deux colonnes. L'une, celle de gauche, porte seulement un ou deux mots à chaque ligne, mais elle sert, comme nous verrons bientôt, à compléter un autre frag-

---

[1] Cujas commente ainsi ces mots : « Alia ratione fisco agnoscente bona , *id est,* non instantibus creditoribus, non urgentibus aut opprimentibus, paucis aut nullis existentibus creditoribus, constitutioni locum non esse, non competere libertates. »

[2] Cujas corrige ainsi ces deux mots : *caducariis legibus.*

[3] L. 4, § 17, D. xl, 5.

[4] L. 15 pr., C. J., VII, 2.

[5] Cette supposition est très nettement confirmée par la lecture de M. Krüger, *op. cit.,* p. 10, 16.

ment. Celle de droite a été plus épargnée, et M. Dareste, sauf pour une ligne, donne ici sa lecture comme certaine.

Le texte commence par une note d'Ulpien, qui constate une différence entre les affranchissements testamentaires et ceux entre-vifs : « Exceptis qui testamento liber-(ta)tem *acce*perunt. » De quoi s'agissait-il? Sans doute, comme le montre la phrase suivante, des affranchissements qui exigent une *causæ probatio* préalable : « Quod si v(erb)is f(idei)c(ommissi) libertatem acceperunt eorum causam probandam. »

La *causæ probatio* était, on le sait, nécessaire dans deux cas : 1° lorsque le maître qui voulait affranchir était mineur de 20 ans; 2° lorsque l'esclave à affranchir était mineur de 30 ans[1].

Mais qu'il s'agît de l'une ou de l'autre hypothèse, la *causæ probatio* supposait toujours un affranchissement entre-vifs, fait *vindicta;* elle ne s'appliquait pas à l'affranchissement testamentaire, comme le dit la note d'Ulpien. Le maître mineur de 20 ans ne pouvait en principe affranchir aucun esclave par son testament[2]. L'esclave mineur de 30 ans, affranchi testamentairement par un maître majeur, acquérait la liberté mais non la cité : il devenait latin Junien[3]. Je crois que dans notre texte il s'agissait de ce dernier cas.

Après ces mots « *Exceptis qui testamento libertatem acceperunt,* » vient cette phrase qui, sans doute, est la suite de la note d'Ulpien : « *Quod si verbis fideicommissi libertatem acceperunt, eorum causam probandam.* » C'est un texte parfaitement clair. L'affranchissement imposé par fidéicommis est, quant à la forme, un affranchisse-

---

[1] Dans le second cas, s'il s'agissait d'un affranchissement entre-vifs, et que la *causæ probatio* n'eût pas eu lieu, selon les uns l'affranchissement était nul; selon les autres il était valable, mais l'affranchi était, non pas citoyen romain, mais latin Junien.

[2] Voy. l. 3, D. xl, 4; l. 27, D. *Ibid.* Vide tamen, l. 5, C. J., VII, 4.

[3] Ulp., l. 12; Gaius, I, 18, 19.

ment entre-vifs; la *causæ probatio* s'y appliquera donc. Supposons que le grevé soit mineur de 20 ans, pour accomplir le fidéicommis de liberté il devra faire la *causæ probatio*[1]. Si l'esclave gratifié est mineur de 30 ans, et qu'il y ait une juste cause, l'héritier devra aussi *causam probare* : sans cela il pourrait tout au plus donner à l'affranchi la condition de latin Junien; on conçoit que, dans la mesure du possible, il lui devait la *justa libertas*.

Le fragment continue par une autre proposition qui contient bien une Réponse de Papinien (ligne 9, *in fine : r(espon)di*). Mais le texte est fort mutilé, et la lecture d'une ligne presque complète (ligne 8) est donnée comme incertaine. On peut voir cependant qu'il est question de *libertas fideicommissaria*, et aux lignes 10 et 11, en suivant l'ingénieuse restitution de M. Dareste, on lit : « Priusq(uam) usucapiat(ur) just*am libert*atem a f(idei)c(ommis)s(ar)io *non posse accipere.* » A lui seul ce bout de phrase présente un sens complet, et peut aider à deviner ce qui le précède et ce qui le suit. Voici, je crois, dans quelle hypothèse il nous place.

Un fidéicommis d'hérédité a été restitué par l'*heres* au *fideicommissarius*. Le fidéicommissaire veut alors affranchir un esclave compris dans le patrimoine restitué : peut être a-t-il été chargé (*rogatus*) par le défunt de faire cet affranchissement. Il ne pourra, dit le texte, conférer au *servus* la *justa libertas* que lorsqu'il l'aura usucapé. C'est qu'en effet la restitution faite par l'héritier, acte dénué de toute forme, a fait acquérir au fidéicommissaire la seule propriété bonitaire, non le *dominium ex jure quiritium* sur les *res mancipi* comprises dans l'hérédité[2]. Et celui qui a seulement un esclave *in bonis*, sans en être le *dominus ex jure quiritium*, ne peut point avec la liberté lui conférer la cité romaine, *justa libertas* : il ne peut

---

[1] L. 20 pr., § 1, D. xl, 1 ; l. 4, § 18, D. xl, 5.
[2] Voy. l. 37 pr.; l. 63 pr., D. xxxvi, 1.

en faire qu'un latin Junien[1]. D'autre part, ayant l'esclave *in bonis,* le fidéicommissaire est *in causa usucapiendi,* et lorsqu'il aura accompli l'usucapion, et acquis ainsi le *dominium,* il pourra faire un affranchissement *optimo jure.*

Mais entre la restitution de l'hérédité et l'usucapion accomplie au profit du fidéicommissaire, ne pourrait-on pas songer à une autre *manumissio,* émanant d'une autre personne? Le *fiduciarius* ne pourrait-il pas affranchir l'esclave? Non[2]. Sans doute il a gardé le *nudum dominium ex jure quiritium;* mais il n'a point la *potestas :* l'affranchissement serait inefficace[3]. Cependant il n'est point certain que l'acte du *fiduciarius* fût dénué de tout effet. On pourrait croire qu'il contenait une renonciation au *nudum jus quiritium,* et rendait le fidéicommissaire plein propriétaire du *servus*[4]. Ne pourrait-on pas dire aussi qu'au point de vue du *jus quiritium,* l'esclave devenait un *servus sine*

[1] Ulp., I, 16; Gaius, I, 167.

[2] Cela me paraît décidé implicitement par la loi 70, § 1, D. xxxvi, 1. Ce texte examine les conséquences des actes dommageables que le fiduciaire peut commettre quant aux objets compris dans le fidéicommis d'hérédité. Il se place successivement avant et après la restitution : dans la première hypothèse il mentionne les affranchissements ; dans la seconde il n'en fait plus mention. C'est qu'alors ils sont devenus impossibles pour le fiduciaire.

[3] Frag. Dosith., § 9. — Cependant si c'était le fiduciaire lui-même qui avait été chargé d'affranchir l'esclave, on admettait qu'il pouvait l'affranchir même après la restitution. L. 20, D. xl, 5. On supposait fictivement que l'esclave n'avait pas été compris dans la restitution : « Bellissime Aristo et Octavenus putabant hanc servum de quo quæreretur fideicommissariæ hereditatis non esse, quia testator rogando heredem ut eum manumitteret, non videtur de eo restituendo censisse. » Cependant Julien apportait à cette doctrine une restriction : « Si vero servum susceperit is cui restituta hereditas fuerit ipsum competit manumittere. » Je croirais qu'il y avait dans le texte *usuceperit,* au lieu de *susceperit,* ou peut-être *mancipio acceperit.* — Pour le cas où un esclave, en faveur duquel existait un fidéicommis de liberté, changeait de mains avant d'être affranchi, des constitutions impériales levèrent toute difficulté en décidant qu'il pourrait demander à être affranchi à son choix soit par le propriétaire actuel soit par le grevé. L. 24, § 21 ; l. 23, § 1, D. xl, 5.

[4] Vangerow : *Uber die Latini Juniani,* p. 43. Voyez Cantarelli : *I latini Juniani,* p. 53, ssv. — Ce serait un résultat analogue à celui qui se produisait quand un des copropriétaires d'un esclave l'affranchissait seul. *Frag. Dosith.,* § 10.

domino [1]? Ce qui fait songer à une semblable opinion, ce sont les mots qu'on lit à la ligne 9 de notre fragment : « *Sine domino e(ss)e r(espon)di.* »

Avant l'usucapion accomplie par le fidéicommissaire, celui-ci, par une entente avec l'*heres*, pouvait cependant assurer à l'esclave la *justa libertas*. Il n'avait qu'à rendre l'esclave à l'*heres*, pour que ce dernier l'affranchît; mais il perdait alors les droits de patronat.

FRAGMENT B-C (1re colonne).

Le fragment B-C est de tous le plus intéressant, et c'est celui dont la lecture peut être établie avec le plus de certitude au moins, pour la première partie, lignes 2 à 14 [2]. En m'aidant des lectures publiées successivement par MM. Dareste, Alibrandi et Krüger, et après avoir étudié avec soin une nouvelle épreuve photographique qu'a bien voulu me communiquer M. Dareste, je crois pouvoir donner pour ces lignes la lecture suivante que je considère comme définitive [3].

> Servos ab eo qui n codit cens
> ante crimen inlatum mmis
> ad lib·tem pervenire placuit *m*
> missi qq similiter ut patronus
> incensorum crimine *tene*
> bunt.

---

[1] C'était ce qui se produisait lorsque le nu-propriétaire d'un esclave l'affranchissait. L. 1, C. J., VII, 15. M. Huschke paraît avoir été inspiré par une idée semblable lorsqu'il a proposé la restitution suivante de ce passage : « Servum in bonis fideicommissarii, fideicommisso data libertate, ut eum qui vindicari potest ob usumfructum, si manumittatur statim, cum potest fideicommissarius, sine domino esse respondi, neque eum priusquam usucapiatur, justam libertatem a fideicommissario posse accipere. »

[2] La première ligne ne contient que les lettres *cessis* qui terminaient un précédent *responsum*.

[3] Les lettres en italiques sont seules à considérer comme douteuses.

ULP. — Q a m e census tempore
n fuerint lib·*tem*. . . . . .

PAUL. — Si cluso censu *m*missi sunt
nec p·tea census. . . us e incen
sorum pœnis n. . . . .

PAUL. — Quare ipsi si cluso cen. . .
missi sunt [1]. . . . . *lib·tem*.

Ce qui me conduit à cette restitution, dont le sens me
paraît satisfaisant [2]:

Servos ab eo qui n(on) co(n)dit cens(um) [3]
ante crimen inlatum m(anu)mis(sos)
ad lib(erta)tem pervenire placuit ; [*manu*]
missi q(uo)q(ue) similiter ut patronus
incensorum crimine *tene-*
bunt(ur).

ULP(IANUS). Q(ui) a(utem) m(anumissi) e(rant) census tempore
n(ec) fuerint lib(erta)*tem* [*professi*].

PAULUS. — Si cluso censu [*manu*]missi sunt,
nec p(os)tea census [*act*]us e(st) incensorum pœnis n(on) [*tenebuntur*].

PAUL(us). — Quare ipsi si cluso cen(su) [*manu*]
missi sunt [*suam*] *lib*(erta)*tem* [*profiteri non possunt*].

---

[1] M. Krüger, *op. cit.*, p. 14, n'a rien vu sur la photogravure après le mot *sunt :*
« Hinter *sunt* ist leerer Raum ; die nota ist unverständlich, » dit-il. Sur l'épreuve
photographique que j'ai sous les yeux, il y a, au contraire, après *sunt*, des traces
de lettres qu'on ne saurait méconnaître ; j'y lis distinctement, quoique à moitié
effacés, les *b* et *m* que j'ai notés comme certains.

[2] Les compléments sont mis entre parenthèses ; les suppléments sont mis en
italiques et entre crochets.

[3] *Condere censum* est une expression qui ne me paraît point étrange pour désigner l'acte du particulier qui fait sa déclaration aux censeurs ; elle rappelle
condere testamentum.

Un maître d'esclaves, frauduleusement ne s'est pas fait inscrire au cens : en vertu de la vieille loi romaine il peut être pour ce fait frappé de *maxima capitis deminutio* et de la confiscation de ses biens. Le *census* transformait un esclave en homme libre et en citoyen, lorsque l'esclave venait s'y faire inscrire en cette qualité avec le consentement de son maître[1]; mais à l'inverse par la logique brutale des vieilles institutions, le citoyen qui s'était dérobé au *cens* devenait esclave; l'*incensus* et sa *familia* étaient vendus au profit de l'État[2].

Il est très notable que Papinien, Paul, Ulpien parlent ici du *cens* comme d'une institution encore en vigueur[3]. Cependant depuis Vespasien, depuis l'année 74, P. C., il n'y avait point eu de *lustrum conditum*[4], et dans un passage de ses *Regulæ*, Ulpien parle du *census,* comme d'une chose disparue[5]. Mais en réalité l'institution dormait plutôt qu'elle n'était abrogée; la volonté du maître pouvait à tout moment la tirer de son long sommeil, bien qu'elle ne présentât plus de réelle utilité. Une velléité de ce genre se produisit sous Decius; on voulut même alors confier le soin de *condere lustrum,* non à l'empereur mais à un

---

[1] Ulp., I, 8.

[2] Cicéron : *Pro Cæcina,* XXXIV, 99 : « Jam populus quum eum vendit qui miles factus non est non adimit ei libertatem, sed judicat non esse eum liberum, qui, ut liber sit, adire periculum nolit; quum autem incensum vendit hoc judicat, quum ei qui in servitute justa fuerunt censu liberentur, eum, qui, quum liber esset, censeri noluerit, ipsum sibi libertatem abjudicavisse. » — *Table de Bantia,* § 4, lign. 19, ssv.

[3] Il me paraît en effet impossible d'admettre avec M. Alibrandi que notre texte parle non pas du *census* proprement dit, mais des *professiones* provinciales.

[4] Censorinus : *De die natali,* c. 18 : « Nam, cum inter primum a Servio rege conditum lustrum, et id quod ab imperatore Vespasiano V et Cæsare III coss. factum est, anni interfuerint paulo minus sexcentis quinquaginta, lustra tamen per ea tempora non plura quam septuaginta quinque sunt facta. Et postea plane fieri desierunt. » Censorinus, comme lui-même l'indique (ch. 21), écrivait en l'an de Rome 991. — Voy. Lange : *Römische Alterthümer,* I, 3ᵉ édit., p. 281. — Borghesi : *Censori romani,* OEuvres, tom. IV, p. 3, ssv.

[5] I, 8 : « Censu manumittebantur *olim,* qui lustrali censu Romæ jussu dominorum inter cives romanos censum profitebantur. »

particulier [1]. Comme l'institution du *cens*, subsistaient vir-
tuellement les anciennes pénalités contre les *incensi;* ce
sont sans aucun doute ces *pœnæ incensorum* dont parle
plusieurs fois notre texte. Ulpien lui-même donne ailleurs
la condamnation prononcée contre l'*incensus* comme un
exemple de *maxima capitis deminutio* [2]*;* et aucun texte n'indique qu'ici la peine ait été remplacée par une autre plus
douce, comme cela eut lieu pour les réfractaires [3]. Sans
doute si on eût eu à l'appliquer, on aurait hésité ; on se fût
probablement contenté de la confiscation des biens [4] ; mais
en droit elle subsistait.

Mais cette peine terrible n'atteignait point de plein droit
l'*incensus*; il fallait une accusation, une condamnation
régulière, sans doute dans la forme des *judicia populi*.
Avant que cette accusation ait été intentée il affranchit un
certain nombre de ses esclaves ; ces affranchissements sont-
ils valables ? Oui, répond Papinien [5], et cela est bien juridique, car seule la mise en accusation dans les crimes

---

[1] Trebellius Pollio : *Valerianus pater et filius*. « 1. Duobus Deciis coss. VI. Kal.
Novembr. die, quum ob imperatorias litteras in æde Castorum Senatus haberetur,
iretur que per sententias singulorum cui deberet censura deferri (nam id Deci
posuerant in Senatus amplissimi potestate), ubi primum Prætor edixit : *Quid
vobis videtur P. C. de censore eligendo?* ut que eum qui erat princeps senatus
sententiam rogavit, absente Valeriano... omnes una voce dixerunt, interrupto
more dicendæ sententiæ : « Valeriani vita censura est; ille de omnibus judicet qui est omnibus melior; ille de senatu judicet qui nullum habet crimen,
etc. »

[2] Ulp., XI, 11 : « Maxima capitis deminutio est, per quam et civitas et libertas
amittitur : veluti quum incensus aliquis venierit. » — Voy. Vering, *Institutionem*,
3e édit., p. 85.

[3] L. 4, § 10, D. XLIX, 16 : « Quid ad delectum olim non respondebant, ut pro-
ditores libertatis in servitutem redigebantur; sed mutato statu militiæ, recessum
a capitis pœna est, quia plerumque voluntario milite numeri supplentur. »

[4] Il y a des exemples de cette modération même pour les temps anciens. *Val.
Max.*, VI, 3, 4.

[5] Le texte qui suivait dans notre fragment les lignes que j'interprète proclamait
ce principe d'une manière fort explicite; voici, en effet, comment il commence
(restitution de M. Krüger) : « Apud veteres a(u)t(em) anteq(uam) *incensus* do-
minus judicaret(ur) *lib*(*erta*)tes obtinere constitit. »

capitaux enlevait au *reus* la faculté d'affranchir ses esclaves, bien qu'il en fût encore propriétaire[1].

Mais Papinien ajoute que les esclaves affranchis seront comme leur patron, c'est-à-dire l'*incensus,* soumis aux *pœnæ incensorum.* Voilà une décision qui paraît incompréhensible. Ces esclaves sont innocents de la faute de leur ancien maître, comment peut-on leur en faire supporter le poids? C'est que l'espèce, soumise à Papinien présentait quelque chose de particulier. Les esclaves dont il s'agissait avaient été affranchis avant l'ouverture du cens ou alors que le *census* était encore ouvert, avant le *lustrum conditum;* dès lors, ils devaient eux-mêmes se présenter aux censeurs et requérir leur inscription, en déclarant leur liberté. S'ils ne l'ont point fait ils sont *incensi* eux-mêmes, et la peine qui les frappera sera d'autant mieux méritée, que s'ils n'ont pas fait leur *professio,* c'est peut-être pour ne point attirer sur leur patron l'attention des censeurs. Tout cela résulte de la note dont Ulpien fait suivre la réponse de Papinien : « Cette décision, dit-il, ne s'applique qu'à ceux qui étaient affranchis à l'époque du *census* et qui n'ont point déclaré aux censeurs leur qualité d'hommes libres. » Les deux notes de Paul ne font que continuer cet ordre d'idées en limitant encore la portée de la décision de Papinien : « Si, dit-il, les esclaves ont été affranchis par l'*incensus* après la clôture du *census,* et que postérieurement il n'ait point été ouvert un nouveau cens, ils ne sauraient être frappés des *pœnæ incensorum.* » En effet « si ils ont été affranchis après la clôture du cens, il leur a été impossible de faire devant les censeurs leur *professio libertatis.* »

Tel me paraît être le sens de notre texte, dont toutes les parties s'enchaînent ainsi dans un ordre simple et naturel.

---

[1] L. 8 § 1, D. xl, 1 ; cf. L. 15, D. xl, 9; cependant parfois on annulait les affranchissements antérieurs à l'accusation. L. 8, §§ 2, 3, D. xl, 1 ; l. 15, D. xl, 9.

QUELQUES LETTRES DE SIDOINE APOLLINAIRE.

---◄◄◦◦◊◦►---

Le droit dans la Gaule romaine au cinquième siècle : la *Compositio*; — le colonat; — le prêt d'argent; — le mariage; — le *Comes civitatis*.

La correspondance de Sidoine Apollinaire est un document capital pour l'histoire de la Gaule au cinquième siècle : elle éclaire souvent d'un trait de lumière cette heure trouble où la Gaule romaine agonisait, enserrée par les barbares. Peu d'existences égalent celle de Sidoine en éclat et en variété. Il était fils d'un préfet du prétoire des Gaules et fut gendre d'un empereur; il obtint les dignités de *præfectus Urbi* et de patrice; il connut la haute politique, ses triomphes et ses revers; retiré ensuite dans ses terres d'Auvergne, il mena la vie du grand propriétaire provincial, il fut enfin l'évêque d'une cité qui lutta longtemps contre les Wisigoths, et que l'Empire finit par livrer au barbare. Il nous fait voir la fin d'un monde : il a l'impression vive d'un témoin et parfois le coup d'œil d'un homme supérieur. Aussi M. Eugène Baret a rendu à la science un signalé service en donnant une nouvelle édition critique des œuvres de Sidoine[1]; en même temps, dans une remarquable introduction, il a dégagé, avec une

---

[1] *Œuvres de Sidoine Apollinaire* publiées pour la première fois dans l'ordre chronologique d'après les mss. de la bibliothèque nationale, par M. Eugène Baret, inspecteur général de l'instruction publique. Paris, Thorin, 1879. 1 vol. gr. in-8°.

grande sagacité, tous les enseignements que peuvent fournir ces œuvres pour l'histoire générale. Mais, dans le détail de la correspondance, le juriste peut encore trouver
des renseignements précieux pour l'histoire des institutions publiques ou privées : c'est ce que je voudrais montrer par quelques exemples qui seront loin d'ailleurs d'é-
puiser la matière.

I.

Il est très difficile de déterminer le droit qui régnait en
Gaule après l'établissement des barbares, et spécialement
dans la monarchie franque. Non-seulement les documents
sont rares et incomplets, mais surtout nous sommes à une
époque de transition et de fusion. Le droit conservé par
les Gallo-Romains, les usages importés par les barbares
se modifient par une pénétration réciproque, et peu à peu
de ce mélange résulte un droit commun, une moyenne
locale variant selon les pays, source directe des coutumes
territoriales de notre ancienne France. Que la coutume
germanique ait promptement ressenti l'influence du droit
romain, cela s'explique aisément, elle subissait l'influence
naturelle d'un élément supérieur. Mais on constate aussi
que les Romains, bien qu'ils aient gardé la jouissance de
leur loi personnelle, acceptent très vite, même dans leurs
rapports entre eux, certaines règles souvent fort grossières
de la coutume germanique. C'est là un fait plus surprenant et qui mérite une explication. Sans doute, des causes
multiples ont contribué à produire ce résultat; l'exemple
des conquérants, l'organisation des tribunaux, où dominait peut-être la tradition germanique, doivent être
comptés parmi les principales. Mais il faut reconnaître
aussi que, pour cette transplantation rapide des usages

germaniques, le terrain gallo-romain était bien préparé
d'avance. Là même où les barbares ne s'étaient pas encore
établis en maîtres, la société romaine tendait au point de
vue du droit, à revenir vers la barbarie. L'administration
de l'Empire, de plus en plus énervée et épuisée, se montrait impuissante à maintenir l'ordre et à distribuer la
justice : aussi les hommes apprenaient peu à peu à se
passer d'elle, à se protéger eux-mêmes, et, par un travail latent, derrière la législation officielle, souvent réduite à l'état de lettre morte, des usages s'introduisaient,
pour assurer aux hommes la justice en dehors de la loi,
la sécurité sans le secours de l'Etat. Ainsi reparaissaient
à la surface quelques-unes de ces idées primitives et simples qui sommeillent si longtemps dans la conscience populaire : il s'établissait des pratiques rappelant les institutions des races peu avancées en civilisation. Souvent il
s'était ainsi établi d'avance, chez les Gallo-Romains, un
usage populaire qui présentait une ressemblance frap-
pante avec une coutume germanique. Sur le sol de la
Gaule, les institutions des anciens et des nouveaux habitants devaient aisément se confondre, lorsqu'elles s'étaient
ainsi rapprochées les unes des autres : chez les uns, la
notion de l'Etat n'était point encore complètement développée; chez les autres, elle s'obscurcissait et se perdait
en partie. C'est là, je crois, une idée juste et qui peut
expliquer bien des choses : j'en veux montrer une application spéciale dont les lettres de Sidoine me fourniront
la confirmation[1].

Plusieurs formules de l'époque franque nous montrent
un Romain qui en poursuit un autre à raison d'un crime ;

---

[1] Ce travail était déjà terminé et sorti de mes mains, quand a paru le nouvel
ouvrage de M. Fustel de Coulanges : *Recherches sur quelques problèmes d'histoire*,
où cette question de la *compositio* est également abordée, p. 450 et suiv. En se
reportant à l'étude de M. Fustel de Coulanges, le lecteur pourra voir aisément
en quoi mes conclusions concordent avec celles de l'illustre historien, mais aussi
en quoi elles en diffèrent profondément.

on constate qu'il s'agit d'un fait puni par la loi romaine d'une peine afflictive, de la peine de mort; mais il est dit que grâce à l'intervention de *boni homines*, grâce particulièrement à l'intervention des *sacerdotes*[1], l'accusateur renonce à sa poursuite moyennant une indemnité. Il y a *transactio, compositio*, le coupable s'obligeant à payer une somme déterminée.

Tantôt cette transaction intervient avant tout jugement[2], tantôt elle se produit après qu'il a été rendu un jugement constatant que la peine capitale a été encourue[3], sans qu'on puisse toujours savoir exactement si l'on a affaire à un jugement proprement dit ou à un arbitrage. Dans un cas, il s'agit d'un homme misérable qui a volé et qui, mis à la torture, fait l'aveu de son crime[4]; un tiers le délivre en payant pour lui. Le titre qui constate ces transactions s'appelle *carta compositionalis* ou *securitas*.

Comment expliquer ces usages parmi les Gallo-Romains[5]? Une idée tout naturellement se présente à l'esprit:

[1] De Rozière : *Recueil des formules usitées dans l'empire des Francs*, n° 241 : « Intervenientes sacerdotes vel bonis hominibus. » Cf. n°s 242, 511.

[2] De Roz., n° 241 (Sirmond, 16); il s'agit d'un rapt, et la formule commence par un extrait de la *Lex romana Wisigothorum* : Paul, *Sent.*, II, 20, 2, *interpretatio*. — De Roz., n° 245 (Sirmond, 17).

[3] De Roz., n° 465 (Sirm., 32) : « Tunc ipsi viri qui ibidem aderant, tale dederunt judicium ut secundum legem romanam pro hac culpa ambo pariter vitæ periculum incurrissent. » v° 508 (Andegav., 43); n° 509 (Andegav.,26). — N° 510 (Sirm., 39) : « Germano meo vel quolibet parente interfecisti unde et postea ex hoc conprobatus apparuisti et ante me apud illum judicem in rationes fuisti, et pro integra conpositione pro jam dicto parente meo, pro ipsa morte, sicut mihi bene complacuit argentum solidos tantos dedisti, ideo hanc epistolam securitatis tibi ex hoc emittendam decrevi... ut ducti atque securi in omnibus exinde valeatis residere. »

[4] De Roz., n° 49 (*Andegav.*, 3) : « Quia conjunxerunt mihi culpas et meas magis negligencias pro furta quid feci unde ego in turmentas fui et eologias feci, et morte periculum incurrere debui, sed abuit pietas vestra datis de ris vestris solidus tantus. »

[5] Les formules que j'ai citées sont considérées à juste titre comme visant des Gallo-Romains, soit parce que le texte le dit explicitement, ou implicitement par une référence à la loi romaine, soit parce qu'elles appartiennent aux formules d'Anjou ou aux formules de Tours (form. de Sirmond), écrites pour une popula-

c'est là une imitation des coutumes importées par les barbares ; c'est la pratique de la composition et du *Wehrgeld,* qui, malgré le système de la personnalité des lois, passe des conquérants aux anciens habitants du pays. « Les Romains, » dit M. Bethmann-Hollweg, « s'habituaient peu à peu, même dans leurs rapports entre eux, à substituer le *Wehrgeld* et les autres compositions à la peine de mort portées par les lois romaines[1]. » Certes, on ne saurait nier cette influence, lorsqu'on voit d'autre part les Romains adopter la *purgatio* de l'accusé par le serment et les *cojurantes.* Mais il nous paraît certain que la pratique de ces compositions s'était déjà largement développée chez les Gallo-Romains avant qu'ils eussent les barbares pour maîtres.

Le droit romain de l'Empire admettait encore qu'à l'occasion d'un crime capital, une transaction pouvait intervenir entre l'auteur et la victime ou les parents de la victime, lorsque celle-ci n'existait plus[2]. Cela coïncidait bien d'ailleurs avec une autre règle d'après laquelle les proches d'un défunt avaient le devoir et le droit, préférablement à toute autre personne, de poursuivre ses meurtriers ; cela cadrait aussi avec le principe qui fait, en matière d'accusation, une condition spéciale et privilégiée à toute personne

---

tion où dominait de beaucoup l'élément romain. D'ailleurs d'autres formules presque pareilles paraissent au contraire viser des hommes de race barbare : il s'agit alors de crimes, comme l'assassinat, le rapt, le vol, à l'occasion desquels les capitulaires (*Decretio Childeberti*, c. 4, 5; *Rib.*, 79), prononçaient des peines afflictives contre tous les sujets sans distinction de race. Voyez : De Roz., 467 (homicide); de Roz., 511, = Marc, II, 18 (homicide); de Roz., 242 (rapt); de Roz., 243, = Marc, II, 16 (rapt); de Roz., 50 (vol); de Roz., 52, = Marc, II, 28 (*Casus gravis*).

[1] *Der civilprozess d. gem. Rechts,* tome IV, p. 460. M. Bethmann-Hollweg ne cite, il est vrai, à l'appui de sa thèse, que les formules *Sirm.,* 32, *Andegav.,* 43 et 3, dans lesquelles c'est après un jugement que la *Compositio* est substituée à la peine.

[2] L. 18, C. II, 4 (Diocletian. et Maximian.) : «Transigere vel pacisci de crimine capitali, excepto adulterio, prohibitum non est : in aliis autem publicis criminibus, quæ sanguinis pænam non ingerunt, transigere non licet citra fals accusationem. »

« quæ suas suorumque injurias persequitur [1]. » C'étaient là autant de traits que le droit pénal des Romains avait conservés de ses premières origines.

Au milieu de l'anarchie qui troubla la Gaule au cinquième siècle, les Romains durent faire un grand usage de cette faculté de transiger, de s'accommoder en matière criminelle. Au lieu de poursuivre une justice difficile à obtenir devant les tribunaux, les parties s'habituèrent à composer entre elles, soit spontanément, soit grâce à l'intervention des évêques, qui, par là, se substituaient aux juges. C'est ce que vont nous montrer deux lettres de Sidoine Apollinaire.

La première est, dans l'édition de M. Baret, la septième du livre V[2]; l'éditeur en place la date entre les années 468 et 469, avant la promotion de Sidoine à l'épiscopat. En voici le texte qui est fort court.

« Sidonius Pudenti suo salutem. — Nutricis meæ filiam filius tuæ rapuit : facinus indignum, quodque nos vosque inimicasset, nisi protinus scissem te nescisse faciendum. Sed conscientiæ tuæ purgatione prælata, petere dignaris culpæ calentis impunitatem. Sub conditione concedo, si stupratorem, pro domino jam patronus, originali solvas inquilinatu. Mulier autem illa jam libera est. Quæ tunc demum videbitur non ludibrio addicta, sed accepta conjugio, si reus noster pro quo precaris, mox cliens factus e tributario, plebeiam potius incipiat habere personam, quam colonariam. Nam meam hæc sola seu compositio, seu satisfactio, vel non mediocriter contumeliam emendat; qui tuis votis atque amicitiis hoc adquiesco, si laxat libertas maritum, ne constringat pœna raptorem. Vale. »

On le voit, il s'agit ici d'un rapt. Le fils de la nourrice de Pudens (un colon) a enlevé la fille de la nourrice de Sidoine (une affranchie). Le ravisseur a d'ailleurs agi à l'insu de son maître, qui écrit à Sidoine pour lui déclarer qu'il a tout ignoré et pour le prier de ne point poursuivre

---

[1] Voyez Leist : *Continuation des Pandectes de Gluck*, cinquième partie, p. 65, ssv.

[2] Dans les éditions anciennes, c'est la dix-neuvième du livre V.

le coupable[1]. La peine encourue était la mort dans la législation du Bas-Empire[2], et même d'après une loi de Constantin, insérée au Code Théodosien, le consentement de la jeune fille ravie ne disculpait, dans aucun cas, le ravisseur : il la rendait également punissable. Cette loi défendait aussi aux parents de la jeune fille de donner après coup leur consentement au mariage; s'ils le faisaient, au lieu de poursuivre le coupable, ils étaient punis de la déportation[3].

Malgré cette législation alors en vigueur, Sidoine, parlant au nom de la mère, accorde la demande qui lui est adressée : il ne poursuivra pas à la condition que Pudens affranchira le ravisseur et que celui-ci épousera alors la fille qu'il a enlevée. En dépit de la loi, l'habitude de semblables transactions s'était introduite[4]; cela ressort des termes mêmes que Sidoine emploie : « *Hæc sola compositio seu satisfactio* vel non mediocriter contumeliam emendat. » Cette lettre a pour pendant exact quelques-unes des *cartæ compositionales* plus haut citées; elle contient d'ailleurs d'autres renseignements précieux pour l'histoire du droit et j'y reviendrai dans un instant.

La seconde lettre est plus remarquable encore. C'est la troisième du livre VI, dans notre édition (*alias* VI, 4); elle

---

[1] Le patron était autorisé par le droit et obligé par les mœurs à poursuivre les crimes commis contre ses affranchis. Voy. Leist, *op.* et *loc. citatis*.

[2] Rein : *Das criminalrecht der Römer*, p. 394, 395.

[3] L. 1, C. Th., IX, 24 : « Parentibus, quorum maxime vindicta intererat, si patientiam præbuerint ac dolorem compresserint, deportatione plectendis. » Voyez le commentaire de Godefroy.

[4] La loi de Constantin est reproduite dans la *Lex romana Wisigothorum; l'Interpretatio* exprime en termes plus clairs le traité prohibé entre les ravisseurs et les parents de la jeune fille. Hænel, p. 192 : « Quod si fortasse raptor cum parentibus puellæ paciscatur et raptus ultio parentum silentio fuerit prætermissa.... parentes vero, qui raptori in ea parte conseuserint, exilio deputentur. » L'Epitomé *de Saint-Gall* (*Lex Romana utinensis*), désigne cette transaction par le mot *compositio*, le même mot qu'emploient Sidoine et les formules; *Ibid.*, p. 193 : « Quod si raptor cum parentes puelle absconse pagaverit *aut compositionem acceperint...*, parentes... in exilio deputentur. »

doit être datée, selon M. Baret, de l'année 471, et remonte ainsi aux premiers temps de l'épiscopat de Sidoine.

« Sidonius domino papæ Lupo S. — Præter officium quod incomparabiliter eminenti apostolatui tuo sine fine debetur, etsi absque intermissione solvatur, commendo supplicum bajulorum pro nova necessitate vetustam necessitudinem : qui in Arvernam regionem longum iter, his quippe temporibus, emensi, casso labore venerunt. Namque unam feminam de affectibus suis, quam forte Vargorum (hoc enim nomine indigenas latrunculas nuncupant) superventus abstraxerat, isto deductam ante aliquot annos, isticque distractam, quum non falso indicio comperissent, certis quidem signis, sed non recentibus inquisivere vestigiis. Atque obiter hæc eadem laboriosa, priusquam hi adessent, in negotiatoris nostri domo dominioque palam sane venumdata defungitur; quodam Prudente (hoc viro nomen, quem nunc Tricassibus degere fama divulgat) ignotorum nobis hominum collaudante contractum ; cujus subscriptio intra formulam mundinarum, tanquam idonei adstipulatoris, ostenditur. Auctoritas personæ, opportunitas præsentiæ tuæ, inter coram positos facile valebit, si dignabitur seriem totius indagare violentiæ quæ, quod gravius est, eo facinoris accessit, quantum portitorum datur nosse memoratu, ut etiam in illo latrocinio quemdam de numero viantium constet extinctum. Sed quia judicii vestri medicinam expetunt civilitatemque, qui negocium criminale parturiunt, vestrarum, si bene metior, partium pariter et morum est, aliqua indemni compositione istorum dolori, illorum periculo subvenire ; et quodam salubris sententiæ temperamento, hanc partem minus afflictam, illam minus ream, et utramque plus facere securam; ne jurgii status, ut sese fert temporis locique civilitas, talem discedat ad terminum quale cœpit habere principium. »

Sidoine ici intervient comme évêque. Il s'adresse à un autre évêque, Lupus de Troyes, et il l'engage à jouer le rôle que nous voyons rempli dans nos formules par les *sacerdotes,* qui amènent les parties à composition. L'affaire qu'il lui soumet est des plus intéressantes.

Dans une région qu'il ne détermine pas expressément, mais qui doit être assez éloignée de l'Auvergne, un crime violent a été commis. Des brigands indigènes, de ceux qu'on appelle *Wargi,* ont fait une razzia : il y a eu mort d'homme et une femme a été enlevée par les brigands. Au bout de quelques années, les proches de cette femme ont

appris qu'elle avait été amenée à Clermont et vendue
comme esclave : ils ont fait un long voyage, sont arrivés
en Auvergne et ont pu retrouver, par des indices certains,
les traces de la malheureuse. Elle avait bien été vendue
à Clermont en plein marché et achetée par un marchand
de cette ville; mais elle était morte chez ce marchand pendant que ses parents étaient à sa recherche[1]. Cependant
cette recherche n'aura point été complètement vaine; si
l'on ne peut plus délivrer la captive, il n'est pas impossible
de la venger. Ceux qui l'ont vendue et même celui qui
l'a achetée, s'il connaissait sa qualité, ont commis un crime
puni, depuis l'Empire, de la peine capitale, le crime de
plagium.

Le marchand qui avait acheté la femme déclare qu'il ne
connaissait pas ceux qui la lui ont vendue; mais il n'a
point voulu conclure ce marché avec des inconnus sans
qu'un tiers se portât fort pour eux. Celui qui a joué ce
rôle est un certain Prudens, qui maintenant ne se trouve
plus à Clermont et qu'on sait habiter Troyes. Les parents
de la femme, sur l'avis de Sidoine, partent pour Troyes
avec une lettre de recommandation adressée à l'évêque
Lupus. Ces hommes couvent un procès criminel; mais ils
sont disposés à soumettre de préférence leur affaire à l'é-
vêque Lupus, à le prendre pour arbitre, substituant ainsi
un litige civil à une poursuite pénale. Sidoine conseille à
Lupus d'employer, en leur faveur, son autorité et de leur
prêter son concours; il le prie de faire comparaître en sa
présence les parties adverses (c'est-à-dire Prudens et les
parents de la femme enlevée) et de démêler toute la suite
de cette affaire.

---

[1] « In negociatoris nostri domo dominioque... defungitur. » Le mot *defungitur*
signifie ici *moritur* : cela ressort nécessairement du contexte. Cette phrase n'a
point été comprise par MM. Grégoire et Collombet : *OEuvres de C. Solius Apolli-*
naris Sidonius, traduites en français, tome II, p. 113. M. Baret lui-même, faisant allusion à cette lettre dans son introduction (p. 35), paraît croire que, lorsque Sidoine l'a écrite, la femme vendue comme esclave vivait encore.

Si Lupus accepte, quel sera son rôle? Le voici, dit Sidoine, tel qu'il est dicté à la fois par la fonction épiscopale et par la coutume : « Vestrarum, si bene metior, partium pariter et morum est, *aliqua indemni compositione istorum dolori, illorum periculo subvenire,* et quodam salubris sententiæ temperamento hanc partem minus afflictam, illam minus ream, et *utramque plus facere securam.* » Voilà la *compositio* substituée à la peine afflictive, en même temps que l'évêque est substitué au juge public. Sous la plume de Sidoine nous retrouvons les mêmes expressions que dans nos formules; *compositio, partem facere securam :* si Lupus réussit à concilier les parties, l'acte écrit qu'il fit dresser pour constater leurs conventions put s'intituler, à juste titre, *carta compositionalis* ou *securitas.* Sidoine indique d'ailleurs, en terminant, pourquoi une semblable intervention des évêques était fréquente. Il prie Lupus de prêter ses bons offices « ne jurgii status ut sese fert temporis locique civilitas, talem discedat ad terminum quale cœpit habere principium. » Dans ces pays et à cette époque, le droit et les pouvoirs réguliers offraient peu de secours; si, à la suite d'un crime, il n'y avait pas transaction, on en venait presque fatalement aux représailles et les violences anciennes engendraient ainsi de nouvelles violences.

Les deux lettres de Sidoine que je viens d'étudier nous fournissent, je crois, l'explication des formules plus haut citées; pas de toutes cependant. Nous avons vu en effet que quelques-unes d'entre elles, et par là même les plus remarquables, montrent l'intervention des *boni homines* ou des *sacerdotes* en vue d'une composition se produisant après qu'un jugement a déjà été rendu. Faut-il voir là une simple influence de la coutume germanique ramenant après coup à son niveau la pénalité des lois romaines? Je ne le crois pas; je le crois d'autant moins que toutes les formules de cette classe ne visent point des Romains; quelques-unes se rapportent à des hommes de race barbare et écartent d'eux les peines afflictives prononcées par les Capitulaires.

Je pense qu'il s'agit encore ici d'une certaine intervention sacerdotale, dont les textes du Bas-Empire nous fournissent de nombreux exemples. Il est certain que les prêtres, et surtout les évêques, intervenaient souvent et efficacement auprès des juges, pour soustraire les coupables à une condamnation capitale ou même à l'exécution d'une peine prononcée. Cela était possible grâce à l'autorité morale du clergé, grâce aussi aux pouvoirs larges et arbitraires qu'avaient les magistrats disposant du *jus gladii*[1]. Saint Augustin, dans une de ses lettres, a établi toute la théorie et présenté la justification de ces *intercessiones episcoporum*[2]. Répondant à Macédonius, vicaire d'Afrique, qui lui avait exprimé ses doutes quant à leur légitimité, il revendique hautement ce qui lui paraît être le droit du clergé[3] et définit nettement le rôle de l'*intercessor*[4]. Mais il met à sa doctrine un tempérament. Macédonius reprochait au clergé d'intercéder pour les coupables, alors même qu'ils se refusaient à restituer ce qu'ils avaient acquis par leur crime : saint Augustin proteste contre cette allégation ; il déclare que les évêques forcent ceux qui le peuvent de réparer le préjudice causé[5]. Il semble faire de cette réparation la condition même de l'absolution des coupables, l'évêque devant seulement, si

---

[1] Voyez ll. 15, 16, 24. C. Th., IX, 40; l. 31, C. Th., XI, 36, avec les commentaires de Godefroy; la loi 24, citée, parle de grands criminels « propter petitionem episcopi imminente pœna et carcere liberati. »

[2] Lettre 153 (depuis l'édition des Bénédictins); *OEuvres complètes de saint Augustin*, édit. Vivès, tome V, p. 355 et suiv.

[3] « Officii sacerdotii nostri esse dicamus intervenire pro reis, et, nisi obtinemus, offendi quasi quod erat officii nostri minime reportemus... Ideo compellimur humani generis caritate intervenire pro reis, ne istam vitam sic finiant per supplicium, ut ea finita non possint finire supplicium. »

[4] « Intercessor autem etiam cum de culpa constat pro pœna removenda vel temperanda curam agit. »

[5] « Nolentes autem restituere, quos novimus et male abstulisse et unde reddant habere, arguimus, increpamus, detestamur. »

l'accusé est pauvre, tâcher d'attendrir la partie poursuivante[1]. Ne voilà-t-il pas, dans l'Empire romain, le *sacerdos* intervenant auprès du juge, et faisant écarter la peine afflictive moyennant un arrangement pécuniaire entre l'accusateur et l'accusé, c'est-à-dire, exactement, ce que nous font voir nos formules? Sans doute, après l'invasion, les prêtres et d'autres, à leur exemple, purent jouer ce rôle *d'intercessores* plus facilement encore qu'autrefois; mais, ici encore c'est un usage né dans le monde romain, qui se continue et se développe dans la monarchie franque[2].

II.

Les deux lettres de Sidoine Apollinaire que j'ai utilisées fournissent encore sur d'autres points d'utiles renseignements; je demande la permission d'y insister.

Plus d'une fois, dans les textes de l'époque mérovingienne, il est parlé de colons affranchis[3]; d'autre part on admet généralement que, selon le droit romain, le colon ne pouvait être affranchi[4]. Or, la lettre de Sidoine à Pudens mentionne expressément un semblable affranchissement. Le ravisseur dont Sidoine exige la *manumissio* est bien un colon, car il est désigné par les mots *tributarius, colonaria persona;* sa condition est dite « *originalis inqui-*

---

[1] « Melius enim, etiamsi habet, amittis, quam si non habet, excrucias aut occidis. Sed pro istis magis apud eos qui repetunt quam apud eos qui judicant intercedere convenit. »

[2] La loi des Bavarois reproduit exactement l'idée qui dirigeait l'Eglise dans ces intercessions (Baj., I, 7, § 3) : « Nulla sit culpa tam gravis ut vita non concedatur propter timorem Dei et reverentiam sanctorum; quia Dominus dixit : qui dimiserit ei dimittetur. »

[3] Waitz : *Verfassungsgeschichte*, II, 1³, p. 244.

[4] Savigny : *Vermischte Schriften*, II, p. 30.

linatus[1].» Comment doit-on entendre cela, et que faut-il en conclure?

M. Roth en a tiré cette conséquence qu'à l'époque de Sidoine Apollinaire, les colons n'étaient plus comptés parmi les hommes libres[2]. D'autre part, M. Löning, visant les affranchissements de colons dont il est parlé dans la monarchie mérovingienne, prétend que tous les colons étaient alors considérés comme personnes libres, et que l'affranchissement qui a été introduit à leur profit a pour but non d'effacer la servitude, mais de les dégager des liens du colonat[3] : le savant historien verrait sans doute, dans la lettre de Sidoine, la preuve que cette transformation s'était déjà produite dans la seconde moitié du cinquième siècle.

Cependant, il est difficile de nier que dans cette lettre, il s'agisse d'un affranchissement véritable, donnant la liberté à celui qui en est l'objet. Non seulement il y est expressément parlé de l'octroi de la liberté, « *laxat libertas;* » mais encore il est dit que le maître va devenir *patronus* de *dominus* qu'il était; on oppose le ravisseur à la jeune fille « *quæ jam libera est;* » enfin cet affranchissement est nécessaire, pour qu'il y ait un mariage valable. Le colon dont il est question n'est donc point un homme libre ; mais d'autre part il est impossible d'admettre que tous les colons libres, dont nous parlent les textes des Codes, aient perdu leur liberté, leur personnalité.

On est conduit par ces considérations diverses à admettre la coexistence de deux classes de colons : les uns

---

[1] Soit dit en passant, l'emploi de ces termes divers (*colonus, inquilinus, originalis, tributarius*), pour désigner la même personne, montre bien qu'ils ne répondaient point chacun à une classe distincte de colons, mais visaient seulement le colonat sous ses aspects divers.

[2] *Feudalität und Unterthanenverband*, p. 287 : « Auch aus Sidonius Apollinaris Epist. V, 19, geht hervor dass in dieser Zeit das Colonat als ein unfreies Verhältniss angesehen wurde. »

[3] *Geschichte d. deutschen Kirchenrechts*, II, p. 719, note 2.

étaient des hommes libres, les autres ne jouissaient
pas de la liberté, et c'est à ces derniers seulement que
la *manumissio* aurait été applicable. Telle paraît bien être
la doctrine de M. Waitz pour l'époque mérovingienne[1];
mais peut-être trouverions-nous la source même de cette
distinction dans les origines complexes du colonat.

La question de ces origines est sans doute assez obscure[2], mais on peut affirmer cependant, que le mouvement qui immobilisa en les fixant au sol, la plupart des
travailleurs agricoles, enveloppa à la fois des hommes
libres et des esclaves. D'un côté, en effet, les esclaves attachés à la culture des fonds en furent déclarés inséparables, et c'est même de ces *inquilini* que nous parlent
d'abord les textes juridiques[3]; d'autre part, de nombreux
cultivateurs libres, qui exploitaient le sol d'autrui moyennant une redevance, furent également incorporés à la
terre soit par l'effet d'une sorte de possession, soit par
l'effet précis de la prescription trentenaire, soit par la
décision formelle des constitutions impériales, soit enfin
par un contrat volontaire. Mais tout en étant versés ensemble dans la classe des colons, tout en étant enserrés
par un lien commun qui les immobilisa également, on
ne voit point pourquoi ces hommes n'auraient pas gardé
la qualité personnelle qu'ils avaient auparavant, les colons libres conservant leur liberté, les colons d'origine
servile conservant leur condition d'esclaves.

Mais, par là même, on entrevoit la possibilité d'une
distinction quant à l'affranchissement. Le colon libre ne
pouvait être affranchi. En effet, quel avantage lui aurait
conféré la *manumissio?* Elle ne pouvait lui donner la

---

[1] *Deutsche Verfassungsgeschichte,* II, 1[3], p. 224 : « So sind beide Classen
wohl in der Weise zusammengefasst das man zwischen freien und unfreien unterscheiden konnte. Vielleicht ist es nur nuf solche Fälle zu beziehen, wenn
von der Freilassung eines Colonen gesprochen wird. »

[2] Voyez notre étude sur *les colons du saltus Burunitanus* (plus haut, page 306).
Fustel de Coulanges : *Recherches,* etc.; *Le Colonat romain.*

[3] L. 112, D. xxx; l. 1, C. viii, 52.

liberté, puisqu'il l'avait déjà. Pouvait-elle le libérer des
liens du colonat? Mais, outre que la *manumissio* ainsi
entendue eût été un acte sans précédent, un principe
supérieur empêchait qu'elle ne produisît cet effet. Il n'est
pas douteux que la législation du Bas-Empire n'ait considéré le colonat comme une institution d'ordre public.
Si le colon était rivé à la terre, ce n'était point précisément dans l'intérêt des propriétaires, mais plutôt dans
l'intérêt de l'Etat, afin d'assurer à la fois la culture des
terres et le recouvrement des impôts. La volonté des
particuliers devait donc être impuissante à rompre cette
attache.

Mais on ne voit pas pourquoi le colon d'origine servile n'aurait pas pu être l'objet d'un affranchissement. La
manumissio produisait alors un effet utile et important;
elle donnait au colon-esclave la personnalité qui lui
manquait jusque-là, la faculté d'avoir une famille et un
patrimoine. Sans doute, elle ne détruisait point le lien
qui constituait proprement le colonat : l'affranchi restait
colon, mais c'était un colon libre. C'est bien une semblable hypothèse que paraît viser Sidoine Apollinaire,
puisque la *manumissio* seule devait, dans ce cas, permettre au colon de contracter un mariage valable et véritable.

Mais il me paraît aussi que la notion de l'affranchissement s'élargit dans le droit qui régit la Gaule après la
chute de l'Empire romain. On l'appliqua non seulement
à l'esclavage, mais au colonat lui-même, qu'il put effacer
complètement. Cela ressort de certains textes ecclésiastiques qui interdisent l'entrée des ordres sacrés à l'esclave
ou au colon, à moins que l'affranchissement ne les ait
préalablement délivrés de tous les liens qui pesaient sur
eux[1]. Et cela s'explique à merveille. Ce qui faisait obs-

---

[1] *Concilium Aurel.*, III, anno 538 (Labbe, V, p. 302), c. 6 : « Ut nullus ser-
vilibus colonariisque conditionibus obligatus juxta statuta sedis apostolicæ ad

tacle, dans l'Empire romain, à l'affranchissement du
colon libre, c'était un principe d'ordre public; or dans la
société nouvelle la notion de l'État et de l'intérêt public
s'obscurcissait et s'effaçait peu à peu. Il dut en résulter
que, pour déterminer les effets des affranchissements qu'il
consentait, pour mesurer la dose de liberté qu'il accordait
à ses hommes, la volonté du grand propriétaire fut considérée comme souveraine[1]. C'est l'impression que donne la
lecture des formules de la monarchie franque. Aucune
d'elles, il est vrai, ne contient formellement l'affranchissement d'un colon libre; mais, souvent, les formules d'affranchissement surtout celles qui ont pour but d'ouvrir l'accès aux fonctions ecclésiastiques, expriment spécialement
que l'affranchi sera libre d'aller et de venir comme bon lui
semblera[2]; elles ajoutent parfois qu'il sera libéré de tout
service, de tout droit de patronat, de tout *lidimonium*[3].

honores ecclesiasticos admittatur, nisi prius aut testamento aut per tabulas legi-
time constiterit absolutum. » Cf. Regino : *Libri duo de Syn. causis,* I, 406, édit.
Wasserscheleben, p. 184 : « Ex concilio Toletano. Quicumque libertatem a dominis suis ita percipiunt ut nullum sibimet in eis obsequium patronus retentet,
isti, si sine crimine sunt, ad clericatus ordinem libere suscipiantur, quia directa
manumissione absoluti noscuntur. Qui vero retento obsequio manumissi sunt, pro
eò quod adhuc a patronis servitute tenentur obnoxii nullatenus sunt ad ecclesiasticum ordinem promovendi, ne, quando voluerint eorum domini, fiant ex cle-
ricis servi. »

[1] Cependant, il me semble que, dans la monarchie franque, le colon était
encore inscrit sur les registres de l'impôt. Marc., I, 19 (Roz., 550), *Præcepto de
clericatu* : « Præcipientes ergo jubemus ut se memoratus ille de caput suum bene
ingenuus esse videtur, *et in puletico publico censitus non est,* licentiam habeat
comam capitis sui tonsorare. » Sur la date du formulaire de Marculfe, voyez Ad.
Tardif : *Nouvelle revue historique de droit,* 1884, p. 567.

[2] Roz., 64: « Hiant et maneant ubicumque voluerint; » cf. 66, 74, 82, 86, 87;
— 85 : « Agat, pergat, portas apertas, civis romani, parte qua ambulare
voluerit in quattuor angulis terræ. » — 88 : « Intrandi et exeundi et ubicumque
voluerint pergendi habeant potestatem. »

[3] Roz., 64 : « Ut nullum nulle vel heredum ac proheredum nihil debeant ser-
vicio, nec letimonium, nec onus patronati, nec ulla obedientia ipsius non requi-
ratur. » — 75 : « A vinculo totius noxiæ servitutis ad præsens absolvimus. » —
100 : « Nec mihi nec ulli heredum meorum nullum impendas servitium nec....
libertatico... nec ullum obsequium nec patronatus; — 62 : « Nullum quicquam
debeant servitium nec lutumunium. »

L'affranchissement faisait donc disparaître la qualité de *lide;* il devait aussi effacer celle de colon.

Ce droit nouveau était-il déjà reconnu au temps de Sidoine? On pourrait le croire, car, d'après sa lettre, l'affranchissement n'aura pas seulement pour effet de donner au colon la liberté et la personnalité, mais encore de le délivrer de la qualité même de colon : « *Originali solvere inquilinatu.* » Ce ne sera plus un *tributarius,* mais un *cliens,* une *persona plebeia potius quam colonaria.* Mais sans doute un affranchi sur lequel pesait le droit de patronat différait alors assez peu d'un colon, comme il n'en différera pas beaucoup dans le droit de la monarchie franque.

La seconde lettre de Sidoine Apollinaire que j'ai transcrite et étudiée plus haut contient des détails intéressants sur les foires et marchés. Il s'agit, on s'en souvient, d'une femme enlevée par des brigands et vendue comme esclave en plein marché dans la *civitas Arvernensium.* Le marchand qui l'achète, en présence de vendeurs inconnus, demande à ceux-ci de fournir quelqu'un qui réponde pour eux, et un certain Prudens veut bien leur rendre cet office : « Quodam Prudente... ignotorum nobis hominum collaudante contractum, cujus subscriptio intra formulam nundinarum, tanquam idonei adstipulatoris, ostenditur. » Cette phrase soulève plusieurs questions.

D'abord, pourquoi l'acheteur prend-il cette précaution? C'est, avant tout, pour se mettre à couvert au point de vue du droit pénal; il veut éviter de passer pour un recéleur d'esclaves; il craint la loi Fabia et l'accusation de *plagium.* Certainement des constitutions impériales défendaient d'acheter des esclaves à des inconnus[1]; peut-être, comme paraît l'indiquer Savaron dans ses notes sur cette lettre de Sidoine, les Capitulaires carolingiens, qui entourèrent

---

[1] L. 5, C. vi, 2, *De furtis et servo curupto* : « Civile est quod a te adversarius tuus exigit, ut rei, quam apud te fuisse fateris, exhibeas venditorem. Nam a transeunte et ignoto te emisse dicere non convenit volenti evitare alienam boni viri suspicionem. »

d'une publicité protectrice les ventes d'esclaves, ne firent-ils que renouveler d'anciennes prescriptions[1]. Mais n'était-ce pas aussi dans un intérêt civil que l'acheteur exigeait un répondant, et alors à quel titre celui-ci était-il intervenu?

Le texte dit d'abord de lui, *collaudat contractum.* Ce terme, qui est employé dans un passage de Gaius[2], n'indique par lui-même que l'acte d'un tiers qui s'entremet entre les parties contractantes. Mais bientôt Sidoine donne à Prudens la qualité d'*adstipulator idoneus.* Evidemment il ne s'agit pas là d'un *adstipulator* au sens des Institutes de Gaius[3] : mais on peut croire que Sidoine, confondant le côté actif et le côté passif de la stipulation, a mis ici *adstipulator* pour *adpromissor.* L'acheteur, pour assurer éventuellement son recours en garantie aurait exigé des vendeurs un fidéjusseur, un *actor secundus,* comme on en demandait souvent dans les ventes d'esclaves[4]. Cela cadre bien avec l'épithète d'*idoneus* qui est donnée à l'*adstipulator.* C'est sans doute en cette qualité que Prudens avait apposé sa signature, *subscriptio,* à l'*instrumentum emptionis*[5]. Cependant on pourrait soutenir que Prudens n'a signé qu'en qualité de témoin de la vente, le mot *adstipulari* désignant déjà parfois, dans la langue du Bas-Empire, l'intervention des témoins instrumentaires[6]; mais cela ne me paraît pas fort vraisemblable.

---

[1] *Cap. franc.,* an. 779, c. 19.

[2] L. 8, D. iv, 3 : « Quod, si, cum scires eum facultatibus labi, tui lucri gratia adfirmasti mihi idoneum esse, merito adversus te, cum mei decipiendi gratia alium falso *laudasti,* de dolo judicium dandum esse. »

[3] Gaius, III, 117.

[4] L. 4, pr., D. xx, 2 : « Illud quæritur an is, qui mancipium vendidit, debeat fidejussorem ob evictionem dare, quem vulgo actorem secundum vocant? Et est relatum non debere nisi hoc nominatim actum est. »

[5] L'*actor secundus* signait, en effet, l'*instrumentum venditionis;* voyez un des contrats de Transylvanie, dans Bruns, *Fontes juris romani antiqui,* 3e édit., p. 187-8.

[6] L. 1, C. Th., VII, 2 : « Nec tamen huic ipsi rei nisi honestissimorum hominum testimonio *adstipulante.* » Cf. l. 1, C. Th., VI, 2. Voyez aussi ce passage de Symmaque, *Épist.,* III, 74 : « Sed alterius tibi laudis adstipulator est princeps humani generis, officiorum vero familiarum nos testes esse debemus. » Plus tard,

Où se trouvait cette signature de Prudens, qu'on relevait à sa charge? Dans la « *formula nundinarum.* » C'est donc que les cités faisaient tenir des *acta* où l'on enregistrait les marchés qui se concluaient en foire : sans doute, il y avait, pour chaque cité, une formule typique, qui contenait les clauses et conditions du marché telles que les avait fixées l'usage local. Cette tradition probablement se continua sans interruption après la chute de l'Empire romain. Au moyen âge nous trouvons que les contrats conclus à de certaines foires se présentent avec des clauses particulières et sous une forme déterminée : telles étaient les lettres obligatoires des célèbres foires de Champagne et de Brie, qui autorisaient le créancier à faire vendre pour se payer les biens de son obligé, alors que le droit commun ne le permettait pas. On peut supposer que ces usages des foires du moyen âge avaient leur source première dans la pratique de l'époque romaine.

III.

Je voudrais encore étudier deux lettres de Sidoine, qui présentent pour le jurisconsulte un intérêt particulier ; l'une traite d'un prêt d'argent et l'autre d'un mariage. Comme il s'agit ici de lettres un peu longues je les traduirai, sauf à reprendre dans le texte les passages sur lesquels portera l'exégèse juridique.

Livre IV, épist. 15 (édition Baret ; *alias* IV, 24) [1].

« Sidoine à son cher Turnus, salut. Ce passage du poète de Mantoue s'applique exactement à ton nom et à ton affaire : « *Turnus, ce qu'aucun*

---

cela deviendra le sens habituel du mot *adstipulari.* Voyez, par ex., Regino : *libri duo de synod. causis*, édit. Wasserschleben, p. 188 : « Nam sine horum *adstipulatione* pagina auctoritate testium nudata pro nihilo deputatur. »

[1] M. Baret date cette lettre de 472-3.

des dieux n'oserait promettre à tes désirs, voici que, d'elle-même, la journée qui va se dérouler, te l'apporte. »

« Si tu t'en souviens, ton père Turpio, *vir tribunitius*, demanda jadis en prêt une somme d'argent au palatin Maximus, et il l'obtint. Il n'y eut de sa part aucune consignation d'argenterie, aucune *obligatio prædiorum* à titre de fiducie et de gage; mais, comme le montre le *chirographum* qui fut rédigé, il promit au préteur l'*usura centesima,* et ces intérêts, ayant couru pendant deux lustres, ont doublé le capital. Ton père, abattu par la maladie, s'affaissait déjà sous l'atteinte d'une mort prochaine, et, pour cela même, l'autorité publique exerçait sur le père de famille en danger une pression plus violente, afin de l'amener à acquitter sa dette; la dureté des agents d'exécution devenait insupportable. Comme je partais pour Toulouse, ton père, dont l'état était déjà désespéré, me chargea par lettre d'intercéder auprès de votre créancier, afin qu'il accordât, au moins, quelque répit [1]. Tout de suite j'accédai à cette prière, car j'avais avec Maximus des rapports anciens non seulement de connaissance, mais encore d'hospitalité. Je me suis donc volontiers détourné de ma route pour me rendre auprès de cet ami, bien qu'il y eût un assez grand nombre de milles entre sa villa et la chaussée publique. Dès mon arrivée, il accourut en personne à ma rencontre; mais comme il différait de son ancien aspect, lui que j'avais connu jadis avec la taille droite, la marche décidée, la voix franche, la figure ouverte ! Maintenant l'attitude, la marche, la pudeur, le teint, la conversation, tout en lui avait un caractère monastique (*religiosus*). Ajoutez à cela des cheveux courts, une barbe longue, des escabeaux à trois pieds, des portières de poil de chèvre pendues aux portes, un lit qui n'avait point de duvet, une table où il n'y avait point de pourpre, une hospitalité aussi bienveillante que frugale, et moins abondante en viandes qu'en légumes. Sûrement, s'il y avait dans les mets quelque recherche, c'était à ses hôtes et non à lui-même qu'il faisait cette concession. Quand nous nous levâmes de table, je demandai en secret aux personnes présentes quel genre de vie il avait embrassé ; à laquelle de ces trois classes appartenait-il : menait-il la vie d'un moine, d'un clerc ou d'un pénitent? Ils me dirent qu'il exerçait les fonctions épiscopales, auxquelles l'avait enchaîné, malgré son refus, l'amour de ses concitoyens ligués contre lui. Le lendemain, pendant que les esclaves et les clients étaient occupés à la poursuite des animaux, je lui demande un instant d'entretien en secret. Il me l'accorde. J'embrasse mon homme surpris, et je commence par lui affirmer combien je me félicite de l'état élevé auquel il est

---

[1] *Indultis tantisper induciis. Induciæ* aura, dans la langue du moyen âge, le sens technique de « délai légal » ou de « délai de grâce, » pendant lequel les poursuites ne peuvent suivre leur cours contre le débiteur.

parvenu, puis je glisse les prières auxquelles je voulais en venir. Je présente la supplique de notre ami Turpio, je fais valoir ses besoins, je pleure sur ses derniers instants qui paraîtraient bien plus pénibles à ses amis en deuil, s'il sortait des liens du corps enserré encore dans ceux de la dette ; qu'il se souvînt de son nouvel état, d'une ancienne liaison, et qu'accordant un délai modéré il tempérât la poursuite barbare des agents d'exécution aboyant de tous côtés ; si le malade venait à mourir, qu'il accordât aux héritiers l'immunité des poursuites pendant l'année de leur deuil ; si, — ce que j'espérais, — Turpio revenait à la santé, qu'il accordât au malade épuisé le repos nécessaire à sa convalescence. Je le priais encore, quand tout à coup cet homme, tout de charité, se mit à pleurer abondamment, déplorant non le retard dans le paiement de la dette, mais le péril où se trouvait le débiteur ; et, refrénant ses sanglots : « Quoi, » dit-il, « moi devenu clerc, je réclamerais à un malade ce que, soldat du siècle, j'aurais à peine exigé d'un homme bien portant ! Loin de moi cette pensée. Mais, de plus, j'ai tant d'affection pour ses enfants, que, même si un malheur arrive à notre ami, je ne réclamerai rien d'eux au delà de ce que me permet la charge que je remplis [1]. Ecris donc aux intéressés, et pour donner plus de crédit à ta lettre, joins-y la mienne. Ecris que, quelle que soit l'issue de la maladie (et je la souhaite heureuse pour notre frère), je reculerai d'un an le terme du paiement, et que je fais remise de la moitié additionnelle dont les intérêts ont grossi le capital, me contentant de la restitution du principal. » J'ai adressé à Dieu de très vives actions de grâce, et de vives à notre hôte de ce qu'il ménageait à ce point sa renommée et sa conscience, lui confirmant qu'en vous faisant remise c'était un ami qu'il envoyait là-haut à son avance, et qu'il achetait le royaume du ciel en ne vendant points ses bienfaits sur la terre. Voici donc ce qui reste à faire : Tâche que, par ton ordre, la somme prêtée soit au moins payée sur-le-champ, et néanmoins adresse de vifs remerciements au nom de tes frères, qui peut-être ne sont pas d'âge à sentir le bienfait qu'ils reçoivent. Ce n'est pas le lieu de dire : « J'ai des cohéritiers, et le partage n'est pas encore fait ; il est certain que j'ai été traité moins libéralement que mes cohéritiers [2] ; mon frère et ma sœur sont encore impubères ; ma sœur n'a pas encore trouvé un mari, mon frère n'a pas encore trouvé un curateur, le curateur n'a pas encore trouvé une caution. » Tout cela se dit bien à des créanciers, mais à de durs créanciers. Mais lorsqu'on a pour partie un homme qui veut bien faire remise de la moitié quand il pourrait exiger le tout, si on le fait attendre,

---

[1] *Amplius quam mei officii ratio postulat.* Ici le mot *officium* peut avoir deux sens : il peut signifier le « service rendu, » ou la « charge exercée par Maximus. »

[2] Il est à remarquer que l'auteur ne songe qu'à la succession testamentaire.

il peut justement, pour ce mauvais procédé, réclamer de nouveau tout ce qu'il s'était pieusement décidé à abandonner par miséricorde. Adieu ! »

Cette lettre nous montre nettement le prêt d'argent *mutuum,* tel qu'il était pratiqué en Gaule au v° siècle[1].

C'était naturellement un prêt à intérêt, et l'intérêt était stipulé au maximum du taux légal, *centesima usura.* Dans notre espèce, conformément au droit du Digeste, les intérêts ont été expressément stipulés, et n'ont point fait l'objet d'un simple pacte, inefficace pour les faire courir. Mais certainement on n'avait pas échangé en réalité l'interrogation et la réponse solennelles qui constituent la stipulation ; le *chirographum* délivré par le débiteur constate seulement que les intérêts ont été stipulés : « Ut chirographo facto docetur, *cauta* centesima est fœneratori ; » et cela suffit à cette époque pour que l'on considère qu'il y a eu stipulation[2]. L'*interpretatio* d'un passage de Paul dans la *lex romana Wisigothorum* exprime très nettement cette doctrine et rappelle de très près le langage de Sidoine[3].

On admet généralement que la *centesima usura* représentait un centième du capital par mois, soit douze pour cent par an. Notre texte donne en apparence un démenti à cette interprétation. En effet, à ce compte, les intérêts

---

[1] Au début de la lettre, Sidoine donne à ce prêt son nom technique : «᾿ Pecuniam pater tuus... mutuam... postulavit impetravitque. » Dans la suite il emploie le terme impropre *commodatum,* qui signifie prêt à usage : « Commodata summa solvatur. » C'est qu'à cette époque le langage ne distinguait plus nettement les deux sortes de prêt; bientôt il ne restera plus qu'un seul terme, *præstitum,* comprenant à la fois le prêt de consommation et le prêt à usage : c'est la *res præstita* de la loi Salique.

[2] Voyez mes *Etudes sur les contrats dans le très ancien droit français,* p. 17, 18.

[3] *Lex romana Wisig.,* Sent. de Paul, II, 14, 1 : « Si pactum nudum de præstandis usuris interpositum sit, nullius est momenti; ex nudo enim pacto inter cives romanos actio non nascitur. » — *Interpretatio :* « Pactum nudum dicitur si cautio creditori a debitore facta, in qua centesimam se soluturum promisit sine stipulatione fiat. Et ideo usuræ ex nuda cautione creditori penitus non debentur. » Une *cautio sine stipulatione* est celle qui ne contient point la mention de la stipulation.

accumulés, puisqu'ils ont couru pendant dix ans, devraient
monter non pas seulement à cent pour cent, mais à cent-
vingt pour cent du capital. Mais en réalité il n'y a là rien
qui soit contraire à l'opinion commune sur la *centesima*. Le
droit romain n'admettait pas que les intérêts accumulés,
ou même régulièrement payés, pussent jamais dépasser le
montant du capital : lorsque cette somme avait été atteinte,
ils cessaient d'être dus[1]. Ici encore la *lex romana Wisigothorum* pose la règle d'une manière très précise[2].

Pas plus qu'il ne se faisait sans intérêts, le prêt ne se
concluait point alors sans qu'une sûreté réelle fût donnée au créancier. Cela résulte justement de ce que Sidoine fait remarquer que dans notre hypothèse il n'en
avait été constitué aucune par exception ; en même temps
il indique celles qui étaient communément demandées
et qui cette fois ne l'avaient point été : « *Nil quidem loco
fiduciæ pignorisque vel argenti sequestrans vel obligans
prædiorum.* » Cette énumération est fort intéressante. En
effet, la sûreté que Sidoine mentionne en première ligne
c'est la *fiducia*, l'aliénation au profit du créancier avec
pacte de *fiducie;* et en même temps la phrase montre
que le mot *obligare* s'appliquait à la fiducie aussi bien
qu'à l'hypothèque dont il n'est pas ici question[3]. C'est
donc qu'en Gaule ce contrat pignoratif était encore usité
et plus usité que l'hypothèque à la veille des invasions.
Cela ressortait déjà de ce que la *lex romana Wisigotho-*

---

[1] L. 26, § 1, D. xii, 6 : « Supra duplum autem usuræ et usurarum usuræ nec
in stipulatum deduci nec exigi possunt, et solutæ repetentur. »

[2] Paul, *Sent.*, II, 14, 2 : « Usuræ supra centesimam solutæ sortem minuunt;
consumta sorte repeti possunt. » — *Interpretatio :* « In pecuniis creditis quum
solutio usurarum sortem æquaverit, si quid amplius creditori fuerit datum de
capite debiti subtrahitur. Si vero et centesima et caput impletum est, quod amplius creditor accepit reddere cogetur debitori. »

[3] J'entends, en effet, la phrase d'une manière distributive : « *Nil argenti sequestrans pignoris loco, nil prædiorum obligans loco fiduciæ.* » Il n'y a eu ni gage
ni fiducie. Le mot *sequestrare* s'appliquait, dans la langue de cette époque, à ce
qui était déposé à titre de gage : voyez C. Th., II, 28 : *De pecuniæ sequestratione
prohibita.* — *Argentum* signifie ici argenterie.

rum enregistre soigneusement les passages de Paul qui traitent de l'aliénation fiduciaire, et des termes dans lesquels l'*interpretatio* commente ces passages[1]. C'est un fait qui n'est point surprenant d'ailleurs; ce n'était pas au moment où disparaissait la prospérité et avec elle le crédit, que l'on devait renoncer aux sûretés les plus solides et les plus commodes pour les créanciers. C'est probablement l'aliénation fiduciaire qui servira de modèle aux constitutions de gage que nous trouvons dans les formules de la monarchie franque[2].

C'est peut-être parce qu'il a négligé de prendre aucune sûreté que Maximus, ce créancier débonnaire qui a laissé pendant dix ans s'accumuler les intérêts, presse les poursuites lorsque son débiteur est au lit de mort. Nous savons, en effet, par d'autres témoignages, que la mort prochaine des débiteurs était le signal de poursuites énergiques et cruelles. On voulait éviter les embarras d'une succession à liquider, les chicanes des héritiers, la gêne que pourraient causer au créancier leur dispersion ou leur éloignement. On voyait même les créanciers s'opposer à ce que le corps de leur débiteur fût enterré avant qu'on ne les eût désintéressés[3]. Ici il ne s'agit point de semblables violences, puisque l'exécution est régulièrement poursuivie par les agents de l'autorité publique, *publica auctoritas*. Sans doute un jugement a été obtenu, non par Maximus lûi-même, qui paraît tout

---

[1] *Lex Rom. Wisig.*, Sentences de Paul, II, 4 : *De commodato et deposito pignore fiduciave;* II, 12 : *De deposito;* II, 13 : *De lege commissoria.* Presque partout où le texte dit *fiducia*, l'*interpretatio* porte *res oppignorata, res pro debito posita.* Cf. *Epitome Monachi* (correspondant à Paul, II, 12, 5) : « Per fiduciarium servum, id est pro debito oppigneratum. »

[2] Par exemple : de Rozière, n° 277. Cf. mes *Etudes sur les contrats dans le très ancien droit français*, p. 159, 160. M. Brunner, dans une récente et remarquable étude : *Die Landschenkungen der Merovinger und der Agilolfinger*, (*separatabdück*, p. 25) entend dans le sens d'une constitution de gage en propriété le passage célèbre de la loi Salique (Herold, 72, Hessels Extravag. A, col. 420) : « Si quis alteri terram suam commendaverit et ei noluerit reddere... »

[3] Voyez mon étude sur les *Débiteurs privés de sépulture* ci-dessus, p. 248.

ignorer, mais par son *procurator*, et, en vertu de ce jugement, certains biens du débiteur sont saisis pour être vendus, conformément à la procédure de la *distractio bonorum*, qui devenait le droit commun.

Mais si tout cela est conforme aux données du droit romain, la lettre de Sidoine montre l'influence naissante d'un nouveau principe dans l'histoire du prêt : c'est l'esprit de l'Eglise qui tend à réprouver le prêt à intérêt. Maximus cède à cette influence lorsqu'il consent à se contenter du remboursement seul du capital. Mais il est aisé de voir que la prohibition de l'intérêt n'est encore qu'une règle de piété dont l'observation n'est point imposée par l'Eglise, même aux membres du clergé : cela résulte de toute cette lettre. Un demi-siècle environ plus tard, cette prohibition n'atteint encore que les clercs, à partir de l'ordre des diacres[1].

IV.

J'arrive à la dernière lettre que je veux examiner. C'est la sixième du livre septième dans l'édition de M. Baret[2], qui lui assigne la date de 472, et l'attribue ainsi aux premiers temps de l'épiscopat de Sidoine. Elle est adressée à Græcus, évêque de Marseille, et Sidoine lui recommande un jeune homme de Clermont qui a pris femme à Marseille, mais dont le mariage, critiquable peut-être au point de vue du droit, paraît alors fort menacé. Je passe les premières lignes et j'arrive à l'endroit où Sidoine commence l'histoire de son protégé :

[1] *Concilium Aurelianense*, III, c. 27, anno 538 (Labbe, tome V, p. 302) : « Et clericus a diaconatu et supra pecuniam non commodet ad usuras; nec de prestitis beneficiis quidquam amplius quam datur speret... quod si quis adversum statuta venire epræsumpserit communione concessa ab ordine regradetur. »

[2] *Alias* VII, 2.

« L'Auvergne, » dit-il, « est sa patrie, ses parents sont d'origine plutôt humble mais libre ; ils ne peuvent s'enorgueillir d'aucune illustration, mais ils ne redoutent aucune tache de servitude. Ils savent se contenter d'un revenu médiocre, mais qui leur suffit ou même leur assure l'aisance. Ils ont fait leur carrière plutôt dans les rangs du clergé que dans les fonctions publiques. Le père du jeune homme est grandement économe et peu libéral pour ses enfants, et, par sa parcimonie outrée, il cherche à être utile plutôt qu'agréable à son fils. L'enfant quitta donc son père et vint chez vous, trop léger de bagages, ce qui était un bien grand embarras pour ses premières entreprises. Rien, en effet, n'est plus à charge qu'un viatique trop léger. Cependant son entrée dans vos murs lui fut propice dès l'abord. Il reçut, en parole et en action, la bénédiction de saint Eustache, votre prédécesseur. Bientôt il lui fallut chercher un logement qui, par les soins d'Eustache, fut facilement trouvé ; il s'y présenta promptement et le loua régulièrement. Son premier soin fut de nouer des relations avec ses voisins par de fréquentes visites, et, en retour, il reçut d'eux des saluts qui n'avaient rien de méprisant. Il se conduisait avec chacun comme le voulaient les rapports d'âge ; il s'attacha les personnes âgées par son respect, et les gens de son âge par des services ; il fit, avant tout, profession de sobriété et de chasteté, ce qui, chez les jeunes gens, est aussi louable que rare. Puis il approcha des notabilités, et enfin du comte de la cité ; il lui fit escorte souvent et à propos, et par là lui devint connu et familier. Son empressement de jour en jour l'éleva dans la compagnie des grands. Tous les gens de bien le protégeaient à l'envi ; tous l'assistaient de leurs vœux, beaucoup de leurs conseils ; certains lui faisaient des cadeaux ; de tous il recevait des bienfaits. Au milieu de tout cela, ses espérances et ses ressources s'élevaient rapidement et par bonds. Il arriva, par hasard, que dans la maison voisine de celle où il avait pris son logement, habitait une femme riche d'argent comme de vertu. Elle avait une fille qui était sortie de l'enfance sans que, cependant, elle touchât encore à l'âge nubile [1]. Le jeune homme la caressait (l'âge de l'enfant le permettait sans indécence), et il lui donnait parfois des riens ou des vieilleries qui pouvaient servir à ses jeux enfantins. Par ces actes insignifiants, il s'ouvrait largement le cœur de la fillette. Cependant celle-ci arrivait en âge de se marier. A quoi bon en dire plus long ? Ce jeune homme isolé, pauvre, étranger, fils de famille, qui avait quitté sa patrie sans que son père y consentît ou même le sût, demande, obtient en mariage et épouse cette jeune fille, qui ne lui était point inférieure par la naissance et lui était supérieure par la fortune. Cela se fit par l'intermédiaire de l'évêque, dont il était *lector* [2], avec l'ap-

---

[1] Un jurisconsulte eût dit, en deux mots, qu'elle était *pubertati proxima*.

[2] Non-seulement l'Eglise permettait le mariage aux clercs des degrés infé-

pui du comte dont il était le client. La belle-mère ne vérifia pas sa fortune, et sa personne plaisait à la fiancée. On rédige les *tabulæ nuptiales,* et ce qui pouvait être un *prædium suburbanum* dans notre petit municipe est là-bas pompeusement étalé dans un grossissement fictif. Ayant ainsi mené à bout ces manœuvres légitimes et cette fraude solennelle, l'amant pauvre enlève sa riche épouse. Ayant soigneusement fouillé partout pour ramasser et emballer tout ce qui avait appartenu au beau-père, sans même laisser un petit souvenir à sa belle-mère comme récompense de sa facile et crédule munificence, cet enchanteur triomphant revint dans sa patrie en sonnant la retraite. Mais après son départ, la mère de la jeune fille se mit en tête d'intenter une action en restitution, à raison des hyperboles contenues au contrat de mariage; elle songea à se plaindre du petit nombre d'esclaves compris dans la *sponsalitia largitas,* alors seulement qu'elle n'avait plus qu'à se réjouir d'une nombreuse lignée de petits-enfants. Notre Hippolyte était venu justement pour l'apaiser, lorsqu'il vous présenta ma première lettre. Voilà l'histoire de ce charmant jeune homme; c'est une comédie qui ne le cède en rien à la Milésienne ou à l'Attique. Excusez-moi, en même temps, d'avoir allongé ma lettre outre mesure; si je l'ai poursuivie de ce style ralenti, c'est pour que vous ne receviez pas comme un inconnu celui dont, par vos bienfaits, vous avez fait votre concitoyen. C'est aussi une tendance naturelle que nous nous intéressions à ceux dont nous avons le soin. Quant à vous, vous montrerez que vous êtes bien le seul et digne héritier du pontife Eustache, si vous acceptez, au profit de ses clients, le legs de son patronage, comme vous payez à ses proches les legs de son testament. »

Ce récit amusant montre que les Romains du cinquième siècle connaissaient déjà la maxime : en mariage trompe qui peut. Là encore nous voyons l'évêque intervenant pour régler un différend, éviter un procès; cela est, d'ailleurs, d'autant plus naturel qu'il s'agit d'un mariage et bien qu'à cette époque l'Eglise n'eût encore aucune autorité juridique sur les questions matrimoniales, elle portait cependant un intérêt particulier à tout ce qui s'y rattachait. Mais cette lettre contient aussi quelques détails précis sur lesquels je veux insister.

Je ferai remarquer d'abord que le mariage dont il s'agit était nul ou, du moins, l'avait été sûrement au début.

rieurs, mais elle le leur imposait même, à moins qu'ils ne fissent profession de continence.

L'époux était *filiusfamilias* et il s'était marié sans le consentement de son père. Mais, sans doute, lorsque le fils était revenu à Clermont avec sa jeune femme, le père avait approuvé cette union [1]; dans tous les cas, personne ne songeait, dans l'espèce, à invoquer directement la nullité du mariage; nous ne pouvons donc savoir, par notre lettre, si déjà l'esprit de l'Église était de considérer comme valables les mariages contractés par les fils de famille sans le consentement du *paterfamilias*. La belle-mère déçue songe bien à intenter une action, mais celle-ci est toute pécuniaire; Sidoine l'appelle plaisamment *actio repetundarum,* et nous verrons bientôt quel terme de droit privé il faudrait substituer à celui-là. Ce que la belle-mère voudrait répéter, c'est la dot qu'elle a constituée à sa fille. Il a été parlé de sa munificence facile et crédule *(non parvo etiam corollario facilitatem credulitatemque munificentiæ socrualis emungens); probablement,* elle a sur ses propres biens constitué une large dot, outre les biens paternels, que la fille apportait au mari en son nom propre. Mais elle n'a fait cette constitution qu'en raison de la fortune qu'elle supposait à son gendre, comme pendant de la *donatio ante nuptias* ou *sponsalia* que le fiancé, de son côté, constituait à sa fiancée selon le droit du Bas-Empire. Dans l'*instrumentum dotale* dont nous parle notre lettre, sûrement une donation de ce genre était contenue. Elle comprenait, d'abord, selon l'usage, des esclaves [2], mais ici ils étaient en fort petit nombre [3], car, au fond l'époux est pauvre, mais la belle-mère avait fait peu d'attention à ce chétif présent, car la donation portée aux *tabulæ dotales* comprenait aussi des biens-fonds situés en Auvergne qui, décrits au contrat,

---

[1] L. 5, C. v, 14 (Alex.) : « Si (ut proponis), pater quondam mariti tui in cujus fuit potestate, cognitis nuptiis, non contradixit, vereri non debes ne nepotem suum agnoscat. »

[2] Voyez mon étude sur le *Testament du mari et la donatio ante nuptias,* ci-dessus, p. 61, note 3.

[3] « Tunc demum de mancipiorum sponsalitiæ donationis paucitate mœrere. »

faisaient bonne figure[1]. Mais, en réalité, ces biens se réduisaient à quelque *prædium suburbanum* que possédait la famille du jeune homme, et encore celui-ci, se mariant sans le consentement du *paterfamilias,* ne pouvait aucunement en disposer. La belle-mère voyait là, sans doute, un dol qui l'avait déterminée à constituer une dot et elle partait de là pour réclamer la restitution de celle-ci[2]. Par quelle action pouvait-elle agir? Sans doute, par la *condictio indebiti* si la dot avait été constituée par voie de *promissio :* elle avait payé par erreur, ignorant qu'elle avait une exception perpétuelle à opposer, l'exception de dol[3]. S'il y avait eu *datio dotis,* elle pouvait peut-être intenter l'action *de dolo* si elle se trouvait encore dans les délais[4] ou une *condictio sine causa.* Il est probable que l'évêque Græcus réussit à concilier les parties.

Un dernier point reste à élucider; il intéresse l'histoire non du droit privé, mais du droit public. L'une des personnes qui se prêtent à la conclusion de ce mariage c'est le *comes civitatis,* dont le jeune homme s'était fait le client et qui figure à côté de l'évêque; le personnage est par deux fois désigné sous ce titre[5]. Cette mention serait fort naturelle et n'aurait rien de remarquable si le récit nous transportait dans une province soumise aux Burgondes, aux Wisigoths ou aux Ostrogoths. Sous la domination de ces peuples, comme, plus tard, chez les Francs, la *civitas* forme, en principe, une circonscription à la tête de laquelle est placé un fonctionnaire appelé *comes, comes civi-*

---

[1] « Si qua istic municipii nostri suburbanitas, matrimonialibus illic inserta documentis mimica largitate recitatur. »

[2] « Pro hyperbolicis instrumentis cœpit actionem repetundarum velle proponere. »

[3] Voyez cependant l. 32, § 2, D. XII, 6.

[4] L. 8, C. (Constant.), II, 21.

[5] « Summatibus deinceps et tunc *Comiti civitatis*, non minus opportunis quam frequentibus excubiis agnosci. » — « Medio episcopo, quia lector, solatio *Comitis*, quia cliens. »

tatis[1] qui concentre entre ses mains les divers pouvoirs civils et militaires[2]. On admet généralement que ce comte,
qu'on trouve ainsi dans les royaumes fondés par les barbares, est un fonctionnaire d'origine germanique, comme
l'indiquent d'un côté son autre nom, *graf* ou *grafio*, synonyme de *comes*, et, d'autre part, l'existence du *gerefa* chez
les Anglo-Saxons. Les barbares auraient seulement emprunté aux Romains le titre de *comes*[3] et ce seraient eux
qui, les premiers, auraient pris pour unité administrative,
au lieu de la *provincia*, le territoire de la *civitas*, plus
restreint et plus facile à régir.

Mais, à l'époque où nous place la lettre de Sidoine,
Marseille était incontestablement encore sous la domination des Romains. Cette lettre a été écrite sûrement après
l'élévation de Sidoine à l'épiscopat, qui doit être placée
en 471; mais on peut affirmer, d'autre part, qu'elle est
antérieure aux effroyables malheurs qui vinrent fondre,
en 473 et 474, sur la ville de Clermont, attaquée et assié-
gée par les Wisigoths et dont Sidoine a décrit l'héroïque
résistance. Le ton badin et la gaieté qu'on remarque dans
cette lettre ne permettent point de croire que ces calamités
aient déjà fondu sur l'évêque et sur sa ville lorsqu'elle a

---

[1] Parfois la *Lex Wisigothorum* parle de *comes provinciæ*, VIII, 1, 9; mais cela
vient de ce que la *civitas* ayant été, pour plus de commodité, prise pour unité
administrative au lieu de la *provincia* romaine, on l'appelle elle-même *provincia*.
Chez les Wisigoths, la *provincia* a été d'ailleurs conservée comme circonscription supérieure à la *civitas*, et elle est régie par un *dux*, auquel sont soumis les
comtes, L. W., II, 1, 17; Cf. Bethmann-Hollweg : *Civilprozess*, tome IV, p. 189, 190.

[2] Pour les Ostrogoths, M. Giovanni Tamasia a soutenu récemment que le *comes civitatis Gothorum* n'avait, en principe, que des pouvoirs militaires; il
aurait succédé purement au *comes rei militaris* des Romains. Voyez : *Alcune
osservazioni intorno al comes Gothorum nelle sue attinenze colla costituzione romana
e lo stabilimento dei barbari in Italia*, dans l'*Archivio storico lombardo*, 30 juin
1884 et 30 septembre 1884.

[3] Waitz : *Verfassungsgeschichte*, III[3], p. 21, note 1; *ibid.*, p. 24 : « Wohl hat man
mitunter den deutschen Grafen und den römischen Comes unterscheiden wollen.
Allein beide Namen sind wesentlich gleichbedeutend, der eine allerdings auf
dem Beamten übertragen welcher schon bei den Salischen Franken und wahr-
scheinlich auch bei anderen Deutschen Stämmen den Namen Graf, Grafio führte. »

été écrite[1]. M. Baret paraît donc être dans le vrai lorsqu'il lui assigne la date de 472, et les événements qui y sont racontés et auxquels est mêlé le *comes civitatis* sont encore antérieurs : Sidoine a déjà, une première fois, envoyé son protégé à Marseille porteur d'une lettre pour l'évêque Græcus, et le mariage d'où naît le différend a été célébré sous les auspices non de Græcus, mais de son prédécesseur Eustache. Marseille, d'ailleurs, restera romaine après que Clermont aura été livrée aux Wisigoths par l'empereur Nepos ; cet abandon aura même pour but d'assurer à l'Empire la possession paisible du pays situé entre la Durance, le Rhône et les Alpes, et nous avons la belle lettre de Sidoine à Græcus[2] dans laquelle il lui reproche de se prêter à ces honteuses négociations et le prie, si Clermont est livré, de préparer à ses habitants un asile à Marseille, sur la terre romaine[3]. Il est probable que depuis lors Sidoine n'adressa plus de lettres plaisantes et enjouées à l'évêque de Marseille[4].

---

[1] D'autre part, à l'époque où se passent les faits racontés dans la lettre, les communications sont encore faciles entre Clermont et Marseille, puisque le jeune homme, après être aisément revenu en Auvergne avec sa femme, fait dans la suite encore deux voyages à Marseille. Il est vrai que selon certains auteurs Marseille aurait été prise une première fois par Euric en 470 ou 471, et restituée par lui à l'Empire lors du traité de paix conclu avec Nepos en 475 ; Voyez sur ce point Carl Binding : *Das burgundische-romanische Königreich*, I, p. 91 et note 362. Mais même en admettant cette opinion, peu vraisemblable, cela ne détruit point mon argumentation, les événements que raconte Sidoine devant remonter plus haut encore que 471.

[2] VII, 13 (Baret) ; *alias* VII, 7.

[3] « Parate exulibus terram, capiendis redemptionem, viaticum peregrinaturis Simurus noster aperitur hostibus, non sit clausus vester hospitibus ».

[4] Marseille tombera elle-même aux mains des Wisigoths, mais seulement après la chute de l'Empire d'Occident. M. Longnon pense que ce fait eut lieu seulement en 480, *Géographie de la Gaule au sixième siècle*, p. 45 : « Ce traité (celui qui livrait Clermont aux Wisigoths) semble avoir arrêté, pour un moment, l'humeur conquérante d'Euric ; mais le roi se crut dégagé par la mort de l'empereur Népos (480), car, passant alors le Rhône, il s'empara d'Arles et de Marseille, battit les Bourguignons, dont une partie de la Provence reconnaissait le pouvoir, et plaça sous sa domination le pays compris entre la Durance, la mer et les Alpes maritimes. Ces conquêtes furent ratifiées par le Hérule Odoacre qui, en

Comment expliquer l'existence de ce *comes civitatis* dans une région purement romaine[1]? On peut y voir un terme impropre, employé pour désigner une autorité municipale, le *defensor civitatis*, par exemple[2]; le titre de *comes* serait simplement donné au premier de la cité. Mais n'est-il pas plus naturel de donner à ce terme le sens propre, que Sidoine lui-même lui attribue lorsqu'il parle des comtes wisigoths[3]? S'il en est ainsi, on serait tenté de croire que le *comes civitatis* des royaumes barbares existait déjà à la fin de la domination romaine en Occident, et que l'Empire avait déjà commencé à instituer sous ce titre, non partout, mais dans les *civitates* les plus importantes, des représentants du pouvoir central, remplissant pour la *civitas* les mêmes fonctions que le *præses* ou *rector* remplissait pour la province entière. Le comte des royaumes barbares re-

---

Italie, avait substitué son autorité à celle des empereurs. » Jordanès (*De rebus Geticis*) place simplement ce fait, comme une conséquence, après la chute de l'empire d'Occident. Après avoir raconté au chapitre 46 la déposition d'Augustule, il ajoute (C. 47) : « Euricus rex Wesegothorum Romani regni vacillationem cernens Arelatem et Massiliam propriæ subdidit ditioni. » Cf. Gaudenzi : *Gli editti di Teodorico et di Atalarico*, p. 53. — Quant aux Burgondes, ils ne s'emparèrent momentanément de Marseille qu'après les Wisigoths; ils tenaient sans doute cette ville, vers l'an 500, puisque, en 499, les évêques d'Arles et de Marseille assistaient au concile bourguignon de Lyon, encore l'authenticité du texte qui relate ce concile a-t-elle été récemment contestée par M. J. Havet (Cf. Greg. Tur., H. F., II, 32); mais en 474 « l'autorité de Chilpéric le Jeune était reconnue seulement jusqu'à Vaison; comme le témoigne Sidoine (V, 6), cette ville reconnaissait encore l'autorité du nom romain. » Longnon, *op. cit.*, p. 71.

[1] M. Bethmann-Hollweg cite à tort la lettre de Sidoine, que nous étudions, comme fournissant un exemple de *comes civitatis Wisigoth, Civilprozess*, tome IV, p. 190, note 16.

[2] C'est l'interprétation que donne M. Baret, dans cette courte note, à la p. 372 : « *Comiti civitatis*, i. e. defensori et rectori Massiliæ. »

[3] VII, 16 (*aliàs* 17) : « Celeriter injunctis obsecundabo, quum tua tractus auctoritate, tum principaliter amplissimi Victorii comitis devotione præventus. » Cette fois, dans cette lettre de l'année 477, il s'agit bien d'un comte wisigoth, qui commande à Clermont. Ce Victorius est mentionné par Grégoire de Tours, *H. F.*, II, 20. — Dans une autre lettre dont il ne paraît pas possible de déterminer la date, Sidoine parle encore probablement d'un comte, mais en employant une périphrase : V, 6 (*aliàs* 18) : « Æduæ civitati te præsidere cœpisse libens atque cum gaudio accepi. »

présenterait ainsi la coïncidence et la fusion d'une institution romaine et d'une institution germanique, ce qui
répondrait bien à son double nom de *comes* et de *grafio*
dans la monarchie franque.

En faveur de cette hypothèse, outre la lettre de Sidoine,
les *Varia* de Cassiodore peuvent, ce me semble, fournir
des arguments. On doit admettre que les formules contenues dans les livres VI et VII des *Varia* reproduisent
au fond les traditions de la chancellerie impériale. Les
divers emplois qu'elles font passer devant nos yeux sont
en général des institutions romaines, adaptées à la monarchie des Ostrogoths. Or nous y trouvons plusieurs formules pour la nomination d'un *comes civitatis,* mais qui
semblent la présenter comme un fait exceptionnel.

Il en est d'abord une générale : VII, 25, *Formula comitivæ diversarum civitatum;* et voici en quels termes est
faite la nomination : « Per illam indictionem in illa civitate comitivæ honorem secundi ordinis tibi, propitia Di-
vinitate, largimur, ut et cives commissos æquitate regas,
et publicarum ordinationum jussiones constanter adim-
pleas; quatenus tibi meliora præstemus quando te pro-
babiliter egisse præsentia sentiemus[1]. » Cette formule est
accompagnée d'une autre qui a pour but d'annoncer aux
habitants de la cité la nomination du comte, et dont
voici la teneur :

« *Formula honoratis possessoribus et curialibus.* Utile est unum semper
eligere, cui reliqui debeant obedire : quia si voluntas diversorum vaga
relinquitur, confusio, culparum amica, generatur. Itaque *civitatis vestræ
comitivam* per Indictionem illam nos illi largitos fuisse noveritis, cui sa-
luberrimam parentiam commendate ut causis vestris ferat remedium et
jussionibus publicis procuret effectum; scituri quod si quis se probabili
devotione tractaverit similia de nostris sensibus aut (haud) irrite postu-
labit. »

À côté de ces formules générales nous en trouvons

---

[1] Edit. Venise, 1729, tome I, p. 111.

d'autres particulières à diverses villes d'Italie; elles sont au livre VI et suivent immédiatement la formule du *rector provinciæ*. Ce sont : VI, 22, *formula comitivæ Syracusanæ*, et VI, 23, *formula comitivæ Neapolitanæ;* cette dernière est suivie de la notification aux habitants de la cité (VI, 24).

Que l'on compare enfin aux formules de Cassiodore (spécialement VII, 25, 26) la formule de Marculfe (I, 8) qui contient la nomination du comte, et, malgré les différences profondes, on aura, croyons-nous, l'impression que les deux rédacteurs ont copié un même type ancien, c'est-à-dire une formule romaine[1].

---

[1] Dans Marculfe et dans les autres sources mérovingiennes, la dignité de comte est toujours appelée *comitia*, *comitiva*, comme dans Cassiodore; ce n'est que plus tard qu'on dira *comitatus*. Waitz : *Verfassungsgeschichte*, II, 2³, p. 10, note 2.

LES BAUX PERPÉTUELS

DES

FORMULES D'ANGERS ET DE TOURS[1].

———≈≈≈———

On a cherché depuis longtemps à rattacher aux traditions du droit romain les formes de concessions de terre, que nous révèlent les formules de l'époque franque : mais c'était dans le pur droit privé des Romains qu'on en cherchait le prototype. On s'est avisé de nos jours de les rattacher au droit administratif de l'Empire. Les grands propriétaires et surtout l'Eglise auraient copié et reproduit les concessions par lesquelles le fisc ou les cités cédaient aux particuliers la jouissance de leurs terres. Pour exploiter son immense patrimoine, composé en partie de terres qui avaient appartenu au fisc, aux cités ou aux temples païens, l'Eglise aurait emprunté à l'administration romaine ses pratiques domaniales, comme elle avait emprunté les divisions administratives de l'Empire romain pour constituer sa hiérarchie.

M. E. Löning a le premier produit ce point de vue nouveau dans son beau livre sur l'histoire du droit ecclésiastique dans la Gaule Romaine et Mérovingienne[2]. M. Brun-

---

[1] H. Brunner : *Die Erbpacht der Formelsammlungen von Angers und Tours und die spätromische Verpachtung der Gemeindegüter. — Zeitschrift der Savigny Stiftung für Rechtsgeschichte*. Tome V, 1884 ,Germ. Abtheil., p. 69, ssv.).

[2] *Geschichte des deutschen Kirchenrechts*, tome II, p. 710.

ner a récemment repris la même idée et il en a fait une
nouvelle et ingénieuse application, dans un article extrê-
mement remarquable comme tout ce qu'il écrit. Je voudrais constater, à propos de ce travail, ce que les deux
savants peuvent avoir acquis à la science par cette méthode d'investigation.

M. E. Löning est arrivé par elle à une nouvelle théorie
sur les origines de la *precaria*. Remarquant qu'elle diffère
profondément soit du *precarium*[1], soit de l'usufruit romain, il a établi que sous sa forme la plus ancienne, c'est
une concession faite pour cinq années moyennant le paiement d'un *census*. Le non-paiement du *census* aux époques
fixées entraîne le retrait de la concession et l'expiration
du délai de cinq ans y met fin, sauf un renouvellement
possible[2]. Mais ce sont là justement les traits qui distinguaient la location des terres de l'Etat romain, lorsqu'elle
ne s'effectuait pas sous la forme d'un bail perpétuel. Ces
locations étaient faites traditionnellement pour cinq années. Comme c'étaient les censeurs qui y procédaient anciennement, tout naturellement on leur avait donné la
durée d'un lustre, et quand la censure fut tombée en désuétude on ne leur en conserva pas moins leur durée traditionnelle[3]. D'autre part, la *lex* des locations publiques

---

[1] *Op. cit.*, II, 710; dans le même sens, Roth : *Feudalität*, p. 168. — Le *precarium* proprement dit, tel que le droit romain le connaissait, fut d'ailleurs pratiqué par l'Eglise concurremment avec la *precaria*; Löning, II, 289, 705; Roth :
Feudalität, p. 146. — La similitude de nom entre les deux institutions vient sans
doute de ce que dans un cas comme dans l'autre la concession avait lieu sur la
requête du concessionnaire, et que l'Eglise conservait sa supplique, *precatoria*,
comme un titre contre lui.

[2] Marculfe, II, 39, 41, 5 (Roz., 328, 325, 345); Roz., 320.

[3] L. 3, § 6, D. xxxix, 14 : « Cum quinquiennium in quo quis pro publico
conductore se obligavit excessit, sequentis temporis nomine non tenetur idque
principalibus rescriptis exprimitur. Divus etiam Hadrianus in hæc verba rescripsit : Valde inhumanus mos est iste quo retinentur conductores vectigalium publicorum et agrorum si tantidem locari non possint. Nam et facilius invenientur
conductores, si scierint fore, ut, si peracto lustro discedere voluerint, non te-
neantur. » Voyez Garsonnet : *Histoire des locations perpétuelles*, p. 101. —
Ce que nous avons dit plus haut sur les baux de cinq ans des particuliers (ci-

paraît avoir toujours prononcé le retrait de la concession pour, le cas où le *vectigal* ne serait pas payé à l'époque déterminée[1]. N'est-il pas vraisemblable que l'Eglise dans ses *precariæ* ne fit que reproduire ces locations domaniales, déjà usitées dans le droit classique pour les terres des collèges sacerdotaux[2]? D'ailleurs le *precaria* sortit vite de ce cadre étroit : le renouvellement quinquennal devint de pure forme, ou même on en écarta complètement la nécessité, et le droit du concessionnaire devint ainsi viager; une amende remplaça le retrait de la concession, en cas de non-paiement du cens. M. Löning a montré que la cause principale de cette transformation doit être cherchée dans les donations nombreuses faites à l'Eglise à la condition que le donataire rentrerait sa vie durant dans la jouissance des biens donnés, lesquels lui seraient remis à titre *de precaria :* c'est ce qu'on appelle parfois la *precaria oblata*. Enfin il arriva même que la *precaria* fut stipulée transmissible aux enfants du concessionaire ou à toute sa postérité[3].

dessus p. 220), enlève à cet argument beaucoup de sa force. Cependant il est assez vraisemblable que la durée quinquennale se conserva plus longtemps et plus ordinairement dans les baux du droit administratif que dans ceux du droit privé.

[1] L. 1 pr., D. vi, 3 : « Vectigales vocantur qui in perpetuum locantur, id est hac lege ut quamdiu pro his vectigal pendatur, tamdiu neque ipsis qui conduxerint, neque his qui in locum eorum successerunt, auferri eos liceat. » — L. 31, D. xx, 1 : « Lex vectigali fundo dicta erat, ut, si post certum temporis vectigal solutum non esset, is fundus ad dominum redeat : postea in fundus a possessore pignori datus est; quæsitum est an recte pignoris datus est. Respondit, si pecunia intercessit, pignus esse. Item quæsiit, si, cum in exsolutione vectigalis tam debitor quam creditor cessassent et propterea pronuntiatum esset fundum secundum legem domini esse, cujus potior causa esset. Respondit, si ut proponeretur vectigali non soluto jure suo dominus usus esset, etiam pignoris jus evanuisse. » Ce dernier texte, s'il n'a pas été interpolé, montrerait que déjà dans le droit classique les particuliers auraient reproduit pour leur propre compte le type de location usité pour les terres publiques : mais peut-être le texte original portait-il *populus* au lieu de *dominus*. — Cf. Garsonnet, *op. cit.*, p. 407.

[2] Hyginus : *De conditione agrorum* (édit. Lachmann, I, 117, 5-10) : « Virginum quoque vestalium et sacerdotum quidam agri vectigalibus redditi sunt, locatim... *solent vero et hi agri accipere per singula lustra mancipem.* »

[3] Voy. par exemple : Roz., 354.

Mais on a signalé aussi dans les formules d'Anjou et
de Touraine une forme de concession perpétuelle, autre
que celle-là et plus ancienne qu'elle. M. Löning l'avait
déjà remarquée, M. Brunner l'étudie à son tour pour en
déterminer la nature et l'origine.

Ces concessions que nous révèlent une douzaine de formules[1] ne sont pas seulement perpétuelles mais encore
librement aliénables par le concessionnaire : les formules
n'en parlent même qu'à l'occasion des actes de disposition
dont elles sont l'objet, et nous les voyons tour à tour ven-
dues, données, échangées, constituées en dot, données en
gage. Mais toujours l'acte d'aliénation réserve le droit de
l'Église dont le bien dépend. L'aliénation est faite, *salvo
jure sancti illius cujus terra esse videtur; absque præjudicium sancti illius cujus terra esse videtur; salvo jure ipsius
sancti, salvo jure ipsius terræ*[2]. Pour M. Brunner, comme
déjà pour M. Löning, ce sont là des baux héréditaires,
c'est-à-dire des concessions perpétuelles moyennant un
cens annuel[3]. Sans doute les formules ne mentionnent
point, sauf une[4], le paiement de ce cens; mais si l'Église
n'y avait pas pu prétendre, on ne voit point quels droits
elle conserverait encore sur cette terre que le possesseur
peut librement transmettre et aliéner, et pourtant ses droits
sont formellement réservés dans les formules. D'ailleurs
les concessions que visent nos formules ne sont point des

---

[1] *Formulæ Andegavenses* (édit. Zeumer), 1ᶜ, 4, 8, 24, 22, 25, 40, 54, 58 (Roz.,
nº 222; addit., tome III, p. 334; nᵒˢ 308, 280, 375, 46, 488, 227, 226, 358); *form.
Turonenses* (Zeumer) 8, 42 (Roz., 279, 276).

[2] Le concile d'Agde, ch. xxii (cité par Löning, *op. cit.*, II, p. 289, not. 1)
emploie d'une manière générale cette expression pour désigner les concessions
permises aux Églises : « Ut civitatenses sive diocesani presbyterici vel clerici
salvo jure ecclesiæ rem ecclesiæ, sicut permiserint episcopi, teneant. »

[3] La formule d'Anjou nº 4, porte cette rubrique : *Hic est venditio de terra con-
ducta.*

[4] *Form. Andeg.*, nᵘ 58. Il s'agit d'une donation faite par un père à son fils, et
le père stipule ainsi : « Ea tamen conditione ut, dum advixero, mihi in omnibus
tam de victo quam et de vestito soniare mihi debiat, *et ipsa terra persolvere faciat.* »

emphytéoses perpétuelles, car celles-ci en cas d'aliénation auraient donné lieu au *laudimium* et au droit de préemption du bailleur, et il n'est aucunement question de cela. Mais quelle peut être l'origine de ces concessions?

M. Löning leur avait donné tout naturellement pour modèle les *agri vectigales*, les locations vectigaliennes perpétuelles pratiquées dans l'Empire romain par les cités et peut-être par les particuliers [1]. M. Brunner n'accepte point cette manière de voir. Il fait remarquer que la distinction des terres des cités en *agri vectigales* et *non vectigales* disparaît dans les lois du Bas-Empire [2] : les constitutions ne prononcent plus le nom des *agri vectigales* et certaines d'entre elles paraissent supposer que la chose n'existe plus, puisque, sans distinction aucune, elles fixent des règles générales pour la location des terres des cités. M. Brunner cherche donc ailleurs le type des baux perpétuels visés par nos formules, et il le trouve, avec beaucoup de vraisemblance, dans la location perpétuelle des terres du fisc impérial telle que nous la trouvons développée au Bas-Empire. Ces locations perpétuelles étaient profondément différentes des baux emphytéotiques usités concurremment avec elles pour le domaine impérial : elles donnaient au concessionnaire ou *perpetuarius* un *jus pepetuum* transmissible à ses héritiers et le droit d'aliéner librement la concession entre-vifs ou à cause de mort [3]; les textes

---

[1] *Op. cit.*, II, 716, 717.

[2] M. Löning fait d'ailleurs la même remarque, II, 716, et cite en ce sens : *Arndts, Gesammelte civilistiche Schriften* (1873), I, 212.

[3] Voy. Gothof. : *Paratitlon*, ad Cod. Th., X, 2. Cf. Garsonnet : *Histoire des locations perpétuelles*, p. 117. — Les terres du domaine impérial, concédées à perpétuité aux particuliers moyennant une redevance se divisaient en trois classes : *fundi emphyteutici, patrimoniales et perpetui*. Peut-être d'ailleurs la condition des *agri vectigales* du droit classique avait-elle servi de modèle pour la constitution des *fundi perpetui*. Voy. loi 13, C. J., V, 71 : « Etiam vectigale vel patrimoniale vel emphyteuticum præjudicium sine decreto præsidis distrahi non licet. » Cette constitution de Dioclétien et Maximien, que M. Brunner cite comme la dernière mention dans les lois de l'*ager vectigalis*, paraît désigner sous ce nom les fonds aux-

nous montrent ces aliénations consenties *salva lege fisci*[1], *salvo canone*[2], comme celles que nos formules constatent sont faites *salvo jure sancti, absque præjudicium sancti.*

Ces rapprochements semblent bien montrer que M. Brunner a trouvé le modèle copié par nos formules. Mais il ne croit point à une imitation des pratiques fiscales spontanément faites par l'Église. Selon lui, l'Église ne copia point le fisc : elle continua pour son propre compte des locations administratives déjà consenties, en succédant aux droits du concédant. Il est intéressant d'examiner cette thèse nouvelle.

M. Brunner rappelle, en en dégageant la suite, des faits importants dans l'histoire des cités au Bas-Empire. Il montre d'abord que sous Constantin les biens-fonds des cités furent confisqués et attribués au moins pour partie aux Églises, dont ils devaient défrayer les besoins. Plus tard, Julien rendit aux cités ces terres, que leur avait enlevées l'empereur chrétien, et ordonna de les louer afin d'obtenir des ressources pour la réparation des villes. Ce sont là des faits attestés par Ammien Marcellin, Libanius, et Sozomène, et la constitution de Julien nous a été conservée en partie au Code Théodosien[3]. Les cités, ajoute M. Brunner, recouvrèrent leurs terres libres de toutes charges, et les locations ordonnées par la constitution de Julien ou par des constitutions postérieures furent temporaires, et non perpétuelles comme celles des anciens *agri vectigales*. Mais peu à peu, le taux des fermages ayant atteint son maximum[4], le désir d'avoir des locataires fixes ramena à la forme du bail perpétuel : et dans la location des biens-fonds des cités on prit pour modèle les *fundi perpetui* du

---

quels s'appliquera plus tard l'épithète de *perpetui;* elle en rapproche en effet les deux autres classes de terres qui seront dans la suite ordinairement citées à côté de ceux-ci.

[1] L. 1, C. xi, 61.

[2] L. 9, C. xi, 61 ; L. 2, C. xi, 68.

[3] L. 1, C. Th., X, 3, et le commentaire de Godefroy.

[4] L. 3, C. J., XI, 70 (al. 71).

domaine impérial[1]. Enfin, conclut M. Brunner, il est probable que l'Église finit par reprendre, avec ou sans le concours de l'État, les terres municipales que Constantin lui avait données et que lui avait enlevées Julien. Mais sans doute dans cette dernière vicissitude ces terres gardèrent la condition qu'elles avaient alors. Le propriétaire changea, et ce fut tout; la location perpétuelle consentie par les cités continua de s'exécuter au profit de l'Église, et voilà comment nous la retrouvons dans nos formules[2].

Cette explication est bien séduisante : cependant elle me paraît soulever quelques objections.

Lorsque Constantin attribua aux Églises les terres des cités, sans doute, beaucoup de ces terres constituaient des *agri vectigales*. Pour que l'explication de M. Brunner soit exacte, il faut que par le fait de la confiscation ces locations vectigaliennes aient été anéanties au détriment des possesseurs, de même que Julien rendit aux cités leurs biens francs et quittes de toutes les charges nouvelles établies entre temps par l'Église. Or, il semble au contraire que l'objet utile de la donation faite par Constantin et de la restitution ordonnée par Julien ait consisté surtout dans les revenus des terres municipales, dans le *vectigal* qu'elles produisaient. Voici en effet comment s'exprime Ammien Marcellin : « Liberalitatis ejus testimonia plurima sunt et verissima.... *vectigalia civitatibus restituta cum fundis*, absque his quos velut jure vendidere præteritæ potestates[3]; » il est difficile de ne pas donner dans cette phrase au mot *vectigal* son sens technique.

De même, d'après Sozomène, ce que Constantin attribua aux clercs de chaque ville c'est une partie des revenus des

---

[1] L. 5, C. Th., X, 3.

[2] L'une des formules d'Anjou (no 37) indique comme propriétaire non une église mais un laïc : « *super territorio vir illuster ille.* » Cela peut cadrer néanmoins avec l'hypothèse de M. Brunner : car celui-ci indique que dans la première moitié du ve siècle le patrimoine des cités eut à souffrir les atteintes à la fois de l'État, de l'Église, et des grands personnages.

[3] Lib. xxv, c. 4.

cités (φορῶν), suffisante pour subvenir à leurs besoins : il raconte comment, sous l'empereur Julien, on fit rendre aux veuves et aux vierges elles-mêmes ce qu'elles avaient touché sur les fonds publics (παρὰ τοῦ δημοσίου), et il ajoute que l'on possède encore les quittances que leur avaient délivrées les employés chargés du recouvrement[1].

Il paraît bien résulter de là que les anciennes locations vectigaliennes auraient survécu à travers la confiscation et la restitution. Sans doute l'empereur Julien ordonne de louer les fonds qu'il restitue aux cités ; mais cela doit s'entendre des *agri non vectigales* qui composaient probablement une portion importante du patrimoine des cités et qui avaient été confisqués avec les autres. C'est à ces terres que s'appliquent aussi les constitutions postérieures qui règlent la location des fonds municipaux.

Remarquons enfin que selon Sozomène, la loi de Constantin qui gratifiait le clergé aux dépens des cités aurait été remise en vigueur aussitôt après la mort de Julien (ἐξ οὗ τέθνηκεν Ἰουλιάνος), ce qui ne laisserait point de place pour l'évolution décrite par M. Brunner.

Je croirais donc plutôt que les baux perpétuels signalés dans les formules d'Angers et de Tours sont une imitation directe et spontanée des *fundi perpetui* du domaine impérial[2]. Enfin je me permettrai une dernière observation.

M. Brunner, nous l'avons dit, admet que toutes les con-

---

[1] Σωζομένου ἐκκλεσιαστίκη ἱστόρια, lib. 5, c. 5 (*August. Turinor.* 1747, p. 171) : « Κληρικούς μέντοι πᾶσαν ἀτέλειαν καὶ τιμὴν καὶ τὰ σιτηρέσια ἀφείλετο (Ἰουλιάνος) Κωνσταντίου (Κωνσταντίνου?) καὶ τοὺς ὑπέρ αὐτῶν κειμένους νόμους ἀνεῖλε καὶ τοῖς βουλευτηρίοις ἀπέδωκε· μέχρι τε παρθένων καί χηρῶν τὰς δι᾽ ἔδειαν ἐν τοῖς κλήροις τεταγμένας εἰσπράττεσθαι προσέταξεν ἃ πρὶν παρὰ τοῦ δημοσίου ἐκομίσαντο· ἡνίκα γάρ Κωνσταντῖνος τὰ τῶν ἐκκλησιῶν διέταττε πράγματα, ἐκ τῶν ἑκάστης πόλεως φορῶν τὰ ἄρχουντα πρὸς παρασκευὴν ἐπιτηδείων ἀπένειμε τοῖς πανταχοῦ κλήροις, καὶ νόμῳ τοῦτο ἐκράτυνει, ὡς καὶ νῦν κρατεῖ ἐξ οὗ τέθνηκεν Ἰουλιάνος ἐπιμελῶς φυλαττόμενος· ὠμοτάτην δὲ καὶ χαλεπωτάτην τήνδε γενέσθαι φασί τὴν εἴσπραξιν· μαρτυρεῖ δὲ καὶ τότε παρά τῶν πρακτόρων γενόμενα γραμματεῖα τοῖς εἰσπραχθεῖσιν εἰς ἀπόδειξιν τῆς ἀναδόσεως ὡς εἰλήφεσαν κατὰ τόν Κωνσταντίνου νόμον. »

[2] Si les *agri vectigales* des cités avaient persisté à travers les vicissitudes dont nous avons parlé, ils peuvent avoir aussi fourni un modèle à l'Église.

cessions visées dans nos formules emportaient le paiement d'un *census*. M. Waitz qui s'est aussi occupé, en passant, de cette question, après M. Löning, était moins affirmatif : « Si, dit-il, il était payé un cens on est fondé à désigner la concession sous le nom de bail héréditaire (*Erbpacht*); s'il n'en était pas ainsi, on ne voit pas bien à quel genre de concession cela nous ramène[1]. » ll peut se faire, croyons-nous, qu'un *census* n'ait pas toujours été imposé au concessionnaire et ici encore la pratique domaniale aurait servi de modèle.

En effet, les constitutions du Bas-Empire nous montrent que les terres du fisc ou même des cités étaient concédées parfois aux *perpetuarii* non par *salvo canone*, mais *demto canone*[2]. Sans doute c'étaient là des abus, mais cela ne paraît par moins avoir constitué une pratique assez répandue. Il est possible qu'ici encore l'Église ait imité le fisc. Mais quel droit aurait-elle alors gardé sur la terre? Elle conservait cet avantage que le fonds concédé faisait toujours partie de son territoire, de sa *potestas*, comme on dira bientôt[3]. Ce n'était point là une simple question de mots, un point d'honneur à maintenir : M. Brunner a très bien montré lui-même que d'après les formules d'Anjou l'Église avait, dans une certaine mesure, la juridiction sur les terres qu'elle concédait et sur leurs habitants[4]; et c'est un passage important de son étude que celui où il rapproche cette compétence de celle des *mediocres judices* du Bas-Empire[5]. Enfin, les biens des Églises étant difficilement

---

[1] *Deutsche Verfassungsgeschichte*, II³, 1, p. 291. M. Waitz ajoute en note : « Löning admet un *census*, bien qu'aucun titre n'en fasse mention ; pourtant à l'occasion des aliénations c'était le cas de le signaler. »

[2] Pour les terres du fisc, voyez : L. 13, L. 14, C. J., XI, 61; L. 7, C. J., XI, 65; pour les terres des cités : L. 5. C. J., XI, 69.

[3] Un certain nombre de nos formules relèvent simplement ce fait que le bien cédé est situé *super territorium sancti illius*. Andegav. 8, 22, 25, 54; Roz., 308, 375, 46, 226.

[4] Voyez en particulier *form. Andeg.*, n° 30; Roz., 488.

[5] P. 73, ssv.

aliénables[1], cette forme de concession qui laissait l'immeuble nominalement dans le patrimoine ecclésiastique, remplaçait avantageusement une aliénation dont la validité eût été contestable.

[1] Löning, op. cit., II, p. 696.

UN TRAITÉ

DE

DROIT SYRO-ROMAIN DU Vᴱ SIÈCLE[1].

Le curieux ouvrage que publient MM. Sachau et Bruns n'était ni inconnu, ni inédit. Le docteur Land, dans ses *Anecdota syriaca,* en avait déjà publié le texte syriaque, le plus ancien et le plus important de tous, en l'accompagnant d'une traduction latine et de quelques notes[2]. Depuis lors, divers jurisconsultes allemands, MM. Rudorff[3], Mommsen[4], Marquardt[5], avaient tenté d'utiliser partiellement cette traduction. Mais ces essais avaient été peu féconds. La traduction, procédant d'un homme peu familier avec les choses du droit, était souvent fautive, et n'offrait que peu de ressources aux juristes. Pour arriver à un bon résultat, il fallait tout d'abord que, dans le travail de traduction, la science du droit vînt au secours de la philologie. Cette alliance féconde a été réalisée par le concours, à une même œuvre, de M. Sachau et de M. Bruns. Nous

---

[1] Syrisch-römisches Rechtsbuch, aus dem fünften Jahrhundert, mit Unterstützung der Akademie der Wissenschaften zu Berlin, aus orientalischen Quellen herausgegeben, übersetzt und erläutert, von Dʳ Karl Georg Bruns und Dʳ Eduard Sachau, Leipzig, 1880 (Extrait du *Journal des savants,* mai 1880).

[2] Tomus primus, trad., p. 128, svv.

[3] *Symbolæ Bethmanno-Hollwegio oblatæ,* p. 104.

[4] Hermes, III, 429.

[5] *Römische Staatsverwaltung,* II, 219, svv.

avons aujourd'hui une édition savante, de judicieuses traductions, de précieux commentaires.

Dans le beau volume édité sous les auspices de l'Académie des sciences de Berlin, nous trouvons d'abord le texte syriaque, ou plutôt les textes syriaques, car il y en a plusieurs assez différents, fournis par des manuscrits de Londres et de Paris, puis les versions arabe et arménienne, car l'ouvrage a aussi passé dans ces langues, et ces versions fournissent souvent un heureux complément pour les textes plus anciens. Viennent ensuite les traductions de chacun de ces textes, enfin des éclaircissements de M. Sachau sur les destinées du livre en Orient, un commentaire de M. Bruns, qui suit le traité paragraphe par paragraphe, et du même auteur un jugement d'ensemble sur la valeur juridique de l'ouvrage.

I.

D'où vient ce livre singulier, dont la fortune en Orient a été si grande et si durable ; quand, où et par qui fut-il composé? MM. Sachau et Bruns, dirigeant sur les manuscrits et sur le texte la vue perçante et la minutieuse observation de la critique moderne, ont déterminé, à quelques années près et d'une façon presque certaine, l'âge du livre et son lieu d'origine. Il a été composé à la fin du v⁰ siècle[1], en 476 ou 477[2]. Il a été rédigé en Orient, car non-seulement il contient souvent des détails pleins de couleur locale, mais encore dans un passage, indiquant une coutume particulière, il l'oppose aux usages de l'Occident[3]?

[1] M. Sachau, p. 154-155.
[2] M. Bruns, p. 318-319.
[3] M. Bruns, p. 323.

Dans quelle langue fut-il écrit? Le manuscrit le plus ancien porte ce titre : « Lois séculières traduites de la langue romaine en araméen[1]. » Cependant il est certain que le traducteur syriaque travaillait sur un texte grec. En effet, presque tous les termes techniques intercalés dans le texte syriaque sont des mots grecs ou des mots latins sous leur forme grécisée[2]. D'ailleurs, une traduction du latin en syriaque est sans exemple dans la littérature syriaque primitive. Mais ce texte grec n'était-il pas lui-même la traduction d'un original latin? M. Land le croyait[3], et telle paraît être aussi l'opinion de M. Sachau[4]. M. Bruns pense, au contraire, que l'original était écrit en grec, et cela paraît très vraisemblable. M. Bruns fait remarquer en effet que, si l'on admet que l'ouvrage a été composé en Orient, il est difficile de songer à un écrivain latin; d'autre part, nous dirons bientôt combien le style est étrange et peu technique; un écrivain latin se fût nécessairement tenu plus près des sources[5].

On se demande alors quel pouvait bien être le personnage qui rédigea ce traité au vᵉ siècle. A cette époque, il y avait à Béryte (Berytos) une école de droit, dont Justinien a officiellement proclamé la célébrité[6]. Il semblerait naturel de chercher là le lieu de naissance de l'ouvrage. Ce serait pourtant faire fausse route. Pour le montrer, il faut rapi-

---

[1] P. 4.

[2] M. Sachau, p. 156-158.

[3] « Romana, quæ in titulo apparet, græca byzantina esse nequit, sed latina « est..... obstare videntur vocabula græca in versione nostra obvia, quæ cum « loquendi usu juridico satis conveniunt, nec tamen homo noster in ejusmodi stu- « diis ipse versatus esse videtur. Itaque exemplar græcum inscriptionem habuisse « opinor, qua seu jure, sive injuria e lingua romana (ut Byzantini, v. c. Theo- « philus in paraphrasi *Inst. Just.*, 1, 11, p. 110, Reitz, Ῥωμαϊκὴν φωνήν dicunt) in « græcam conversum esse diceretur, syrum autem pro græca suam aramæam « substituisse » (*Anecdota,* t. I, p. 185).

[4] P. 156.

[5] On sait que, pour les Orientaux, le mot ῥωμαϊκός en arriva à désigner les Grecs.

[6] Constitution *Omnem,* § 7.

dement indiquer le contenu du livre et déterminer ses traits saillants et caractéristiques.

Le droit qu'il contient est bien du droit romain ; mais nous ne trouvons point une exposition complète de la législation romaine. Les successions testamentaires et *ab intestat,* le mariage considéré quant aux personnes et quant aux biens, la tutelle, la vente et le prêt, la puissance paternelle et l'esclavage , forment, avec quelques détails de droit pénal et fiscal, environ les neuf dixièmes de l'ensemble. Mais ce qui frappe tout d'abord le lecteur, c'est le manque absolu de méthode. Il n'y a même pas de divisions ; la séparation en paragraphes, introduite dans la traduction, n'existe pas dans le texte. Les matières les plus diverses s'entremêlent et se suivent sans transition ni discrétion ; les sujets les plus voisins sont souvent séparés par de longs développements hétérogènes : *rudis indigestaque moles.* L'exposition de chaque point n'est pas moins surprenante : dans la plupart des cas, il est difficile d'imaginer un style moins juridique, une langue moins technique. L'auteur, évidemment, cherche à traduire en langue vulgaire le résultat auquel conduit la loi dans chacune des hypothèses qu'il propose. Les raisons qu'il donne parfois à l'appui de ses solutions, et il en donne assez rarement, paraissent empruntées plutôt à la sagesse populaire qu'au raisonnement juridique. Cependant il descend dans les détails pratiques avec assez de précision, et l'œil du juriste retrouve assez aisément, sous ces vêtements d'emprunt, les formes du droit romain. D'autre part, aucune critique, aucune référence aux textes : pas un seul des jurisconsultes romains n'est cité, et quant aux constitutions impériales, elles sont souvent utilisées, mais bien rarement on indique de quel empereur elles émanent[1].

Il est bien impossible d'attribuer une pareille œuvre à l'un des savants professeurs de Béryte ; M. Bruns fait même

---

[1] M. Bruns, p. 319.

remarquer que ce ne peut pas être le travail d'un répéti-
teur qui se fût reporté à l'enseignement classique en vue
des examens[1]. Ajoutons que ce n'est point non plus le ca-
hier de notes de quelque élève malhabile : le ton général,
le manque total de méthode, ne s'expliqueraient encore
pas.

Tous les caractères que nous venons de relever sont ceux
d'un livre de pratique, d'un véritable *Coutumier*. Ce qu'on
demande à de tels ouvrages, c'est l'abondance dés notions
usuelles; l'indication des sources, la solidité des motifs
importent peu, c'est une solution qu'on désire. Tout nous
ramène à cette idée, jusqu'à un détail que nous n'avons
pas encore indiqué. Les points de droit dans notre livre
sont souvent traités par demandes et par réponses : or qui
ne sait que c'est là un trait qu'on rencontre fréquemment
dans les coutumiers d'une autre époque? Cette formule que
nous lisons souvent dans la version allemande : « Das
Gesetz ist gefragt, » serait exactement rendue par cette
autre question maintes fois répétée dans notre *Livre de Jos-
tice et de Plet :* « L'en demende qu'en dit droiz? »

Il est vrai que le texte syriaque du manuscrit de Paris
porte un titre qui paraît bien net : « Livres de δικαιώματα
« des victorieux rois chrétiens, louables pour leur vraie
« foi et dignes d'une haute renommée, de notre seigneur
« Constantin, le roi élu et louable, de Théodose le Grand
« et de Léon le Sage[2]. » Mais cette formule, reproduite
par les textes arabe[3] et arménien[4], n'a évidemment rien
de sérieux. L'ouvrage contient bien autre chose que les lois
de Constantin, de Théodose et de Léon, dont les noms ne
sont même cités que cinq fois. L'origine de cette mention
n'est point douteuse. Elle ne se trouve pas en tête du manuscrit syriaque de Londres, le plus ancien de tous; seule-

---

[1] P. 328.
[2] P. 44.
[3] P. 74.
[4] P. 115.

ment, à la fin de ce texte, le scribe a écrit ces mots : « Ici
« finissent les lois et commandements des rois victorieux.
« — Sont en entier dans ce volume les extraits des saintes
« Écritures et les commandements qu'ont donnés Constan-
« tin, Théodose et Léon, les rois croyants, victorieux et
« aimant Dieu[1]. » Cette addition passa plus tard dans le
titre. D'ailleurs, les supercheries de ce genre, innocentes
et souvent sincères, ne se produisent pas seulement en
Orient. On sait comment l'un de nos coutumiers du XIIIᵉ
siècle a pris le titre d'*Etablissements de saint Louis*.

L'auteur de notre ouvrage était un clerc de l'Église de
Syrie : tout concourt à le prouver. Il cite complaisamment
les empereurs chrétiens et orthodoxes, Constantin, Théodose et Léon, et ne mentionne aucun des empereurs païens,
si ce n'est Dioclétien, dans un passage[2]; il parle de la loi
de Moïse et de celle du Christ en termes bien significatifs[3] :
enfin et surtout il suppose des constitutions apocryphes,
accordant aux clercs des privilèges et exemptions d'impôts
dont ils n'ont jamais joui[4]. Que ce clerc écrivît en grec,
cela n'a rien d'étonnant : la conquête d'Alexandre avait
répandu en Orient l'usage de la langue grecque[5]. Par une
très ingénieuse conjecture, MM. Bruns et Sachau admettent
que ce traité dut être rédigé en vue de l'*Episcopalis audien-*

---

[1] P. 40.

[2] L. (manuscrit de Londres), § 121. Voy. M. Bruns, p. 319.

[3] Voy. la préface du second manuscrit de Londres, préface reproduite dans
les textes arabe et arménien : « Moïse et ses lois, que Dieu donna à Israël... sont
« plus anciens que tous les sages des Grecs, des Athéniens, des Romains et des
« Égyptiens, que tous les peuples et que toutes les langues..... Toutes ces lois
« ont été abrogées par la venue de Notre Seigneur, et pour tous les peuples une
« seule loi, celle du Messie, a été donnée par les rois chrétiens, par Constan-
« tin, le roi chrétien, béni, élu du Dieu. » (P. 42.)

[4] L. §§ 117, 118; P. (manuscrit de Paris) §§ 83ᶜ, 83ᵈ; voy. M. Bruns, p. 284,
285.

[5] M. Bruns, p. 329. M. Renan (*L'Église chrétienne*, p. 115), parle de « ce
« grec populaire que la conquête macédonienne introduisit en Orient, et que les
« traducteurs alexandrins de la Bible élevèrent à la hauteur d'une langue sa-
« crée. »

tia[1]. Les chrétiens, on le sait, prirent de bonne heure l'habitude de soumettre leurs différends à l'évêque plutôt qu'au juge séculier; cette coutume fut reconnue par Constantin (LL. 7, 8, C. 1, 4), et resta une faculté légale. Pour faciliter cette administration de la justice, un clerc eut l'idée de composer un livre qui indiquât la pratique courante. Il y traita surtout des successions et du mariage, car ces deux matières ont toujours été, aux yeux de l'Église, les plus importantes de tout droit civil. Il avait sous les yeux un recueil des constitutions des empereurs chrétiens, mais M. Bruns a montré qu'il ne connaissait pas le Code Théodosien[2]; peut-être aussi avait-il les ouvrages de quelques professeurs de l'école de Béryte[3]. Il nous paraît même probable qu'il connaissait quelque œuvre classique, car on peut remarquer que parfois, surtout quand il parle des anciennes institutions du droit romain, il donne des formules nettes et précises, dont quelques-unes même paraissent en retard sur le droit contemporain[4].

L'ouvrage eut une très grande fortune; il resta en vigueur après la conquête musulmane, et étendit son influence de l'Arménie à l'Égypte[5]. Mais il est temps de nous demander quelles ressources nouvelles il fournit à l'étude du droit romain.

---

[1] M. Bruns, p. 328-329; M. Sachau, p. 173-174.

[2] P. 322.

[3] P. 330.

[4] Voyez par exemple : L. § 2, formule énergique de la *patria potestas* par rapport aux biens; § 3, la situation des *emancipati* selon le droit civil; la vocation prétorienne à la succession n'est pas indiquée; § 10 : le *jus liberorum* d'après le sénatus-consulte Tertullien exactement indiqué; §§ 48, 53, la représentation du maître par l'esclave.

[5] M. Bruns, p. 331-333; M. Sachau, p. 157. Voyez aussi un fort intéressant article de M. Hubé sur les destinées de ce livre en Arménie et en Géorgie : *Zur Beleuchtung der Schiksale des sogenannden Syrisch Römischen Rechtsbuches*, dans la *Zeitschrift der Savigny-Stiftung*, tom. III, *rom Abth.*, p. 17.

II.

Pour l'exposition dogmatique du droit romain et pour la critique des textes, le *Rechtsbuch* sera d'une médiocre utilité. Cela se conçoit aisément d'après ce que nous avons dit plus haut. Il ne faut pas oublier non plus que, quand nous lisons la version allemande, nous avons au moins deux traductions entre nous et l'original. Cependant, pour les constitutions des empereurs chrétiens, qui sont rapportées en substance, il est intéressant de faire une comparaison avec les textes que nous possédons dans les recueils officiels; cela est d'autant plus intéressant que l'auteur n'a pas utilisé le Code Théodosien et avait une collection particulière sous les yeux. M. Bruns a fait soigneusement cette comparaison, et parfois le résultat auquel il arrive n'est pas sans importance.

Mais, à un autre point de vue et pour l'histoire du droit privé, l'ouvrage a un grand prix. Il nous montre le droit romain, parfois défiguré, mais vivant de sa vie réelle au v⁰ siècle dans une province d'Orient. Il est là tel que le pratiquaient les hommes d'alors, et, sans entrer dans les détails, il est possible d'indiquer un certain nombre de faits qui se dégagent de cette exposition.

En premier lieu on constate que la communication du droit romain, faite à tout l'empire par l'octroi de la cité romaine, n'empêcha point la formation ou la persistance de coutumes locales. Nous ne saisissons pas seulement des particularités relatives aux monnaies et aux mesures, au calendrier et au climat [1]; nous trouvons des traces nombreuses d'un véritable droit provincial. Ainsi l'on recon-

[1] L. §§ 97, 119, 75.

naît bien l'esprit superstitieux de l'Orient sémitique,
quand on lit que la possession du démon rend admissible
l'action rédhibitoire dans des cas où autrement elle ne le
serait pas, et constitue une juste cause de divorce [1]. — On
nous dit qu'en Syrie les justes noces exigent nécessairement un *instrumentum dotale*, la constitution d'une dot
et d'une *donatio propter nuptias;* en dehors de cela il n'y
a qu'un concubinat. Mais l'auteur ajoute « qu'il y a beau-
« coup de peuples qui n'ont point l'habitude d'employer
« ces écrits entre l'homme et la femme qu'on nomme φερναί
« et chez lesquels il suffit que l'homme épouse la femme
« par παῤῥησία [2], la couronnant de la précieuse couronne
« virginale, pour qu'il l'emmène en paix de la maison
« des parents dans sa propre maison. Et les lois admettent
« que cette παῤῥησία a la même efficacité que les φερναί, qui
« se constituent par écrit entre l'homme et la femme. Et
« les enfants de la femme sans φερνή n'héritent de leur
« père, lorsqu'il y a seulement παῤῥησία, que selon les lois
« de la province [3]. » — De même « dans les provinces,
« villes de l'empire et tous les pays du coucher du soleil
« la coutume est que l'homme constitue à la femme en
« δωρεά (*donatio propter nuptias*) autant que celle-ci lui ap-
« porte..... et ainsi ils constituent réciproquement une
« valeur égale, la femme pour la φερνή, le mari pour la
« δωρεά. Dans les pays de la domination de l'Orient la cou-
« tume est autre. Elle est telle que, si la femme apporte
« comme φερνή pour 100 deniers de choses, l'homme lui
« constitue la moitié, c'est-à-dire 50 [4]. » En nous révélant
un curieux usage oriental, ce passage fait voir qu'en Occident l'égalité entre la *donatio propter nuptias* et la dot,
proclamée par Justinien, était, avant lui, imposée par

---

[1] L. §§ 39, 114, 115.
[2] Selon M. Bruns ce mot signifie une déclaration verbale et mutuelle « münd
lich erklärte Uebereinstimmung. »
[3] L. § 93.
[4] P. § 40.

la coutume[1]. — L'*apertura tabularum testamenti*, dont l'importance fut si grande en Occident et est attestée encore par les formules de l'époque franque, ne préoccupait pas moins les hommes d'Orient, mais elle était entourée de formes et de solennités différentes[2]. — Enfin le livre, chose bien curieuse, contient tout un système de succession *ab intestat,* que jamais le droit romain n'a connu. M. Bruns, dans un appendice, s'est efforcé de le reconstruire, en réunissant les données incomplètes et obscures disséminées dans tout l'ouvrage. Ce système, formé par une combinaison de la coutume hébraïque et de la loi romaine, présenterait les traits distinctifs suivants : un ordre dit parentélaire ; — les agnats préférés aux cognats; — les cognats paternels préférés aux cognats maternels ; — le privilège de masculinité[3].

A côté de ces coutumes sûrement locales, dont nous venons de présenter quelques exemples, le livre constate d'autres usages, qui devaient être répandus dans tout l'empire, car ils sont comme des traits naturels de l'évolution du droit romain.

En premier lieu on peut relever l'importance attachée à l'écriture dans les divers actes juridiques. Un acte écrit est exigé pour la vente[4], pour le prêt[5], pour la donation[6], pour la transaction[7], pour la société[8], pour le partage[9], pour l'émancipation[10], pour l'adoption[11], pour les conventions matrimoniales[12]. Etait-ce bien là un élément essentiel de

---

[1] M. Bruns, p. 296.
[2] L. §§ 94, 95.
[3] P. 306.
[4] L. § 64.
[5] L. §§ 55, 56, 97, 111, 112, 124.
[6] L. §§ 22, 69.
[7] L. § 85.
[8] L. § 86.
[9] L. § 70.
[10] L. § 3.
[11] L. § 52.
[12] L. §§ 13, 93.

l'acte, une nécessité imposée par une coutume orientale ou
grecque? M. Bruns semble le penser[1]. Nous ne croyons
pas qu'il en soit ainsi, tout au moins pour les contrats. Il y a
là simplement la constatation d'un fait bien connu et bien
naturel, l'emploi de plus en plus commun de l'écriture
dans la vie juridique. Un coutumier donne des conseils et
des formules pratiques : on ne comprenait pas alors qu'en
contractant on négligeât de rédiger un écrit.

D'autre part il apparaît que maintes formes du vieux
droit romain, que Justinien doit abolir, avaient déjà par
avance disparu de la pratique. Nulle part, nous ne trouvons trace de la *mancipatio* et de l'*in jure cessio*. L'émancipation se fait de la façon la plus simple : le père donne à
son fils une lettre d'affranchissement, et devant le juge le
déclare émancipé[2]; et par là même les formes de l'adoption se trouvent modifiées[3]. — La *manumissio inter amicos*
est dite affranchissement par devant témoins, mais l'auteur
ajoute qu'il est plus régulier d'affranchir l'esclave devant
l'évêque et les prêtres; il ne paraît pas connaître d'autre
mode d'affranchissement. Il nous apprend que, si l'on se
trouve à la campagne, il faut affranchir l'esclave devant le
περιοδεύτης (*visitator*), et que le pécule n'est attribué à l'affranchi que s'il y a une clause expresse en ce sens.

Sur la vente, nous trouvons de curieux renseignements,
dont quelques-uns nous permettent d'expliquer des textes
jusqu'ici fort obscurs. Un passage indique d'abord que, si
des arrhes ont été données par l'acheteur, et que celui-ci
se retire du contrat, il doit les perdre; si c'est le vendeur
qui se retire, il doit les restituer au double[4]. Les arrhes
auraient donc généralement servi, en Orient, à permettre
un dédit, moyennant une peine. Cela est contraire à
la théorie classique du droit romain, mais une telle inter-

---

[1] P. 205.
[2] L. § 3.
[3] L. § 52.
[4] L. § 51.

prétation n'est point invraisemblable dans la pratique.
M. Bruns cependant ne l'admet pas. Corrigeant le manuscrit de Londres par le passage correspondant du manuscrit
de Paris, où sont intercalés ces mots « il n'est point permis
à l'acheteur ni au vendeur de se retirer, » il reconstitue
la théorie suivante : lorsqu'une des parties veut se dégager,
l'autre a le choix ou d'exiger l'exécution du contrat, ou de
bénéficier des arrhes en les gardant, ou en acceptant le
remboursement au double[1]. Mais cette conception, qui ne
cadre point non plus avec l'ensemble de nos textes, présente
des difficultés et de grandes subtilités.

Un autre passage, concernant l'*actio redhibitoria,* est
très net et très important. La loi 48, § 8, D., 21, 1, contient cette courte règle : « Simplariarum venditionum causa
« ne sit redhibitio in usu est. » Maintes conjectures avaient
été faites quant à la nature de cette *simplaria venditio;*
nous savons maintenant ce que c'est.

Notre livre l'appelle ἁπλῆ ὠνή[2]. C'est une vente par
laquelle on achetait un esclave tel quel, aux risques et
périls de l'acheteur ; il n'y avait point alors lieu d'exercer
l'action rédhibitoire, et cette pratique devait être commune. Ce marché à forfait est aussi appelé dans l'ouvrage
κακὴ πρᾶσις, et on l'oppose à la καλὴ πρᾶσις, celle où subsiste
la garantie des vices cachés[3]. Dans les basiliques, on
trouvait déjà ἁπλῆ πρᾶσις, mais le sens de ces mots n'était
pas expliqué. D'après le *Rechtsbuch,* lorsque la garantie
est due, il faut que le vice soit découvert dans les six mois
de la vente pour que l'action rédhibitoire soit possible ;
cette manière de calculer le délai est à noter.

---

[1] P. 217 svv.

[2] L. § 39 : « Lorsqu'on achète un garçon comme esclave tout simplement, qu'il
« soit bon ou mauvais, avec la clause qu'aucune des deux parties n'aura de
« recours contre l'autre, ce qui, en grec, s'appelle ἁπλῆ ὠνή, et que l'acheteur
« veuille le rendre au vendeur, la loi ne souffre pas qu'il le rende. Il ne peut
« point le rendre à moins qu'il ne trouve un démon dans l'esclave. »

[3] L. § 119; M. Land rappelle, à ce sujet, l'expression anglaise : « by a fair
« contract. » *Anecdota*, p. 195.

Le livre jette aussi quelque lumière sur un autre texte du *Digeste*. La loi 4, § 28, D. 44, 4, suppose une *cessio hereditatis* faite par un *heres legitimus* qui n'est pas en possession. L'*in jure cessio* n'existant plus sous Justinien, on s'est demandé s'il n'y avait pas là simplement un fragment de l'ancien droit qui se serait glissé par mégarde dans la compilation. D'autre part, on a dit que ce texte avait un sens utile même dans le droit de Justinien; ce qui est cédé, c'est alors la pétition d'hérédité[1]. Nous apprenons aujourd'hui que le droit du Bas-Empire connaissait une cession de l'hérédité fort différente de l'ancienne *cessio in jure hereditatis*[2]. Elle s'en distinguait par la forme : le procès fictif avait disparu, il ne restait plus qu'une déclaration de volonté qui, peut-être, se produisait en justice[3], mais cela n'est pas sûr. Elle en différait aussi par le fond ; elle pouvait bien avoir lieu avant l'adition, comme l'ancienne *in jure cessio,* mais elle s'appliquait aux hérédités testamentaires comme aux hérédités légitimes, elle entraînait implicitement l'adition et, par suite, l'obligation aux dettes et aux legs de la part du *cedens.* Pour investir le cessionnaire, il fallait d'ailleurs la tradition des choses corporelles et la cession des créances[4].

Les fiançailles paraissent avoir tenu une large place dans le droit matrimonial. Deux passages traitent des

---

[1] P. Gide : *Études sur la novation*, p. 306.

[2] L. § 83 : « Lorsque quelqu'un laisse par testament son hérédité à un homme « et que celui-ci, sans faire adition, la donne à un autre, si celui qui a fait le « testament a laissé des légataires ou était débiteur d'une dette, cela doit être « payé par l'héritier, c'est-à-dire par celui à qui l'hérédité avait été laissée. Du « moment qu'il en a fait à un autre donation ou παραχώρησις, il acquitte les legs « et paye les dettes. » Le mot παραχώρησις, peu lisible dans les manuscrits, est rétabli par les traducteurs; ένπχραχωρεῖν δικασ7ηρίῳ est la traduction de *cedere in jure.* Voyez M. Bruns, p. 246.

[3] M. Bruns, p. 248.

[4] La traduction de M. Land ne contient point le mot παραχώρησις; elle restitue autrement le mot grec illisible : « quoniam eam (hereditatem) ipse *oppignave-* « *rit* aut *procurationem* (?) dedit alteri, legatum dat et debitum solvit. » *Op. cit.,* p. 143. Cette restitution, au point de vue juridique, ne serait point inacceptable.

arrhes que la fiancée ou ses parents recevaient comme garantie du mariage futur. L'un s'occupe de la restitution
ou de la perte de ces arrhes lorsque l'une des parties se
refuse au mariage [1], et il reproduit les décisions de Constantin et de Léon[2]. L'autre[3] vise le cas où la mort de l'un
des fiancés prévient leur union; il porte qu'il n'y a pas
lieu ou qu'il y a de restituer les arrhes suivant que la jeune
fille a reçu ou non le baiser de son fiancé. Cette portée juridique de l'*osculum* symbolique était déjà indiquée par
une constitution de Constantin[4]. Le paragraphe 91 du
Rechtsbuch prouve que cette coutume existait aux deux ex-
trémités de l'empire, car la constitution de Constantin est
adressée à un certain Tiberianus, *vicarius Hispaniarum*[5].
Mais ce qui nous paraît également remarquable, c'est que,
parmi les objets donnés à titre d'arrhes, les deux passages
citent en première ligne l'anneau. Des travaux récents ont,
en effet, attiré l'attention sur le rôle de l'anneau qui figure
arrarum nomine dans les fiançailles selon le droit germanique et les usages canoniques [6].

Signalons enfin la description de la procédure par *de-
nuntiatio* et de la preuve par témoins [7], et des détails très
intéressants sur le cadastre et l'impôt[8].

Parfois on se trouve en face d'une disposition dont la
portée serait grande, mais devant laquelle on se demande
si elle a véritablement un sens juridique correspondant à
la formule employée. Ainsi on nous dit que les donations
entre époux « sont valables si le donateur les confirme,
« en mourant, dans son testament, que, si cela n'a pas

---

[1] P. § 46ª.
[2] L. 5, C. 5, 1; L. 15, C. 5, 3.
[3] L. § 91.
[4] L. 16, C. 5, 3.
[5] M. Bruns, p. 260.
[6] Voyez, en particulier, M. Sohm : *Das Recht der Eheschliessung ans dem deutschen und canonischen Recht geschichtlich entwickelt.* Weimar, 1875, p. 55-58.
[7] L. §§ 75, 76, 106.
[8] L. § 121.

« lieu, elles sont nulles[1] » et que « l'on peut, en l'affran-
« chissant, instituer un esclave héritier, si l'on n'a pas
« d'enfants[2]. » Ne faut-il pas admettre que, dans le premier cas on indique seulement une précaution usuelle, et
que, dans le second, l'auteur donne un bon conseil plutôt
qu'il n'énonce une règle de droit? Cette interprétation est
assez conforme au caractère général de l'ouvrage.

Bien entendu nous sommes loin d'avoir indiqué tout ce
que le livre contient d'utile et d'intéressant; nous avons
fourni seulement quelques exemples. Il faut suivre pas
à pas le commentaire savant et sagace de M. Bruns. Sous
les vêtements d'emprunt qui les déguisent, il retrouve
les règles que l'auteur a voulu énoncer; sa profonde connaissance du droit romain lui permet de rapprocher tous
les textes dont la comparaison peut être féconde; il nous
semble que, presque sur tous les points, il a tiré du livre
tout ce qu'il peut donner.

[1] L. § 14; sur l'habitude de confirmer par les testaments les donations entre
époux, voyez plus haut page 52.
[2] L. § 33.

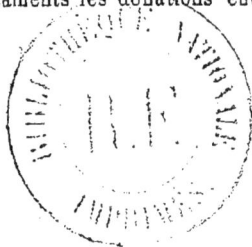

FIN.

TABLE DES MATIÈRES.

⸻⸺⸻

I.

DROIT ROMAIN ANCIEN ET DE L'ÉPOQUE CLASSIQUE.

II.

LE DROIT ROMAIN ET LES COUTUMES PRIMITIVES.

III.

ÉPIGRAPHIE ET CRITIQUE JURIDIQUES.

BAR-LE-DUC, IMPRIMERIE CONTANT-LAGUERRE.